Philip Ackermann

Professionell entwickeln mit JavaScript

Design, Patterns, Praxistipps

Liebe Leserin, lieber Leser,

nachdem es lange als einfache oder gar unsaubere Skriptsprache unterschätzt wurde, genießt JavaScript heute den Ruf einer vielseitig einsetzbaren Programmiersprache, die in der professionellen Softwareentwicklung ihren Platz hat.

Mit den Einsatzgebieten wachsen auch die Ansprüche an Ihre Arbeit: Modularität und Wiederverwendbarkeit, Testabdeckung, ein professioneller Build-Prozess u.v.m. gewinnen an Bedeutung und wollen durch passende Werkzeuge unterstützt werden. Zugleich enthält JavaScript einige Besonderheiten, mit denen sich Umsteiger auseinandersetzen müssen und auf die sie auch unterschiedliche Antworten finden.

So war es an der Zeit, dass ein Buch erscheint, das sich voll und ganz mit der professionellen Anwendungsentwicklung mit JavaScript befasst. Philip Ackermann führt Sie gekonnt und umsichtig durch Sprachfeatures, Entwurfsmuster und Best Practices. Sowohl die funktionale als auch die objektorientierte Programmierung mit JavaScript werden ausführlich behandelt, ebenso alle wichtigen Aspekte des Entwicklungsprozesses: Dokumentation, Paketverwaltung, Umgang mit Styleguides und Verbesserung der Codequalität, Testabdeckung und der Einsatz von Build-Tools. Ein eigenes Kapitel ist dem neuen Standard ECMAScript 6 gewidmet.

Sie können das Buch von Anfang bis Ende durchlesen, genauso gut können Sie aber auch nach Themen stöbern, die Sie interessieren. Das Buch ist so aufgebaut, dass Sie sofort finden, was Sie suchen. Den Code der verwendeten Beispiele können Sie von *www.rheinwerk-verlag.de/3365* – Rubrik »Materialien zum Buch« – herunterladen.

Sollten Sie Fragen zum Inhalt des Buches haben, Lob oder Kritik äußern wollen, wenden Sie sich an mich.

Ihre Almut Poll
Lektorat Rheinwerk Computing

almut.poll@rheinwerk-verlag.de
www.rheinwerk-verlag.de
Rheinwerk Verlag · Rheinwerkallee 4 · 53227 Bonn

Auf einen Blick

Wir hoffen, dass Sie Freude an diesem Buch haben und sich Ihre Erwartungen erfüllen. Bitte teilen Sie uns doch Ihre Meinung mit. Eine E-Mail mit Ihrem Lob oder Tadel senden Sie direkt an die Lektorin des Buches: *almut.poll@rheinwerk-verlag.de*. Im Falle einer Reklamation steht Ihnen gerne unser Leserservice zur Verfügung: *service@rheinwerk-verlag.de*. Informationen über Rezensions- und Schulungsexemplare erhalten Sie von: *britta.behrens@rheinwerk-verlag.de*.

Informationen zum Verlag und weitere Kontaktmöglichkeiten finden Sie auf unserer Verlags-website *www.rheinwerk-verlag.de*. Dort können Sie sich auch umfassend und aus erster Hand über unser aktuelles Verlagsprogramm informieren und alle unsere Bücher versandkostenfrei bestellen.

An diesem Buch haben viele mitgewirkt, insbesondere:

Lektorat Almut Poll, Anne Scheibe
Korrektorat Annette Lennartz, Bonn
Fachgutachten Christoph Höller, Köln
Herstellung Denis Schaal
Typografie und Layout Vera Brauner
Einbandgestaltung Barbara Thoben, Köln
Titelbild Fotolia: 60695408 © Tiberius Gracchus; 123RF Stockfoto: 10876961 © bowie15
Satz SatzPro, Krefeld
Druck und Bindung C.H. Beck, Nördlingen

Dieses Buch wurde gesetzt aus der TheAntiquaB (9,35/13,25 pt) in FrameMaker.
Gedruckt wurde es auf chlorfrei gebleichtem Offsetpapier (90 g/m²).

Bibliografische Information der Deutschen Nationalbibliothek
Die Deutsche Nationalbibliothek verzeichnet diese Publikation in der Deutschen Nationalbibliografie; detaillierte bibliografische Daten sind im Internet über *http://dnb.d-nb.de* abrufbar.

ISBN 978-3-8362-2379-9
© Rheinwerk Verlag GmbH, Bonn 2015
1. Auflage 2015, 1., korrigierter Nachdruck 2016

Inhalt

2   Funktionen und funktionale Aspekte   61

3 Objektorientierte Programmierung mit JavaScript 121

4   ECMAScript 6   173

5 Der Entwicklungsprozess

6   JavaScript-Anwendungen testen   301

7 Die Entwurfsmuster der Gang of Four 353

8 Architekturmuster und Konzepte moderner JavaScript-Webframeworks 423

Vorwort

Die Sprache JavaScript musste sich lange Zeit mit vielen Vorurteilen herumschlagen. »Eine einfache Skript-Sprache«, »nicht für professionelle Anwendungen verwendbar«, »keine objektorientierte Programmierung möglich« und ähnlich lauteten die Aussagen vieler Entwickler.

Doch dies hat sich geändert. In den letzten Jahren hat die Popularität der Sprache beachtlich zugenommen und ihre Anwendungsgebiete sind um einiges vielfältiger geworden: nicht nur auf Clientseite im Browser kommt die Sprache zum Einsatz, sondern auch auf Serverseite, in Desktopanwendungen, in mobilen Anwendungen oder gar im Bereich Embedded Systems. Aktuelle Stellenausschreibungen und Beliebtheitsumfragen spiegeln diesen Trend wieder: kaum eine Statistik, in der sich nicht auch JavaScript unter den ersten Rängen positioniert.

Als professioneller Softwareentwickler und Webentwickler kommt man also heutzutage in der Regel gar nicht mehr um JavaScript herum. Das Erlernen der Sprache ist also gut investierte Zeit. Doch trotz des Scheins, eine simple Sprache zu sein, hat JavaScript eine Vielzahl von Besonderheiten, die oft zu Missverständnissen führen und es Einsteigern in die Sprache nicht gerade leicht machen.

Für wen ist dieses Buch?

Der Schwerpunkt des Buches liegt darauf, Ihnen zu zeigen, wie Sie mit JavaScript professionelle Softwareentwicklung betreiben. Das Buch richtet sich in erster Linie an Entwickler, die bereits Programmiererfahrung in mindestens einer anderen Programmiersprache haben, sich schnell in JavaScript einarbeiten und sich nicht erst durch Einsteigerbücher, unzählige Blogeinträge und Tutorials durcharbeiten möchten.

Ich selber bin sowohl Webentwickler als auch Softwareentwickler mit Java/JEE-Hintergrund und habe die Sprache JavaScript in den letzten Jahren sozusagen aus einem anderen Blickwinkel wiederentdeckt. Ihnen möchte ich den Einstieg in JavaScript mit diesem Buch so effektiv wie möglich gestalten. Mein Ziel ist es, dass Sie nach dem Lesen des Buches einen guten Überblick über die professionelle Entwicklung mit JavaScript haben, dass Sie die Kernkonzepte der Sprache verstanden haben, Entwurfsmuster erkennen und anwenden können und wissen, welche Möglichkeiten Ihnen für einen professionellen Softwareentwicklungsprozess mit JavaScript zur Verfügung stehen.

Wie ist das Buch aufgebaut?

Das Buch beginnt mit einer kurzen Einführung in die Sprache JavaScript, zeigt anschließend die funktionalen, objektorientierten sowie prototypischen Aspekte und geht auf den neuen Standard ECMAScript 6 ein. Die zweite Hälfte des Buches beschäftigt sich dann mit Themen wie dem Entwicklungsprozess von JavaScript-Anwendungen, dem Thema Testen sowie den Entwurfsmustern der Gang of Four, Architekturmustern und Konzepten moderner JavaScript-Webframeworks.

Mir persönlich geht es beim Lesen von Programmierbüchern häufig so, dass lange Codebeispiele das Verständnis des Kerns der Sache oft unnötig verkomplizieren. Aus diesem Grund habe ich die Codebeispiele in diesem Buch bewusst kurz gehalten. Im Allgemeinen ist es meiner Meinung nach nämlich so, dass sich – ein entsprechend didaktischer Aufbau vorausgesetzt – die meisten Aspekte recht einfach, übersichtlich und anhand kurzer Codebeispiele ebenso gut verdeutlichen lassen. Die Codebeispiele können Sie von *www.rheinwerk-verlag.de/3365* herunterladen.

Außerdem habe ich weitestgehend auf den Einsatz von Fremdbibliotheken verzichtet. Viele Bücher über JavaScript verwenden ein eigenes vom Autor zugrunde gelegtes Framework oder zeigen Beispiele anhand von Bibliotheken wie jQuery. Mein Ziel dagegen war es, den Code frei von solchen Abhängigkeiten zu halten und Ihnen dadurch nicht den Blick auf das Wesentliche zu verschleiern.

Wie soll ich das Buch durchlesen?

Des besseren Verständnisses wegen empfiehlt es sich, das Buch dem Aufbau entsprechend von vorne nach hinten durchzuarbeiten. Soweit dies möglich ist, sind die einzelnen Kapitel so aufgebaut, dass so wenig wie möglich auf spätere Kapitel vorgegriffen wird. Trotzdem lässt es sich nicht immer ganz vermeiden, auf bestimmte Aspekte vorzugreifen, um ein Thema zu erklären. In diesen Fällen habe ich zumindest einen Querverweis auf das entsprechende Thema eingefügt. Das Buch verfolgt somit didaktisch einen gewissen roten Faden, lässt sich aber, je nach Kenntnisstand des Lesers, ebenso gut als Nachschlagewerk nutzen.

Danksagung

Am allermeisten möchte ich meiner Frau und meinen Kindern danken, für ihre Geduld und Unterstützung während der Zeit, die ich an diesem Buch gearbeitet habe.

Außerdem möchte ich mich bei meiner Lektorin Almut Poll für ihre konstruktiven Vorschläge und ihre Unterstützung sowie bei Anne Scheibe, Annette Lennartz und dem gesamten beteiligten Team im Rheinwerk Verlag bedanken. Auch Christoph Höller gilt mein Dank, für das wertvolle Fachgutachten und die vielen nützlichen Hinweise.

Mein Dank gilt auch dem Heise-Verlag, mit dessen freundlicher Genehmigung ich Auszüge aus Artikeln, die ich für die iX geschrieben habe, für das Buch wiederverwenden durfte (dies betrifft Teile aus Kapitel 3, die Abschnitte über PhantomJS und CasperJS in Kapitel 6 sowie die Beispiele zu den Command- und Strategy-Entwurfsmustern in Kapitel 7). Besonders bedanken möchte ich mich hierfür bei Julia Schmidt.

Zu guter Letzt danke ich Ihnen, nicht nur für den Kauf dieses Buches, sondern für die Zeit, die Sie mit dem Lesen und Durcharbeiten verbringen. Ich hoffe, Sie haben viel Vergnügen dabei. Außerdem würde ich mich sehr über Ihr Feedback freuen und stehe Ihnen unter javascriptbuch@philipackermann.de auch gerne für Fragen und Anregungen zur Verfügung.

Philip Ackermann

Kapitel 1

Einführung

JavaScript ist mittlerweile eine der populärsten Programmierspra-
chen. Egal, ob Web, Mobile oder Desktop, Client- oder Serverseite oder
gar Embedded-Anwendungen – es gibt keinen Bereich, in dem nicht
auch JavaScript mitmischt. Dabei galt die Sprache doch lange Zeit als
eher simple Skriptsprache, mit der nicht wirklich ernsthafte Software-
entwicklung möglich ist.

Bevor wir uns ab Kapitel 2 den fortgeschrittenen Themen zuwenden, gebe ich Ihnen in diesem Kapitel zunächst einen kurzen Überblick über die Sprache JavaScript. Ich beginne mit der Entstehung und einer kurzen Übersicht über die Einsatzbereiche der Sprache, erkläre den Zusammenhang zwischen ECMAScript und JavaScript und in welchen wesentlichen Aspekten sich JavaScript von Sprachen wie Java und C# abgrenzt. Außerdem stelle ich Ihnen die bekanntesten Laufzeitumgebungen, Entwicklungsumgebungen und Debugging-Tools vor. Den Abschluss des Kapitels bildet dann eine Einführung in die wichtigsten Sprachmittel. Da ich vermute, dass Sie bereits über ein gewisses Maß an Programmiererfahrung verfügen, ist diese Einführung relativ kurz gehalten und auf das Wesentliche reduziert. Nichtsdestotrotz sollten Sie anschließend über genug Wissen verfügen, um auf die folgenden vertiefenden Themen vorbereitet zu sein.

1.1 Einleitung

Lange Zeit hatte JavaScript den Ruf, eine simple Skriptsprache zu sein, die nicht zu mehr diente, als Webseiten mit dynamischen Effekten »aufzuhübschen« und hier und da ein bisschen mehr Interaktivität in eine Webseite zu bringen. Ernsthaft programmieren – so dachten viele – könne man mit dieser Sprache nicht.

In den vergangenen Jahren jedoch hat sich diese Einstellung gewandelt. Mittlerweile übernimmt JavaScript zum einen auf Clientseite deutlich komplexere Aufgaben, zum anderen kommt es immer häufiger auch serverseitig zum Einsatz.

Zudem ist JavaScript viel dynamischer als andere Sprachen, beispielsweise bei der Typisierung. Dies hat Vorteile, aber auch Nachteile. Dinge wie fehlende Typsicherheit führen einerseits dazu, dass man als Entwickler viele Freiheiten hat, andererseits aber auch dazu, dass man während der Entwicklung viel stärker darauf achten muss, »sauber« zu programmieren. Bei Java oder anderen Compiler-basierten Sprachen bekommt man beispielsweise schon durch die Spracharchitektur und den Compiler sehr viel mehr Hilfestellungen.

Doch all diese Besonderheiten, wechselnden Anforderungen und neuen Einsatzgebiete verlangen von den Entwicklern auch (sowohl von Webentwicklern als auch von solchen, die bisher nur am Rande mit JavaScript zu tun hatten), sich eingehender mit JavaScript zu beschäftigen. Allerdings sollte man hierbei den Aufwand nicht unterschätzen. Die Details von JavaScript sind nicht immer einfach zu verstehen, und die Sprache richtig einzusetzen lernt man auch nicht von heute auf morgen. Dennoch scheinen viele Entwickler der Meinung zu sein, allein die Tatsache, dass sie bereits eine Sprache wie C++, C# oder Java professionell beherrschen, mache sie automatisch zu professionellen JavaScript-Entwicklern. Dem ist nicht so!

Ich muss allerdings zugeben, dass ich selbst zu Anfang so dachte. Als ich mit der Webentwicklung anfing, war JavaScript für mich zunächst nichts anderes als eine einfache Skriptsprache. In späteren Projekten, in denen neuere Techniken, wie beispielsweise *AJAX (Asynchronous JavaScript and XML)*, verwendet wurden, gewann JavaScript zwar etwas mehr an Bedeutung, entwickelte aber nie den Stellenwert, den es eigentlich verdient hätte.

Erst als ich vor etwa fünf Jahren an einem Projekt beteiligt war, in dem wir im Rahmen eines größeren Refactorings die Entscheidung trafen, ein Produkt nahezu vollständig (das heißt sowohl auf Clientseite als auch auf Serverseite) von Java/JEE zu JavaScript/Node.js zu migrieren, war ich mehr oder weniger gezwungen, mich intensiver mit der Sprache zu beschäftigen und lernte dabei die Tücken, aber auch die Stärken von JavaScript erst richtig kennen und einzusetzen.

1.2   Entstehung und Historie

JavaScript wurde 1995 innerhalb kürzester Zeit (nämlich in etwa 12 Tagen) von Brendan Eich für den Netscape Navigator entwickelt, damals noch unter den Namen Mocha bzw. LiveScript. Den jetzigen Namen JavaScript trägt die Sprache erst seit dem Jahr 1996. Zu verdanken ist diese finale Namensänderung einer Kooperation zwischen Netscape und Sun, der Firma, die hinter der Programmiersprache Java steckt(e), wobei man sich bei der Namenswahl augenscheinlich die damalige Popularität von Java zunutze machen wollte.

Trotz des verwandten Namens hat JavaScript jedoch nicht viel mit Java zu tun. Vielmehr gelten die beiden Programmiersprachen Scheme und Self als Vorbilder. Von Ersterer finden sich in JavaScript beispielsweise **funktionale Konzepte** wie Closures, von Letzterer Konzepte wie die (objektbasierte) **prototypische Objektorientierung**. Gerade durch diese beiden Konzepte unterscheidet sich JavaScript wesentlich von Java, bei dem zum einen **klassenbasierte Objektorientierung** zum Einsatz kommt und zum anderen bis vor Version 8 keine funktionalen Features zu finden waren. Im Detail werde ich in Kapitel 2, »Funktionen und funktionale Aspekte«, auf die funktionalen und in Kapitel 3, »Objektorientierte Programmierung mit JavaScript«, auf die prototypischen Aspekte von JavaScript eingehen.

> **Merke**
>
> JavaScript und Java haben bis auf einen ähnlichen Namen und eine teilweise ähnliche Syntax eher wenige Gemeinsamkeiten. Als Vorbilder von JavaScript gelten die beiden Sprachen Self und Scheme. Wesentliche Konzepte von JavaScript sind prototypische Objektorientierung und funktionale Programmierung.

Kurze Zeit nachdem JavaScript erschienen war, implementierte Microsoft eine mehr oder weniger kompatible Sprache für den Internet Explorer 3.0, mit leicht abgewandeltem Namen: JScript. Um diese beiden ähnlichen Sprachen unter einen Hut zu bringen, wurde JavaScript daraufhin von Netscape bei der *ECMA*, der *European Computer Manufacturers Asssociation*, eingereicht, mit dem Ziel, einen einheitlichen Standard für die Sprache zu schaffen. Dieser Standard läuft seitdem unter dem Namen *ECMAScript*, der voraussichtlich 2015 in Version 6 verabschiedet wird. JavaScript ist demnach »nur« eine Implementierung dieses Standards (weitere sind beispielsweise QtScript, das aus Flash bekannte ActionScript sowie das in vielen Adobe-Produkten verwendete ExtendScript).

1.3   Einsatzgebiete von JavaScript

Im Gegensatz zu früher, als JavaScript hauptsächlich im Browser zum Einsatz kam, sind die Einsatzgebiete heute vielfältiger: neben clientseitigen Webanwendungen kommt JavaScript nun auch auf Serverseite, in Desktop-Anwendungen oder in mobilen Anwendungen zum Einsatz.

1.3.1   Clientseitige JavaScript-Webanwendungen

Lange Zeit wurde JavaScript vor allem dazu genutzt, das User Interface einer Webseite durch dynamische Effekte »aufzuhübschen«. DHTML (Dynamisches HTML), das eine Manipulation des DOMs (Document Object Model) eines HTML-Dokuments bezeichnet, ist sicherlich dem ein oder anderen Entwickler noch ein Begriff.

Ein wichtiger Meilenstein für JavaScript und Grundlage für komplexere Webanwendungen, wie wir sie heutzutage kennen, war die Einführung des XMLHttpRequest-

Objekts. Über dieses Objekt war es erstmals möglich, asynchrone Anfragen an den Server zu schicken (AJAX) und dabei sowohl Daten zu speichern als auch Daten zu laden.

Dies war zugleich der Startschuss für Webanwendungen, die sich von der Nutzung her mehr nach Desktop-Anwendungen »anfühlen«, auch als *Rich Internet Applications (RIAs)* bezeichnet. Oft ist eine solche Anwendung als sogenannte *Single Page Application (SPA)* aufgebaut, das heißt, die Logik ist nicht wie bei klassischen Webanwendungen über mehrere Webseiten verteilt, sondern spielt sich innerhalb einer einzelnen Webseite ab. Inhalte werden dann je nach Nutzeraktion dynamisch generiert oder nachgeladen, die Webseite entsprechend dynamisch aktualisiert.

Zum Austausch von Inhalten zwischen Client und Server kommt dabei oft das *JSON*-Austauschformat (*JavaScript Object Notation*) zum Einsatz, das mittlerweile sogar XML als Standardaustauschformat zwischen Anwendungen ernsthafte Konkurrenz macht. Vorteil: JSON kann direkt von JavaScript verarbeitet und genutzt werden. Idealerweise werden die Daten dann auch noch im gleichen Format in einer entsprechenden dokumentbasierten Datenbank wie MongoDB (*http://www.mongodb.org*) gespeichert.

1.3.2   Serverseitige JavaScript-Anwendungen

Vorreiter und bekanntestes Beispiel für serverseitige JavaScript-Anwendungen ist Node.js, eine auf V8 (siehe Abschnitt 1.4.1) basierende Plattform, die es ermöglicht, serverseitige Aufgaben mit JavaScript umzusetzen. Node.js stellt beispielsweise Komponenten bereit, über die sich ein kompletter Webserver umsetzen lässt. Über zusätzliche Module lassen sich zudem relativ einfach beispielsweise *REST*-basierte (*Representational State Transfer*) Webservices implementieren, Datenbankzugriffe vereinfachen oder mehrsprachige Anwendungen entwickeln.

Node.js ist aber nicht nur als Webserver geeignet: Prinzipiell lassen sich mit Node.js alle Arten von kommandozeilenbasierten Anwendungen erstellen. Node.js kann als eine Art Unix-Shell angesehen werden, die statt Shell-Skripten eben JavaScript interpretiert und ausführt. Über den Node Package Manager (NPM) beispielsweise, den ich Ihnen in Abschnitt 5.6.1, »Backend Package Management mit NPM«, vorstellen werde, lassen sich Programmmodule bequem (auch für Nicht-JavaScript-Anwendungen) über die Kommandozeile installieren.

Node.js gilt aufgrund seiner Architektur als höchst skalierbar, äußerst performant sowie echtzeitfähig. Es ist daher mittlerweile keine Seltenheit mehr, dass in einem Projekt alle Komponenten einer Client-Server-Anwendung in JavaScript programmiert werden. Vorteil davon: Ein Entwickler mit JavaScript-Kenntnissen kann innerhalb eines solchen Projekts sowohl clientseitige als auch serverseitige Komponenten entwickeln.

1.3.3   Desktop-JavaScript-Anwendungen

In Kombination mit HTML5 und CSS3 kommt JavaScript mittlerweile nicht mehr nur im Browser zum Einsatz, sondern auch in Desktop-Anwendungen. So ist es beispielsweise unter Windows 8 möglich, native Anwendungen komplett in den genannten Technologien zu erstellen. Das Framework AppJS (*http://appjs.com*) verspricht sogar die betriebssystemunabhängige Entwicklung von Desktop-Anwendungen für Linux, Windows und Mac.

1.3.4   Mobile JavaScript-Anwendungen

Mobile Anwendungen werden häufig nicht nativ programmiert (also beispielsweise mittels Java im Fall von Android-Anwendungen bzw. Objective-C im Fall von iOS-Anwendungen), sondern ebenfalls basierend auf HTML5, CSS3 und JavaScript. Frameworks wie Apache Cordova (*http://cordova.apache.org*) bzw. das darauf basierende PhoneGap (*http://phonegap.com*) stellen Dienste des mobilen Endgeräts über (Java-Script-)Web-APIs zur Verfügung und ermöglichen es zudem, die mobile Webanwendung in den App-Stores der jeweiligen Betriebssystemhersteller hochzuladen.

1.3.5   Embedded-Anwendungen

Auch im Bereich der Embedded-Anwendungen hält JavaScript Einzug. Beispiele hierfür sind die beiden Mikrocontroller Tessel (*https://tessel.io*) und Espruino (*http://www.espruino.com*), auf denen nativ bereits JavaScript zur Verfügung steht. Des Weiteren existieren bereits verschiedene JavaScript-Bibliotheken zum Thema IoT (*Internet of Things*) wie beispielsweise die Bibliothek johnny-five (*https://github.com/rwaldron/johnny-five*), über die man unter anderem einen Arduino (*http://www.arduino.cc*) steuern kann. Prinzipiell tut sich in diesem Bereich derzeit recht viel, da man auch erkannt hat, dass JavaScript eine attraktive Sprache ist.

1.3.6   Popularität von JavaScript

Mittlerweile ist JavaScript eine der am weitesten verbreiteten Programmiersprachen. Einige interessante Statistiken dazu bietet die Seite *http://jxcore.com/business-case-for-javascript-and-node-js-jxcore/*. Dieser zufolge liegt beispielsweise die Anzahl der zur Verfügung stehenden Module für die Plattform Node.js (dazu gleich mehr) derzeit auf Platz 3. Bezüglich der Job-Angebote liegen JavaScript- sowie Node.js-Kenntnisse momentan auf Platz 1. Auch bezüglich der neuen Projekte auf Github (*http://redmonk.com/sogrady/2014/01/22/language-rankings-1-14*) ist JavaScript vorn mit dabei. Im TIOBE-Index (*http://www.tiobe.com/index.php/content/paperinfo/tpci/index.html*) rangiert JavaScript im Moment (Februar 2015) auf Platz 6 und hat damit im Vergleich zum Vorjahr um drei Plätze aufgeholt. Populärer sind laut TIOBE nur die

Großen: C, Java, Objective-C, C++, C# und PHP. Auch auf dem Freelancer-Portal GULP (*https://www.gulp.de*) befindet sich JavaScript derzeit (Februar 2015) unter den Top Ten: auf Platz 4 hinter C/C++, SQL und Java.

1.4　Laufzeitumgebungen

Um JavaScript-Programme ausführen zu können, benötigen Sie zunächst eine Laufzeitumgebung. Davon existieren für JavaScript gleich mehrere: zum einen verwendet jeder der bekannteren Browserhersteller eine eigene, zum anderen gibt es weitere Laufzeitumgebungen, die es ermöglichen, JavaScript außerhalb des Browsers (das heißt »Headless«) auszuführen.

1.4.1　V8

Die von Google entwickelte, in C++ geschriebene V8-Engine kommt sowohl in Google Chrome als auch in Node.js zum Einsatz. V8 ist betriebssystemunabhängig und läuft auf Windows XP und neuer, auf Mac OS X (10.5 und neuer) und verschiedenen Linux-Systemen. Laut verschiedenen Benchmarks ist V8 schneller als andere Laufzeitumgebungen (*https://developers.google.com/v8/*), wobei die hohe Geschwindigkeit vor allem durch folgende drei Designprinzipien erreicht wird: durch schnellen Zugriff auf Objekteigenschaften, dynamische Generierung von Maschinencode (Just-in-time-Kompilierung oder kurz JIT, dazu später mehr) und effiziente Garbage Collection (Details siehe unter *https://developers.google.com/v8/design*). Für .NET-Entwickler besonders interessant: V8 kann über JavaScript .NET (*http://javascriptdotnet.codeplex.com*) in entsprechende Anwendungen integriert werden. Auf diese Weise kann JavaScript direkt aus .NET heraus aufgerufen werden.

1.4.2　SpiderMonkey/TraceMonkey/JägerMonkey/OdinMonkey

SpiderMonkey ist eine in C implementierte JavaScript-Laufzeitumgebung, die Brendan Eich ursprünglich für den Netscape Navigator entwickelte, die inzwischen aber von der Mozilla Foundation weiterentwickelt wird. Verwendet wird sie hauptsächlich in verschiedenen Mozilla-Produkten wie Firefox und Thunderbird.

Im Laufe der Jahre wurde SpiderMonkey immer weiterentwickelt und durch Module ergänzt, unter anderem bzw. vor allem mit dem Ziel, die Performance zu verbessern. Diese Erweiterungen und Updates sind unter den folgenden Namen bekannt:

▸ TraceMonkey, das die Laufzeitumgebung unter anderem um Just-in-time-Kompilierung erweiterte

▸ JägerMonkey, das weitere Optimierungen der Just-in-time-Kompilierung brachte

▶ OdinMonkey, das die Laufzeitumgebung für die JavaScript-Erweiterung asm.js (*http://asmjs.org*) anpasste, mit deren Hilfe es möglich ist, JavaScript-Programme zu erstellen, die bezüglich der Ausführungsgeschwindigkeit mit Java- oder C#-Programmen vergleichbar sind

1.4.3   JavaScriptCore

Das von Apple entwickelte JavaScriptCore kommt in verschiedenen Mac-OS-Anwendungen zum Einsatz, beispielsweise im Safari-Browser. Über eine C-API und eine darauf basierende Objective-C-API ist es möglich, aus entsprechendem Code JavaScript aufzurufen und auf diese Weise JavaScript in native Mac-OS-Anwendungen zu integrieren.

1.4.4   Rhino

Rhino ist eine komplett in Java geschriebene JavaScript-Laufzeitumgebung, mit deren Hilfe JavaScript innerhalb der JVM (Java Virtual Machine) ausgeführt werden kann. Rhino wurde in den letzten Jahren von Sun bzw. Oracle etwas stiefmütterlich behandelt und ist mittlerweile in die Jahre gekommen, wird aber trotzdem noch in einigen Projekten verwendet. Prominentes Beispiel ist hier Vert.x (*http://vertx.io*), eine Plattform für die Entwicklung moderner Webanwendungen, die sich stark an Node.js orientiert und es ebenfalls ermöglicht, neben Sprachen wie Java, Groovy und Ruby (bzw. JRuby) auch JavaScript direkt auszuführen.

1.4.5   Nashorn

Nashorn ist ebenfalls eine in Java geschriebene JavaScript-Engine, seit Java 8 im JDK (Java Development Kit) enthalten. Sie gilt als Nachfolger von Rhino. JavaScript-Code wird von Nashorn in Java-Bytecode kompiliert und auf der JVM ausgeführt. Insbesondere was die Ausführungsgeschwindigkeit angeht, ist Nashorn dabei dank der mit Java 7 eingeführten Invoke-Dynamic-Anweisung deutlich schneller als Rhino.

Prinzipiell lässt sich Nashorn auf zwei verschiedene Weisen nutzen: Entweder Sie starten es ähnlich wie Node.js von der Kommandozeile aus (über das im JDK enthaltene Tool jjs), oder Sie binden es über entsprechende Klassen direkt in ein Java-Programm ein. Dabei ist es unter anderem möglich, sowohl aus Java heraus JavaScript aufzurufen als auch umgekehrt aus JavaScript Java-Code aufzurufen.

1.4.6   Dyn.js

Bei Dyn.js handelt es sich um eine weitere JavaScript-Laufzeitumgebung für die JVM, die vor allem »aus der Not« heraus entstanden ist: Die Tatsache, dass Rhino lange

Zeit nicht wirklich weiterentwickelt wurde und keine neuen Java-Features wie Invoke-Dynamic verwendete, führte in der Community zu der Reaktion, kurzerhand eine eigene Laufzeitumgebung zu entwickeln, die genau diese neuen Features nutzt und einen Geschwindigkeitsvorteil gegenüber Rhino verspricht.

1.4.7 Auswahl der richtigen Laufzeitumgebung

Welche Laufzeitumgebung Sie auswählen, hängt vom jeweiligen Projekt ab. Handelt es sich um eine Webanwendung, bei der JavaScript ausschließlich auf der Clientseite eingesetzt wird, kommen als Ziel-Laufzeitentwicklungen die der jeweiligen Browserhersteller infrage. Möchten Sie dabei verschiedene Browser unterstützen, bietet die Webseite unter *http://pointedears.de/scripts/test/es-matrix/* einen guten Überblick über den Support einzelner JavaScript-Versionen und Features. Bezogen auf die relativ neuen Features von ECMAScript 6 ist dagegen die Webseite unter *http://kangax.github.io/compat-table/es6/* ein guter Anlaufpunkt, denn hier unterstützen bei Weitem (noch) nicht alle Browser die gleichen neuen Features.

Wenn Sie mit dem Gedanken spielen, JavaScript auf der Serverseite einzusetzen, ist Node.js (das V8 verwendet) oder alternativ Vert.x (Rhino) die richtige Wahl, wobei Ersteres sicherlich populärer ist, Letzteres aber auch die Integration anderer auf der JVM laufender Sprachen ermöglicht. Wollen Sie dagegen JavaScript nur als Teilkomponente einer (bestehenden) Java- oder JEE-Anwendung integrieren, lohnt sich ein Blick auf Nashorn oder Dyn.js. Für die Integration in eine .NET-Anwendung bietet sich JavaScript .NET an, das V8 als Laufzeitumgebung verwendet.

1.4.8 Interpreter und Just-in-time-Compiler

Im Gegensatz zu Sprachen wie C++, bei denen der Quelltext vor Ausführung eines Programms in Maschinencode kompiliert wird, handelt es sich bei JavaScript um eine Sprache, bei der der Quelltext direkt zur Laufzeit von einem Interpreter ausgewertet wird. Der Vorteil von kompilierten Programmen ist, dass sie in der Regel schneller sind als Programme, die erst noch zur Laufzeit ausgewertet werden müssen. Ein Vorteil von interpretierten Programmen ist dagegen, dass sie sich (sofern eine entsprechende Laufzeitumgebung installiert ist) auf jedem Betriebssystem ohne Kompilierungsschritt ausführen lassen und somit betriebssystemunabhängig sind. Kompilierte Programme dagegen sind lediglich auf dem Zielsystem lauffähig, für das sie kompiliert wurden. Um ein solches Programm für mehrere Betriebssysteme lauffähig zu machen, muss zunächst für jedes eine entsprechende Version kompiliert werden.

JavaScript ist also eine interpretierte Sprache und somit erst einmal prinzipiell »langsamer« als kompilierte Sprachen. Um diesem Verlust entgegenzuwirken und die Ausführungsgeschwindigkeit dennoch zu steigern, arbeiten viele Laufzeitumgebungen daher mit der sogenannten *Just-in-time-Kompilierung* (*JIT-Kompilierung*). Das Prinzip ist dabei, ein Programm oder (häufig ausgeführte) Teile eines Programms zur Laufzeit in Maschinencode zu übersetzen. Solcher Maschinencode kann dann gegenüber reinem Quelltext, der erst von einem Interpreter ausgewertet werden muss, viel schneller ausgeführt werden.

1.5   Entwicklungsumgebungen

Wenn man wirklich professionell und effektiv in einer Sprache entwickeln möchte, kommt man früher oder später nicht darum herum, leistungsstarke Editoren oder Entwicklungsumgebungen (*Integrated Development Environments*, *IDEs*) zu verwenden.

Im Gegensatz zu C, C++ oder Java, in denen vermehrt IDEs zum Einsatz kommen, sind unter JavaScript- und Webentwicklern häufig auch Editoren sehr beliebt, die vor allem schlank und oft schneller in der Handhabung sind als die teilweise mit Menüs und Funktionalitäten überladenen IDEs.

1.5.1   Cloud9

Bei Cloud9 (*https://c9.io*) handelt es sich um eine Open-Source-Entwicklungsumgebung, bei der direkt im Browser entwickelt wird (siehe Abbildung 1.1). Der Dienst wird als PaaS (Platform as a Service) in der Cloud angeboten. Für jeden Workspace, den man anlegt, wird im Hintergrund eine virtuelle Maschine (VM) gestartet. Besonders praktisch dabei: Über ein Terminal erhält man (im Browser versteht sich) Kommandozeilenzugriff auf die verwendete VM und kann dort Pakete installieren, Skripte ausführen und vieles mehr, das man auch von einer »normalen« Kommandozeile her gewohnt ist.

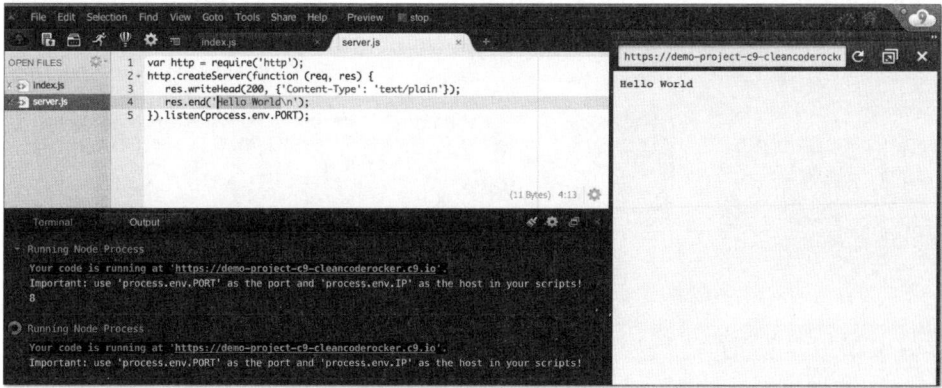

Abbildung 1.1 Screenshot der Cloud9-IDE

Innerhalb eines Projekts können mehrere Entwickler gleichzeitig am gleichen Code arbeiten, was zwar für Pair-Programming-Sessions ganz interessant ist, für den alltäglichen Gebrauch aber zu sehr die Gefahr birgt, sich gegenseitig beim Entwickeln in die Quere zu kommen. Weiterhin ermöglicht Cloud9 eine Integration mit Github. Projekte können von dort relativ einfach importiert werden.

Cloud9 ist selbst weitestgehend in JavaScript implementiert: Es verwendet Node.js auf der Serverseite sowie HTML5 und JavaScript auf der Clientseite (Sie sehen, welch komplexe Anwendungen sich mit JavaScript realisieren lassen). Als Basis dient dabei unter anderem der freie Editor Ace, ein in JavaScript programmierter Code-Editor, der über Features wie Syntax-Highlighting verfügt sowie über eine Vielzahl an Plugins erweiterbar ist.

Cloud9 unterstützt verschiedene Projekttypen, darunter auch die Entwicklung von Node.js-Projekten. Neben Editor und Terminal stehen verschiedene weitere Ansichten zur Verfügung, die sich bei Bedarf aktivieren lassen (beispielsweise eine Live-Vorschau der Anwendung). Ebenfalls integriert: ein Debugger, mit dem sich Anwendungen Schritt für Schritt untersuchen lassen.

Cloud9 ist für Open-Source-Projekte kostenlos, für kommerzielle Projekte wird ein kostenpflichtiger Account fällig. Alternativ lässt sich Cloud9 auch komplett selbst hosten.

1.5.2   Aptana Studio 3

Aptana Studio 3 (*http://www.aptana.com*) basiert auf der Eclipse-IDE (*https://eclipse.org*), erweitert diese aber um eine Reihe von Funktionalitäten, die man im Rahmen der Webentwicklung benötigt. Dazu zählen Support für die Entwicklung mit HTML, CSS, JavaScript, PHP, Ruby on Rails, Syntax-Highlighting, Code-Vervollständigung, Kommandozeilenzugriff über ein integriertes Terminal, Integration mit Git, Debugging durch Integration mit FireBug und vieles mehr (siehe Abbildung 1.2).

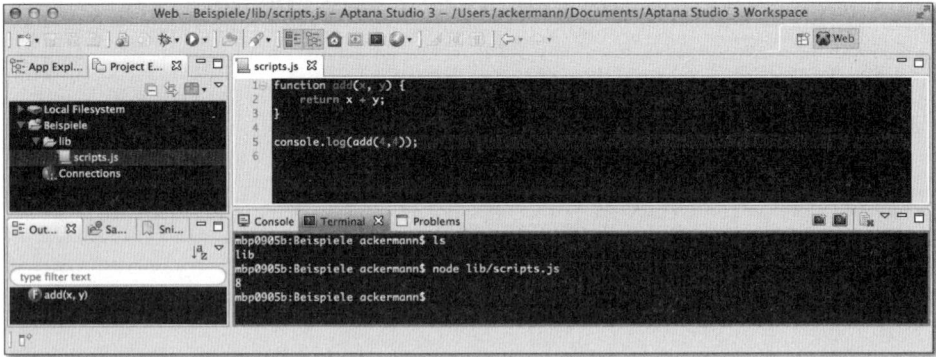

Abbildung 1.2 Screenshot der Aptana-IDE

Aptana macht seinen Job dabei schon wesentlich besser als die ebenfalls für Eclipse verfügbaren JSDT (JavaScript Development Tools), von denen ich Ihnen persönlich zum jetzigen Zeitpunkt eigentlich nur abraten kann. Zu unvollständig und unzuverlässig sind versprochene Features wie Codevervollständigung und Fehlerbehebung, so dass die Entwicklung mit JSDT weder wirklich Spaß macht noch sonderlich effektiv ist.

1.5.3   Sublime Text 2

Der Editor Sublime Text 2 (*http://www.sublimetext.com*) ist unter Webentwicklern äußerst beliebt (siehe Abbildung 1.3). Im Gegensatz zu so mancher IDE ist Sublime Text 2 sehr schnell und verfügt dennoch über eine Fülle an Features wie Syntax-Highlighting für diverse Sprachen, Codevervollständigung etc. Der Editor bietet sogar das ein oder andere Feature, das selbst schwergewichtige IDEs nicht mitbringen, beispielsweise den flexiblen Einsatz mehrerer Cursor, um so auf einfache Weise direkt mehrere Codestellen zu editieren (Multi-Edit).

Des Weiteren stehen jede Menge Plug-ins zur Verfügung, über die sich der Editor nach eigenen Wünschen anpassen lässt, etwa das Plug-in Emmet, das aus CSS-Selektoren das entsprechende HTML erzeugt, mehrere Plug-ins für die Integration von Git-Repositories, für die Integration von CSS-Präprozessoren wie SASS und vieles mehr.

Abbildung 1.3 Screenshot des Editors Sublime Text 2

Derzeit wird an einer Version 3 des Editors gearbeitet, die als Beta-Version auf der Hersteller-Seite zur Verfügung steht (*http://www.sublimetext.com/3*).

1.5.4   NetBeans

NetBeans ist eine Open-Source-Entwicklungsumgebung und wurde von Oracle vor allem für die Entwicklung von Java-Anwendungen konzipiert, lässt sich aber auch für andere Sprachen wie C, C++ oder mittlerweile auch für JavaScript verwenden und mit diversen Plug-ins weiter aufrüsten (siehe Abbildung 1.4). In den letzten Versions-Releases (beginnend mit Version 7.3) sind immer mehr Funktionalitäten für die Entwicklung von *Rich Web Applications* und *Mobile Applications* hinzugekommen mit Fokus auf den Webtechnologien wie HTML5, CSS3 und eben auch JavaScript.

Der integrierte JavaScript-Editor unterstützt dabei Syntax-Highlighting, Codevervollständigung etc. Zudem hilft NetBeans bei der Erstellung von Projekten, basierend auf populären Frameworks wie Bootstrap, Boilerplate und AngularJS.

Dank eines eingebetteten, auf WebKit basierenden Browsers ist es außerdem möglich, Anwendungen direkt aus der IDE heraus zu debuggen. Alternativ lässt sich auch Chrome als externer Browser einbinden. Auch das Ausführen von Unit-Tests für JavaScript-Code (siehe auch Kapitel 5, »Der Entwicklungsprozess«) ist über Test-Runner wie JSTestDriver oder Karma direkt aus der IDE heraus möglich. Als Versionsverwaltungssystem können außerdem Git, Subversion, Mercurial sowie CVS eingebunden werden.

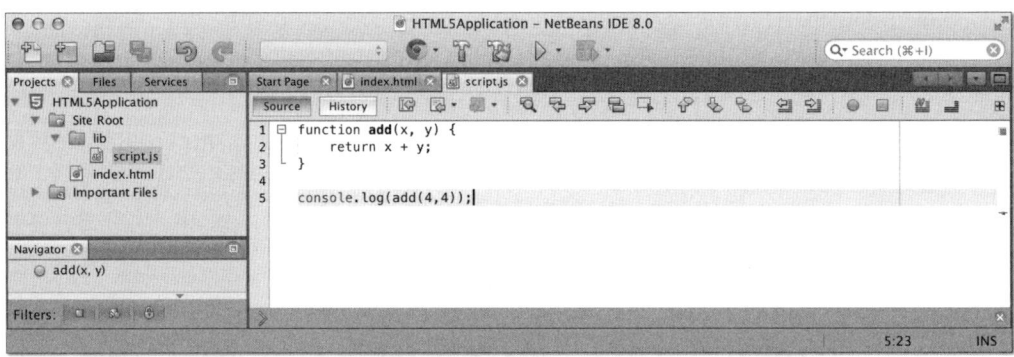

Abbildung 1.4 Screenshot der NetBeans-IDE

1.5.5 IntelliJ WebStorm

Meinen persönlichen Favoriten unter den IDEs habe ich mir für den Schluss aufgehoben: WebStorm (*http://www.jetbrains.com/webstorm*) von IntelliJ (siehe Abbildung 1.5). Das Tool ist zwar nicht kostenlos, aber mit ca. 50 € für eine Einzellizenz auch nicht wirklich teuer, und dafür bietet es doch schon einiges.

Neben den selbstverständlichen Standardfeatures wie Syntax-Highlighting und einer Codevervollständigung, die auch für eingebundene Module und Bibliotheken funktionieren, bietet Webstorm Support für die Entwicklung von Node.js-Anwendungen, automatische Code-Refactorings und viele weitere nette Features, die bei der Entwicklung sehr praktisch sind, wie etwa die Navigation per $\boxed{\text{ctrl}}$- bzw. $\boxed{\text{Strg}}$-plus Maustaste von Funktionsaufruf zu Funktionsdefinition.

WebStorm unterstützt die Erstellung von Projekten unter anderem basierend auf HTML5 Boilerplate, Bootstrap, Node.js und AngularJS.

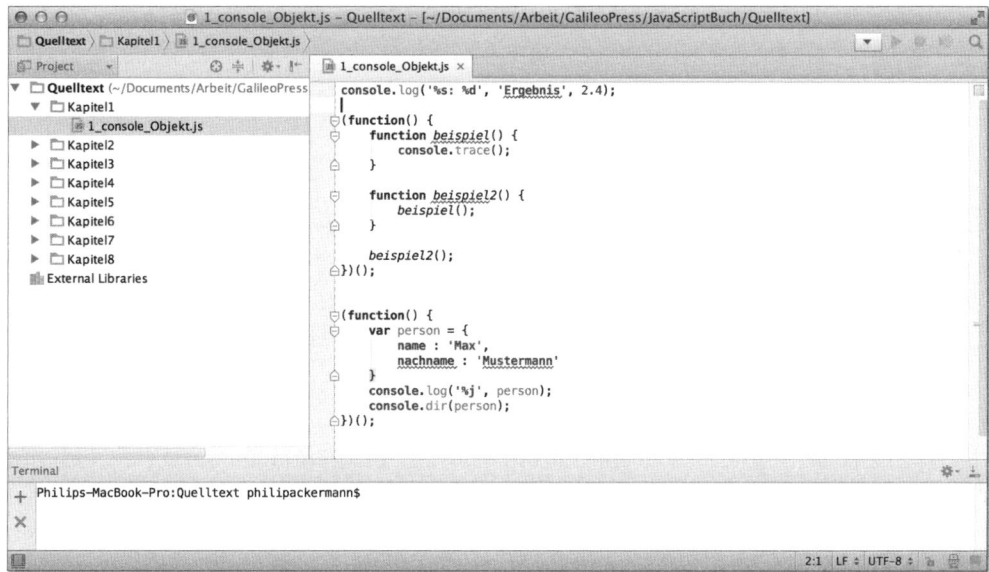

Abbildung 1.5 Screenshot der WebStorm-IDE

1.5.6   JSFiddle, JSBin und Codepen

Eine interessante Option, die Sie in Erwägung ziehen können, wenn schnell ein Java-Script-Feature implementiert, getestet und eventuell mit anderen Entwicklern geteilt werden soll, sind Online-Dienste wie JSFiddle (*http://jsfiddle.net/*, Abbildung 1.6), JSBin (*http://jsbin.com*) oder Codepen (*http://codepen.io*).

Abbildung 1.6 Screenshot des Online-Editors JSFiddle

Bei diesen Online-Tools stehen dem Entwickler im Browserfenster meist vier Bereiche zur Verfügung: jeweils einer für den HTML-, CSS- und JavaScript-Code sowie einer für das gerenderte Ergebnis. Besonders praktisch: Die Online-Dienste ermöglichen über Dropdown-Menüs das Einbinden bekannter JavaScript-Bibliotheken – ideal also, um auf die Schnelle eine bestimmte Konstellation verschiedener Bibliotheken zu testen.

1.5.7   Fazit

Welche IDE oder welchen Editor man für die JavaScript-Entwicklung verwendet, ist letztendlich Geschmackssache. Als Java-Entwickler bin ich natürlich ein bisschen Eclipse-geprägt und habe lange Zeit auch hiermit JavaScript entwickelt. Allerdings muss man einfach sagen, dass Eclipse bezüglich der JavaScript-Entwicklung einfach noch nicht ausgereift ist. Persönlich finde ich wie gesagt die WebStorm-IDE am komfortabelsten.

NetBeans ist als Alternative ebenfalls interessant, insbesondere, wenn Sie JavaScript als Bestandteil eines Java-/JEE-Projekts verwenden. Für das schnelle Testen von Funktionalitäten oder das kollaborative Entwickeln und Teilen von Quelltextbeispielen eignen sich dagegen die Online-Dienste JSFiddle, JSBin oder Codepen. Der schnelle Editor Sublime Text 2 erfordert etwas Einarbeitungszeit, wenn man ihn optimal nutzen möchte, belohnt dann aber mit vielen Features.

Neben den genannten Tools gibt es noch weitere, beispielsweise Coda (*https:// panic.com/coda*), TextMate (*http://macromates.com*) oder Espresso (*http://macrabbit.com/espresso*).

1.6   Debugging-Tools

So wie nahezu jeder Browserhersteller eine eigene JavaScript-Laufzeitumgebung verwendet, gibt es auch für jeden ein eigenes Debugging-Tool. Sollten Sie dagegen eine serverseitige JavaScript-Anwendung debuggen wollen, bietet sich unter Node.js das Modul node-inspector an. Bevor wir uns jedoch diesen Debugging-Tools zuwenden, möchte ich Ihnen kurz noch einen Weg vorstellen, über den Sie simple Ausgaben auf die Konsole schreiben können – in den meisten Fällen zwar nicht die beste Art zu debuggen, aber trotzdem oft sehr hilfreich. Die Rede ist von dem Objekt console, das sowohl in den Laufzeitumgebungen der verschiedenen Browser als auch unter Node.js zur Verfügung steht.

1.6.1   Das console-Objekt

Bei dem console-Objekt handelt es sich um ein Objekt, das erstmals durch das Firefox-Plug-in Firebug eingeführt wurde und mit dem es möglich ist, auf die Standardausgabe zu schreiben. Mittlerweile steht das console-Objekt (obwohl immer noch

nicht im Standard enthalten) in nahezu jeder JavaScript-Laufzeitumgebung zur Verfügung.

Die einzelnen Methoden, die das Objekt zur Verfügung stellt, unterscheiden sich
jedoch von Laufzeitumgebung zu Laufzeitumgebung. Um dem entgegenzuwirken,
gibt es daher bereits Bestrebungen, die API zu standardisieren. Immer unterstützt
wird aber die Methode `log()`, mit der eine einfache Konsolenausgabe erzeugt werden
kann:

```
console.log('Hallo Welt');
```

Tabelle 1.1 gibt eine Übersicht der Methoden, die von jeder Laufzeitumgebung unterstützt werden, die das `console`-Objekt bereitstellt.

Methode	Beschreibung
clear()	Leert die Konsole.
debug()	Erwartet ein oder mehrere Objekte und gibt diese auf der Konsole aus.
error()	Erwartet wie debug() ein oder mehrere Objekte und gibt diese als Fehler auf der Konsole aus. In manchen Browsern wird innerhalb der Konsole eine Fehler-Icon neben der ausgegebenen Meldung dargestellt.
info()	Hiermit werden die übergebenen Objekte als Info-Meldung auf die Konsole ausgegeben. Chrome beispielsweise gibt zusätzlich ein Info-Icon mit aus.
log()	Die wohl am häufigsten verwendete Methode von console. Loggt die übergebenen Objekte auf die Konsole.
trace()	Gibt den Stack-Trace, also den Methodenaufruf-Stack, auf die Konsole aus.
warn()	Gibt die übergebenen Objekte als Warnung auf die Konsole aus. Auch hier wird in den meisten Browsern ein entsprechendes Icon neben der Meldung ausgegeben.

Tabelle 1.1 Standardmethoden des console-Objekts

Ein besonderes nettes Feature der `log()`-Methode ist die Möglichkeit, innerhalb des
übergebenen Strings mit Platzhaltern zu arbeiten. Enthält ein String solche Platzhalter, werden die nachfolgenden Parameter bei der Ausgabe als Werte für die Platzhalter eingesetzt. Beispielsweise erzeugt der Aufruf

```
console.log('%s: %d', 'Ergebnis', 2.4);
```

die Ausgabe »Ergebnis: 2.4«.

Auf diese Weise lassen sich ebenfalls komplette Objekte in die Meldung einbauen, nämlich einfach, indem Sie den Platzhalter %j verwenden. Folgendes Programm erzeugt beispielsweise die Ausgabe {"name":"Max","nachname":"Mustermann"}:

```
var person = {
  name : 'Max',
  nachname : 'Mustermann'
}
console.log('%j', person);
```

Allerdings funktioniert das nur unter Node.js. Eine Methode, die eine ähnliche Ausgabe erzeugt, ist die Methode dir().

Hinzu kommen weitere Methoden für die formatierte Ausgabe, wie beispielsweise dirxml(), um XML- oder HTML-(Unter-)Bäume auf die Konsole auszugeben, group(), groupCollapsed() und groupEnd(), um Konsolenausgaben zu gruppieren, und table(), um Daten in Tabellenform auszugeben.

Aber wie gesagt: Nicht alle Laufzeitumgebungen bieten alle Methoden an. Eine Übersicht, welche Methoden zur Verfügung stehen, finden Sie auf den Dokumentationsseiten der jeweiligen Laufzeitumgebung: für Chrome (*https://developer.chrome.com/ devtools/docs/console-api*), Firefox (*https://developer.mozilla.org/en-US/docs/Web/ API/console*), Node.js (*http://nodejs.org/api/*). Einen guten Überblick gibt außerdem Axel Rauschmayer in seinem Blog unter *http://www.2ality.com/2013/10/console-api.html*.

1.6.2 Browser

In jedem der bekannten Browser gibt es mittlerweile ein Debugging-Tool, wobei sich die einzelnen Tools untereinander nur wenig unterscheiden. In jedem der Tools ist es beispielsweise möglich, verschiedene Arten von Breakpoints zu setzen (in dem einen Tool mehr, in dem anderen weniger), den Methoden-Stack zu begutachten, die aktuelle Variablenbelegung einzusehen, Variablen zu verändern, schrittweise im Programm weiterzugehen etc.

Firebug

Welches Tool Sie verwenden, hängt also eher davon ab, für welchen Browser Sie entwickeln. Eines der wohl bekannteren Debugging-Tools ist Firebug, ein Plug-in für Firefox, mit dem ganz allgemein verschiedene Aspekte bei der Webentwicklung überprüft werden können, so auch die Ausführung von JavaScript-Code (siehe Abbildung 1.7).

Firebug verfügt über einen JavaScript-Debugger (*https://getfirebug.com/javascript*), der es erlaubt, einzelne Breakpoints zu setzen und ausgehend davon schrittweise im

JavaScript-Code zu navigieren. Einem Breakpoint kann dabei eine boolesche Bedingung zugewiesen werden (Conditional Breakpoints), die angibt, in welchen Fällen an dem jeweiligen Breakpoint angehalten werden soll. Alternativ können Sie pauschal den Debugger immer dann pausieren lassen, wenn ein Fehler auftritt.

Zu den weiteren Features zählen Zugriff auf den Stack-Trace, Watch Expressions (über die es möglich ist, bestimmte Ausdrücke zu beobachten) sowie diverse Profiling-Optionen. Ebenfalls praktisch: Über die eingebaute Konsole lässt sich JavaScript direkt im Kontext der jeweiligen Anwendung ausführen.

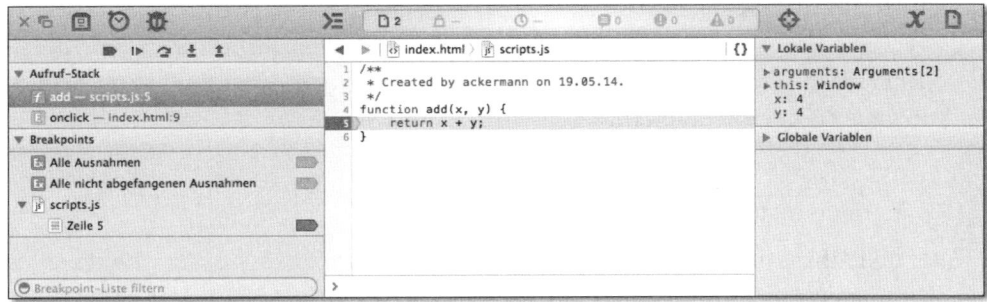

Abbildung 1.7 Firefox Firebug

Chrome Developer Tools

Die Chrome Developer Tools (CDT) (*https://developers.google.com/chrome-developer-tools/docs/javascript-debugging*) zählen unter JavaScript-Entwicklern wohl zu den beliebtesten Debugging-Tools (siehe Abbildung 1.8). Ähnlich wie in Firebug lassen sich auch unter CDT Breakpoints setzen. Neben Breakpoints, die Exceptions abfangen, gibt es dort aber zusätzlich die Möglichkeit, DOM-Breakpoints oder XHR-Breakpoints zu setzen, wodurch das jeweilige Programm bei DOM-Manipulationen oder bei Aufrufen über das XHR-Objekt zum Halten kommt.

Mittlerweile ist es sogar möglich, den Quelltext eines Projekts mit CDT zu verknüpfen, so dass sich dieser direkt aus dem Tool heraus ändern lässt.

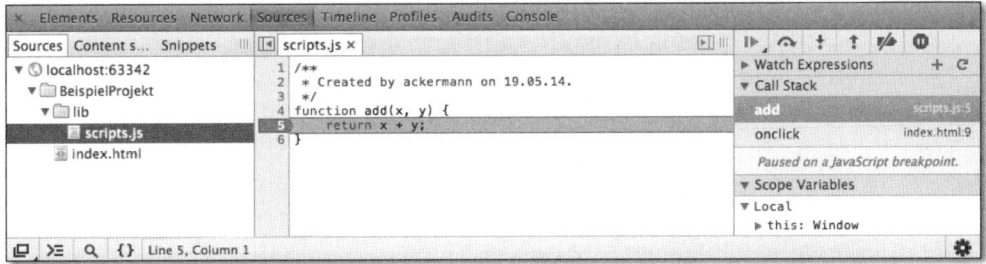

Abbildung 1.8 Chrome Developer Tools

Opera Dragonfly

Dragonfly ist der JavaScript-Debugger, der im Opera-Browser zum Einsatz kommt (*http://www.opera.com/dragonfly/documentation/debugger*). Zu den verschiedenen Breakpoint-Arten zählen normale Line-Breakpoints, die beim Erreichen einer Codezeile ausgelöst werden, Event-Breakpoints, die bei bestimmten Ereignissen ausgelöst werden, sowie Conditional Breakpoints, die ausgelöst werden, falls eine definierte boolesche Bedingung erfüllt ist.

Safari Web Inspector

Der Apple-Browser Safari enthält den sogenannten Web Inspector (*https://developer.apple.com/safari/tools*). Im Wesentlichen bietet auch dieses Tool ähnliche Features wie die oben genannten.

1.6.3 node-inspector

Bei node-inspector (*https://github.com/node-inspector/node-inspector*) handelt es sich um ein Modul für Node.js, mit dem JavaScript-Anwendungen im Debug-Modus gestartet werden können. Das Modul lässt sich, wie für Node.js-Module üblich, über den Node Package Manager (NPM) installieren. Anschließend steht Ihnen der Befehl `node-debug` zur Verfügung, über den die entsprechende JavaScript-Anwendung gestartet werden kann. Das Praktische: Eine so von der Kommandozeile gestartete Anwendung kann beispielsweise in den Chrome Developer Tools debuggt werden.

1.7   Einführung in die Sprache

In diesem Abschnitt gebe ich Ihnen eine kurze Einführung in die Sprachmittel von JavaScript. Da ich annehme, dass Sie bereits Erfahrung in mindestens einer anderen Programmiersprache haben, gehe ich hierbei nur auf das Wichtigste ein. Allgemeine Themen wie Kontrollstrukturen, Schleifen etc. behandle ich dementsprechend kurz. Das Ziel dieser Einführung ist es ohnehin, Ihnen die wichtigsten Sprach-Grundlagen zu vermitteln und aufzuzeigen, worin sich JavaScript von anderen Sprachen unterscheidet.

1.7.1   Statische Typisierung vs. dynamische Typisierung

Ein erster wichtiger Aspekt, in dem sich JavaScript von vielen anderen Sprachen unterscheidet, ist die Typisierung. Sprachen wie Java und C# verwenden eine **statische Typisierung**, das heißt, Variablen, Parameter und Objekteigenschaften haben jeweils einen festen Typ, der zur Compile-Zeit bereits bekannt ist. Die Typinformation kann vom Compiler dazu verwendet werden, Typüberprüfungen durchzuführen und somit typbedingte Fehler, die sonst erst zur Laufzeit auftreten würden, bereits zur Compile-Zeit zu erkennen.

Auch statisch typisierte Sprachen haben dynamische Typen, etwa wenn in Java (zur Compile-Zeit) als Typ eines Methodenparameters ein Interface verwendet wird und zur Laufzeit beim Methodenaufruf eine (konkrete) Klasse übergeben wird. Das Interface ist in dem Fall der statische (zur Compile-Zeit bekannte) Typ, die Klasse der dynamische (zur Laufzeit ermittelte) Typ.

JavaScript hingegen ist **vollständig dynamisch typisiert**, das heißt, alle Typen werden dynamisch zur Laufzeit ermittelt. In JavaScript ist es demnach erst gar nicht möglich, für eine Variable einen Typ anzugeben. All das wiederum bedeutet im Umkehrschluss jedoch nicht, dass es in JavaScript überhaupt keine Typen gibt. Im Vergleich zu anderen Sprachen hält sich die Anzahl verschiedener Typen nur in Grenzen und lässt sich (fast) an einer Hand abzählen.

Betrachten wir im Folgenden die verschiedenen Datentypen im Detail.

1.7.2   Datentypen und Werte

Insgesamt gibt es in JavaScript sechs verschiedene Typen. Dies sind zum einen die primitiven Datentypen String, Number und Boolean, zum anderen die speziellen Typen null und undefined sowie der Typ Object. Letzterer umfasst neben eigenen erstellten Objekten auch Arrays, reguläre Ausdrücke sowie Funktionen (dazu später mehr). Ermitteln können Sie den Typ einer Variablen übrigens mit dem typeof-Operator. Mögliche Rückgabewerte hierbei sind string, number, boolean, object, function und undefined. Sie sehen: null ist zwar ein eigener Typ, existiert aber nicht als Rückgabewert: typeof null liefert den Typ object.

Zahlen

Im Gegensatz zu Sprachen wie C und Java unterscheidet JavaScript bei Zahlen nicht zwischen Ganzzahlen und Fließkommazahlen. Alle Zahlen werden als 64-Bit-Fließkommazahlen dargestellt. Dabei kann die Dezimalschreibweise (ohne Präfix), die Hexadezimalschreibweise (mit Präfix Ox) und die Oktalschreibweise (mit Präfix O) verwendet werden. Eine Binärschreibweise, wie es sie mittlerweile beispielsweise in Java gibt, wird von JavaScript nicht angeboten.

```
var ganzZahl = 5;
var fließkommaZahl = 5.4;
console.log(typeof ganzZahl);        // number
console.log(typeof fließkommaZahl); // number
```

Listing 1.1 JavaScript unterscheidet nicht zwischen Ganzzahlen und Fließkommazahlen.

Liegt ein Wert außerhalb des Wertebereichs, wird dabei Infinity als Wert verwendet. Neben diesem Wert gibt es den Wert NaN (not a number) stellvertretend für alles, was keinem Zahlenwert entspricht, wie beispielsweise das Ergebnis einer Division durch 0.

Für das Rechnen mit Zahlen stehen wie gewohnt die Basisoperatoren für Addition, Subtraktion, Multiplikation und Division zur Verfügung. Komplexere Operationen stellt das Math-Objekt bereit.

> **Hinweis**
>
> Obwohl JavaScript bezüglich des Typs keine Unterscheidung zwischen Ganzzahlen und Fließkommazahlen macht, gibt es zwei verschiedene globale Funktionen, um aus einem String eine Zahl zu parsen: parseInt() für die Umwandlung in eine Ganzzahl, parseFloat() für die Umwandlung in eine Fließkommazahl.

Zeichenketten

Zeichenketten bzw. Strings sind in JavaScript 16-Bit-Zeichen nach der UCS-2-Kodierung, nicht etwa wie in Java nach UTF-16, und können in JavaScript ebenfalls anders als in Java sowohl durch einfache als auch durch doppelte Anführungszeichen definiert werden (es gibt keinen primitiven Datentyp char für einzelne Zeichen). Praktisch ist daran, dass die jeweils anderen Anführungszeichen innerhalb der Zeichenkette dann ohne Escape-Sequenz verwendet werden können.

```
var interpret = 'DJ Shadow';
var titel = "Endtroducing";
var meldung = "Der Titel der LP lautet \"Endtroducing\""; // mit Escape-Sequenz
var meldung2 = 'Der Titel der LP lautet "Endtroducing"';  // ohne Escape-Sequenz
```

Listing 1.2 Strings können in JavaScript sowohl mit einfachen als auch mit doppelten Anführungszeichen definiert werden.

Ob einfache oder doppelte Anführungszeichen verwendet werden, ist meist Geschmackssache. Selbst die verschiedenen JavaScript-Guidelines (auf die ich in Kapitel 5, »Der Entwicklungsprozess«, eingehen werde) vertreten diesbezüglich unterschiedliche Ansichten. Allerdings verwenden die meisten JavaScript-Entwickler tendenziell eher die Schreibweise mit einfachen Anführungszeichen.

Auf einzelne Zeichen eines Strings kann entweder über die Methode charAt() oder (seit ECMAScript 5) wie bei einem Array über [ ] zugegriffen werden. Wie auch in Java sind Strings in JavaScript unveränderlich, das heißt, Methoden, die Sie auf einem String aufrufen, verändern diesen nicht, sondern geben einen neuen String zurück.

Außerdem erwähnenswert: Strings können mit den Operatoren < und > verglichen werden.

Booleans

Zu Booleans an sich gibt es in JavaScript herzlich wenig zu sagen, bis auf eine »Kleinigkeit«, die Sie beim Testen boolescher Bedingungen im Hinterkopf haben sollten: Neben den booleschen Werten false und true interpretiert JavaScript dort nämlich auch nicht boolesche Werte: entweder als »truthy« oder als »falsy«. Die Werte null, undefined, leere Strings, 0 und NaN zählen dabei zu den Werten, die als »falsy« interpretiert werden. Alle anderen Werte werden als »truthy« interpretiert.

Dabei gelten folgende Regeln:

▶ false, 0 und leere Strings sind gleich:

```
console.log(false == 0);  // true
console.log(false == ""); // true
console.log(0 == "");     // true
```

▶ null und undefined sind nur untereinander gleich:

```
console.log(null == false);         // false
console.log(null == true);          // false
console.log(null == null);          // true
console.log(undefined == undefined); // true
console.log(undefined == null);     // true
```

▶ NaN ist zu nichts gleich, sogar zu sich selber nicht:

```
console.log(NaN == false); // false
console.log(NaN == null);  // false
console.log(NaN == NaN);   // false
```

▶ Innerhalb von booleschen Bedingungen evaluieren »truthy«-Werte zu true und »falsy«-Werte zu false:

```
console.log(false == null); // false
if(null) {
  console.log("null");
} else if(!null) {
  consolc.log("!null");    // Ausgabe
}
console.log(true == {});   // false
if({}) {
  console.log("{}");       // Ausgabe
```

```
} else if(!{}) {
  console.log("!{}");
}
```

Da es hierbei immer wieder schnell zu Verwirrungen kommen kann, wird empfohlen, statt den Gleichheits- bzw. Ungleichheitsoperatoren == und != die beiden Operatoren === und !== für den (strikten) Vergleich zweier Werte zu verwenden. Diese vergleichen neben dem Wert auch den Typ einer Variablen.

»undefined« und »null«

In JavaScript gibt es zwei verschiedene Werte, um auszudrücken, dass eine Variable nicht belegt ist: undefined und null. Der Unterschied: Bei undefined handelt es sich um eine **globale Variable**. Variablen, die nicht initialisiert wurden, nicht existente Objekteigenschaften sowie nicht vorhandene Funktionsparameter haben den Wert undefined, zeigen also auf die globale Variable. Auch Funktionen, die keinen Rückgabewert haben, liefern beim Aufruf den Wert undefined. Bei null dagegen handelt es sich um ein **Schlüsselwort**. In der Praxis werden beide Werte jedoch oft für das Gleiche verwendet: auszusagen, ob eine Variable belegt ist.

Objekte

Objekte in JavaScript sind nichts anderes als Container für Schlüssel-Wert-Paare. Über einen Schlüssel kann auf den dahinterliegenden Wert zugegriffen werden. Ein Wert kann entweder ein Literal, eine Funktion oder ein anderes Objekt sein. Der Schlüssel bezeichnet je nachdem also eine Eigenschaft oder eine Methode des Objekts.

Objekte können in JavaScript auf verschiedene Weise erstellt werden. Über *Konstruktorfunktionen*, über die sogenannte *Objekt-Literal-Schreibweise* und zu guter Letzt über die Funktion Object.create(). Für den Anfang verwenden wir die recht simple Objekt-Literal-Schreibweise und werden in Kapitel 3, »Objektorientierte Programmierung mit JavaScript«, auf die anderen Varianten zurückkommen. Ein einfaches Objekt mit einer Funktion und zwei Eigenschaften würden Sie in Objekt-Literal-Schreibweise wie folgt anlegen:

```
var person = {
  name : 'Max',
  nachname : 'Mustermann',
  sprechen : function() {
    console.log('Hallo');
  }
}
```

Listing 1.3 Objekterzeugung über die Objekt-Literal-Schreibweise

Alles, was innerhalb der geschweiften Klammern steht, stellt den Inhalt des Objekts dar. In diesem Fall sind dies die zwei Eigenschaften `name` und `vorname` sowie die Methode `sprechen()`. Einzelne Eigenschaften und Methoden werden durch Kommas separiert angegeben. Der Wert einer Eigenschaft oder die Methode stehen jeweils hinter dem Doppelpunkt.

Sie bemerken vielleicht schon eine Kuriosität: Methoden werden über das Schlüsselwort `function` eingeleitet. Dies unterscheidet sie syntaktisch erst einmal nicht von der Definition einer »normalen« Funktion. Erst in ECMAScript 6 können Objektmethoden auch ohne das Schlüsselwort über eine etwas andere Syntax definiert werden (dazu später mehr).

Der Zugriff auf Eigenschaften eines Objekts erfolgt entweder über die Punktschreibweise oder über die [ ]-Notation.

```
console.log(person.name);        // Max
console.log(person['nachname']); // Mustermann
```

Listing 1.4 Lesen von Objekteigenschaften

Hinweis

Die Punktschreibweise funktioniert nur für Eigenschaften mit gültigem Variablennamen. Für das Arbeiten mit Eigenschaften, die keinen gültigen Namen haben, beispielsweise solche mit einem Bindestrich, müssen Sie die [ ]-Notation verwenden.

Da Objekte im Gegensatz zu primitiven Datentypen veränderbar sind, können Eigenschaften auf diese Weise aber nicht nur gelesen, sondern auch geschrieben, das heißt verändert werden:

```
person.name = 'Moritz';
person['nachname'] = 'Tester';
console.log(person.name);       // Moritz
console.log(person.nachname);   // Tester
person.sprechen();              // Hallo
person['sprechen']();           // Hallo
```

Listing 1.5 Schreiben von Objekteigenschaften

Über `delete` können außerdem einzelne Objekteigenschaften komplett gelöscht werden:

```
delete person.name;
console.log(person.name); // Ausgabe: undefined
```

```
delete person['nachname'];
console.log(person.nachname); // Ausgabe: undefined
```

Listing 1.6 Löschen von Objekteigenschaften

Wir werden in Kapitel 3, »Objektorientierte Programmierung mit JavaScript«, noch eine Technik kennenlernen, die Ihnen dabei hilft, Daten innerhalb eines Objekts so zu kapseln, dass sie von außerhalb des Objekts nicht (unerlaubt) verändert oder gelöscht werden können.

Wrapper-Objekte für primitive Datentypen

Wie in vielen anderen Sprachen gibt es auch in JavaScript zu jedem primitiven Datentyp ein entsprechendes Wrapper-Objekt. Diese Wrapper-Objekte stellen jeweils verschiedene, dem jeweiligen primitiven Datentyp entsprechende Methoden bereit.

```
var ganzzahlObjekt = new Number(4);
var fließkommazahlObjekt = new Number(4.4);
var stringObjekt = new String('Hallo');
var booleanObjekt = new Boolean(true);
```

Listing 1.7 Wrapper-Objekte für die Basistypen

Allerdings sollten Sie es in der Regel vermeiden, Wrapper-Objekte überhaupt zu verwenden, da JavaScript zwischen primitiven Datentypen und Wrapper-Objekten einen Unterschied macht. Der Typ eines jeden Wrapper-Objekts ist im Gegensatz zu dem primitiven Äquivalent nämlich immer object:

```
var ganzzahl = 4;
var fließkommazahl = 4.4;
var string = 'Hallo';
var boolean = true;
console.log(typeof ganzzahl);            // number
console.log(typeof ganzzahlObjekt);      // object
console.log(typeof fließkommazahl);      // number
console.log(typeof fließkommazahlObjekt); // object
console.log(typeof string);              // string
console.log(typeof stringObjekt);        // object
console.log(typeof boolean);             // boolean
console.log(typeof booleanObjekt);       // object
```

Listing 1.8 Die Typen von primitiven Datentypen und Wrapper-Objekten stimmen nicht überein.

Problematisch wird das Ganze, wenn Sie nun zwei Variablen miteinander verglei-
chen und die eine Variable einen primitiven Datentyp verwendet, die andere dagegen ein Wrapper-Objekt, beide aber letztendlich den gleichen Wert repräsentieren:
Vergleicht man beispielsweise die beiden Variablen ganzzahl und ganzzahlObjekt aus
Listing 1.8 mit dem ==-Operator (einfache Gleichheit), erhält man zwar ein true, weil
JavaScript die automatische Typkonvertierung durchführt (dazu später mehr). Ein
Vergleich mit dem ===-Operator (strikte Gleichheit), der auch den Typ überprüft,
ergibt aber konsequenterweise ein false. Wir werden auf die Operatoren noch einmal zurückkommen, Sie können sich aber schon einmal Folgendes merken: Für
einen direkten Vergleich zwischen zwei Werten sollten Sie immer den ===-Operator
verwenden, der auch den Typ überprüft. In den meisten Fällen will man nämlich
nicht, dass JavaScript eine automatische Typkonvertierung vornimmt. Genau aus
diesem Grund sollten Sie aber auch die Wrapper-Objekte vermeiden, denn diese können unter Verwendung dieses Operators nicht mit primitiven Datentypen verglichen werden. Außerdem zu beachten: Wie weiter oben im Kapitel gesehen, gelten
Objekte als »truthy«, new Boolean(false) würde in einer booleschen Bedingung zu
true evaluieren.

Wozu dann überhaupt Wrapper-Objekte? Der Grund ist einfach: Wrapper-Objekte
werden im Hintergrund erzeugt. Beispielsweise immer dann, wenn auf einem primitiven Datentyp eine Methode aufgerufen wird. Denn dies ist eigentlich nicht
möglich: nur Objekte können Methoden haben. Dank der automatischen Typkonvertierung wandelt JavaScript aber in solchen Fällen den primitiven Datentyp in ein
temporäres Wrapper-Objekt um und ruft entsprechende Methoden auf diesem Objekt auf. Ist der Ergebniswert der Methode dann ermittelt, wird das Objekt wieder
verworfen.

Arrays

Arrays sind in JavaScript ebenfalls Objekte und können sowohl über die Konstruktorfunktion new Array() als auch über eine Literal-Kurzschreibweise deklariert werden.
Sie können ein Array also wie folgt erstellen und mit Werten befüllen:

```
var interpreten = new Array();
interpreten[0] = 'Kyuss';
interpreten[1] = 'Baby Woodrose';
interpreten[2] = 'Hermano';
interpreten[3] = 'Monster Magnet';
interpreten[4] = 'Queens of the Stone Age';
```

Listing 1.9 Erzeugung eines Arrays

Oder Sie verwenden die Kurzschreibweise:

```
var interpreten = [
  'Kyuss',
  'Baby Woodrose',
  'Hermano',
  'Monster Magnet',
  'Queens of the Stone Age'
];
```

Listing 1.10 Kurzschreibweise für die Erzeugung von Arrays

Wobei Sie bei Verwendung der Konstruktorfunktion eines im Hinterkopf haben sollten: Wird der Funktion ein einzelner Zahlenparameter übergeben, wird dieser Parameter als Länge des zu erstellenden Arrays angesehen.

```
new Array(10);
```

erzeugt somit ein Array der Länge 10, wobei die Werte alle undefined sind.

```
new Array(10, 11);
```

dagegen erzeugt ein Array der Länge 2 mit den Werten 10 und 11.

Neue Elemente können entweder wie gezeigt direkt über Angabe des Index hinzugefügt werden oder über die Array-Methode push(), die das neue Element an das bestehende Array hängt. Tabelle 1.2 gibt eine kurze Übersicht der wichtigsten Methoden von Arrays. Auf einige davon werde ich in Kapitel 2 näher eingehen, wenn wir uns den funktionalen Aspekten von JavaScript zuwenden.

Methode	Beschreibung
concat()	Hängt Elemente oder Arrays an ein bestehendes Array an.
filter()	Filtert Elemente aus dem Array auf Basis eines in Form einer Funktion übergebenen Filterkriteriums.
forEach()	Wendet eine übergebene Funktion auf jedes Element im Array an.
join()	Wandelt ein Array in eine Zeichenkette um.
map()	Bildet die Elemente eines Arrays auf Basis einer übergebenen Umwandlungsfunktion auf neue Elemente ab.
pop()	Entfernt das letzte Element eines Arrays.
push()	Fügt ein neues Element am Ende des Arrays ein.

Tabelle 1.2 Die wichtigsten Methoden von Arrays

Methode	Beschreibung
reduce()	Fasst die Elemente eines Arrays auf Basis einer übergebenen Funktion zu einem Wert zusammen.
reverse()	Kehrt die Reihenfolge der Elemente im Array um.
shift()	Entfernt das erste Element eines Arrays.
slice()	Schneidet einzelne Elemente aus einem Array heraus.
splice()	Fügt neue Elemente an beliebiger Position im Array hinzu.
sort()	Sortiert das Array, optional auf Basis einer übergebenen Vergleichs-funktion.

Tabelle 1.2 Die wichtigsten Methoden von Arrays (Forts.)

Reguläre Ausdrücke

Reguläre Ausdrücke können sowohl über eine Konstruktorfunktion erzeugt werden als auch über ein Literal. In letzterem Fall beginnen und enden sie jeweils mit einem Slash (/). In beiden Fällen sind reguläre Ausdrücke Instanzen von RegExp.

```
var mitHttp = /http/;
```

Listing 1.11 Erzeugen eines regulären Ausdrucks mit Literal-Schreibweise

Über die Methode test() können Sie prüfen, ob ein String auf einen regulären Ausdruck passt, über exec() können Sie zudem die einzelnen Teile des Strings ermitteln, die auf den regulären Ausdruck passen. Des Weiteren funktionieren reguläre Ausdrücke auch im Zusammenspiel mit Strings: Über die String-Methode replace() etwa lassen sich einzelne Teile eines Strings ersetzen, search() findet den Index einer Übereinstimmung eines Strings, split() teilt Strings optional anhand eines regulären Ausdrucks, und match() findet alle Übereinstimmungen innerhalb eines Strings.

Automatische Typkonvertierung

JavaScript verfügt, wie ich schon ansatzweise bei der Interpretierung von booleschen Ausdrücken erwähnt habe, über eine automatische Typkonvertierung. Dabei versucht JavaScript, falls notwendig, einen Typ in einen anderen Typ umzuwandeln. Wenn beispielsweise wie in Listing 1.12 versucht wird, eine Zeichenkette an einer Stelle zu verwenden, an der eigentlich eine Zahl erwartet wird, und sich die Zeichenkette in eine Zahl konvertieren lässt, führt JavaScript eine automatische Typkonvertierung durch.

```
console.log(Math.sqrt("25"));
```

Listing 1.12 Der JavaScript-Interpreter versucht, Typen, falls notwendig, automatisch zu konvertieren.

Es ist wichtig, sich bei der JavaScript-Entwicklung dieser automatischen Typkonvertierung bewusst zu sein. Denn beispielsweise auch beim Vergleich zweier Variablen über den Gleichheitsoperator == versucht der JavaScript-Interpreter, eine Typumwandlung vorzunehmen. So liefert der Vergleich 4711 == "4711" den booleschen Wert true. Erst die Verwendung des Identitätsoperators === liefert ein false, da dieser neben dem Wert auch den Typ einer Variablen überprüft.

> **Tipp**
> Für den direkten Vergleich zweier Werte sollten Sie den strikten Vergleichsoperator === verwenden.

1.7.3   Variablen und Konstanten

In JavaScript wird zwischen Variablen und Konstanten unterschieden. Wie der Name jeweils sagt, können Erstere ihren Wert ändern, Letztere dagegen nicht. Sollte man zumindest meinen.

Variablen

Variablen werden in JavaScript über die Schlüsselwörter var und (seit ECMAScript 6) let deklariert. Im Gegensatz zu streng typisierten Programmiersprachen wie Java wird dabei, wie bereits erwähnt, kein Typ angegeben. JavaScript ermittelt den Datentyp dynamisch, und zwar immer dann, wenn der Variablen ein Wert zugewiesen wird. Das heißt, eine Variable kann während der Laufzeit eines Programms durchaus ihren Typ ändern. Wobei dies in der Regel nicht als tolles Feature verstanden und eher mit Vorsicht genossen werden sollte.

```
var v = 5;
console.log(typeof v); // "number"
v = 'Hallo';
console.log(typeof v); // "string"
let w = 5;
```

Listing 1.13 Variablen sind dynamisch typisiert, können den Typ also auch während der Laufzeit ändern.

Den genauen Unterschied zwischen var und let werde ich Ihnen in Kapitel 4, »ECMAScript 6«, erklären. So viel kann ich aber schon verraten: Mit let angelegte Variablen sind nur im aktuellen Codeblock sichtbar, mit var angelegte Variablen innerhalb der gesamten Funktion, innerhalb der sie definiert wurden, oder global, falls sie nicht innerhalb einer Funktion definiert wurden.

Globale Variablen

Generell lassen sich Variablen auch ohne die Angabe von var anlegen. Lassen Sie es weg, ist die Variable automatisch global, unabhängig davon, in welchem Kontext sie angelegt wird. Globale Variablen werden dann implizit als Eigenschaften des globalen Objekts definiert, das sich je nach Laufzeitumgebung unterscheiden kann, z. B. im Browser das Objekt window (*https://developer.mozilla.org/en-US/docs/Web/API/Window*), in Node.js ein anderes spezielles Objekt (*http://nodejs.org/api/globals.html*). Variablen, die ohne var angelegt werden, können Eigenschaften des globalen Objekts überschreiben und sollten unbedingt vermieden werden.

Konstanten

Neben Variablen gibt es in JavaScript seit ECMAScript 6 die Möglichkeit, Konstanten zu definieren. Dies geschieht passenderweise über das Schlüsselwort const. Der Wert einer Konstanten kann nach der Initialisierung nicht mehr verändert werden.

```
const LOG_LEVEL_DEBUG = 'debug';
console.log(LOG_LEVEL_DEBUG); // Ausgabe: debug
LOG_LEVEL_DEBUG = 'info';
console.log(LOG_LEVEL_DEBUG); // Ausgabe: debug
```

Listing 1.14 Einsatz von Konstanten

Vor ECMAScript 6 gab es keine Konstanten, und Sie mussten diese bei Bedarf über bestimmte Techniken emulieren. In Kapitel 4, »ECMAScript 6«, in dem ich noch ein-mal auf die neue Konstantensyntax zurückkomme, werde ich Ihnen auch zeigen, welche Techniken bzw. Entwurfsmuster vor ECMAScript 6 zum Einsatz kamen, um Konstanten zu emulieren.

Namenswahl

Variablennamen müssen mit einem Buchstaben, einem Unterstrich oder dem Dollar-zeichen beginnen. Die darauffolgenden Zeichen dürfen Buchstaben, Ziffern und den Unterstrich enthalten.

1.7.4   Funktionen

Funktionen nehmen in JavaScript einen besonderen Stellenwert ein. Wir werden uns diesem Thema im nächsten Kapitel noch ausführlicher widmen, aber auf Folgendes sei schon mal hingewiesen: Funktionen sind in JavaScript »first class«. Das bedeutet, Funktionen können als Parameter anderer Funktionen verwendet werden, Variablen zugewiesen oder als Rückgabewert einer Funktion verwendet werden.

Ähnlich wie reine Objekte können auch Funktionen auf verschiedene Weise erstellt werden:

▶ über eine Funktionsanweisung (*function statement*)
▶ über einen Funktionsausdruck (*function expression*)
▶ über den Konstruktor des Function-Objekts

Funktionen erzeugen über Funktionsanweisung

Eine einfache Funktion sehen Sie in Listing 1.15. Sie sehen: Weder Parameter noch Typ des Rückgabewertes werden dabei explizit angegeben. Die Funktion erlaubt prinzipiell also einerseits die Addition zweier Zahlen, könnte aber auch zwei Strings konkatenieren. Oder eine Zahl und einen String. Oder umgekehrt. Oder zwei boolesche Werte.

```
function addition(zahl1, zahl2) {
  return zahl1 + zahl2;
};
```

Listing 1.15 Deklaration einer Funktion über eine Funktionsanweisung

Um explizit nur Zahlen als Parameter zu erlauben, ist dagegen eine manuelle Typüberprüfung notwendig:

```
function addition(zahl1, zahl2) {
  if((typeof zahl1 !== "number") || (typeof zahl2 !== "number")) {
    throw new TypeError("Parameter müssen Zahlen sein.");
  }
  return zahl1 + zahl2;
};
```

Listing 1.16 Überprüfung des Typs von Funktionsparametern

Funktionen erzeugen über Funktionsausdruck

Alternativ zur Funktionsanweisung können Sie sogenannte *Funktionsausdrücke* verwenden, um Funktionen zu definieren. Hierbei wird die Funktion direkt einer Variablen zugewiesen. Über diese Variable kann dann später die Funktion aufgerufen werden.

```
var addition = function additionsFunktion(zahl1, zahl2) {
  return zahl1 + zahl2;
};
```

Listing 1.17 Deklaration einer Funktion über einen Funktionsausdruck

Der Name der Funktion selbst (`additionsFunktion`) kann auch weggelassen werden:

```
var addition = function(zahl1, zahl2) {
  return zahl1 + zahl2;
};
```

Listing 1.18 Deklaration einer anonymen Funktion und Zuweisung an Variable

> **Hinweis**
>
> Der Name der ursprünglichen Funktion wird in der Eigenschaft `name` gespeichert. Im ersten Beispiel enthält `addition.name` den Wert `additionsFunktion`, im zweiten Beispiel ist der Wert leer (» «). Aufgerufen wird die Funktion in beiden Fällen über `addition()`.

Funktionen erzeugen über Konstruktorfunktion

Alternativ kann eine Funktion auch über den `Function`-Konstruktor definiert werden. Als Parameter bekommt dieser Konstruktor den Funktionskörper (als String) sowie optional die Namen der Parameter, die die zu erstellende Funktion entgegennehmen soll. Der Funktionskörper steht dabei an letzter Stelle.

```
var addition = new Function("zahl1", "zahl2", "return zahl1 + zahl2");
```

Listing 1.19 Deklaration einer Funktion über den Function-Konstruktor

In der Praxis sollten Sie jedoch vermeiden, Funktionen auf diese Weise zu erstellen, weil der Funktionskörper erst dann geparst wird, wenn der `Function`-Konstruktor innerhalb des Programms aufgerufen wird. Außerdem funktionieren solche Funktionen nicht im Zusammenspiel mit Closures, einem Feature, das Sie im nächsten Kapitel kennenlernen werden (siehe Abschnitt 2.5.3).

Arrow-Funktionen

Mit der Version ECMAScript 6 gibt es eine weitere Möglichkeit, Funktionen besonders platzsparend zu definieren. Die Syntax, die dazu eingeführt wird, läuft unter dem Namen *Arrow Function* und erinnert an Konstrukte aus anderen funktional orientierten Sprachen wie Groovy und Scala oder an Lambda-Ausdrücke, wie sie beispielsweise mit Java 8 eingeführt wurden:

```
var addition = x => { return x + x };
```

Listing 1.20 Deklaration einer Funktion als Arrow Function

Kleiner Vorgriff an dieser Stelle: Viel wichtiger als die kompaktere Schreibweise ist etwas anderes, das sogenannte this-Binding, aber dazu mehr in Kapitel 4, wenn ich Ihnen die neuen Features aus ECMAScript 6 vorstelle.

Funktionen aufrufen

Nachdem Sie nun eine Funktion erzeugt haben (auf welche Art und Weise auch immer), können Sie die entsprechende Funktion wie folgt aufrufen:

```
var ergebnis = addition(2, 2);
console.log(ergebnis);  // Ausgabe: 4
var ergebnis2 = addition('Hallo ', 'Welt');
console.log(ergebnis2); // Ausgabe: Hallo Welt
```

Listing 1.21 Aufruf einer Funktion

Dynamische Anzahl an Funktionsparametern

Jedes Mal, wenn eine Funktion aufgerufen wird, steht innerhalb der Funktion implizit ein Objekt mit dem Namen arguments zur Verfügung, in dem die Funktionsargumente bzw. Funktionsparameter enthalten sind, die beim Funktionsaufruf übergeben wurden. Dieses Objekt ist zwar »Array-ähnlich«, aber kein wirkliches Array. Konkret bedeutet das, dass dieses Objekt wie Arrays über eine Eigenschaft length verfügt und es auch möglich ist, über Indizes auf die einzelnen Elemente zuzugreifen. Array-Methoden wie concat(), slice() oder forEach() stehen jedoch nicht zur Verfügung.

Besonders häufig wird das arguments-Objekt dann verwendet, wenn eine Funktion mit beliebig vielen Parametern oder einer variablen Anzahl an Parametern aufgerufen werden können soll, z. B. die in Listing 1.22 gezeigte Additionsfunktion, die beliebig viele Zahlen miteinander addiert:

```
function addiereAlle() {
  var ergebnis = 0;
  for(var i=0; i<arguments.length; i++) {
    ergebnis += arguments[i];
  }
  return ergebnis;
}
```

Listing 1.22 Zugriff auf das arguments-Objekt

Seit ECMAScript 6 gibt es jedoch eine neue, bevorzugte Art, um eine beliebige Anzahl von Parametern zu erlauben: rest-Parameter. Diese sind vergleichbar mit Varargs in Java. Die generische Additionsfunktion von eben würde mit rest-Parameter wie folgt aussehen:

```
function addiereAlle2(...zahl) {
  var ergebnis = 0;
  for(var i=0; i<zahl.length; i++) {
    ergebnis += zahl[i];
  }
  return ergebnis;
}
```

Listing 1.23 Variable Anzahl von Funktionsparametern in ECMAScript 6

1.7.5   Operatoren

Neben den Standardoperatoren, die in JavaScript prinzipiell wie in anderen Sprachen funktionieren, bietet JavaScript einige Operatoren, die etwas erklärungsbedürftig sind, so beispielsweise die Vergleichsoperatoren und die Operation, um Typen und Objektinstanzen zu überprüfen.

Vergleichsoperatoren

Tabelle 1.3 gibt eine Übersicht der in JavaScript zur Verfügung stehenden Vergleichsoperatoren.

Operation	Operator	Beschreibung
Gleichheit	==	Liefert true, wenn die Operanden gleich sind.
Ungleichheit	!=	Liefert true, wenn die Operanden nicht gleich sind.
strikte Gleichheit	===	Liefert true, wenn die Operatoren gleich sind und außerdem den gleichen Datentyp haben.
strikte Ungleichheit	!==	Liefert true, wenn die Operatoren nicht gleich sind und/oder nicht den gleichen Datentyp haben.
größer als	>	Liefert true, wenn der linke Operand größer als der rechte Operand ist.
größer oder gleich	>=	Liefert true, wenn der linke Operand größer als der rechte Operand oder gleich dem rechten Operanden ist.

Tabelle 1.3 Vergleichsoperatoren in JavaScript

Operation	Operator	Beschreibung
kleiner als	<	Liefert true, wenn der linke Operand kleiner als der rechte Operand ist.
kleiner oder gleich	<=	Liefert true, wenn der linke Operand kleiner als der rechte Operand oder gleich dem rechten Operanden ist.

Tabelle 1.3 Vergleichsoperatoren in JavaScript (Forts.)

Arithmetische Operatoren

Tabelle 1.4 zeigt die arithmetischen Operatoren, die Ihnen in JavaScript zur Verfügung stehen.

Operation	Operator	Beschreibung
Modulo	%	Liefert den ganzzahligen Rest der Division der beiden Operanden.
Inkrement	++	Unärer Operator, der den Operanden um eins erhöht. Kann sowohl als Präfix- als auch als Postfix-Operator verwendet werden.
Dekrement	--	Unärer Operator, der eins vom Operanden subtrahiert. Kann sowohl als Präfix- als auch als Postfix-Operator verwendet werden.
unäre Negation	!	unärer Operator, der die Negation des Operanden liefert

Tabelle 1.4 Arithmetische Operatoren in JavaScript

Logische Operatoren

Tabelle 1.5 zeigt die logischen Operatoren aus JavaScript.

Operation	Operator	Beschreibung
logisches UND	&&	Binärer Operator, der den ersten Operanden zurückgibt, falls dieser false ergibt. Ansonsten wird der zweite Operand zurückgegeben.

Tabelle 1.5 Logische Operatoren in JavaScript

Operation	Operator	Beschreibung
logisches ODER	||	Binärer Operator, der den ersten Operanden zurückgibt, falls dieser `true` ergibt. Ansonsten wird der zweite Operand zurückgegeben.
logisches NICHT	!	unärer Operator, der den Operanden negiert, also aus einem `false` ein `true` macht und umgekehrt

Tabelle 1.5 Logische Operatoren in JavaScript (Forts.)

Bitweise Operatoren

In Tabelle 1.6 sehen Sie die bitweisen Operatoren, die Ihnen in JavaScript zur Verfügung stehen.

Operation	Operator	Beschreibung
bitweises UND	&	Überprüft für jede Bitposition, ob der jeweilige Wert bei **beiden** Operanden 1 ist. Wenn ja, liefert die Operation eine 1 zurück, andernfalls eine 0.
bitweises ODER	|	Überprüft für jede Bitposition, ob der jeweilige Wert bei **einem der beiden** Operanden 1 ist. Wenn ja, liefert die Operation eine 1 zurück, andernfalls eine 0.
bitweises XOR	^	Überprüft für jede Bitposition, ob der jeweilige Wert bei **genau einem der beiden** Operanden 1 ist. Wenn ja, liefert die Operation eine 1 zurück, andernfalls eine 0.
bitweises NICHT	~	unärer Operator, der die einzelnen Bits des Operanden invertiert
bitweise Linksverschiebung	<<	bitweise Linksverschiebung des linken Operanden um Anzahl der Stellen, die durch den rechten Operanden definiert wird
bitweise Rechtsverschiebung mit Beachtung des Vorzeichens	>>	bitweise Rechtsverschiebung des linken Operanden um Anzahl der Stellen, die durch den rechten Operanden definiert wird

Tabelle 1.6 Bitweise Operatoren in JavaScript

Operation	Operator	Beschreibung
bitweise Rechts-verschiebung ohne Beachtung des Vorzeichens	>>>	bitweise Rechtsverschiebung des linken Operanden um Anzahl der Stellen, die durch den rechten Operanden definiert wird ohne Beachtung des Vorzeichens

Tabelle 1.6 Bitweise Operatoren in JavaScript (Forts.)

Spezielle Operatoren

Neben den genannten Operatoren stehen in JavaScript eine Reihe spezieller Operatoren zur Verfügung. Tabelle 1.7 gibt eine Übersicht.

Operation	Operator	Beschreibung
konditionaler Operator	`<Bedingung> ? <Wert1> : <Wert2>`	tertiärer Operator, der abhängig von einer Bedingung (erster Operand) einen von zwei Werten zurückgibt (die durch den zweiten und dritten Operanden definiert werden)
Löschen von Objekten, Objekteigenschaften oder Elementen innerhalb eines Arrays	`delete`	Erlaubt das Löschen von Elementen in einem Array, das Löschen von Objekten sowie das Löschen von Objekteigenschaften.
Existenz einer Eigenschaft in einem Objekt	`<eigenschaft> in <objekt>`	Überprüft, ob eine Eigenschaft in einem Objekt vorhanden ist.
Typüberprüfung	`<objekt> instanceof <typ>`	binärer Operator, der überprüft, ob ein Objekt von einem Typ ist
Typbestimmung	`typeof <operand>`	Ermittelt den Datentyp des Operanden. Der Operand kann dabei ein Objekt, ein String, eine Variable oder ein Schlüsselwort wie `true` oder `false` sein. Optional kann der Operand in Klammern angegeben werden.

Tabelle 1.7 Spezielle Operatoren in JavaScript

1.7.6   Kontrollstrukturen und Schleifen

Kontrollstrukturen und Schleifen funktionieren in JavaScript ähnlich wie in Java oder C#. Erwarten Sie also in diesem Abschnitt keine großen Überraschungen. Ein paar kleine gibt es dennoch.

if/else

Listing 1.24 zeigt die Verwendung einer if-else-Kontrollstruktur:

```
if(i > 8) {
  console.log("i ist größer als 8");
} else {
  console.error("i ist kleiner oder gleich 8");
}
```

Listing 1.24 Verwendung der if-else-Anweisung

Im Gegensatz zu beispielsweise Java lassen sich in JavaScript innerhalb der if-Klausel nicht nur boolesche Werte, sondern Werte beliebigen Typs verwenden. Erinnern Sie sich: Jeder Wert in JavaScript evaluiert innerhalb boolescher Bedingungen entweder zu true oder false. Insbesondere die Tatsache, dass undefined und null zu false evaluieren, ist in der Praxis sehr bequem.

Um beispielsweise innerhalb einer Funktion zu überprüfen, ob ein Parameter einer Funktion definiert ist, reicht statt folgender Überprüfung …

```
function beispiel(parameter) {
  if(parameter !== undefined && parameter !== null) {
    console.log("Definiert und nicht null");
  }
}
```

Listing 1.25 Klassische Verwendung boolescher Bedingungen

… folgender Code:

```
function beispiel(parameter) {
  if(parameter) {
    console.log("Definiert und nicht null");
  }
}
```

Listing 1.26 Da JavaScript jeden Wert als »true« oder »false« interpretiert, können viele boolesche Bedingungen einfacher ausgedrückt werden.

switch

Mehrfachverzweigungen können in JavaScript über die switch-Anweisung definiert werden, ebenfalls wie aus anderen Sprachen bekannt. Hierbei unterstützt die switch-Klausel Werte beliebigen Typs. (Als Hintergrundinformation: In Java war es beispielsweise lange nicht möglich, String-Werte als Werte für switch-Anweisungen zu verwenden.) Aufgrund der dynamischen Eigenschaften von JavaScript ist es zudem möglich, die Werte für die einzelnen case-Ausdrücke dynamisch über Funktionsaufrufe ermitteln zu lassen (in Java beispielsweise müssen die Werte Konstanten sein). Ergeben dabei mehrere Funktionsaufrufe den gleichen Wert, wird der case-Ausdruck ausgewählt, der zuerst eintritt.

```javascript
function gibVier() {
  return 4;
}
function gibAuchVier() {
  return 4;
}
var s = 4;
switch(s) {
  case gibVier(): console.log("gibVier"); break;
  case gibAuchVier(): console.log("gibAuchVier"); break;
  default: console.log("nichts");
}
// Ausgabe des Programms: gibVier
```

Listing 1.27 Verwendung der switch-Anweisung

Schleifen

Bezüglich Schleifen gibt es in JavaScript keine großen Überraschungen: Es stehen while-, do-while- sowie for-Schleifen zur Verfügung. Ein Countdown von 10 bis 1 sähe jeweils wie folgt aus:

```javascript
var i = 10;
while (i > 0) {
  console.log(i);
  i--;
}
```

Listing 1.28 Verwendung einer while-Schleife

```
do {
  console.log(i);
  i--;
} while (i > 0);
```

Listing 1.29 Verwendung einer do-while-Schleife

```
for (var i = 10; i > 0; i--) {
  console.log(i);
}
```

Listing 1.30 Verwendung der for-Schleife

Neben diesen Standardschleifen gibt es weitere Schleifenarten, mit denen Sie beispielsweise über die Eigenschaften eines Objekts iterieren können: die for...in-Schleife, die dabei in jeder Iteration den Namen der Eigenschaft zurückgibt, sowie die (in ECMAScript 6 neu eingeführte) for...of-Schleife, die in jeder Iteration den Wert hinter der Eigenschaft zurückgibt. Beide Schleifentypen werden wir in Kapitel 4, »ECMAScript 6«, besprechen.

1.7.7   Fehlerbehandlung

Eine Fehlerbehandlung gibt es in JavaScript erst seit ECMAScript 3. Davor gab es keine Möglichkeit, Fehler in irgendeiner Art und Weise zu behandeln. Dies ist mitunter einer der Gründe, warum viele Dinge in JavaScript vom Interpreter stillschweigend hingenommen werden, ohne dass überhaupt ein Fehler geworfen wird.

Prinzipiell funktioniert die Fehlerbehandlung seit ECMAScript 3 ähnlich wie auch in Java oder C#. Fehler werden über throw geworfen und in einem try-catch-finally-Konstrukt gefangen. Ein throws wie in Java, das dazu dient, in der Methodendeklaration anzugeben, welche Fehler eine Methode werfen kann, gibt es in JavaScript dagegen nicht.

Zudem gibt es einige weitere Unterschiede: So können im Grunde genommen beliebige Objekte mit throw geworfen werden. Es ist allerdings guter Stil, ein Objekt vom Typ Error zu werfen. Standardmäßig bietet JavaScript bereits einige Fehlerobjekte, die Sie Tabelle 1.8 entnehmen können. Weitere Fehlertypen lassen sich definieren, indem man von einem dieser Fehlerobjekte ableitet. Wie Sie von Objekten ableiten und wie generell Vererbung in JavaScript funktioniert, zeige ich Ihnen in Kapitel 3, »Objektorientierte Programmierung mit JavaScript«.

Fehler	Beschreibung
Error	Dies ist das Basisobjekt für alle Arten von Fehlern und entspricht in etwa dem, was man als Java-Entwickler als Runtime Exception bezeichnet: ein Fehler, der zur Laufzeit auftreten kann. Von Error sollten Sie ableiten, falls Sie ein eigenes Fehlerobjekt erstellen wollen.
EvalError	Wird geworfen, falls beim Aufruf der eval()-Methode ein Fehler auftritt, also der Methode, die JavaScript-Code in Form eines Strings entgegennimmt und auswertet.
SyntaxError	Tritt auf, wenn der JavaScript-Interpreter auf invaliden Code trifft.
RangeError	Repräsentiert den Fehlerfall, dass ein Wert nicht im gültigen Wertebereich liegt.
TypeError	Repräsentiert den Fehlerfall, dass ein Wert nicht von einem erwarteten Typ ist.
ReferenceError	Tritt auf, falls eine nicht existente Variable referenziert wird.
URIError	Wird geworfen, wenn beim Parsen einer URL ein Fehler auftritt.

Tabelle 1.8 Die Standardfehlertypen im Überblick

Hinweis

Ein weiterer Unterschied zu anderen Programmiersprachen ist, dass es in JavaScript in einem try-catch-finally-Konstrukt nur ein einziges catch geben kann. Dies ist leicht nachvollziehbar, gibt es doch aufgrund fehlender statischer Typisierung keine Ausdrucksmittel, um verschiedene catch-Typen auszuzeichnen.

Der Vollständigkeit halber: Eine Ausnahme bildet hier die Laufzeitumgebung, die in Firefox verwendet wird. Hier ist es möglich, verschiedene catch-Klauseln zu verwenden:

```
try {
  throw new RangeError();
} catch (error if error instanceof TypeError) {
  console.log("TypeError");
} catch (error if error instanceof RangeError) {
  console.log("RangeError");
}
```

Listing 1.31 Mehrere catch-Klauseln gibt es nicht in allen Laufzeitumgebungen.

1.7.8   Sonstiges Wissenswertes

Herzlichen Glückwunsch! Mit den Informationen aus dem bisherigen Kapitel wissen Sie schon über die wichtigsten Grundlagen von JavaScript Bescheid. Im Folgenden seien nur noch kurz einige weitere Aspekte erwähnt, bevor wir uns dann ab Kapitel 2 den etwas komplexeren Themen zuwenden.

Semikolons

Semikolons hinter Anweisungen sind in JavaScript zwar optional und werden bei Fehlen vom JavaScript-Interpreter selbstständig eingefügt. Da dies aber nicht immer so geschieht, wie man es erwartet, sollten Sie sich angewöhnen, jede JavaScript-Anweisung mit einem Semikolon zu schließen.

Kommentare

In JavaScript stehen Ihnen zwei verschiedene Arten von Kommentaren zur Verfügung: Einzeilige Kommentare beginnen mit einem Doppelslash (//), mehrzeilige Kommentare beginnen mit einem /* und enden mit einem */.

Schlüsselwörter

Folgende Schlüsselwörter gibt es in JavaScript und können folglich nicht als Variablennamen verwendet werden: abstract, boolean, byte, case, catch, char, class, const, debugger, default, do, double, enum, export, extends, final, finally, float, goto, implements, import, instanceof, int, interface, let, long, native, package, private, protected, public, short, static, super, switch, synchronized, throw, throws, transient, try, volatile und yield.

Sie sehen: Es gibt eine ganze Reihe von Schlüsselwörtern, wie beispielsweise interface, package oder private, die man aus Java oder C# kennt und die auf gewisse Funktionalitäten hindeuten mögen. Aber ich muss Sie enttäuschen: In JavaScript gibt es weder Interfaces noch Packages noch Support für private Variablen. In Kapitel 3, »Objektorientierte Programmierung mit JavaScript«, werde ich Ihnen aber einige Techniken vorstellen, wie Sie entsprechende Features emulieren können.

Strikter Modus

JavaScript verfügt seit ECMAScript 5 über einen sogenannten strikten Modus (*strict mode*), bei dem es gewisse Einschränkungen gibt, der aber gerade deswegen letztendlich zu robusterem Code führt.

Beispielsweise wird ein Fehler erzeugt, wenn man vergisst, eine Variable mit Schlüsselwort var oder let anzulegen (wodurch implizit eine globale Variable angelegt werden würde).

```
"use strict";
var variable = 4;
variable2 = 4711; // Führt zu dem Fehler "variable2 is not defined"
```

Listing 1.32 Verwendung des strikten Modus

Weitere Dinge, die im strikten Modus nicht erlaubt sind: Verwendung mehrerer gleichnamiger Namen für Objekteigenschaften oder Funktionsparameter, Überschreiben der globalen Variablen undefined sowie des arguments-Objekts und vieles mehr. Ob der strikte Modus innerhalb eines Programms verwendet werden soll, kann dabei entweder global oder auf Funktionsebene angegeben werden.

1.8   Zusammenfassung und Ausblick

Neben einer kurzen Historie über JavaScript haben Sie in diesem Kapitel gelernt, welche Laufzeitumgebungen und welche Entwicklungsumgebungen es für JavaScript gibt. Außerdem habe ich Ihnen eine Einführung in die Syntax und die grundlegenden Sprachelemente gegeben. Einige der Dinge werden wir in den nächsten Kapiteln vertiefen, beispielsweise die funktionalen und objektorientierten Aspekte.

▶ JavaScript hat zwei wesentliche Vorbilder: die Sprache Self, von der JavaScript die funktionalen Einflüsse geerbt hat, und die Sprache Scheme, von der die prototypischen Einflüsse stammen.

▶ JavaScript kommt in vielen Bereichen zum Einsatz: bei der Entwicklung von Webanwendungen, mobilen Anwendungen, Desktop-Anwendungen und Embedded-Anwendungen. Dabei ist JavaScript nicht nur auf Clientseite einsetzbar, sondern auch auf Serverseite.

▶ Für JavaScript gibt es verschiedene Laufzeitumgebungen. Grob gesagt kann man zwischen solchen Laufzeitumgebungen unterscheiden, die auf Clientseite (also im Browser) zum Einsatz kommen, und solchen, die auf Serverseite verwendet werden.

▶ Mittlerweile gibt es viele gute Editoren und Entwicklungsumgebungen für die Entwicklung von JavaScript-Anwendungen.

▶ Für das Debugging lassen sich am besten die in den verschiedenen Browsern eingebauten Tools verwenden. Diese lassen sich in den meisten Fällen sogar in die verschiedenen Entwicklungsumgebungen integrieren bzw. aus dem Debug-Modus einer Anwendung heraus aufrufen.

▶ JavaScript ist dynamisch typisiert und kennt sechs unterschiedliche Typen: number, string, boolean, undefined, null und object.

▶ Die Sprachmittel von JavaScript sind ähnlich denen anderer Programmiersprachen. Im Detail muss man aber bestimmte Dinge beachten, wie etwa bei der Deklaration von Strings, dem Vergleich von booleschen Werten und beispielsweise der `switch`-Anweisung.

Im folgenden Kapitel werde ich Ihnen zeigen, welch hohen Stellenwert Funktionen in JavaScript einnehmen, sowie Ihnen die funktionalen Aspekte vorstellen, die sich daraus ergeben. Zudem werde ich Ihnen einige funktionale Techniken zeigen, die für die professionelle JavaScript-Entwicklung wichtig sind und Grundlage für viele Entwurfsmuster bilden.

Kapitel 2
Funktionen und funktionale Aspekte

Die funktionalen Aspekte von JavaScript bilden die Grundlage für viele Entwurfsmuster dieser Sprache, ein Grund, sich diesem Thema direkt zu Beginn zu widmen.

Eine der wichtigsten Eigenschaften von JavaScript ist, dass es sowohl funktionale als auch objektorientierte Programmierung ermöglicht. Dieses und das folgende Kapitel stellen die beiden Programmierparadigmen kurz vor und erläutern anschließend jeweils im Detail die Anwendung in JavaScript. Ich starte bewusst mit den funktionalen Aspekten, weil viele der in Kapitel 3, »Objektorientierte Programmierung mit JavaScript«, beschriebenen Entwurfsmuster auf diesen funktionalen Grundlagen aufbauen.

Ziel dieses Kapitels ist es nicht, aus Ihnen einen funktionalen Programmierprofi zu machen. Nicht falsch verstehen, aber das wäre auf knapp 60 Seiten schon recht sportlich. Vielmehr ist mein Ziel, Ihnen die wichtigsten funktionalen Konzepte, die bei der JavaScript-Entwicklung zum Einsatz kommen, zu veranschaulichen und Ihnen zu jedem Konzept Einsatzgebiete und Anwendungsbeispiele vorzustellen.

2.1 Die Besonderheiten von Funktionen in JavaScript

Fassen wir kurz die Punkte aus dem letzten Kapitel zusammen, die Sie dort über Funktionen gelernt haben:

▶ Funktionen werden in JavaScript durch Objekte repräsentiert und über das Schlüsselwort `function` definiert (es sei denn, Sie definieren in ES6 eine Arrow-Funktion oder eine Objektmethode, dazu später mehr).

▶ Funktionen können auf unterschiedliche Arten erzeugt werden: über eine Funktionsanweisung, über einen Funktionsausdruck, über den Aufruf der Konstruktorfunktion `Function` und seit ECMAScript 6 als Arrow-Funktion.

▶ Implizit hat man innerhalb der Funktion Zugriff auf alle Funktionsparameter über das `arguments`-Objekt.

Lassen Sie mich im Folgenden auf diese einzelnen Punkte genauer eingehen sowie einige weitere Eigenschaften und Besonderheiten von Funktionen in JavaScript vorstellen.

2.1.1   Funktionen sind First-Class-Objekte

In JavaScript werden Funktionen durch Objekte repräsentiert, genauer gesagt als Instanzen des Function-Objekts. Legt man beispielsweise folgende Funktion an, ...

```
function addition(x, y) {
  return x + y;
}
```

Listing 2.1 Definition einer Funktion

... wird eigentlich, wie in Abbildung 2.1 zu sehen, ein Funktionsobjekt mit dem Namen addition erzeugt sowie weiterhin eine gleichnamige Variable (addition), die auf dieses Funktionsobjekt zeigt.

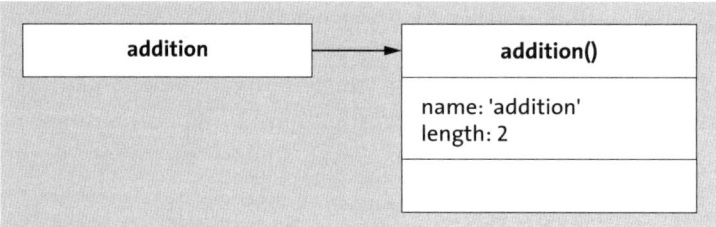

Abbildung 2.1 Funktionen werden durch Objekte repräsentiert.

Jedes Funktionsobjekt verfügt dabei standardmäßig über drei Eigenschaften: name enthält den Namen der Funktion, length die Anzahl an (in der Deklaration definierten) Funktionsparametern und prototype den sogenannten Prototyp der Funktion. Letztere bezeichnet kurz gesagt das Objekt, auf dem das jeweilige Funktionsobjekt basiert. Details dazu gibt es im nächsten Kapitel, wenn es an die objektorientierten und prototypischen Aspekte von JavaScript geht.

Neben diesen drei Eigenschaften hat jede Funktion ihrerseits eigene Funktionen bzw. Methoden: bind(), apply() und call(). Abschnitt 2.2, »Standardmethoden jeder Funktion«, beschreibt, wozu diese Methoden gut sind und in welchen Fällen man sie benötigt.

Definition von Methoden und Funktionen

Im Weiteren wollen wir Funktionen, die als Eigenschaft eines Objekts oder einer anderen Funktion definiert werden, wie im Programmierjargon üblich *Methoden* nennen. Funktionen, die für sich stehen, nennen wir weiterhin *Funktionen*.

Funktionen sind also Objekte. Das bedeutet aber auch, dass sie an allen Stellen verwendet werden können, an denen auch »normale« Objekte verwendet werden können: Sie können Variablen zugewiesen werden, als Werte innerhalb von Arrays verwendet werden, innerhalb von Objekten oder gar innerhalb anderer Funktionen definiert werden und als Parameter oder Rückgabewert von Funktionen verwendet werden. Lassen Sie mich Ihnen die einzelnen genannten Fälle kurz anhand von ein paar Quelltextbeispielen vorstellen.

Definition von Funktionen erster Klasse

Aufgrund ihrer Repräsentation durch Objekte sowie der gerade beschriebenen Verwendungsmöglichkeiten von Funktionen im Code spricht man in diesem Zusammenhang auch von *Funktionen erster Klasse* (*First-Class Functions*). Funktionen haben den gleichen Stellenwert wie Objekte oder primitive Datentypen, sie sind »first class«. Funktionen, die andere Funktionen als Parameter erwarten oder als Rückgabewert liefern, nennt man zusätzlich *Funktionen höherer Ordnung* (*Higher Order Functions*).

Funktionen Variablen zuweisen

Wenn eine Funktion einer Variablen zugewiesen wird, passiert nichts anderes, als dass die Variable anschließend auf das Funktionsobjekt zeigt. Die Funktion kann dann über die Variable aufgerufen werden, wie Listing 2.2 zeigt. Hierbei wird die von eben bekannte Funktion `addition` der Variablen `operation` zugewiesen:

```
var operation = addition;
```

Listing 2.2 Zuweisung einer Funktion zu einer Variablen

Zu beachten ist, dass die Funktion `addition` dabei nicht aufgerufen wird, was ein gern gemachter Flüchtigkeitsfehler wäre, der dazu führen würde, dass in der Variablen `operation` nur der Rückgabewert des Funktionsaufrufs gespeichert werden würde.

Was durch die Zuweisung geschehen ist, stellt Abbildung 2.2 dar: Zusätzlich zur vorhin implizit definierten Variable `addition` gibt es nun eine weitere (explizit definierte) Variable `operation`, die auf das gleiche Funktionsobjekt zeigt.

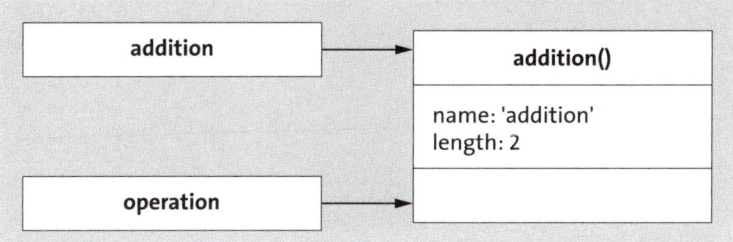

Abbildung 2.2 Funktionen sind first class, sie können beispielsweise Variablen zugewiesen werden.

Die Funktion kann nun über beide Variablen aufgerufen werden:

```
var ergebnis = addition(2,2);
var ergebnis2 = operation(2,2);
```

Listing 2.3 Aufruf einer Funktion über implizite und explizite Variable

Beachten Sie hierbei aber den Hinweis aus Kapitel 1: Die Eigenschaften der Ursprungsfunktion bleiben erhalten, der Name der Funktion beispielsweise lautet in beiden Fällen addition. Das macht Sinn: Die neue Variable operation stellt wie die ursprüngliche Variable addition lediglich eine Referenzvariable auf die Funktion mit dem Namen addition dar.

```
console.log(addition.name);  // Ausgabe: addition
console.log(operation.name); // Ausgabe: addition
```

Listing 2.4 Der Name einer Funktion ist unabhängig vom Variablennamen.

Funktionen in Arrays verwenden

Variablen, die auf Funktionsobjekte zeigen, können an allen Stellen verwendet werden, an denen auch »normale« Variablen verwendet werden dürfen. Auch der Einsatz innerhalb von Arrays ist möglich, wie folgendes Beispiel zeigt. Hierbei werden zunächst die vier Funktionen addition, subtraktion, multiplikation und division definiert und einem Array als Werte übergeben. Innerhalb der Iteration über das Array werden dann die einzelnen Funktionen aufgerufen.

```
function addition(x,y) {
  return x+y;
}
function subtraktion(x,y) {
  return x-y;
}
function multiplikation(x,y) {
  return x*y;
}
function division(x,y) {
  return x/y;
}
var operationen = [
  addition,
  subtraktion,
  multiplikation,
  division
];
```

```
var operation;
for(var i=0; i<operationen.length; i++) {
  operation = operationen[i];
  console.log(operation(2,2));
}
```

Listing 2.5 Funktionen können als Werte im Array verwendet werden.

> **Hinweis**
>
> In klassenbasierten Programmiersprachen, bei denen Funktionen nicht Objekte ers-
> ter Klasse sind, würde man ein solches Programm vergleichsweise aufwendig mit
> dem Command-Entwurfsmuster, einem der berühmten Entwurfsmuster der *Gang of
> Four* (GoF-Entwurfsmuster) lösen. Wir werden auf diese Thematik noch in Kapitel 7,
> »Die Entwurfsmuster der Gang of Four«, zurückkommen. Dort werden Sie sehen,
> dass auch viele andere der GoF-Entwurfsmuster entweder durch funktionale Techni-
> ken wegfallen oder viel einfacher zu implementieren sind.

Funktionen als Funktionsparameter verwenden

Funktionen können in JavaScript als Parameter einer anderen Funktion verwendet
werden. Listing 2.6 zeigt eine Funktion, der als ersten Parameter eine andere Funktion übergeben wird:

```
function metaOperation(operation, x, y) {
  return operation(x,y);
}
```

Listing 2.6 Funktionen können selbst als Parameter einer Funktion verwendet werden.

In der Praxis werden Funktionen als Parameter recht häufig verwendet. Das wohl
bekannteste Beispiel dazu ist das sogenannte *Callback-Entwurfsmuster,* das insbesondere bei asynchronen Funktionsaufrufen Anwendung findet, bei denen im Allgemeinen nicht klar ist, wie lange die Berechnung der (asynchronen) Funktion
dauert, beispielsweise wie lange der Download einer Datei dauert, wie lange man auf
das Ergebnis eines Webservices warten muss oder auf das Persistieren eines Daten-
satzes. Die übergebene Funktion (die *Callback-Funktion* oder auch der *Callback-
Handler* genannt) wird aufgerufen, wenn das Ergebnis der asynchronen Funktion
bereitsteht. Im Detail widmen wir uns diesem Thema etwas später in diesem Kapitel, der prinzipielle Aufbau des Callback-Entwurfsmusters sei an dieser Stelle schon
mal gezeigt:

```
function asynchroneFunktion(callback) {
  var ergebnis = 0;
  /* Hier die Berechnung des Ergebnisses */
  callback(ergebnis);
}
```

Listing 2.7 Ein bekanntes Entwurfsmuster, bei dem eine Funktion als Parameter einer anderen Funktion übergeben wird, ist das Callback-Entwurfsmuster.

Funktionen als Rückgabewert verwenden

Funktionen können andere Funktionen als Rückgabewert liefern. Bevor wir uns im späteren Verlauf des Kapitels mit einigen fortgeschrittenen Techniken beschäftigen, die sich auch diese Tatsache zunutze machen, möchte ich Ihnen im Folgenden zunächst ein etwas einfacheres Beispiel zeigen: eine Funktion, die auf Basis eines Parameters eine andere Funktion zurückgibt. Konkret soll die Funktion für jede der vier Grundrechenarten eine entsprechende Funktion zurückgeben, die die jeweilige Grundrechenart implementiert. Die Grundrechenart wird dabei als String übergeben.

```
function operationenFabrik(name) {
  switch(name) {
    case 'addition': return function(x, y) {
      return x + y;
    }
    case 'subtraktion': return function(x, y) {
      return x - y;
    }
    case 'multiplikation': return function(x, y) {
      return x * y;
    }
    case 'division': return function(x, y) {
      return x / y;

    }
    default: return function() {
      return NaN;
    }
  }
}

var addition = operationenFabrik('addition');
console.log(addition(2, 2));
var subtraktion = operationenFabrik('subtraktion');
```

```
console.log(subtraktion(2, 2));
var multiplikation = operationenFabrik('multiplikation');
console.log(multiplikation(2, 2));
var division = operationenFabrik('division');
console.log(division(2, 2));
var nichts = operationenFabrik('nichts');
console.log(nichts(2, 2));
```

Listing 2.8 Funktionen können andere Funktionen als Rückgabewert liefern.

Sie sehen hier übrigens direkt einen weiteren praktischen Aspekt von JavaScript-Funktionen: Sie können anonym direkt innerhalb eines Ausdrucks definiert werden, ohne überhaupt einer Variablen zugewiesen worden zu sein. Hier beispielsweise werden die einzelnen Funktionen, die zurückgegeben werden, direkt »on the fly« hinter dem `return` definiert. Hinsichtlich der Performance würde man obigen Quelltext in einem Produktivsystem zwar noch etwas anpassen, da bei mehrmaligem Aufruf von `operationenFabrik()` mit gleichem Parameter jedes Mal ein neues Funktionsobjekt erzeugt wird. Aber darum geht's ja zum Glück gerade nicht. Noch etwas: Die zurückgegebenen Funktionen können selbstverständlich auch direkt aufgerufen werden, ohne zuvor einer Variablen zugewiesen worden zu sein, etwa wie folgt:

```
console.log(operationenFabrik('addition')(2,2));
console.log(operationenFabrik('subtraktion')(2,2));
console.log(operationenFabrik('multiplikation')(2,2));
console.log(operationenFabrik('division')(2,2));
```

Listing 2.9 Zurückgegebene Funktionen können direkt aufgerufen werden.

Auf diese Weise – das sehen Sie in obigem Beispiel ansatzweise – kann man den Quelltext schön knapp und ausdrucksstark halten. Prinzipiell lässt sich das beliebig fortführen: Zurückgegebene Funktionen könnten ihrerseits ebenfalls eine Funktion als Rückgabewert liefern und diese wiederum usw. Sie denken, so etwas würde man in der Praxis nicht machen? Warten Sie ab, bis Sie später in diesem Kapitel die Currying-Technik kennenlernen.

Funktionen innerhalb von Funktionen definieren

Funktionen können auch innerhalb anderer Funktionen definiert werden. Gemeint ist hiermit nicht das Definieren einer Funktion als Methode der anderen Funktion (auch das wäre möglich), sondern wirklich die Deklaration einer Funktion lokal innerhalb des Funktionskörpers der anderen Funktion. In Listing 2.10 werden beispielsweise die vier Funktionen `addition()`, `subtraktion()`, `multiplikation()` und `division()` innerhalb der Funktion `operationenContainer()` definiert:

```
function operationenContainer(x, y) {
  var addition = function(x, y) {
    return x + y;
  }
  var subtraktion = function(x, y) {
    return x - y;
  }
  var multiplikation = function(x, y) {
    return x * y;
  }
  var division = function(x, y) {
    return x / y;
  }
  console.log(addition(x, y));
  console.log(subtraktion(x, y));
  console.log(multiplikation(x, y));
  console.log(division(x, y));
}

operationenContainer(2,2);
```

Listing 2.10 Funktionen können innerhalb anderer Funktionen definiert werden.

Die Funktionen sind allerdings von außerhalb der Funktion operationenContainer()
nicht sichtbar, können als von dort nicht direkt aufgerufen werden. Als kleiner Vorgriff auf den nächsten Abschnitt sei an dieser Stelle schon einmal verraten, dass
Funktionen einen eigenen Sichtbarkeitsbereich definieren: Alles, was innerhalb
einer Funktion definiert wird, ist nur innerhalb der Funktion sichtbar, es sei denn, Sie
definieren etwas als global.

In Kapitel 3, »Objektorientierte Programmierung mit JavaScript«, werde ich Ihnen
dann noch einige Techniken vorstellen, mit denen man seine Daten auf Basis von
Funktionen kapselt, aber auch, wie man Daten, die innerhalb einer Funktion definiert
sind, nach außen zugänglich macht.

Funktionen als Objektmethoden definieren

Wenn Sie eine Funktion innerhalb eines Objekts definieren, spricht man wie erwähnt
von einer Methode, einer Objektmethode. Aufgerufen wird diese Methode dann über
die Objektreferenz. Objektmethoden lassen sich bis zu ECMAScript 5 auf folgende
Weise definieren:

```
var operationen = {
  addition: function(x, y) {
    return x + y;
  },
  subtraktion: function(x, y) {
    return x - y;
  },
  multiplikation: function(x, y) {
    return x * y;
  },
  division: function(x, y) {
    return x / y;
  }
}

console.log(operationen.addition(2,2));
console.log(operationen.subtraktion(2,2));
console.log(operationen.multiplikation(2,2));
console.log(operationen.division(2,2));
```

Listing 2.11 Funktionen können innerhalb von Objekten definiert werden,
dann spricht man von Methoden bzw. genauer von Objektmethoden.

Dem kritischen Betrachter wird auffallen, dass die Angabe des function-Schlüsselwortes eigentlich überflüssig ist. In Java beispielsweise definiert man Objektmethoden einfacher: Methodenname, geklammerte Parameter sowie geschweifte
Klammern für den Methodenkörper – und der Java-Compiler erkennt, dass es sich
um eine Methode handelt. Mit ECMAScript 6 bringt man eine ähnliche Syntax nun
auch in die Sprache JavaScript. Das heißt, Objektmethoden können alternativ wie
folgt definiert werden. Am Aufruf einer Objektmethode ändert das aber nichts.

```
var operationen = {
  addition(x, y) {
    return x + y;
  },
  subtraktion(x, y) {
    return x - y;
  },
  multiplikation(x, y) {
    return x * y;
  },
  division(x, y) {
```

```
    return x / y;
  }
}
```

Listing 2.12 ECMAScript 6 bringt die Möglichkeit, Objektmethoden ohne das Schlüsselwort »function« zu definieren.

2.1.2 Funktionen haben einen Kontext

Wenn Sie bereits in C# oder in Java programmiert haben, kennen Sie die dortige Bedeutung von this. Über dieses Schlüsselwort spricht man innerhalb einer Objektmethode (oder eines Konstruktors) die jeweilige Objektinstanz an, das aktuelle Objekt, eben »dieses« Objekt, das das ist, für das die Methode definiert wurde (bzw. das eine Instanz der Klasse ist, für die sie definiert wurde).

In JavaScript ist das anders, was nicht selten für Verwirrung sorgt, insbesondere bei Entwicklern, die bereits Erfahrung in einer der oben genannten Sprachen haben. Die unterschiedliche Bedeutung liegt vor allem darin begründet, dass in JavaScript Funktionen selber Objekte sind und nicht wie in Java und C# zu einem Objekt oder zu einer Klasse »gehören«. Ich habe Ihnen bisher noch nicht gezeigt wie, aber die Dynamik von JavaScript erlaubt es, Funktionen, die an einer Stelle im Code definiert sind, an ganz anderer Stelle wiederzuverwenden, beispielsweise eine global definierte Funktion als Objektmethode oder umgekehrt eine Objektmethode als globale Funktion.

Dies führt dazu, dass sich this innerhalb einer Funktion nicht auf das Objekt beziehen darf, in dem die Funktion **definiert** wurde, sondern auf das Objekt, in dem die Funktion **ausgeführt** wird (*Ausführungskontext*). Sie können sich this ein bisschen wie eine Eigenschaft der Funktion vorstellen, die bei deren Aufruf mit dem Wert des Objekts belegt wird, auf dem sie aufgerufen wird (genauer gesagt ist this wie schon zuvor arguments sogar ein impliziter Parameter, der bei jedem Funktionsaufruf innerhalb der Funktion zur Verfügung steht).

Je nachdem also, ob eine Funktion als globale Funktion oder als Methode eines Objekts aufgerufen wird, hat this einen anderen Wert. Betrachten wir zunächst den einfachen Fall einer Objektmethode, in der per this eine Eigenschaft des Objekts ausgelesen wird.

```
var person = {
    name: 'Max', // Objekteigenschaft
    getName: function() {
        return this.name;
    }
```

```
}
```

```
console.log(person.getName()); // Ausgabe: Max
```

Listing 2.13 »this« im Kontext eines Objekts bezieht sich auf das Objekt.

Die Ausgabe des Programms ist hier wie erwartet »Max«, denn this bezieht sich hier auf das Objekt person. Das ist intuitiv und leuchtet wahrscheinlich auch jedem bei bloßem Betrachten des Quelltextes ein. So weit nichts Neues für C#- und Java-Entwickler.

Gehen wir einen Schritt weiter und definieren zusätzlich eine globale Funktion get-NameGlobal():

```
function getNameGlobal() {
  return this.name;
}
console.log(getNameGlobal()); // undefined
```

Listing 2.14 Eine einfache globale Funktion, in der »this« verwendet wird

Wird diese Funktion wie in Listing 2.14 aufgerufen, bezieht sie sich auf den globalen Kontext. Dort ist die Variable name nicht definiert, also erhält man undefined als Rückgabewert.

Dass sich this in einer globalen Funktion auf das globale Objekt bezieht, können Sie einfach testen, indem Sie eine globale Variable name anlegen und die Funktion get-GlobalName() erneut aufrufen:

```
name = "globaler Name";
function getNameGlobal() {
    return this.name;
}
console.log(getNameGlobal()); // Ausgabe: globaler Name
```

Listing 2.15 »this« im globalen Kontext bezieht sich auf das globale Objekt.

Das globale Objekt

Das globale Objekt ist von Laufzeitumgebung zu Laufzeitumgebung verschieden. In Browsern ist das globale Objekt das window-Objekt, in Node.js ist es ein anderes. Sobald eine Funktion im globalen Scope aufgerufen wird, bezieht sich this auf das globale Objekt (außer im strikten Modus: Hier hat this innerhalb einer globalen Funktion den Wert undefined).

Im strikten Modus führt das obige Programm übrigens zu einem Fehler, da der Zugriff this.name aufgrund des nicht definierten this fehlschlägt:

```
"use strict";
var name = "globaler Name";
function getNameGlobal() {
  return this.name;
}
console.log(getNameGlobal()); // Fehler: this ist nicht definiert
```

Listing 2.16 Im strikten Modus ist »this« im globalen Kontext undefiniert.

Nehmen wir nun noch zwei Objekte, die jeweils die Eigenschaft name definieren und die globale Funktion getNameGlobal() als Methode wiederverwenden. Dies erreichen Sie, indem Sie von der Objektmethode wie folgt auf die globale Funktion referenzieren:

```
var person2 = {
  name : 'Moritz',
  getName : getNameGlobal
}

var wuestenrockKoenige = {
  name : 'Kyuss',
  getName : getNameGlobal
}
console.log(person2.getName());            // Ausgabe: Moritz
console.log(wuestenrockKoenige.getName()); // Ausgabe: Kyuss
```

Listing 2.17 »this« bezieht sich auf den Kontext der Funktion.

Spätestens jetzt sollte klar sein, dass this dynamisch bei Funktionsaufruf gesetzt wird: getNameGlobal() als Objektmethode im Kontext von person2 liefert den Wert Moritz, im Kontext von wuestenrockKoenige den Wert Kyuss.

Abbildung 2.3 zeigt eine grafische Darstellung dieses Zusammenhangs.

Die Variable this hat also abhängig vom Kontext, in dem die Funktion aufgerufen wird, einen anderen Wert. Zusammenfassend gelten folgende Regeln:

▶ Bei Aufruf einer globalen Funktion bezieht sich this auf das globale Objekt bzw. ist im strikten Modus nicht definiert.

▶ Wird eine Funktion als Objektmethode aufgerufen, bezieht sich this auf das Objekt.

▶ Wird eine Funktion als Konstruktorfunktion aufgerufen (Details dazu später), bezieht sich this auf das Objekt, das durch den Funktionsaufruf erzeugt wird.

▶ Unachtsam programmiert, sorgen insbesondere folgende vier Fälle in der Praxis recht häufig für Laufzeitfehler (der Einfachheit halber nenne ich Funktionen, die auf `this` zugreifen, `this`-Funktion):

▶ wenn eine `this`-Funktion einer Variablen zugewiesen wird

▶ wenn eine `this`-Funktion als Callback einer anderen Funktion verwendet wird

▶ wenn sich ein Objekt eine `this`-Funktion eines anderen Objekts »leiht«

▶ wenn `this` innerhalb einer inneren Funktion vorkommt

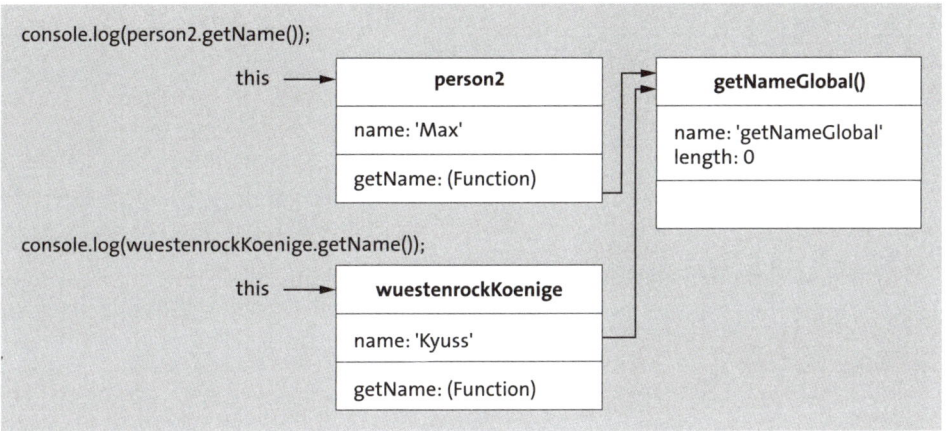

Abbildung 2.3 »this« wird dynamisch bei Funktionsaufruf ermittelt und an die aufgerufene Funktion übergeben.

Problematisch sind diese Fälle, weil sie dazu führen können, dass der Ausführungskontext einer Funktion nicht dem entspricht, was man erwartet. In Abschnitt 2.2, »Standardmethoden jeder Funktion«, werde ich Ihnen diesbezüglich die Standardmethoden `bind()`, `call()` und `apply()` vorstellen, mit denen Sie den Ausführungskontext einer Funktion dynamisch bestimmen können.

2.1.3   Funktionen definieren einen Sichtbarkeitsbereich

Im Gegensatz zu vielen anderen Programmiersprachen kennt JavaScript keinen Block-Scope für Variablen, mit anderen Worten: { und } spannen keinen Gültigkeitsbereich bzw. Sichtbarkeitsbereich für Variablen auf. Stattdessen wird der Gültigkeitsbereich von solchen Variablen durch die umgebende Funktion begrenzt.

Man spricht daher auch von *Function-Level-Scope*: Variablen, die innerhalb einer Funktion definiert werden, sind innerhalb der gesamten Funktion sichtbar sowie innerhalb anderer (innerer) Funktionen, die in der (äußeren) Funktion definiert sind.

> **Hinweis**
>
> Dieses Verhalten gilt zumindest für Variablen, die über das Schlüsselwort var ange-
> legt werden (die andere Variante, Variablen über das Schlüsselwort let zu erzeugen,
> werden Sie in Kapitel 4, »ECMAScript 6«, kennenlernen).

Lassen Sie mich die Besonderheiten hierbei anhand einiger Codebeispiele erläutern.
Dazu vorab ein paar Regeln, die beim Zugriff auf Variablen gelten:

▶ Zugriff auf Variablen, die deklariert, aber nicht initialisiert sind, ergibt den Wert
undefined:

```
function beispiel() {
  var y;
  console.log(y);
}
beispiel(); // Ausgabe: undefined
```

▶ Zugriff auf Variablen, die nicht deklariert sind, hat einen ReferenceError zur Folge:

```
function beispiel() {
  console.log(y);
}
beispiel(); // ReferenceError
```

▶ Zugriff auf Variablen, die deklariert und initialisiert sind, ergibt (nicht anders zu
erwarten und nur der Vollständigkeit halber aufgeführt) den Wert der Variablen:

```
function beispiel() {
  var y = 4711;
  console.log(y);
}
beispiel(); // Ausgabe: 4711
```

Werfen Sie jetzt einen Blick auf Listing 2.18: Trotz der Tatsache, dass die Variablen y
und i innerhalb der if- bzw. innerhalb der for-Anweisung deklariert und initialisiert
werden, kann von außerhalb der jeweiligen Codeblöcke auf beide Variablen zugegriffen werden. Ausgegeben wird zweimal der Wert 4711.

```
function beispiel(x) {
  if(x) {
    var y = 4711;
  }
  for(var i=0; i<4711; i++) {
    /* Irgendwas machen */
  }
```

```
  console.log(y);
  console.log(i);
}
beispiel(true);
```

Listing 2.18 Variablen sind überall in einer Funktion sichtbar.

Verschieben wir jetzt die Konsolenausgaben an den Beginn der Funktion, könnte man meinen, dass die Ausgabe jetzt nicht mehr 4711 ist, sondern ein `ReferenceError` erzeugt wird. Laut der Beschreibung von oben tritt dieser ja immer dann auf, sobald man versucht, auf eine Variable zuzugreifen, die noch nicht deklariert ist. Doch diese Vermutung bestätigt sich nur zur Hälfte: Der Wert 4711 wird tatsächlich nicht mehr ausgegeben (das wäre auch mehr als merkwürdig). Allerdings kommt es auch nicht zum erwarteten `ReferenceError`. Die Ausgabe ist stattdessen `undefined`:

```
function beispiel(x) {
  console.log(y);
  console.log(i);
  if(x) {
    var y = 4711;
  }
  for(var i=0; i<4711; i++) {
    /* Irgendwas machen */
  }
}
beispiel(true); // Ausgabe: undefined
```

Listing 2.19 Variablendeklarationen sind bereits zu Beginn einer Funktion bekannt

Der Grund hierfür ist, dass alle Variablendeklarationen bereits zu Beginn der Funktion bekannt sind. Alle Deklarationen innerhalb eines Sichtbarkeitsbereichs werden vom JavaScript-Interpreter nämlich bereits am Anfang des jeweiligen Bereichs ausgeführt, unabhängig davon, an welcher Stelle die Deklaration eigentlich steht.

Der obige Quelltext wird vom Interpreter wie folgt interpretiert:

```
function beispiel(x) {
  var y;
  var i;
  console.log(y);
  console.log(i);
  if(x) {
    y = 4711;
  }
```

```
    for(i=0; i<4711; i++) {
    }
}
beispiel(true);
```

Listing 2.20 Hoisting von Variablen

Dieses Verhalten wird *Hoisting* bzw. *Variablen-Hoisting* genannt: Die Variablendeklarationen werden an den Beginn der jeweiligen Funktion »gehoben« (von engl. *to hoist* – heben). Um sich dieses Hoistings bewusst zu sein (bzw. es gar nicht erst dazu kommen zu lassen), hat es sich etabliert, alle Variablen einer Funktion bereits zu Beginn der Funktion in einer einzigen var-Anweisung zu deklarieren. Dies gilt als guter Stil und verhindert, dass man versehentlich zwei Variablen mit gleichem Namen anlegt.

```
function beispiel(x) {
  var y, i;
  console.log(y);
  console.log(i);
  if(x) {
    y = 4711;
  }
  for(i=0; i<4711; i++) {
  }
}
beispiel(true);
```

Listing 2.21 Best-Practice für die Deklaration von Variablen

Implizite globale Variablen

Lassen Sie das var bei einer Variablendeklaration weg, wird die Variable automatisch als globale Variable angelegt. Dies gilt es zu verhindern, denn dadurch wird der Code relativ unübersichtlich, und es kann zu Namenskonflikten bzw. ungewollten Seiteneffekte kommen, beispielsweise wenn Sie eine bereits existierende Variable dadurch überschreiben, die eigentlich für einen anderen Zweck vorgesehen ist.

Später in diesem Kapitel werden Sie mit dem *IIFE-Entwurfsmuster* (*Immediately-Invoked Function Expression*) eine gängige Technik kennenlernen, die häufig innerhalb einer Funktion dazu verwendet wird, verschiedene voneinander abgeschirmte Sichtbarkeitsbereiche zu definieren.

2.1.4 Alternativen zum Überladen von Methoden

In Sprachen wie C# oder Java ist es möglich, innerhalb einer Klasse mehrere Metho-
den mit gleichem Namen zu definieren, die sich dann nur in den Typen bzw. der
Anzahl der Parameter unterscheiden. Dies ist möglich, da in diesen Sprachen die Ein-
deutigkeit einer Methode innerhalb einer Klasse aus der Kombination von Metho-
dennamen und Parametern ermittelt wird. Oder anders gesagt: Die **Signatur** einer
Methode muss innerhalb einer Klasse eindeutig sein, nicht der Name. Anhand der
Anzahl der Parameter und der Typen der Parameter wird dann ermittelt, welche
Methode aufgerufen wird.

Das Überladen von Methoden kommt in der Regel dann zum Einsatz, wenn man die
implementierte Funktionalität für verschiedene Typen von Parametern oder eine
variierende Anzahl von Parametern zur Verfügung stellen möchte. Der Vorteil ist
dabei, sich nicht für jede Konstellation von Parametern einen neuen Methodennamen überlegen zu müssen. Um in Java beispielsweise ein Objekt vom Typ Person
anhand verschiedener Parameter zu erstellen, könnten Sie dort zwei (überladene)
Methoden verwenden:

```
public Person erstellePerson(String nachname, String vorname) {
  ... // weiterer Code
}
public Person erstellePerson(String nachname, String vorname, int alter) {
  ... // weiterer Code
}
```

Listing 2.22 Überladen von Methoden in Java

In JavaScript ist das Überladen von Methoden bzw. Funktionen aus drei Gründen
nicht so ohne Weiteres möglich: JavaScript kennt keine Typangaben innerhalb der
Funktionsdeklaration, anhand der, wie oben beschrieben, entschieden werden
könnte, welche Methode aufgerufen wird. Der zweite Grund ist, dass Funktionen in
JavaScript mit einer beliebigen Anzahl an Parametern aufgerufen werden können,
auch wenn diese nicht explizit in der Funktionsdeklaration angegeben werden. Der
dritte Grund ist, dass Objektmethoden ja letztendlich nichts anderes sind als Objekteigenschaften mit dahinterliegender Funktion. Und Objekteigenschaften sind nun
mal nur anhand ihres Namens eindeutig. Definiert man mehrere Funktionen mit
gleichem Namen in einem Kontext (beispielsweise in einem Objekt), überschreibt
die zuletzt definierte alle vorhergehenden. Folgender Code würde beispielsweise
lediglich dazu führen, dass die erste Version von erstellePerson() durch die zweite
Implementierung überschrieben würde:

```
function erstellePerson(nachname, vorname) {
  return {
    nachname: nachname,
    vorname: vorname
  };
}

function erstellePerson(nachname, vorname, alter) {
  return {
    nachname: nachname,
    vorname: vorname,
    alter: alter
  };
}
```

Listing 2.23 Trotz verschiedener Anzahl an Parametern überschreiben sich gleichnamige Funktionen.

Achtung

Übrigens werden Funktionen auch überschrieben, wenn im gleichen Kontext eine gleich benannte Variable deklariert wird. Mit `var erstellePerson = true;` beispielsweise würden oben genannte Funktionen ebenfalls überschrieben.

Um in JavaScript überladene Methoden bzw. Funktionen nachzubilden, kommt man also gar nicht darum herum, die Funktionalität, die im Fall von C# und Java auf mehrere Methoden verteilt ist, innerhalb einer Funktion zu implementieren, die dynamisch die Anzahl und die Typen der beim Funktionsaufruf übergebenen Parameter ermittelt und abhängig davon die jeweilige Funktionalität durchführt.

Bezüglich einer dynamischen Anzahl von Parametern gibt es die drei folgenden Möglichkeiten.

Explizite Angabe aller Parameter

Da Funktionen auch mit weniger als den in einer Funktionsdeklaration angegebenen Parametern aufgerufen werden können, ist die explizite Angabe aller Parameter in der Funktionsdeklaration die offensichtlichste Lösung: Pflichtparameter werden dabei zuerst, optionale Parameter zuletzt angegeben. Innerhalb der Funktion wird dann anhand der optionalen Parameter entschieden, welche (optionalen) Programmzweige innerhalb der Funktion ausgeführt werden sollen.

Eine Additionsfunktion, die optional das Ergebnis auf der Konsole ausgibt, könnte auf diese Weise wie folgt implementiert werden:

```
function addiere(x, y, log) {
  var ergebnis = x + y;
  if(log) {
    console.log(ergebnis);
  }
  return ergebnis;
}
```

Listing 2.24 Optionale Parameter Möglichkeit 1:
Konkrete Angabe der optionalen Parameter

Nachteil ist dabei, je mehr optionale Parameter es gibt, desto unübersichtlicher wird einerseits die Deklaration, andererseits aber auch der Aufruf der Funktion: nämlich immer dann, wenn einige der (vorderen) optionalen Parameter nicht angegeben werden.

Weglassen der optionalen Parameter

Wie Sie bereits wissen, besteht innerhalb einer Funktion über das arguments-Objekt Zugriff auf alle Parameter, die beim Funktionsaufruf übergeben wurden. Alternativ zur obigen Variante ist es somit möglich, die optionalen Parameter nicht explizit in der Funktionsdeklaration anzugeben, sondern implizit über das arguments-Objekt zu handhaben. Die Additionsfunktion von eben würde damit wie folgt aussehen:

```
function addiere(x, y) {
  var ergebnis = x + y;
  if(arguments[2]) { // Zugriff auf den optionalen Parameter
    console.log(ergebnis);
  }
  return ergebnis;
}
```

Listing 2.25 Optionale Parameter Möglichkeit 2: Weglassen der
optionalen Parameter und Zugriff auf das arguments-Objekt

Der Nachteil ist aber auch hier wie in der ersten Lösung der gleiche: Optionale Parameter, die nicht benötigt werden, müssen trotzdem im Funktionsaufruf (entweder als null oder undefined) übergeben werden.

Optionale Parameter als Konfigurationsobjekt

Um dieser Problematik entgegenzuwirken, hat sich als Best Practice für optionale Parameter das sogenannte *Konfigurationsobjekt* durchgesetzt. Die Idee ist dabei folgende: Statt einzelner optionaler Parameter werden diese in einem Objekt zusammengefasst, das als Parameter der entsprechenden Funktion übergeben wird.

Anstatt innerhalb der Funktion auf die Parameter zuzugreifen, wird dann auf die äquivalenten Eigenschaften des Konfigurationsobjekts zugegriffen.

```
function addiere(x, y, config) {
  var ergebnis = x + y;
  if(config && config.log) {
    console.log(ergebnis);
  }
  return ergebnis;
}
```

Listing 2.26 Optionale Parameter Möglichkeit 3: Zusammenfassen aller optionalen Parameter in einem Konfigurationsobjekt

2.1.5   Funktionen als Konstruktorfunktionen

In JavaScript gibt es keine Konstruktoren im dem Sinne, wie sie es in C# oder Java gibt. Um neue Objektinstanzen erzeugen zu können, ist es aber möglich, eine Funktion als Konstruktorfunktion aufzurufen. Dabei wird dem Funktionsaufruf das Schlüsselwort new vorangestellt. Nach Konvention werden Funktionen, die als Konstruktorfunktion aufgerufen werden können, großgeschrieben.

```
function Album(titel) {
  this.titel = titel;
}
var album = new Album('Sky Valley');
```

Listing 2.27 Deklaration und Aufruf einer Konstruktorfunktion

Über die Objekteigenschaft constructor des auf diese Weise erstellten Objekts lässt sich die Konstruktorfunktion ermitteln, mit der das Objekt erzeugt wurde:

```
console.log(album.constructor); // [Function: Album]
```

Listing 2.28 Die constructor-Eigenschaft zeigt auf die Konstruktorfunktion.

In Abschnitt 3.3.2 werden wir uns im Rahmen der *pseudoklassischen Vererbung* erneut den Konstruktorfunktionen zuwenden.

2.2   Standardmethoden jeder Funktion

Funktionen sind Objekte, was bedeutet, dass sie ihrerseits Methoden enthalten können. Standardmäßig stellt jede Funktion, die Sie implementieren, bereits drei Methoden zur Verfügung: apply(), call() und bind(). Was diese Methoden machen, worin sie sich unterscheiden und wann man sie verwendet, zeige ich Ihnen in diesem Abschnitt.

2.2.1   Objekte binden mit der Methode »bind()«

Sie haben bereits gesehen, dass sich this innerhalb einer Funktion auf den Kontext bezieht, in dem die Funktion aufgerufen wird, nicht auf den, in dem sie definiert worden ist. Dieses Verhalten ist nicht immer erwünscht. Stellen Sie sich vor, Sie möchten eine Objektmethode, die auf this zugreift, als Parameter einer Funktion übergeben, beispielsweise als *Callback-Handler* (siehe auch Abschnitt 2.5.7, »Das Callback-Entwurfsmuster«). Dann kann dies zu einem Laufzeitfehler führen, wenn diese übergebene Funktion innerhalb der anderen Funktion aufgerufen wird, wie Listing 2.29 zeigt:

```
var button = {
  handler : null,
  // Funktion, die einen Callback-Handler erwartet
  onClick : function(handler) {
    this.handler = handler;
  },
  click : function() {
    this.handler();
  }
};

var handler = {
  log : function() {
    console.log("Button geklickt.");
  },
  // Objektmethode, die weiter unten als Callback-Handler registriert wird
  handle: function() {
    this.log();
  }
}
// Registrieren des Callback-Handlers
button.onClick(handler.handle);
// Implizites Aktivieren des Callback-Handlers
button.click();
```

Listing 2.29 Wird eine Objektmethode außerhalb eines Objekts verwendet, bezieht sich »this« nicht mehr auf das Objekt.

Das Programm endet mit einem Fehler `TypeError: Object #<Object> has no method 'log'`. Das Problem ist die Übergabe von `handler.handle` als Callback-Funktion an die `onClick()`-Methode von `button`. Sobald diese Callback-Funktion innerhalb von `click()` aufgerufen wird (`this.handler()`) bezieht sich `this` innerhalb der Callback-Funktion nicht auf das Objekt `handler`, sondern auf das Objekt `button`, das wiederum keine Methode `log()` hat.

Wie lässt sich das Problem lösen? Relativ einfach, wenn man weiß wie. Über die Funktion `bind()` lässt sich `this` für eine Funktion an ein bestimmtes Objekt binden. `bind()` wird dabei auf der entsprechenden Funktion aufgerufen, als Parameter übergibt man das Objekt, das den Ausführungskontext darstellt. Hat die Funktion ihrerseits Parameter, werden diese einfach hinten angehängt. Als Ergebnis liefert `bind()` ein neues Funktionsobjekt, das identisch mit der Ursprungsfunktion ist, den Ausführungskontext aber an das übergebene Objekt gebunden hat.

```
button.onClick(handler.handle.bind(handler));
```

Listing 2.30 Über »bind()« lässt sich der Ausführungskontext einer Funktion definieren.

Der Übersichtlichkeit halber ließe sich auch Folgendes schreiben:

```
var anHandlerGebundeneFunktion = handler.handle.bind(handler);
button.onClick(anHandlerGebundeneFunktion);
```

Listing 2.31 Explizite Zuweisung der gebundenen Funktion zu einer Variablen

Hintergrund

Die Methode `bind()` steht erst seit ES5 zur Verfügung. Sollten Sie für einen älteren Browser programmieren, der diese Version von ECMAScript noch nicht unterstützt, gibt es die Möglichkeit – funktionalen Techniken sei Dank –, `bind()` selbst zu implementieren. Diesen Sonderfall wollen wir an dieser Stelle aber nicht betrachten. Bei Interesse und Bedarf finden Sie entsprechende Implementierungen relativ einfach im Internet.

Noch ein Hinweis an dieser Stelle: Obige Problemstellung lässt sich alternativ über eine anonyme Funktion lösen, die als Callback übergeben wird und den Aufruf an das `handler`-Objekt steuert:

```
button.onClick(function() {
  handler.handle();
});
```

Listing 2.32 Anonyme Funktionen stellen häufig eine Alternative
zu direkt übergebenen Funktionen dar.

Das funktioniert deshalb, weil `handle()` auf dem Objekt `handler` aufgerufen wird (nicht wie zuvor im Kontext von `button`) und sich `this` somit auf `handler` bezieht.

2.2.2   Funktionen aufrufen über die Methode »call()«

Mit der Methode `call()` ist es ebenfalls möglich, den Ausführungskontext einer Funktion zu definieren. Allerdings wird bei `call()` nicht wie im Fall von `bind()` ein neues Funktionsobjekt erstellt, sondern die entsprechende Funktion direkt aufgerufen. Der Ausführungskontext wird dabei als erster Parameter übergeben, optional können über weitere Parameter die Funktionsparameter der aufzurufenden Funktion definiert werden.

Ein besonders häufig anzutreffender Anwendungsfall für die Verwendung von `call()` ist die Iteration über das `arguments`-Objekt unter Verwendung der `forEach()`-Methode. Letztere steht eigentlich nur echten Arrays zur Verfügung, `arguments` ist – wie Sie wissen – kein echtes Array. Folglich würde folgender Quelltext zu einem Fehler führen:

```
function gebeNamenAus() {
  console.log(arguments); // Ausgabe: { '0': 'Max', '1': 'Moritz' }
  /* Fehler: arguments ist kein Array
  arguments.forEach(function(argument) {
    console.log(argument);
  });
  */
}
gebeNamenAus('Max', 'Moritz');
```

Listing 2.33 Da das arguments-Objekt kein echtes Array ist, verfügt es nicht über die forEach()-Methode.

Die Funktionalität der `forEach()`-Methode lässt sich allerdings auch für Array-ähnliche Objekte wie `arguments` verwenden. Der Fachbegriff für diese Technik lautet *Function Borrowing* bzw. *Method Borrowing*, also so viel wie das »Ausleihen« von Funktionen oder Methoden.

Die einfachste Möglichkeit, über ein Array-ähnliches Objekt zu iterieren, sehen Sie in Listing 2.34:

```
function gebeNamenAus() {
  Array.prototype.forEach.call(arguments, function(argument) {
    console.log(argument);
```

```
  });
}
gebeNamenAus('Max', 'Moritz');
```

Listing 2.34 Iteration über das Array-ähnliche Objekt »arguments«
durch Ausleihen der Methode »forEach()«

Was passiert hier genau? Zunächst einmal greifen wir mit `Array.prototype` auf das globale Array-Objekt bzw. dessen Prototyp zu. In diesem Prototyp sind all jene Methoden enthalten, die den Array-Instanzen im Rahmen der prototypischen Vererbung zur Verfügung stehen. Die Methode `forEach()` ist eine davon. Mit `Array.prototype.forEach` greift man auf diese Methode zu, ohne sie aufzurufen. Der Aufruf geschieht erst durch das folgende `call()`.

Der erste Parameter von `call()` definiert den Ausführungskontext, im Beispiel das Objekt `arguments`. Der zweite Parameter ist derjenige, der an die Methode `forEach()` weitergereicht wird: eine Callback-Funktion, die für jedes Element im Array bzw. hier im `arguments`-Objekt aufgerufen wird.

2.2.3   Funktionen aufrufen über die Methode »apply()«

Die Methode `apply()` funktioniert vom Prinzip her ähnlich wie die Methode `call()`, mit dem Unterschied, dass die Parameter der aufgerufenen Funktion nicht als einzelne Parameter übergeben werden, sondern gesammelt als Array. Das Beispiel von eben ließe sich mit `apply()` wie folgt realisieren:

```
function gebeNamenAus() {
  Array.prototype.forEach.apply(arguments, [function(argument) {
    console.log(argument);
  }]);
}
gebeNamenAus('Max', 'Moritz');
```

Listing 2.35 »apply()« funktioniert ähnlich wie »call()«, erwartet als
zweiten Parameter aber ein Array statt einzelner Werte.

Anwendungsbeispiel: Aufruf variadischer Funktionen

Ein weiterer bekannter Anwendungsfall für die Methode `apply()` ist der Aufruf sogenannter variadischer Funktionen, also solcher Funktionen, die mit einer variablen Anzahl an Parametern aufgerufen werden können. Stehen die Parameter als Array zur Verfügung, ist ein Aufruf solcher Funktionen über `apply()` bequemer, als manuell die einzelnen Array-Einträge auf die Funktionsparameter zu verteilen.

Ein Beispiel für eine variadische Funktion ist die Methode max() des Math-Objekts aus der JavaScript-Standardbibliothek:

```
console.log(Math.max(24, 44));
console.log(Math.max(24, 14, 44, 88));
console.log(Math.max(24, 14, 4711, 44, 88));
console.log(Math.max(24, 14, 5678, 4711, 44, 88));
```

Listing 2.36 Variadische Funktionen können mit einer beliebigen Anzahl an Parametern aufgerufen werden.

Allerdings ist es bei dieser Methode nicht möglich, alternativ ein Array als (einzigen) Parameter zu übergeben. Folgender Quelltext ergibt die Ausgabe »NaN«:

```
var zahlen = [24, 14, 44, 88];
console.log(Math.max(zahlen));
```

Listing 2.37 Dieser Aufruf schlägt fehl, weil »Math.max()« nicht mit Arrays umgehen kann.

Die Methode müsste umständlich mit allen einzelnen Werten des Arrays aufgerufen werden:

```
var zahlen = [24, 14, 44, 88];
console.log(Math.max(zahlen[0], zahlen[1], zahlen[2], zahlen[3]));
```

Listing 2.38 Unbequemer Aufruf einer variadischen Funktion

Mit apply() geht das dagegen einfacher:

```
console.log(Math.max.apply(null, zahlen));
```

Listing 2.39 Bequemer Aufruf einer variadischen Funktion

2.3   Einführung in die funktionale Programmierung

Bei der funktionalen Programmierung liegt der Fokus im Gegensatz zur prozeduralen oder objektorientierten Programmierung auf Funktionen.

2.3.1   Eigenschaften funktionaler Programmierung

Die besonderen Merkmale bei der funktionalen Programmierung sind folgende:

▶ Funktionen sind erstklassige Objekte. Was das bedeutet, haben Sie in diesem Kapitel bereits gesehen: Funktionen können Variablen zugewiesen werden, können als Parameter anderer Funktionen verwendet werden oder als deren Rückgabewert.

▶ Die Datenstrukturen bei der funktionalen Programmierung sind in der Regel unveränderlich bzw. werden nicht verändert. Operationen, die auf Datenstrukturen durchgeführt werden, erzeugen falls nötig neue Datenstrukturen. In *rein funktionalen* Programmiersprachen können beispielsweise Listen oder andere Datenstrukturen, die einmal angelegt worden sind, nachträglich nicht mehr geändert werden. Das heißt, es können weder Elemente aus der Liste gelöscht noch ihr hinzugefügt werden (JavaScript übrigens ist keine rein funktionale Programmiersprache).

▶ Fasst man den vorigen Punkt etwas weiter, kommt noch hinzu, dass bei der funktionalen Programmierung die Funktionen in der Regel überhaupt keine Nebeneffekte haben und sich eher wie mathematische Funktionen verhalten. Das heißt, sie liefern für gleiche Eingaben immer das gleiche Ergebnis.

▶ Funktionale Programme sind deklarativ: Man sagt, was das Programm macht, nicht wie es etwas macht.

▶ Funktionale Programme sind in der Regel schlanker als die äquivalente Variante in der objektorientierten oder imperativen Programmierung.

2.3.2   Unterschied zur objektorientierten Programmierung

Bei der objektorientierten Programmierung sind die Daten und die Operationen, die man auf den Daten anwendet, eng aneinander gebunden. Die Objekte, die die Daten enthalten, definieren in der Regel auch die Methoden (bzw. Operationen), die diese Daten verwenden. Bei der funktionalen Programmierung sind die Daten dagegen nur lose an die Funktionen gekoppelt. Sprich: Sie können durchaus Funktionen implementieren, die auf verschiedenen Datenstrukturen arbeiten, oder Datenstrukturen, auf denen verschiedene Funktionen ausgeführt werden können.

Der Begriff *Komposition* in der objektorientierten Programmierung bezieht sich auf die Komposition von Objekten: Neue Objekte erzeugt man, indem man von bestehenden Objekten (bzw. deren zugehörigen Klassen) ableitet und diesen neues (oder zusätzliches) Verhalten in Form von Methoden hinzufügt. *Komposition* in der funktionalen Programmierung meint die Komposition von (einfachen) Funktionen hin zu neuen (komplexeren) Funktionen.

Hinweis

Trotz der unterschiedlichen Denkweisen sind funktionale und objektorientierte Programmierung keine gegensätzlichen Konzepte, sondern zwei, die sich sehr gut ergänzen.

2.3.3   Unterschied zur imperativen Programmierung

Während man bei der funktionalen Programmierung sagt, **was** gemacht werden soll, ist es bei der imperativen Programmierung so, dass man sagt, **wie** etwas gemacht werden soll. Imperative Programme verwenden dazu explizite Schleifenanweisungen (while-Schleifen, for-Schleifen etc.), bedingte Anweisungen (if else) und Sequenzen davon. Bei der objektorientierten Programmierung beispielsweise wird häufig innerhalb von Methoden zu großen Teilen imperativ programmiert, weil entsprechende objektorientierte Sprachen häufig keine funktionalen Konzepte kennen. In JavaScript kann beides miteinander kombiniert werden.

2.3.4   Funktionale Programmiersprachen und JavaScript

Beispiele für (nahezu) reine funktionale Programmiersprachen sind Haskell, Lisp oder Miranda. JavaScript ist, wie bereits gesagt, keine rein funktionale Programmiersprache. So können beispielsweise Datenstrukturen wie Arrays auch nach ihrer Definition noch verändert werden, in Haskell hingegen ist dies nicht erlaubt.

Weiterhin können Funktionen in JavaScript durchaus für gleiche Eingaben unterschiedliche Ergebnisse liefern. In rein funktionalen Sprachen ist dies nicht ohne Weiteres möglich. Zudem bietet JavaScript neben funktionalen Aspekten auch prototypische und objektorientierte Aspekte, beides ebenfalls in rein funktionalen Sprachen nicht vorhanden.

Auf der anderen Seite muss man dazu sagen, dass nicht alle funktionalen Konzepte in JavaScript zur Verfügung stehen. Hierzu zählen beispielsweise *Homoikonizität*, *Lazy Evaluation* und *Pattern Matching*.

2.4   Von der imperativen Programmierung zur funktionalen Programmierung

Im Folgenden möchte ich Ihnen zeigen, welche Vorteile die funktionale Programmierung gegenüber der imperativen Programmierung bietet. Dazu stelle ich Ihnen vier relativ bekannte Methoden vor: forEach() für die Iteration über Arrays (die Sie ja bereits aus diesem Kapitel kennen), map() für das Abbilden von Elementen eines Arrays auf neue Elemente in einem anderen Array, filter() für das Filtern von Elementen in einem Array und schließlich reduce() für das Reduzieren der Elemente eines Arrays auf einen einzelnen Wert.

2.4.1 Iterieren mit der Methode »forEach()«

Wenn Sie über ein Array oder eine Liste iterieren wollen, haben Sie gleich mehrere Möglichkeiten: Sie haben die Auswahl zwischen einer for-Schleife, einer while-Schleife, einer do-while-Schleife und oft auch noch einer for-each-Schleife.

Die normale for-Schleife kennen Sie ja bereits aus Kapitel 1:

```
var interpreten = ['Kyuss', 'Dozer', 'Spiritual Beggars', 'Monster Magnet']
for(var i= 0, l=interpreten.length; i<l; i++) {
  console.log(interpreten[i]);
}
```

Listing 2.40 Iteration mit einer normalen for-Schleife

Diese for-Schleife, bestehend aus Initialisierung, Bedingung und Inkrementierungsausdruck, ist ein klassisches Beispiel für imperative Programmierung. Der Quelltext soll lediglich jeden Wert des Arrays ausgeben. Das ist das, *was* passieren soll. Der Code beschäftigt sich dabei eigentlich viel zu sehr damit, wie das Ganze vonstatten gehen soll: Zählervariable initialisieren, Abbruchbedingung überprüfen, indexbasierter Zugriff auf das Array und anschließend Hochzählen der Zählervariablen. Wie oft hat man als Entwickler diese Schritte schon niedergetippt und sich im Stillen gefragt: Geht das nicht auch einfacher?

Die Antwort lautet: Ja, es geht einfacher. Zumindest in JavaScript. Und zwar mit der Methode forEach(), die ich Ihnen in Abschnitt 2.2.2, »Funktionen aufrufen über die Methode ›call()‹«, schon kurz vorgestellt habe. Als Parameter übergibt man dieser eine Funktion, die ihrerseits für jedes Element im Array mit drei Parametern aufgerufen wird: dem jeweiligen Element, dem Index des Elements und dem Array selbst.

Der imperative Code von eben ließe sich mit forEach() folgendermaßen implementieren:

```
var interpreten = ['Kyuss', 'Dozer', 'Spiritual Beggars', 'Monster Magnet']
interpreten.forEach(function(interpret, index, interpreten) {
  console.log(interpret);
});
```

Listing 2.41 Funktionale Iteration über die Funktion »forEach()«

Und auch wenn der Code bezogen auf die Anzahl der Zeilen nicht unbedingt kürzer wird, ist er doch schon um einiges lesbarer: Im Gegensatz zur imperativen Variante liegt jetzt der Fokus auf der Logik (dem Was), nicht auf der Schleife (dem Wie).

> **Hinweis**
>
> In der Praxis ist es häufig so, dass man die letzten beiden Parameter der Callback-Funktion (in Listing 2.41 index und interpreten) gar nicht mit in der Funktionsdeklaration mit aufführt, da man oft ohnehin innerhalb der Funktion nur auf das Element selber zugreifen möchte.

2.4.2   Werte abbilden mit der Methode »map()«

Oft ist es so, dass man nicht nur über die Elemente eines Arrays iterieren möchte, sondern auch zeitgleich für jedes Element einen Wert ermitteln und diesen in einem anderen Array speichern möchte, beispielsweise um für ein Array natürlicher Zahlen zu jeder Zahl das Quadrat zu berechnen oder (weniger langweilig) für ein Array von Objekten von jedem Objekt eine Eigenschaft auszulesen und den entsprechenden Wert abzuspeichern.

Imperativ würde man diese Problemstellung wie folgt lösen:

```
var interpreten = [
  {
    name: 'Nick Cave'
  },
  {
    name: 'Ben Harper'
  }
];
var namen = [];
for(var i=0; i<interpreten.length; i++) {
  namen.push(interpreten[i].name);
}
console.log(namen); // ['Nick Cave', 'Ben Harper']
```

Listing 2.42 Erstellen eines Arrays auf Basis eines vorhandenen Arrays mit imperativer Programmierung

Wie schon im forEach()-Beispiel nimmt auch in diesem Code die for-Schleife einen großen Teil des Codes in Anspruch. Mit der Methode map() dagegen wird der Code deutlich sprechender. Als Parameter erwartet diese Methode eine Funktion, die dann für jedes Element im Array aufgerufen wird. Der Rückgabewert dieser Funktion bestimmt dabei den Wert, der für das jeweilige Element in das Zielarray geschrieben werden soll.

```
var interpreten = [
  {
    name: "Nick Cave"
  },
  {
    name: "Ben Harper"
  }
];
var namen = interpreten.map(function(interpret, index, interpreten) {
  return interpret.name;
});
console.log(namen); // ['Nick Cave', 'Ben Harper']
```

Listing 2.43 Erstellen eines Arrays auf Basis eines vorhandenen
Arrays mit funktionaler Programmierung

2.4.3   Werte filtern mit der Methode »filter()«

Eine weitere, häufig anzutreffende Problemstellung ist es, aus einem bestehenden
Array eine gewisse Anzahl an Elementen anhand bestimmter Kriterien herauszufiltern. Nehmen wir als Beispiel ein Array, das verschiedene Objekte enthält, die jeweils
ein Musikalbum repräsentieren. Ausgehend von diesem Array sollen alle Alben herausgefiltert werden, die vor der Jahrtausendwende erschienen sind.

Das Objektmodell würde wie folgt aussehen:

```
var alben = [
  {
    titel: "Push the Sky Away",
    interpret: "Nick Cave",
    erscheinungsjahr: 2013
  },
  {
    titel: "No more shall we part",
    interpret: "Nick Cave",
    erscheinungsjahr: 2001
  },
  {
    titel: "Live from Mars",
    interpret: "Ben Harper",
    erscheinungsjahr: 2003
  },
  {
```

```
  titel: "The Will to Live",
  interpret: "Ben Harper",
  erscheinungsjahr: 1997
 }
];
```

Listing 2.44 Ein simples Objektmodell

Imperativ wäre die Problemstellung dann beispielsweise wie folgt zu lösen:

```
var vor2000 = [];
for(var i=0, l=alben.length; i<l; i++) {
  if(alben[i].erscheinungsjahr < 2000) {
    vor2000.push(alben[i]);
  }
}
console.log(vor2000);
```

Listing 2.45 Filtern bestimmter Elemente eines Arrays mit imperativer Programmierung

Und ohne jetzt die Leier von eben bezüglich der funktionalen Schreibweise zu wiederholen, hier die entsprechende Variante unter Verwendung der Methode `filter()`:

```
var vor2000 = alben.filter(function(album, index, alben) {
    return album.erscheinungsjahr < 2000;
});
```

Listing 2.46 Filtern bestimmter Elemente eines Arrays mit funktionaler Programmierung

Als Parameter übergibt man auch hier eine Callback-Funktion. Deren Rückgabewert bestimmt in diesem Fall, ob ein Element in das neue Array übernommen wird oder nicht. Gibt die Funktion ein `true` zurück, wird das entsprechende Element in das neue Array übernommen, andernfalls nicht. Wie auch schon bei `forEach()` und `map()` hat man innerhalb der Callback-Funktion Zugriff auf das aktuelle Element, dessen Index sowie auf das gesamte Array.

2.4.4   Einen Ergebniswert ermitteln mit der Methode »reduce()«

Die vierte im Bunde der »funktionalen Methoden« für Arrays ist die Methode `reduce()`. Diese Methode dient dazu, ausgehend von den Elementen eines Arrays einen einzigen repräsentativen Wert zu ermitteln.

Angenommen, Sie möchten herausfinden, wie viele Alben sich in Ihrer Musiksammlung befinden, und zufälligerweise stehen diese Daten bereits als JavaScript-Objekt zur Verfügung. Hier mal ein Beispiel:

```
var interpreten = [
  {
    name: "Nick Cave",
    alben: [
      {
        titel: "Push the Sky Away"
      },
      {
        titel: "No more shall we part"
      }
    ]
  },
  {
    name: "Ben Harper",
    alben: [
      {
        titel: "Live from Mars"
      },
      {
        titel: "The Will to Live"
      }
    ]
  }
];
```

Listing 2.47 Das Objektmodell, das die Musiksammlung repräsentiert

Dann würde man die Anzahl auf imperativem Weg wieder über eine for-Schleife lösen (die Ihnen hoffentlich mittlerweile gehörig auf die Nerven geht):

```
var albenAnzahl = 0;
for(var i=0, l=interpreten.length; i<l; i++) {
  albenAnzahl += interpreten[i].alben.length;
}
console.log(albenAnzahl);
```

Listing 2.48 Imperative Variante zur Ermittlung der gesamten Anzahl an Musikalben

Und hier die – wie erwartet – schlankere funktionale Variante:

```
var albenAnzahl = interpreten.reduce(
  function(ergebnis, interpret, index, interpreten) {
```

```
    return ergebnis + interpret.alben.length;
  },
  0
);
```

Listing 2.49 Funktionale Variante zur Ermittlung der gesamten Anzahl an Musikalben

Die Methode reduce() erwartet als Parameter eine Callback-Funktion, die wie gewohnt für jedes Element im Array aufgerufen wird. Wie bei den anderen besprochenen Methoden hat man innerhalb des Callbacks Zugriff auf Element, Index und das gesamte Array. Zusätzlich bekommt die Funktion aber noch den aktuell akkumulierten Wert der vorigen Iteration. Den Startwert kann man optional über den zweiten Parameter von reduce() angeben.

Im Beispiel ist der initiale Wert der Akkumulation 0. Für jeden Interpreten wird die übergebene Callback-Funktion aufgerufen und die Anzahl der Alben des jeweiligen Interpreten auf die Gesamtanzahl aller Alben addiert.

2.4.5   Kombination der verschiedenen Methoden

Sie sehen schon: Bereits diese standardmäßig zur Verfügung stehenden Methoden für Arrays machen den Quelltext lesbarer sowie die Lösung der jeweiligen Problemstellung viel eleganter.

Der wahre Vorteil zeigt sich jedoch erst, wenn man die Methoden miteinander kombiniert und die Aufrufe verbindet, beispielsweise um erst die Interpreten aus dem Interpreten-Array herauszufiltern, die mindestens ein Album haben, das nach 2000 erschienen ist, von diesen Interpreten dann die Namen herauszumappen und anschließend darüber zu iterieren. Der Code, der das erreicht, ist in der funktionalen Variante extrem gut lesbar, vor allem, wenn man die einzelnen Callback-Funktionen statt anonym separat definiert (siehe Listing 2.50):

```
function istNach2000(album) {
  return album.erscheinungsjahr > 2000;
}
function hatAlbumNach2000(interpret) {
  return interpret.alben.filter(istNach2000).length > 0;
};
function alsInterpretenName(interpret) {
  return interpret.name;
};
interpreten
  .filter(hatAlbumNach2000)
```

```
  .map(alsInterpretenName)
  .forEach(console.log);
```

Listing 2.50 Insbesondere die Kombination der vorgestellten Methoden sorgt für sehr lesbaren Code.

Besonders praktisch auch: `console.log` kann ebenfalls als Parameter für `forEach()` verwendet werden. Ausgegeben werden dann alle Parameter, die einem `forEach()`-Callback übergeben werden: Wert, Index und komplettes Array. Die Ausgabe des obigen Programms lautet daher:

```
Nick Cave 0 [ 'Nick Cave', 'Ben Harper' ]
Ben Harper 1 [ 'Nick Cave', 'Ben Harper' ]
```

Listing 2.51 Ausgabe des obigen Programms

Das imperative Äquivalent würde um einiges umfangreicher sein und diverse `if`-Abfragen und geschachtelte `for`-Schleifen enthalten. Den Code dazu erspare ich Ihnen lieber an dieser Stelle. Ich hoffe, Sie sind auf den Geschmack gekommen, sich (soweit nicht längst geschehen) mehr mit funktionalen Techniken auseinanderzusetzen.

Mit den bis hier besprochenen Methoden für Arrays haben Sie nun einen ersten Eindruck dessen, was mit funktionaler Programmierung möglich ist. Im Folgenden möchte ich Ihnen nun einige weitere teils komplexe funktionale Techniken vorstellen, über die sich weitere Vereinfachungen erreichen lassen. Seien Sie also gespannt.

2.5 Funktionale Techniken und Entwurfsmuster

Dieser Abschnitt behandelt verschiedene funktionale Techniken und Entwurfsmuster für die JavaScript-Entwicklung.

2.5.1 Komposition

In der Mathematik bezeichnet *Komposition* das Hintereinanderschalten bzw. Verketten von Funktionen. Die Komposition zweier Funktionen *f* und *g* schreibt man dabei in der Regel mit dem Verkettungszeichen: *f* ∘ *g* Dies beschreibt die Funktion, die für ein gegebenes *x* Folgendes liefert: *f(g(x))*.

Demnach gilt:

$$(f \circ g)(x) = f(g(x))$$

Listing 2.52 Mathematische Definition einer Funktionskomposition

Die Komposition der Funktionen g und f liefert also für ein x das gleiche Ergebnis, als wenn man zuerst die Funktion g mit x als Parameter aufruft und anschließend mit deren Ergebnis die Funktion f.

In der funktionalen Programmierung ist Komposition ein mächtiges Werkzeug, über das es möglich ist, aus bestehenden Funktionen neue Funktionen zu generieren. Die naive Implementierung der obigen Definition in JavaScript sähe wie folgt aus:

```
var komposition1 = function(f, g) {
  return function(x) {
    return f(g(x));
  };
};
```

Listing 2.53 Naive Implementierung einer Funktion für die Komposition von Funktionen

Allerdings berücksichtigt diese Implementierung nicht den Ausführungskontext der Funktion. Daher ist es besser, die Implementierung wie folgt zu ändern:

```
var komposition2 = function(f, g) {
  return function() {
    return f.call(this, g.apply(this, arguments));
  };
};
```

Listing 2.54 Kompositionsfunktion, die den Ausführungskontext berücksichtigt

Mithilfe dieser generischen Funktion lassen sich nun Funktionen miteinander kombinieren:

```
function plusVier(x) {
  return x + 4;
}

function malSieben(x) {
  return x * 7;
}

var plusVierMalSieben = komposition2(malSieben, plusVier);
var malSiebenPlusVier = komposition2(plusVier, malSieben);
console.log(plusVierMalSieben(2));     // 42
console.log(malSieben(plusVier(2)));   // 42
console.log(malSiebenPlusVier(2));     // 18
console.log(plusVier(malSieben(2)));   // 18
```

Listing 2.55 Beispiel für die Komposition zweier Funktionen

Zu beachten sind zwei Dinge:

- ▶ Die übergebenen Funktionen werden von rechts nach links ausgeführt, das heißt, zuerst die zweite übergebene Funktion, danach mit deren Rückgabewert die erste Funktion.

- ▶ Das Ganze funktioniert nur, wenn der Rückgabewert der zweiten Funktion als Parameter von der ersten Funktion verarbeitet werden kann. Im Beispiel geben sowohl plusVier() als auch malSieben() eine Zahl und liefern eine Zahl als Rückgabewert. Insofern funktioniert die Komposition beider Funktionen in beide Richtungen.

Die obige Implementierung der Komposition hat eine Einschränkung: Sie funktioniert nur für zwei Funktionen. Mit ein bisschen JavaScript-Zauberei ist es aber möglich, die Implementierung von komposition() unter Verwendung einer Closure (siehe Abschnitt 2.5.3) so weit anzupassen, dass sie für eine beliebige Anzahl an übergebenen Funktionen ein entsprechendes Ergebnis liefert (siehe Listing 2.56). Hierbei wird von rechts nach links über alle übergebenen Funktionen iteriert und diese jeweils mit dem Ergebnis der vorigen Funktion aufgerufen.

```
var komposition3 = function() {
  var funktionen = arguments;
  return function() {
    var args = arguments;
    for (var i = funktionen.length; i-- > 0;) {
      args = [funktionen[i].apply(this, args)];
    }
    return args[0];
  };
};
```

Listing 2.56 Kompositionsfunktion für beliebig viele Funktionen

Dann geht auch so etwas:

```
var plusAchtMalSieben = komposition3(malSieben, plusVier, plusVier);
console.log(plusAchtMalSieben(2));
```

Listing 2.57 Beispiel für die Komposition mehrerer Funktionen

Auch hier gelten die gleichen Hinweise wie eben: Ausführung der Funktionen von rechts nach links, Rückgabewert jeder Funktion muss im Wertebereich der jeweils nächsten Funktion liegen, um von dieser verarbeitet werden zu können.

2

2.5.2   Rekursion

Auch wenn Ihnen *Rekursion* sicherlich bereits ein Begriff sein wird, soll diese Technik an dieser Stelle der Vollständigkeit halber nicht unerwähnt bleiben. Eine rekursive Funktion ist eine Funktion, die sich, um das Ergebnis zu berechnen, selbst aufruft. Klassisches Beispiel: die Berechnung der Fibonacci-Zahlen:

```
var fibonacciRekursiv = function(n) {
  return n < 2 ? n : fibonacciRekursiv(n - 1) + fibonacciRekursiv(n - 2);
};
console.log(fibonacciRekursiv(11)); // 89
```

Listing 2.58 Rekursive Funktion für die Berechnung von Fibonacci-Zahlen

Zum Vergleich: Die Implementierung auf imperativem Weg ist um einiges aufwendiger:

```
function fibonacciImperativ(n){
  var i,
      fibonacciZahlen = new Array();
  fibonacciZahlen.push(0);
  fibonacciZahlen.push(1);
  for(i=0; i<n; i++){
    fibonacciZahlen.push(fibonacciZahlen[0] + fibonacciZahlen[1]);
    fibonacciZahlen.shift();
  }
  return fibonacciZahlen[0];
}
console.log(fibonacciImperativ(11)); // 89
```

Listing 2.59 Imperative Funktion für die Berechnung von Fibonacci-Zahlen

Obwohl die rekursive Variante recht schlank ist, muss man dazu sagen, dass iterative Programme in der Regel effizienter sind als ihre rekursive Äquivalente: für jeden (rekursiven) Aufruf einer Funktion wird immerhin der Kontext der Funktion auf dem Funktionsaufruf-Stack gespeichert, was bei einer großen Anzahl an Funktionsaufrufen nicht unerheblich Auswirkungen auf die Performance haben kann.

2.5.3   Closures

Closures kommen zustande bei einer besonderen Art von Funktion höherer Ordnung: wenn eine äußere Funktion aufgerufen wird und eine innere Funktion zurückliefert, die wiederum auf die Variablen bzw. Parameter der äußeren Funktion zugreift.

Was sie dabei so besonders macht, ist die Tatsache, dass die Variablen (der ursprünglich äußeren Funktion) auch noch zur Verfügung stehen, wenn die äußere Funktion
beendet wurde. Berücksichtigt wird hierbei jeweils die aktuelle Belegung der Variablen. Die zurückgegebene Funktion schließt die Variablen sozusagen ein – daher der
Name Closure. Das bedeutet, dass sich eine äußere Funktion durchaus mehrmals aufrufen lässt und verschiedene Closures ausgehend von der aktuellen Umgebung mit
unterschiedlichen Variablenbelegungen zurückliefert.

Sehen Sie sich dazu Listing 2.60 an:

```
function zaehler(name) {
  var i=0;
  return function() {
    i++;
    console.log(name + ': ' + i);
  }
}
var zaehler1 = zaehler('Zähler 1');
zaehler1(); // Zähler 1: 1
zaehler1(); // Zähler 1: 2
var zaehler2 = zaehler('Zähler 2');
zaehler2(); // Zähler 2: 1
zaehler2(); // Zähler 2: 2
```

Listing 2.60 Bei einer Closure werden die Variablen und Parameter
der äußeren Funktion in der inneren Funktion »eingeschlossen«.

Hier kommen zwei dieser Konstrukte zum Einsatz: `zaehler1` und `zaehler2`. Jede der
Funktionen hat nur Zugriff auf die Umgebung, in der sie erstellt wurde. Ein Aufruf
von `zaehler1()` bzw. `zaehler2()` verändert nicht die Zählervariable `i` des jeweils anderen Zählers.

Ein weiterer Vorteil: Von außen lässt sich die Variable `i` nicht ändern. Eine wichtige
Grundlage für die Datenkapselung, weswegen Closures einen hohen Wert in der fortgeschrittenen JavaScript-Entwicklung haben und in vielen Entwurfsmustern Anwendung finden. Details dazu gibt es in Kapitel 3, »Objektorientierte Programmierung
mit JavaScript«.

Anwendungsbeispiel: Memoization

Ein bekanntes Beispiel für die Anwendung einer Closure ist die Implementierung
eines Caching-Mechanismus, auch *Memoization*-Entwurfsmuster genannt. Folgender Quelltext ist (leicht abgeändert) auch in Douglas Crockfords lesenswertem Klassiker »JavaScript – The Good Parts« zu finden. Das Beispiel dort ist zwar noch etwas

eleganter, weil es zusätzlich noch die IIFE-Technik anwendet (die wir erst gegen Ende des Kapitels besprechen), der wesentliche Bestandteil des Musters, die Closure, ist aber der gleiche:

```
var fibonacciMitCache = function() {
  var cache = [0, 1];
  var fibonacci = function(n) {
    var result = cache[n];
    if (typeof result !== 'number') {
      console.log('Neuberechnung für: ' + n)
      result = fibonacci(n - 1) + fibonacci(n - 2);
      cache[n] = result;
    }
    return result;
  };
  return fibonacci;
};
var fibonacci = fibonacciMitCache();
console.log(fibonacci(11));
console.log(fibonacci(11));
```

Listing 2.61 Funktion zur Berechnung der Fibonacci-Zahlen mit eingebautem Cache

Die Ausgabe lautet dann wie folgt. Sie sehen, dass die Berechnung der Fibonacci-Zahl für 11 beim zweiten Aufruf aus dem Cache geladen wird, es findet keine Neuberechnung statt.

```
Neuberechnung für: 11
Neuberechnung für: 10
Neuberechnung für: 9
Neuberechnung für: 8
Neuberechnung für: 7
Neuberechnung für: 6
Neuberechnung für: 5
Neuberechnung für: 4
Neuberechnung für: 3
Neuberechnung für: 2
89
89
```

Listing 2.62 Nur die Fibonacci-Zahlen, die sich noch nicht im Cache befinden, werden neu berechnet.

2.5.4 Partielle Auswertung

Hin und wieder kann es der Fall sein, dass man eine Funktion mehrmals mit den gleichen bzw. zu Teilen gleichen Parameterwerten aufrufen möchte. Bei der imperativen Programmierung ist es in solchen Fällen üblich, diesen immer wieder verwendeten Wert in einer Variablen zu speichern und diese Variable dann der entsprechenden Funktion als Parameter zu übergeben:

```
function volumen(x, y, z) {
  return x * y * z;
}
```

```
var volumenX = 5;
console.log(volumen(volumenX, 2, 2));
console.log(volumen(volumenX, 3, 3));
console.log(volumen(volumenX, 4, 4));
console.log(volumen(volumenX, 5, 5));
```

Listing 2.63 Aufruf einer Funktion mit gleichem Parameter bei der imperativen Programmierung

Bei der funktionalen Programmierung geht das dank der sogenannten *partiellen Auswertung* (bzw. *Partial Application*) einfacher. Die Idee ist dabei, eine Funktion zunächst mit den gleichbleibenden Parametern auszuwerten (die Parameter werden dabei *gebunden*) und eine neue Funktion zu erstellen, die nur noch die Variablen (das heißt die *ungebundenen* Parameter) erwartet.

Um dieses Prinzip besser zu verstehen, ist es am besten, wenn ich Ihnen zunächst zeige, welche gedanklichen Zwischenschritte der partiellen Auswertung vorausgehen. Der erste Schritt ist dabei leicht nachvollziehbar, denn so würde man auch bei der imperativen Programmierung vorgehen: Sie definieren eine neue speziellere Funktion, die die alte Funktion aufruft. Die neue Funktion hat dabei weniger Parameter und setzt für die wegfallenden Parameter einfach die festen Werte ein. In unserem Beispiel also den Wert 5 für x:

```
function volumen(x, y, z) {
  return x * y * z;
}
```

```
function volumenX5(y, z) {
  return volumen(5, y, z);
}
```

```
console.log(volumenX5(2, 2));
console.log(volumenX5(3, 3));
```

```
console.log(volumenX5(4, 4));
console.log(volumenX5(5, 5));
```

Listing 2.64 Wiederverwendung von Funktionen

Der Nachteil hiervon ist natürlich, dass neue Funktionen immer einzeln und händisch definiert werden müssen. Für jeden vorbelegten Wert von x müsste eine neue Funktion deklariert werden:

```
function volumenX6(y, z) {
  return volumen(6, y, z);
}
```

Listing 2.65 Für jeden neuen Wert von x muss eine neue Funktion definiert werden.

Das geht besser, wie Sie im Folgenden sehen werden.

Generische Funktion mit Closures

Hier kommen die funktionalen Aspekte von JavaScript zu Hilfe, dank denen es möglich ist, eine Funktion zu erstellen, die dynamisch eine andere Funktion zurückgibt, warum also nicht eine Funktion, die für ein beliebiges x eine entsprechende Funktion zurückgibt, in der x belegt ist und volumen() mit diesem x aufgerufen wird? Eine Technik, dies zur erreichen, haben Sie eben bereits kennengelernt: Die Rede ist von Closures.

Listing 2.66 zeigt, wie eine generische Funktion aussehen könnte, die konkrete Funktionen zurückgibt, in denen x belegt ist:

```
function volumen(x, y, z) {
  return x * y * z;
}

function volumenX(x) {
  return function(y, z) {
    return volumen(x, y, z);
  }
}

var volumenX5 = volumenX(5);
console.log(volumenX5(2, 2));
console.log(volumenX5(3, 3));
console.log(volumenX5(4, 4));
console.log(volumenX5(5, 5));
```

Listing 2.66 Aufruf einer Funktion mit gleichem Parameter bei der funktionalen Programmierung in der generischen partiellen Auswertung

Dies ist schon besser und deckt alle Fälle ab, in denen der Wert von x feststeht. Was aber, wenn nicht nur x, sondern auch y vorbelegt werden sollen? In diesem Fall funktioniert das oben gezeigte Vorgehen nicht mehr. Der nächste Schritt wäre also, die Funktion so generisch zu machen, dass sie mit beliebigen vorgegebenen Parametern zurechtkommt.

Generische Funktionsfabrik zur Erzeugung partieller Funktionen

Die Implementierung einer generischen Funktion, die eine beliebige Anzahl an Parametern binden kann, ist eigentlich relativ einfach: Was man ja möchte ist, dass eine Reihe von Parametern in der Closure gebunden wird und der Rest der Parameter ungebunden bleibt.

Man könnte auch von zwei Arrays sprechen: ein Array von Parametern, die beim Aufruf der äußeren Funktion gebunden werden, sowie ein Array von Parametern, die erst beim Aufruf der inneren Funktion gebunden werden.

Beide Arrays ergeben sich aus den arguments-Objekten der äußeren und der inneren Funktion (siehe Listing 2.67). Um diese Objekte jeweils in ein Array umzuwandeln, kommt die bereits aus diesem Kapitel bekannte Technik des Methodenborgens zum Einsatz. Dieses Mal borgen wir uns jedoch die Array-Methode slice(), die ein Array (oder Array-ähnliches) Objekt an einem definierten Index teilt und die restlichen Elemente als neues Array zurückgibt. Wird als Index der Wert 0 angegeben, werden alle Element in das neue Array übernommen.

Auf diese Weise erhält man zwei Arrays: parameterGebunden, das beim Aufruf der äußeren Funktion (volumenFabrik(2,4)) erzeugt wird, und parameterUngebunden, das erst beim Aufruf der inneren Funktion erzeugt wird (volumenX2Y4(5)). Letzterer Aufruf führt auch dazu, dass beide Arrays zum Array alleParameter zusammengefasst werden und mit diesen Parametern dann die Funktion volumen() aufgerufen wird.

```
function volumenFabrik() {
  var parameterGebunden = Array.prototype.slice.call(arguments, 0);
  console.log(parameterGebunden); // im Beispiel: [2, 4]
  return function() {
    var parameterUngebunden = Array.prototype.slice.call(arguments, 0);
    console.log(parameterUngebunden); // im Beispiel: [5]
    var alleParameter = parameterGebunden.concat(parameterUngebunden);
    console.log(alleParameter); // im Beispiel: [2, 4, 5]
    return volumen.apply(this, alleParameter);
  };
}
var volumenX2Y4 = volumenFabrik(2, 4);
console.log(volumenX2Y4(5));
```

Listing 2.67 Für jeden neuen Wert von x muss eine neue Funktion definiert werden.

Wenn Sie sich jetzt die Funktion volumenFabrik genau anschauen, fällt Ihnen auf, dass nur an einer Stelle noch ein Bezug zu der Funktion volumen besteht, nämlich genau dann, wenn diese Funktion über apply() aufgerufen wird. Warum aber nicht auch das noch auslagern und die Funktion, die aufgerufen werden soll, allgemein halten?

Listing 2.68 zeigt die generische Variante (partial), die für beliebige Funktionen eine beliebige Anzahl an Parametern entgegennimmt und eine Funktion zurückgibt, die die restlichen Parameter als Funktionsparameter hat:

```
function partial(funktion /*, parameter...*/) {
  var parameterGebunden = Array.prototype.slice.call(arguments, 1);
  return function() {
    var parameterUngebunden = Array.prototype.slice.call(arguments, 0);
    return funktion.apply(this, parameterGebunden.concat(parameterUngebunden));
  };
}
```

Listing 2.68 Generische Funktionsfabrik zur Erzeugung partieller Funktionen

Der erste Parameter dieser Funktion ist diesmal die Funktion, die partiell ausgewertet werden soll. Alle weiteren Parameter werden weiterhin nicht explizit angegeben, beim Umwandeln des arguments-Objekts in das parameterGebunden-Array müssen Sie aber diesmal slice() ab Index 1 anwenden, also hinter dem Parameter, der das Funktionsobjekt enthält.

Mit partial() lassen sich nun sowohl speziellere Varianten von volumen() erstellen ...

```
var volumenX5 = partial(volumen, 5);
var volumenX5Y5 = partial(volumen, 5, 5);
```

Listing 2.69 Anwendung der Funktion »partial()«

... als auch speziellere Varianten beliebiger anderer Funktionen:

```
var erstelleMustermann = partial(erstellePerson, 'Mustermann');
var max = erstelleMustermann('Max');
console.log(max); // { name: 'Mustermann', vorname: 'Max' }
var moritz = erstelleMustermann('Moritz');
console.log(moritz); // { name: 'Mustermann', vorname: 'Moritz' }
```

Listing 2.70 Alternatives Beispiel für die Verwendung der Funktion »partial()«

Hinweis zu ECMAScript 5

Sie haben bereits zu Anfang dieses Kapitels die Funktion bind() kennengelernt, die seit ES5 zum Umfang von JavaScript gehört. Diese Funktion kann nicht nur dazu verwendet werden, this zu binden, sondern auch bei der partiellen Auswertung helfen, wie folgender Quelltext zeigt:

```
function erstellePerson(name, vorname) {
  return {
    name: name,
    vorname: vorname
  }
}


var erstelleMustermann = erstellePerson.bind(null, 'Mustermann');
var max = erstelleMustermann('Max');
console.log(max); // { name: 'Mustermann', vorname: 'Max' }
var moritz = erstelleMustermann('Moritz');
console.log(moritz); // { name: 'Mustermann', vorname: 'Moritz' }
```

Listing 2.71 Die Methode »bind()«, die es seit ECMAScript 5 gibt, kann ebenfalls dazu verwendet werden, nur Teile der Parameter zu binden.

Hinweis zu ECMAScript 6

In Kapitel 4, »ECMAScript 6«, werden Sie einige neue Features kennenlernen, mit denen die obige Implementierung von partial() noch etwas schlanker wird. Und zwar zum einen rest-Parameter, um statt des arguments-Objekts direkt ein Array zur Verfügung gestellt zu bekommen, und zum anderen den spread-Operator, über den die Werte eines Arrays auf einen Funktionsaufruf abgebildet werden können. Die Funktion partial() würde dort dann wie folgt implementiert werden:

```
function partial(funktion, ...parameterGebunden) {
  return function (...parameterUngebunden) {
    return funktion(...parameterGebunden, ...parameterUngebunden);
  };
}
```

Listing 2.72 Generische Funktionsfabrik zur Erzeugung partieller Funktionen in ES6

Alle gezeigten Implementierungen von partial() haben eine Einschränkung: Es besteht lediglich die Möglichkeit, Parameter von links beginnend zu binden. Das heißt beispielsweise, mit partial() kann keine Funktion von volumen() erzeugt werden, in der nur der Parameter z gebunden ist. Hierzu müssten die Parameter von rechts beginnend gebunden werden. Des Weiteren ist es mit den bisher gezeigten Implementierungen nicht möglich, irgendeinen beliebigen Parameter »mittendrin« zu binden, beispielsweise für volumen() nur den Parameter y.

Im Folgenden möchte ich Ihnen daher zwei Varianten von partial() vorstellen: die partielle Auswertung von rechts ausgehend sowie die partielle Auswertung mit Platzhaltern.

Partielle Auswertung von rechts ausgehend

Die obige generische Variante der Funktion wird auch partialLeft() genannt. Analog dazu gibt es die Funktion partialRight(), bei der die Parameter von rechts beginnend ausgewertet werden. Das Einzige, was hierfür an der bisherigen Implementierung geändert werden muss, ist die Reihenfolge, in der die beiden Parameter-Arrays miteinander konkateniert werden.

```
function partialRight(funktion /*, parameter...*/) {
  var parameterGebunden = Array.prototype.slice.call(arguments, 1);
  return function() {
    var parameterUngebunden = Array.prototype.slice.call(arguments);
    return funktion.apply(this, parameterUngebunden.concat(parameterGebunden));
  };
}
```

Listing 2.73 Generische Funktionsfabrik zur Erzeugung partieller Funktionen bei Anwendung der Parameter von rechts

Angewendet wird partialRight() auf die gleiche Weise:

```
var volumenZ5 = partialRight(volumen, 5);
console.log(volumenZ5(2, 2)); // 20
console.log(volumenZ5(3, 3)); // 45
console.log(volumenZ5(4, 4)); // 80
console.log(volumenZ5(5, 5)); // 125
```

Listing 2.74 Anwendung von »partialRight()«

Partielle Auswertung mit Platzhaltern

Wenn eine Funktion hinsichtlich beliebiger Parameter partiell ausgewertet werden soll, funktionieren die bisherigen Lösungen nicht mehr: partial() bzw. partialLeft() wertet die Parameter von links aus, partialRight() von rechts. Um beliebige Parameter zu erlauben, muss man einige Erweiterungen durchführen. Das Prinzip dabei ist, mit einem bestimmten Platzhalterwert zu arbeiten, dann innerhalb der partial()-Funktion zu prüfen, ob ein übergebener Parameter diesem Platzhalterwert entspricht und abhängig davon das Parameter-Array zu bilden. Hier der entsprechende Code:

```
var _ = {}; // Platzhalter
function partialMitPlatzhaltern(funktion /*, parameter...*/) {
  var parameterGebunden = Array.prototype.slice.call(arguments, 1);
  return function() {
    var i,
        parameter = [],
        parameterUngebunden = Array.prototype.slice.call(arguments, 0);
    for(i=0; i<parameterGebunden.length; i++) {
      if(parameterGebunden[i] !== _) {
        parameter[i] = parameterGebunden[i];
      } else {
        parameter[i] = parameterUngebunden.shift();
      }
    }
    return funktion.apply(this, parameter.concat(parameterUngebunden));
  };
};
```

Listing 2.75 Partielle Auswertung mit Platzhaltern

Die wesentlichen Änderungen spielen sich in der inneren Funktion ab. Hier wird zunächst ein neues Array erstellt, in dem alle konkreten Parameter gesammelt werden. Dazu wird über das Array gebundener Parameter iteriert. Wenn es sich bei einem Parameter nicht um den Platzhalter handelt, wird der Parameter direkt in das Zielarray übernommen. Für den Fall dagegen, dass es sich bei dem Parameter um den Platzhalterwert handelt, wird der Parameter aus dem Array parameterUngebunden verwendet. Hierbei wird die Methode shift() aufgerufen, die das erste Element aus einem Array löscht sowie gleichzeitig zurückgibt. Übrig bleiben auf diese Weise alle hinten stehenden Parameter, die bei der partiellen Auswertung überhaupt nicht übergeben wurden (auch nicht als Platzhalter).

Mit dieser Funktion ist es nun möglich, die partielle Auswertung auf beliebige Parameter anzuwenden, in folgendem Code beispielsweise auf den zweiten Parameter y der Funktion volumen:

```
var volumenY5 = partialMitPlatzhaltern(volumen, _, 5);
console.log(volumenY5(2, 2)); // 20
console.log(volumenY5(3, 3)); // 45
console.log(volumenY5(4, 4)); // 80
console.log(volumenY5(5, 5)); // 125
```

Listing 2.76 Anwendung der partiellen Auswertung mit Platzhaltern

> **Hinweis**
>
> Normalerweise würden Sie den Platzhalter _ und die Funktion `partialMitPlatzhal-`
> `tern` zusammen kapseln, üblicherweise mithilfe des IIFE-Entwurfsmusters, das ich
> Ihnen am Ende dieses Kapitels vorstellen werde.

2.5.5   Currying

Unter dem Begriff *Currying* versteht man eine Technik, bei der eine Funktion mit
mehreren Parametern in mehrere Funktionen mit jeweils einem Parameter umgewandelt wird. Der verkettete Aufruf dieser einparametrigen Funktionen führt dann
zu dem gleichen Ergebnis wie der Aufruf der einzelnen mehrparametrigen Funktion.

Nehmen wir als Beispiel die bereits bekannte Funktion `volumen()`, eine Funktion mit
drei Parametern:

```
function volumen(x, y, z) {
  return x * y * z;
}
```

Listing 2.77 Eine Funktion mit drei Parametern

Die Curry-Variante dieser Funktion sehen Sie in Listing 2.78: eine Funktion, die eine
Funktion zurückgibt (und x in einer Closure einschließt), welche wiederum eine
Funktion zurückgibt (und y in einer Closure einschließt):

```
function volumenCurry(x) {
  return function(y) {
    return function(z) {
      return x * y * z;
    }
  }
}
console.log(volumenCurry(5)(5)(5));
```

Listing 2.78 Prinzip des Curryings

Der Aufruf von `volumenCurry(5)(5)(5)` führt also zu dem gleichen Ergebnis wie der
Aufruf von `volmen(5,5,5)`.

Doch JavaScript wäre nicht JavaScript, wenn man nicht eine generische Funktion
implementieren könnte, die zu jeder Funktion eine äquivalente Curry-Variante
erzeugt. Listing 2.79 zeigt, wie es geht:

```
function curry(ersterParameter) {
  var n,
      funktion,
      parameterGebunden = Array.prototype.slice.call(arguments, 1);
  if(typeof ersterParameter === "function") {
    funktion = ersterParameter;
    n = ersterParameter.length;
  } else {
    funktion = parameterGebunden.shift();
    n = ersterParameter;
  }
  return function() {
    var parameterUngebunden = Array.prototype.slice.call(arguments);
    var parameter = parameterGebunden.concat(parameterUngebunden);
    return parameter.length < n
      ? curry.apply(this, [n, funktion].concat(parameter))
      : funktion.apply(this, parameter);
  }
}
```

Listing 2.79 Generische curry()-Funktion

Mithilfe dieser generischen Funktion lassen sich nun beliebige mehrparametrige Funktionen in eine Kombination mehrerer einparametriger Funktionen umwandeln:

```
var volumenCurry = curry(volume);
console.log(volumenCurried(5)(5)(5)); // 125

var volumenX5 = volumenCurried(5);
console.log(volumenX5(2)(2)); // 20
console.log(volumenX5(3)(3)); // 45
console.log(volumenX5(4)(4)); // 80
console.log(volumenX5(5)(5)); // 125
```

Listing 2.80 Verwendung der generischen curry()-Funktion

Fazit

Sowohl Currying als auch Partial Application ermöglichen es, Ihren JavaScript-Code schlanker zu machen. Beide Techniken sind dabei von der Zielsetzung her recht ähnlich, unterscheiden sich aber in der Umsetzung. Bei der partiellen Auswertung erhalten Sie das finale Ergebnis der Ursprungsfunktion in zwei Schritten: Im ersten Schritt wird eine Funktion mit gebundenen Parametern erzeugt, im zweiten Schritt die Ursprungsfunktion mit allen Parametern aufgerufen. Beim Currying dagegen hängt die Anzahl der notwendigen Funktionsaufrufe, um das finale Ergebnis zu ermitteln, von der Anzahl der Parameter der Ursprungsfunktion ab. Welche der beiden Techniken man verwendet und welche für den jeweiligen Anwendungsfall besser geeignet ist, muss im Einzelfall entschieden werden.

Neben den bisher vorgestellten grundlegenden funktionalen Konzepten gibt es weitere funktionale Techniken für die JavaScript-Programmierung, die man vielleicht eher in die Kategorie Entwurfsmuster einordnen würde:

▶ das *IIFE-Entwurfsmuster* für den sofortigen Aufruf einer deklarierten Funktion

▶ das bereits mehrfach angesprochene *Callback-Entwurfsmuster*, bei dem Funktionen als Parameter übergeben und zu einem späteren Zeitpunkt aufgerufen werden

▶ *Self-Defining Functions*, also Funktionen, die sich nach (in der Regel) erstem Aufruf selbst neu definieren

Diese Entwurfsmuster möchte ich Ihnen im Folgenden vorstellen.

2.5.6   Das IIFE-Entwurfsmuster

Unter einer IIFE (*Immediately Invoked Function Expression*) versteht man eine (in der Regel anonyme) Funktion, die direkt aufgerufen wird, sobald sie deklariert ist.

```
(function() {
  console.log("Diese Funktion wird deklariert und sofort aufgerufen.")
})();
```

Listing 2.81 Definition und direkter Aufruf einer Funktion bezeichnet man als IIFE.

Wie Sie sehen, wird die Funktion mit Klammern umgeben, bevor sie aufgerufen wird. Dadurch wird die Funktion nicht als Deklaration gewertet (was einen Syntaxfehler hervorrufen würde), sondern als Ausdruck.

Der Code macht so gesehen also nichts anderes als dieser Code:

```
var funktionMitName = (function() {
    console.log("Diese Funktion wird deklariert und sofort aufgerufen.")
});
funktionMitName();
```

Listing 2.82 Eine IIFE entspricht in gewisser Weise diesem Code.

Allerdings gibt es einen feinen Unterschied zwischen diesem Code und einer IIFE: Das direkte Ausführen bei einer IIFE sorgt dafür, dass sie auch wirklich nur ein einziges Mal aufgerufen wird. Wenn man dies jetzt kombiniert mit der Tatsache, dass Funktionen einen Sichtbarkeitsbereich aufspannen, können Sie sich vielleicht schon denken, worauf das hinausläuft: IIFEs ermöglichen das Emulieren von Block-Scope (eigentlich sogar das Definieren beliebiger Scopes).

Sehen Sie sich Listing 2.83 an. Unabhängig davon, dass man hier als Entwickler noch mal die Variablennamen überdenken sollte, ist hier schön zu sehen, wie Block-Scope mittels IIFEs emuliert werden kann:

```
(function() {
  var x = 11;
  if(x<20) {
    (function() {
      var x = 4;
      console.log(x); // Ausgabe: 4
    })();
  }
  if(x>2) {
    (function() {
      var x = 7;
      console.log(x); // Ausgabe: 7
    })();
  }
  console.log(x);     // Ausgabe: 11
})();
```

Listing 2.83 Übertriebenes Emulieren von Block-Scope mit IIFEs

Anwendungsbeispiele

Weitere Einsatzgebiete von IIFEs sind folgende:

▶ wenn der eigene (initial auszuführende) Code in einem Kontext ausgeführt wird, in dem man eventuell durch die eigenen Variablendeklarationen bereits existierende Variablen überschreiben würde, beispielsweise im globalen Scope

▶ In Kapitel 3, »Objektorientierte Programmierung mit JavaScript«, werden Sie außerdem sehen, dass IIFEs eine entscheidende Rolle bei einem der wichtigsten JavaScript-Entwurfsmuster spielen: dem Emulieren von Modulen.

2.5.7 Das Callback-Entwurfsmuster

Das klassische Anwendungsbeispiel, bei dem einer Funktion eine andere Funktion als Parameter übergeben wird, sind sogenannte *Callback-Funktionen* (auch *Callback-Handler*, einfach nur *Callbacks* oder im Deutschen streng genommen *Rückruffunk-*

tion genannt). Dabei wird die übergebene Funktion im Laufe der Ausführung der aufgerufenen Funktion von dieser aufgerufen (bzw. zurückgerufen, daher der Name Callback).

Liefert die Funktion ein Ergebnis, wird dieses als Parameter der Callback-Funktion übergeben. Diese Vorgehensweise, also Übergabe einer Funktion und anschließender Aufruf, wird als Callback-Entwurfsmuster bezeichnet. Insbesondere bei asynchronen Funktionsaufrufen sind Callbacks ein oft genutztes Mittel (um nicht zu sagen ein zu oft genutztes Mittel – aber dazu später mehr), um den aufrufenden Code über Ergebnisse einer aufgerufenen Funktion zu informieren.

Der generelle Aufbau beim Callback-Pattern ist folgender:

```
function eineFunktion(callback) {
  // hier weiterer Code
  callback();
  // hier weiterer Code
}
```

Listing 2.84 Genereller Aufbau des Callback-Patterns

Der Aufruf sieht dann wie folgt aus:

```
function nochEineFunktion() {
  console.log("nochEineFunktion")
}
eineFunktion(nochEineFunktion);
```

Listing 2.85 Anwendung des Callback-Patterns

Hier wird die Funktion nochEineFunktion als Callback übergeben. Vermeiden Sie dabei folgenden gern gemachten Flüchtigkeitsfehler, der dazu führt, dass die als Callback-Funktion gedachte Funktion aufgerufen wird, womit fälschlicherweise ihr Ergebnis als vermeintliche Callback-Funktion übergeben wird. Ist das Ergebnis dann keine Funktion, führt das, wie in Listing 2.86 zu sehen, zu dem Fehler »object is not a function«, und das Programm bricht ab.

```
eineFunktion(nochEineFunktion());
```

Listing 2.86 Kein Callback-Pattern: Hier wird die Funktion
nicht übergeben, sondern aufgerufen.

Prinzipiell ist es daher immer guter Stil, zu prüfen, ob es sich bei dem übergebenen Parameter wirklich um eine Funktion handelt. Dies ist nicht nur sinnvoll, um oben genannten Fehler zu vermeiden, sondern generell, um einer falschen Verwendung der entsprechenden Funktion vorzubeugen.

Best Practice: Den Typ überprüfen

Ob es sich bei einem Objekt um eine Funktion handelt, lässt sich mit dem typeof-Operator ermitteln. Der Typ einer Funktion ist, wie bereits in Kapitel 1, »Einführung«, erwähnt, nicht object, sondern function, was an dieser Stelle praktisch ist:

```
function eineFunktion(callback) {
  if(typeof callback === "function") {
    callback();
  } else {
    // Fehlerbehandlung
  }
}
```

Listing 2.87 Vor dem Aufruf eines Callback-Handlers sollte überprüft werden, ob es sich tatsächlich um eine Funktion handelt.

Anonyme Funktion als Callback-Handler

In dem Eingangsbeispiel oben haben wir eine benannte Funktion als Callback-Handler übergeben. Dies bietet sich an, wenn die Funktion an mehreren Stellen als Callback-Handler verwendet wird. Oft ist dies aber gar nicht nötig. Dann ist es bequemer, den Callback-Handler als anonyme Funktion zu definieren.

```
eineFunktion(function() {
  console.log("anonyme Funktion");
});
```

Listing 2.88 Anonyme Funktion als Callback-Handler

Callbacks mit Parametern

Callback-Funktionen können selbstverständlich auch selbst Parameter enthalten. In der Praxis wird dies beispielsweise genutzt, um aus einer asynchronen Funktion heraus den aufrufenden Code über Fehler zu informieren oder ihm den »Rückgabewert«, das Ergebnis der asynchronen Funktion mitzuteilen.

```
function summePerCallback(x, y, callback) {
  var ergebnis = x + y;
  if(typeof callback === "function") {
    callback(ergebnis);
  }
}
summePerCallback(2, 2, function(ergebnis) {
  console.log("Das Ergebnis lautet: " + ergebnis)
});
```

Listing 2.89 Callback-Handler können Parameter haben.

Anwendungsbeispiel: Callbacks als Event-Listener

Ein typischer Anwendungsfall, bei dem das Callback-Entwurfsmuster zum Einsatz kommt, ist das Registrieren von Event-Listenern an UI-Komponenten innerhalb einer Webanwendung. Listing 2.90 gibt dazu ein Beispiel. Der abgebildete Webseiten-code enthält eine Schaltfläche sowie einen Textbereich, in dem bei Betätigen der Schaltfläche eine Meldung erscheint.

Dazu wird über die Funktion `getElementById()` zunächst das UI-Element ermittelt, an dem der Event-Listener anschließend über die Methode `addEventListener()` regis-triert wird. Letztere erwartet dabei als Parameter den Typ des Events sowie den Event-Listener in Form einer Funktion.

```html
<!DOCTYPE html>
<html>
  <head>
    <title></title>
    <script>
      function init() {
        document.getElementById("knopf").addEventListener(
          "click",
          function(event) {
            document.getElementById("meldung").value = "Geklickt";
          },
          false);
      }
    </script>
  </head>
  <body onload="init()">
    <button id="knopf">Zeige Meldung</button>
    <textarea id="meldung"></textarea>
  </body>
</html>
```

Listing 2.90 Beispiel für den Einsatz von Callback-Funktionen als Event-Listener

Anwendungsbeispiel: Callbacks zur asynchronen Programmierung

Ein weiteres Anwendungsbeispiel für Callbacks ist, wie bereits erwähnt, der Aufruf von asynchronen Funktionen. Diese können weder über `return` einen Rückgabewert liefern noch Fehler werfen.

Warum nicht? Bei der synchronen Programmierung läuft der Code synchron ab, das bedeutet, eine Funktion wird aufgerufen, ausgeführt und liefert optional einen Rück-gabewert. Im Fehlerfall besteht zusätzlich die Möglichkeit, dass eine Exception geworfen wird. Mit asynchronen Funktionen funktioniert das aber nicht. Der Rückgabewert ist nach Aufruf der asynchronen Funktion noch nicht sofort bekannt (er wird schließlich asynchron ermittelt), und Fehler, die eine asynchrone Funktion werfen würde, könnten im synchronen Code nicht abgefangen werden. Da es nicht sicher ist, ob und wann asynchrone Operationen einen Ergebniswert liefern, können solche Operationen also nicht wie synchrone Operationen aufgerufen werden.

Lassen Sie uns das an einem Beispiel verdeutlichen. Hierzu nehmen wir eine einfache asynchrone Funktion, die eine zufällige Anzahl an Millisekunden wartet, bevor sie den Ergebniswert setzt:

```
function asynchroneFunktion() {
  var x;
  setTimeout(function() {
    x = 4711; // Das hier passiert erst nach zwei Sekunden
    console.log(x);
  }, Math.random() * 2000);
  return x;
}
```

Listing 2.91 Eine asynchrone Funktion, in der »return« verwendet wird

Wird diese asynchrone Funktion aufgerufen, als wäre sie eine synchrone Funktion, führt dies schnell zu einem ungewollten Programmverhalten. Das Programm läuft bereits weiter, ohne auf das Ergebnis der asynchronen Funktion zu warten, das Ergebnis ist demnach undefined.

```
var ergebnis = asynchroneFunktion();
console.log(ergebnis); // undefined
```

Listing 2.92 Das Ergebnis der asynchronen Funktion ist »undefined«.

Genauso unmöglich ist es, einen Fehler abzufangen, der in einer asynchronen Funktion auftritt. Zu dem Zeitpunkt, an dem der Fehler geworfen wird, ist der aufrufende Code bereits weitergelaufen, und es ist »niemand mehr da«, um den Fehler zu fangen.

```
function asynchroneFunktion() {
  var x;
  setTimeout(function() {
    throw new Error('Testfehler');
    x = 4711;
  }, Math.random() * 2000);
  return x;
```

```
}

try {
  var ergebnis = asynchroneFunktion();
} catch(fehler) {
  console.error("Fehler: " + fehler); // Das wird nicht aufgerufen
}
```

Listing 2.93 Fehler, die von asynchronen Funktionen geworfen werden, können nicht gefangen werden.

Asynchrone Funktionen können also auf »normalem« Weg dem aufrufenden Code weder einen Rückgabewert zurückgeben noch über Fehler informieren. Genau an dieser Stelle kommen jetzt Callbacks ins Spiel, denn die stellen sozusagen das Bindeglied zwischen asynchroner Funktion und aufrufendem synchronen Code dar: der aufrufende Code übergibt die Callback-Funktion, die asynchrone Funktion ruft diese Callback-Funktion mit dem Ergebniswert (dem »Rückgabewert«) oder im Fehlerfall mit dem Fehlerobjekt als Parameter auf. Der aufrufende Code kann dann innerhalb der Callback-Funktion auf beides reagieren.

Bezüglich der Anzahl der Callback-Funktionen, über die Ergebnis und Fehler an den aufrufenden Code übergeben werden, gibt es dabei verschiedene Vorgehensweisen.

Best Practice: Zwei Callback-Funktionen mit jeweils einem Parameter

Hierbei werden der asynchronen Funktion zwei Callback-Funktionen übergeben, eine für den Normalfall und eine für den Fehlerfall. Üblicherweise werden diese Funktionen, wie in Listing 2.94 zu sehen, success und error genannt.

```
function asynchroneFunktion(success, error) {
  setTimeout(function() {
    var ergebnis = 4711; // Hier normalerweise mehr Code
    if(ergebnis < 0) {
      error(new Error("Ergebnis kleiner 0"));
    } else {
      success(ergebnis);
    }
  }, 2000);
}
asynchroneFunktion(
  function(ergebnis) { // anonyme Implementierung von success
    console.log(ergebnis);
  },
```

```
    function(fehler) { // anonyme Implementierung von error
      console.error(fehler);
    }
);
```

Listing 2.94 Normalfall und Fehlerfall über zwei getrennte Callback-Funktionen

Best Practice: Eine Callback-Funktion mit zwei Parametern

Hierbei wird der asynchronen Funktion statt zweier Callback-Funktionen mit jeweils einem Parameter eine einzige Callback-Funktion mit zwei Parametern übergeben. Üblicherweise wird dabei als erster Parameter der Fehler und als zweiter Parameter der Ergebniswert verwendet. Gibt es keinen Fehler, wird der erste Parameter mit null belegt. Insbesondere bei Node.js-Modulen hat sich diese Vorgehensweise als Quasi-Standard etabliert.

```
function asynchroneFunktion(callback) {
  setTimeout(function() {
    var ergebnis = 4711; // Hier normalerweise mehr Code
    if(ergebnis < 0) {
      callback(new Error("Ergebnis kleiner 0"), ergebnis);
    } else {
      callback(null, ergebnis);
    }
  }, 2000);
}
asynchroneFunktion(
  function(fehler, ergebnis) {
    if(fehler) {
      console.error(fehler);
    } else {
      console.log(ergebnis);
    }
  }
);
```

Listing 2.95 Normalfall und Fehlerfall über eine Callback-Funktion mit zwei Parametern

Callbacks und die Pyramid of Doom

Der übermäßige Gebrauch von Callbacks kann zu einem Codegebilde führen, das unter JavaScript-Entwicklern unter dem Begriff *Pyramid of Doom* bekannt ist. Dies tritt auf, wenn asynchrone Funktionsaufrufe übertrieben oft geschachtelt werden, also im Callback einer asynchronen Funktion eine weitere asynchrone Funktion aufgerufen wird, in deren Callback wieder usw.

In Kapitel 4, in dem es um die neueste Version von ECMAScript geht, werde ich Ihnen diese Problematik anhand eines Codebeispiels genauer erläutern. Dort werden Sie unter anderem mit sogenannten *Promises* ein neues Sprachfeature kennenlernen, mit dessen Hilfe Sie die Problematik der Pyramid of Doom vermeiden können.

2.5.8   Self-Defining Functions

Ein besonders nettes Entwurfsmuster ist das der sogenannten *Self-Defining Functions* bzw. der *Self-Overwriting Functions*. Die Idee dabei ist, dass sich eine Funktion beim ersten Aufruf selbst (neu) definiert und quasi überschreibt.

In Listing 2.96 beispielsweise definiert sich die Funktion erstEinsDannZwei() beim ersten Aufruf neu und überschreibt sich selbst. Die Folge: Beim ersten Aufruf der Funktion wird eine 1 ausgegeben, bei allen folgenden Aufrufen eine 2.

```
function erstEinsDannZwei() {
  console.log(1);
  erstEinsDannZwei = function() {
    console.log(2);
  }
}

erstEinsDannZwei(); // Ausgabe: 1
erstEinsDannZwei(); // Ausgabe: 2
```

Listing 2.96 Eine sich selbst definierende Funktion überschreibt sich selbst.

Hinweis

Bedenken Sie aber: Dadurch dass eine Funktion sich selbst überschreibt, werden andere Variablen, die auf das gleiche Funktionsobjekt zeigen, nicht überschrieben. Diese behalten die Referenz auf die ursprüngliche Funktion. In Listing 2.97 wird dies deutlich: Die Funktion erstEinsDannZwei() überschreibt sich beim ersten Aufruf selbst, gibt also erst eine 1 aus, danach immer eine 2. Der Aufruf von funktions-Referenz() dagegen liefert immer eine 1, diese Methode wird nicht überschrieben!

```
function erstEinsDannZwei() {
  console.log(1);
  erstEinsDannZwei = function() {
    console.log(2);
  }
}
var funktionsReferenz = erstEinsDannZwei;
erstEinsDannZwei(); // 1
erstEinsDannZwei(); // 2
```

```
funktionsReferenz(); // 1
funktionsReferenz(); // 1
```

Listing 2.97 Funktionsreferenzen werden bei selbstüberschreibenden Funktionen nicht überschrieben.

Anwendungsbeispiel: Selbstüberschreibende Funktionen zur Emulation von Lazy Instantiation

In der Praxis kommen Self-Defining Functions vor allem dann zum Einsatz, um *Lazy Instantiation* zu emulieren. Grundsätzlich bedeutet Lazy Instantiation, dass eine Variable nicht sofort initialisiert wird, sondern erst auf Anfrage. In Java beispielsweise ist folgender Code ein oft gesehenes Pattern:

```
public int getErgebnis() {
  if(this.ergebnis == null) {
    this.ergebnis = this.berechneErgebnis();
  }
  return ergebnis;
}
```

Listing 2.98 Lazy Instantiation in Java

Dieses Entwurfsmuster bietet sich vor allem dann an, wenn die Berechnung des entsprechenden Ergebniswertes bzw. die Initialisierung der Variablen relativ aufwendig ist (beispielsweise das Parsen eines Dokuments oder das Lesen einer Datei). Erst wenn der Wert benötigt wird, wird er berechnet. Insbesondere bei der Webentwicklung wird das Entwurfsmuster oft dazu verwendet, Werte einmalig vom Server zu laden und ab dann auf Clientseite zu cachen.

Mit einer Self-Defining Function würde das Entwurfsmuster in JavaScript wie in Listing 2.99 umgesetzt. Beim ersten Aufruf von getErgebnis() wird dort zunächst init() aufgerufen und die ergebnis-Variable initialisiert. Anschließend wird getErgebnis neu definiert: Bei dieser Neudefinition der Funktion reicht es aus, einfach die (bereits initialisierte) Variable ergebnis zurückzugeben.

```
function init() {
  console.log("init()");
  return "Ergebnis";
}
function getErgebnis() {
  var ergebnis = init(); // Hier die einmalige Berechnung
  getErgebnis = function() {
    return ergebnis;     // ab zweitem Aufruf
```

```
    }
    return ergebnis; // erster Aufruf
}
console.log(getErgebnis()); // Ausgabe: "init()", dann "Ergebnis"
console.log(getErgebnis()); // Ausgabe: "Ergebnis"
console.log(getErgebnis()); // Ausgabe: "Ergebnis"
console.log(getErgebnis()); // Ausgabe: "Ergebnis"
```

Listing 2.99 Eine sich selbst definierende Funktion zur Emulation von Lazy Instantiation

Dem aufmerksamen Leser wird aufgefallen sein, dass im Endeffekt auch hier nichts anderes als eine Closure zum Einsatz kommt, auch wenn nicht explizit eine Funktion zurückgegeben wird. Dennoch wird die Variable ergebnis in der neu definierten Variante von getErgebnis() »eingeschlossen«.

2.6   Zusammenfassung und Ausblick

Im Folgenden eine kurze Zusammenfassung der wichtigsten Punkte aus diesem Kapitel:

▶ In JavaScript sind Funktionen »First-Class«-Objekte, das heißt, sie können Variablen zugewiesen werden, als Parameter oder Rückgabewert von Funktionen verwendet werden und beispielsweise als Werte in einem Array gespeichert werden.

▶ Der *Ausführungskontext* einer Funktion wird bei Aufruf der Funktion gesetzt und steht innerhalb dieser über die Referenz this zur Verfügung. Diese Variable hat je nach Ausführungskontext (global, Objektmethode etc.) also einen anderen Wert.

▶ In JavaScript gibt es keinen Block-Scope, sondern Function-Scope. Allerdings wird diese Einschränkung aufgehoben mit der in ECMAScript 6 eingeführten Möglichkeit, Variablen über das neue Schlüsselwort let zu deklarieren (dazu später mehr).

▶ Jede Funktion in JavaScript hat drei Methoden: bind(), um den Ausführungskontext einer Funktion zu definieren, sowie call() und apply(), um Funktionen aufzurufen und dabei die Parameter entweder kommasepariert oder in Form eines Arrays zu übergeben.

▶ Bei der imperativen Programmierung liegt der Fokus auf dem Wie, bei der funktionalen Programmierung auf dem Was.

▶ Wichtige Array-Methoden, die das funktionale Konzept (nämlich das Arbeiten auf Daten) widerspiegeln, sind folgende:

  – forEach() für die komfortable Iteration über die Elemente eines Arrays

  – map(), um Elemente eines Arrays auf neue Werte abzubilden

- filter() für das Herausfiltern von Elementen
- reduce(), um die Elemente auf einen einzelnen Wert zu reduzieren

▶ Als grundlegende funktionale Techniken in JavaScript haben Sie folgende kennengelernt:

- *Komposition*: vorhandene Funktionen zu neuen Funktionen kombinieren
- *Rekursion*: Definition einer Funktion durch sich selbst
- *Closures*: Einschließen von Variablen und Parametern der äußeren Funktion in der inneren Funktion
- *Partielle Auswertung*: Teilweise Anwendung von Funktionsparametern, als Rückgabewert erhält man eine Funktion für die restlichen Parameter.
- *Currying*: Umwandeln einer mehrparametrigen Funktion in mehrere einparametrige Funktionen, deren aneinander gereihter Aufruf zu dem gleichen Ergebnis kommt.

▶ Zudem haben Sie folgende Entwurfsmuster kennengelernt:

- *Immediately Invoked Function Expression* (IIFE): sofortiger Aufruf einer Funktion nach ihrer Deklaration
- *Callbacks*: Übergabe einer Funktion als Parameter einer anderen Funktion, die die übergebene Funktion zu einem (un)bestimmten Zeitpunkt aufruft. In der Regel wird dieses Entwurfsmuster dazu verwendet, bei einem asynchronen Funktionsaufruf über Ergebnis bzw. Fehler zu informieren.
- *Self-Defining Functions*: Neudefinition einer Funktion durch sich selbst, in der Regel nach erstem Aufruf

Ganz schön viel Stoff. Nichtsdestotrotz haben wir nur an der Oberfläche dessen gekratzt, was alles in der funktionalen Programmierung möglich ist. Für das weitere Studium und unter der Voraussetzung, dass Sie sich eingehender mit der funktionalen Programmierung in JavaScript beschäftigen möchten, empfehle ich Ihnen folgende Bücher:

▶ Michael Fogus: *Functional JavaScript: Introducing Functional Programming with Underscore.js*, O'Reilly 2013

▶ Jens Ohlig, Stefanie Schirmer, Hannes Mehnert: *Das Curry-Buch. Funktional programmieren lernen mit JavaScript*, O'Reilly 2013

Die in diesem Kapitel vorgestellten Techniken und Entwurfsmuster werden Ihnen bei der JavaScript-Entwicklung an vielen Stellen begegnen. Einige Anwendungsbeispiele habe ich Ihnen dazu bereits gezeigt, ein paar mehr stelle ich Ihnen im folgenden Kapitel vor. Denn wie bereits gesagt, viele Konzepte, die man aus klassisch objektorientierten Sprachen kennt, werden in JavaScript über funktionale Techniken nachgebildet.

Kapitel 3
Objektorientierte Programmierung mit JavaScript

Neben funktionaler Programmierung ist in JavaScript auch objekt-orientierte Programmierung möglich. Statt auf Klassen basiert diese auf Prototypen bzw. Objekten.

Dieses Kapitel widmet sich der objektorientierten Programmierung in JavaScript. Diese ist nicht wie in anderen Sprachen (Java etc.) klassenbasiert, sondern prototyp-basiert. Und auch andere Aspekte werden in JavaScript anders gehandhabt: Beispiels-weise gibt es keine Schlüsselwörter wie `public`, `protected` oder `private`, um die Sichtbarkeit von Eigenschaften und Methoden zu kennzeichnen. Auch Konzepte wie Namespaces, Interfaces oder Packages existieren in JavaScript von Haus aus nicht, können aber über Entwurfsmuster zumindest ansatzweise nachgebildet bzw. emu-liert werden. Ob das immer sinnvoll ist, sei mal dahingestellt.

3.1 Objekte

Objektorientierung in JavaScript basiert nicht wie in anderen Sprachen auf Klassen, sondern auf sogenannten *Prototypen*. Bevor wir uns mit der Frage beschäftigen, was Prototypen sind und wie die *prototypische Vererbung* funktioniert, möchte ich Ihnen zunächst ein paar grundlegende Dinge über Objekte in JavaScript erklären: Welche verschiedenen Klassifizierungen von Objekten gibt es, auf welche Weisen können Objekte erzeugt werden, und wie kann auf Eigenschaften und Methoden eines Objekts zugegriffen werden?

3.1.1 Arten von Objekten

Prinzipiell unterscheidet man in JavaScript drei Arten von Objekten: *native Objekte*, *Host-Objekte* und benutzerdefinierte Objekte.

▶ **Native Objekte:** Dies sind vordefinierte Objekte, die bereits durch die Sprache selbst zur Verfügung stehen. Beispiele für native Objekte sind `String`, `Number`, `Array`, `Image`, `Date`, `Math` usw.

▶ **Host-Objekte**: Dies sind Objekte, die von der Laufzeitumgebung bereitgestellt werden. Innerhalb eines Browsers sind dies beispielsweise die Objekte window (repräsentiert das Browserfenster) und document (repräsentiert das Webdokument).

▶ **Benutzerdefinierte Objekte**: Zu guter Letzt gibt es noch die Gruppe der benutzerdefinierten Objekte, also solcher, die man als Entwickler selbst erstellt.

Im Folgenden möchte ich mich auf die Letzteren konzentrieren und die nativen Objekte sowie Host-Objekte außen vor lassen. Für weitere Informationen zu den nativen Objekten lohnt sich ein Blick in das MDN (Mozilla Developer Network), das generell eine sehr gute Dokumentation zu JavaScript enthält. Die API der nativen Objekte beispielsweise finden Sie unter *https://developer.mozilla.org/de/docs/JavaScript/Reference/Global_Objects*. Außerdem finden Sie im MDN die sogenannte *Web API Reference*, in der unter anderem auch die Host-Objekte von browserbasierten Laufzeitumgebungen näher beschrieben werden. Die URL dazu lautet: *https://developer.mozilla.org/en-US/docs/Web/API/Reference*.

3.1.2 Objekte erstellen

Wenn Sie die Sprache Java kennen, wissen Sie, dass sich dort Objektinstanzen lediglich auf eine Weise erstellen lassen, und zwar über den Aufruf von *Konstruktoren*. In JavaScript hingegen können Objekte auf verschiedene Art erzeugt werden:

▶ über die sogenannte *Objekt-Literal-Schreibweise*

▶ über eine sogenannte *Konstruktorfunktion*

▶ über die Helfermethode Object.create()

▶ über den Aufruf von *Konstruktoren* in ECMAScript 6

Im Folgenden möchte ich Ihnen diese verschiedenen Möglichkeiten genauer vorstellen.

Hintergrundinfo

Zusätzlich zu den genannten Methoden, werden außerdem in einigen Fällen Objekte implizit erstellt, beispielsweise wenn Sie die Kurzschreibweisen zum Erzeugen von Arrays oder regulärer Ausdrücke verwenden.

Der Code

```
var zahlen = [1,2,3,4,5];
```

erzeugt beispielsweise ein Objekt vom Typ Array.

> **Der Code**
>
> ```
> var ausdruck = /(\w.+)\s(\w.+)/;
> ```
>
> erzeugt ein Objekt vom Typ RegExp.

Objekte erstellen über die Objekt-Literal-Schreibweise

Objekte in JavaScript sind dynamische, veränderbare Datenstrukturen aus Schlüssel-Wert-Paaren, die man sich wie *assoziative Arrays* oder *Hashtabellen* vorstellen kann: Die Eigenschaften eines Objekts sind sozusagen die *Schlüssel*, die *Werte* dahinter sind entweder andere Objekte, primitive Datentypen oder Funktionen. Verfügt ein Objekt über eine Funktion, spricht man in diesem Fall von einer *Methode*, einer *Objektmethode*.

Besonders deutlich wird das Schlüssel-Wert-Konzept bei der Verwendung der *Objekt-Literal-Schreibweise*. Hierbei wird das Objekt durch eine öffnende und eine schließende geschweifte Klammer erzeugt und einzelne Eigenschaften und Methoden des Objekts kommasepariert angegeben. Name und Wert der Eigenschaft (bzw. Methode) werden dabei jeweils durch einen Doppelpunkt getrennt.

Folgender Quelltext zeigt die Erzeugung eines Objekts unter Verwendung dieser Objekt-Literal-Schreibweise:

```
var max = {
  name : 'Max',
  nachname : 'Mustermann',
  sagHallo : function() {
    console.log('Hallo');
  }
}
```

Listing 3.1 Objekterzeugung über die Objekt-Literal-Schreibweise

Das neue Objekt wird in einer Variablen mit dem Namen max gespeichert und verfügt über drei *Eigenschaften*: name und nachname enthalten als Wert jeweils einen String, sagHallo dagegen eine Funktion bzw. eine *Objektmethode*. Sie sehen also, auch Objektmethoden sind letztendlich Eigenschaften des Objekts: ein Schlüssel mit entsprechendem Wert, wobei dieser lediglich eine Funktion ist.

Die Objekt-Literal-Schreibweise lässt sich beliebig schachteln, sprich innerhalb eines auf diese Weise definierten Objekts lassen sich für einzelne Werte ebenfalls Objekte in Objekt-Literal-Schreibweise definieren. Der folgende Code beispielsweise erweitert das Objekt max um die Eigenschaft haustier, die »on the fly« ein weiteres Objekt definiert.

```
var max = {
  name : 'Max',
  nachname : 'Mustermann',
  sagHallo : function() {
    console.log('Hallo');
  },
  haustier : {
    name : 'Bello',
    typ: 'Hund'
  }
}
```

Listing 3.2 Objekt-Literal-Schreibweise mit geschachteltem Objekt

Der Zusammenhang zwischen diesen Objekten ist in Abbildung 3.1 dargestellt. Sie sehen, primitive Datentypen wie Strings sind als Werte direkt im Objekt enthalten, Funktionen (im Beispiel max.sagHallo) und andere Arten von Objekten (im Beispiel max.haustier) werden dagegen referenziert.

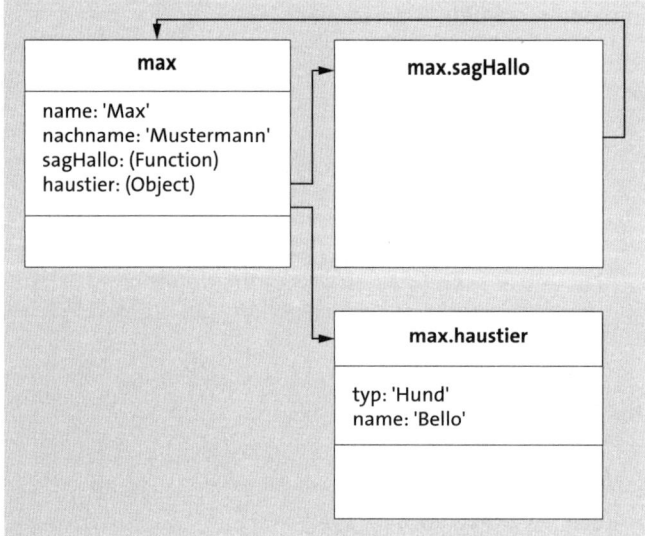

Abbildung 3.1 Aufbau eines Objekts in JavaScript

Anstatt Objekte zu schachteln, können Sie selbstverständlich die Objekte auch getrennt voneinander definieren und dann mit expliziten Referenzen arbeiten. Der Code von gerade ließe sich also auch wie folgt umschreiben, indem der Wert zu haustier in eine eigene Variable ausgelagert wird:

```
var bello = {
  name : 'Bello',
  typ: 'Hund'
}
var max = {
  name : 'Max',
  nachname : 'Mustermann',
  sagHallo : function() {
    console.log('Hallo');
  },
  haustier : bello
}
```

Listing 3.3 Objekt-Literal-Schreibweise mit Referenz auf anderes Objekt

Abbildung 3.2 zeigt den aktualisierten Zusammenhang der Objekte.

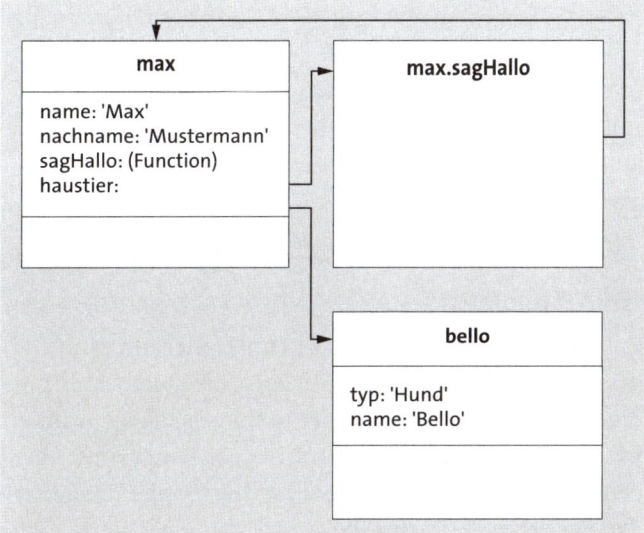

Abbildung 3.2 Aufbau eines Objekts in JavaScript mit Referenz auf anderes Objekt

Die Objekt-Literal-Schreibweise ist eine recht komfortable Lösung für das Erzeugen von Objekten und ist immer dann gut geeignet, wenn Sie ein simples Objekt benötigen. Beispiel hierfür wären die bereits im vorigen Kapitel erwähnten Konfigurationsobjekte, die dort als Funktionsparameter verwendet wurden, oder solche Objekte, von denen es nur eine Instanz geben soll, sogenannte *Singletons*. Während in anderen Sprachen Singletons nämlich teilweise als Entwurfsmuster umgesetzt werden müssen, bietet JavaScript diese so gesehen direkt mit an.

Hinweis

Jedes Objekt, das Sie über die Objekt-Literal-Schreibweise erzeugen, ist implizit ein Singleton.

Objekt-Literal-Schreibweise vs. JSON

Bei der Objekt-Literal-Schreibweise handelt es sich übrigens nicht um die JSON-Schreibweise, auch wenn Sie dies vielleicht in einigen Quellen lesen werden. Dank des globalen JSON-Objekts lässt sich JSON zwar mit JavaScript sowohl lesen (JSON.parse()) als auch schreiben (JSON.stringify()), allerdings gibt es feine Unterschiede zwischen den beiden Schreibweisen:

▶ In JSON müssen Keys (bzw. Eigenschaften) als Strings ausgezeichnet werden, sprich in **doppelte** Anführungszeichen gesetzt werden. In der Objekt-Literal-Schreibweise ist dies nicht notwendig. Hier können **einfache oder doppelte** Anführungszeichen verwendet werden oder sogar ganz darauf verzichtet werden, falls der Name der Eigenschaft es erlaubt (z. B. kein Bindestrich im Namen etc.).

▶ Des Weiteren können in JSON nur Strings, Zahlen, weitere Objekte, Arrays sowie true, false oder null als Werte verwendet werden. In der Objekt-Literal-Schreibweise hingegen gilt diese Einschränkung nicht. Hier können beispielsweise auch Funktionen als Werte verwendet werden.

Objekte erzeugen über Konstruktorfunktion

Im vorigen Kapitel hatte ich Ihnen bereits erklärt, dass Funktionen nicht nur als »normale« Funktion aufgerufen werden können, sondern auch als Konstruktorfunktion, wenn man beim Aufruf ein new voranstellt. Bei der Funktionsdeklaration ändert sich nichts. Um Konstruktorfunktionen dennoch von »normalen« Funktionen abzugrenzen, hat sich die Konvention etabliert, sie in sogenannter *Upper-Camel-Case-Schreibweise*) zu schreiben, bei der der erste Buchstabe großgeschrieben wird.

```
function Album(titel) {
  this.titel = titel;
}
```

Listing 3.4 Konstruktorfunktionen unterscheiden sich nicht von normalen Funktionen, beginnen aber per Konvention mit einem Großbuchstaben.

Zur Erinnerung: Wird eine Funktion als Konstruktorfunktion aufgerufen, bezieht sich this auf die erzeugte Objektinstanz. Obiger Code sorgt also dafür, dass die Eigenschaft titel dieses Objekts auf den Wert des Funktionsparameters titel gesetzt wird.

Es fällt außerdem auf, dass die Funktion keine explizite return-Anweisung enthält. Deren Angabe ist deswegen nicht notwendig, weil das erzeugte Objekt bei Konstruktorfunktionen implizit zurückgegeben wird. Bis hierhin verhält sich also alles ähnlich, wie man es als Java- oder C#-Entwickler von *Konstruktoren* her gewohnt ist.

Der Aufruf der Funktion als Konstruktorfunktion ist in Listing 3.5 zu sehen, wo ein Objekt vom Typ Album erzeugt wird.

```
var album = new Album('Sky Valley');
console.log(album.titel); // Sky Valley
```

Listing 3.5 Erzeugung eines Objekts durch Konstruktorfunktion

Auch das dürfte Java- und C#-Entwicklern bekannt vorkommen, erzeugt man dort ja mit gleicher Schreibweise (nämlich ebenfalls über das Schlüsselwort new) Objektinstanzen. Trotzdem gilt es in JavaScript ein paar Besonderheiten zu beachten. Im Gegensatz nämlich zu den genannten Sprachen, wo man das new beim Konstruktoraufruf nicht weglassen darf (der Compiler meldet in diesem Fall jeweils einen Fehler), ist dies in JavaScript durchaus möglich.

Das hat zwei Gründe: Zum einen gibt es in JavaScript, wie Sie wissen, keinen Compiler, der entsprechende Fehler überhaupt erkennen würde. Zum anderen darf jede Konstruktorfunktion ebenso als normale Funktion aufgerufen werden.

Und es passiert in der Praxis recht schnell, dass man schlichtweg vergisst, das new voranzustellen. Die Konvention der Upper-Camel-Case-Schreibweise hilft dann auch nicht wirklich weiter. Solch eine Unachtsamkeit kann zu Laufzeitfehlern führen, die oft schwierig zu finden sind.

Lassen Sie mich das an einem Beispiel demonstrieren: Was passiert, wenn die Funktion Album, wie in folgendem Quelltext zu sehen, ohne new aufgerufen wird?

```
var album2 = Album('Blues for the Red Sun');
console.log(album2.titel); // TypeError: Cannot read property 'titel' of undefined
```

Listing 3.6 Wird eine Konstruktorfunktion ohne »new« aufgerufen, kann es zu einem »TypeError« kommen.

Der erste Unterschied zum Aufruf als Konstruktorfunktion ist der, dass die Funktion nun, da keine explizite return-Anweisung vorhanden ist, lediglich den Wert undefined als Ergebnis liefert. Dies hat zur Folge, dass der anschließende Versuch, auf die Eigenschaft titel des Ergebnisobjekts zuzugreifen, scheitert (das Objekt hat ja den Wert undefined).

Doch damit nicht genug: this innerhalb einer Funktion bezieht sich bekanntlich immer auf den Kontext, in dem die Funktion aufgerufen wurde (sprich in diesem Fall auf den globalen Kontext). Im Beispiel führt dies tückischerweise dazu, dass die globale Eigenschaft `titel` auf den der Funktion übergebenen Wert gesetzt wird.

Dass dies alles relativ schwierig auffindbare Fehler herbeiführen kann, dürfte klar sein, beispielsweise wenn hierdurch bereits existierende globale Variablen ungewollt überschrieben werden und dann das gesamte Programm außer Rand und Band gerät.

Um dem entgegenzuwirken, haben Sie aber zwei Möglichkeiten:

▶ Zum einen können Sie weitestgehend auf das Schlüsselwort `new` verzichten, das heißt darauf, Funktionen als Konstruktorfunktionen aufzurufen, und stattdessen Objekte mit `Object.create()` erzeugen, wie ich Ihnen später zeigen werde.

▶ Zum anderen können Sie den Ausführungskontext der Funktion überprüfen und einen Fallback-Mechanismus implementieren.

Der zweite Fall soll im Folgenden kurz beschrieben werden: Die Idee ist dabei, innerhalb einer (als Konstruktorfunktion gedachten) Funktion zu prüfen, ob `this` dem Typ entspricht, der durch die Konstruktorfunktion zurückgegeben wird. Entspricht `this` nicht diesem Typ, wird davon ausgegangen, dass die Konstruktorfunktion versehentlich als »normale« Funktion aufgerufen wurde. Als Fallback wird in diesem Fall die Konstruktorfunktion als ebensolche aufgerufen und das Ergebnis explizit zurückgegeben.

Überprüfen lässt sich der Typ bekanntlich mit dem `instanceof`-Operator:

```
function Album(titel) {
  if(!(this instanceof Album)) {
    return new Album(titel);
  }
  this.titel = titel;
}
```

Listing 3.7 Best Practice: Stellt sicher, dass Konstruktorfunktionen auch bei Aufruf als »normale« Funktion dennoch ein Objekt erzeugen und zurückgeben.

Wenn `this` also keine Instanz von `Album` ist (dem Prototyp der `Album`-Funktion, aber dazu später mehr), wird die Funktion `Album` als Konstruktorfunktion aufgerufen. Übrigens ist es wichtig, dass diese Überprüfung ganz zu Beginn der Funktion steht. Andernfalls könnten durch die anderen Anweisungen (in diesem Fall `this.titel = titel;`) bereits ungewollte Nebenwirkungen entstanden sein.

Mit dieser Technik ist es nun unerheblich, ob die Funktion als Konstruktorfunktion aufgerufen wird oder nicht: In beiden Fällen wird eine Objektinstanz erstellt und dem aufrufenden Code zurückgegeben.

> **Hinweis**
>
> Wenn eine Konstruktorfunktion, in der auf `this` zugegriffen wird, im Strict-Modus als normale Funktion aufgerufen wird, kommt es übrigens zu einem Fehler, da `this` nicht auf das globale Objekt zeigt, sondern undefiniert ist.

Wegen der genannten Problematik des vergessenen `new`-Schlüsselwortes gibt es unter vielen Entwicklern (allen voran Douglas Crockford) die Meinung, man solle (fast) vollständig auf das Schlüsselwort verzichten oder, anders gesagt, gar nicht erst Konstruktorfunktionen für das Erstellen von Objekten verwenden. Wie dies geht, zeige ich Ihnen im Folgenden.

Objekte erzeugen über »Object.create()«

Seit ECMAScript 5 können Objekte über die Funktion `Object.create()` erzeugt werden. Diese Funktion erwartet als Parameter den Prototyp des zu erstellenden Objekts (quasi die Vorlage des Objekts, dazu später mehr).

```
var max = Object.create(Object.prototype);
max.name = 'Max';
max.nachname = 'Mustermann';
console.dir(max);
```

Listing 3.8 Objekterzeugung über die Funktion »Object.create()«

Im obigen Beispiel werden die Eigenschaften `name` und `nachname` nachträglich dem erzeugten Objekt zugewiesen. Alternativ können Sie Objekteigenschaften aber auch bereits beim Aufruf von `Object.create()` definieren. Das geschieht über sogenannte *Property-Deskriptoren*, die zusammengefasst in einem Konfigurationsobjekt der Methode als optionaler zweiter Parameter übergeben werden können. Property-Deskriptoren sind ihrerseits Konfigurationsobjekte, über die sich Name, Wert und einige andere Attribute der zu definierenden Objekteigenschaft konfigurieren lassen.

Das obige Beispiel könnte also über Property-Deskriptoren auch wie folgt umgeschrieben werden:

```
var max = Object.create(Object.prototype, {
  name: {
    value: 'Max',
    writable: false,
    configurable: true,
    enumerable: true
  },
```

```
    nachname: {
      value: 'Mustermann',
      writable: true,
      configurable: true,
      enumerable: true
    }
});
console.dir(max);
```

Listing 3.9 Objekterzeugung über die Funktion »Object.create()« unter Angabe von Property-Deskriptoren

Der Name des Property-Deskriptors ist gleichzeitig der Name der Eigenschaft, die definiert werden soll. Die restlichen Attribute konfiguriert man über folgende Eigenschaften des Property-Deskriptor-Objekts:

▸ value: Bezeichnet den Wert der Eigenschaft, kann auch eine Funktion sein.

▸ writable: Boolesche Angabe darüber, ob die Eigenschaft verändert werden darf oder nicht. Standardmäßig auf true gesetzt. Im Beispiel für die Eigenschaft name zu Demonstrationszwecken auf false gesetzt.

▸ configurable: Boolesche Angabe darüber, ob die Attribute einer Eigenschaft verändert werden dürfen oder nicht. Standardmäßig auf true gesetzt.

▸ enumerable: Boolesche Angabe darüber, ob die Eigenschaft bei der Iteration über die Objekteigenschaften berücksichtigt werden soll oder nicht. Standardmäßig auf true gesetzt.

▸ get: Bezeichnet die Funktion, die aufgerufen werden soll, wenn lesend auf die Eigenschaft zugegriffen wird.

▸ set: Bezeichnet die Funktion, die aufgerufen werden soll, wenn schreibend auf die Eigenschaft zugegriffen wird.

Im obigen Beispiel wird max also als ein Objekt erzeugt, das über die beiden Eigenschaften name (mit dem Wert »Max«) und nachname (mit dem Wert »Mustermann«) verfügt, wobei nur die Eigenschaft nachname mit einem neuen Wert belegt werden darf, nachdem das Objekt erstellt wurde. Versucht man dagegen, der Eigenschaft name einen neuen Wert zu geben, wird dieser Aufruf zwar angenommen, der Wert aber nicht geändert.

Alternativ zur Angabe der Property-Deskriptoren beim Aufruf von Object.create() lassen sich Eigenschaften auch über Object.defineProperty() oder Object.defineProperties() definieren. Über die Methode Object.getOwnPropertyDescriptor() kann zudem für eine Objekteigenschaft der zugehörige Property-Deskriptor ermittelt werden.

Tabelle 3.1 gibt eine Übersicht über die wichtigsten in diesem Zusammenhang rele-
vanten und erwähnenswerten Methoden. Über weitere Details – insbesondere darüber, wie sich diese Methoden vor ECMAScript 5 implementieren bzw. emulieren
ließen – gibt der sehr lesenswerte Blogeintrag von John Reisig Aufschluss, zu finden
unter *http://ejohn.org/blog/ecmascript-5-objects-and-properties/*.

Methode	Beschreibung
`Object.getOwnPropertyDescriptor( objekt, eigenschaft)`	Liefert den Property-Deskriptor zu einer Eigen-schaft.
`Object.defineProperty( objekt, eigenschaft, deskriptor)`	Ermöglicht die Definition einer Eigenschaft für ein Objekt. Konfiguriert wird das Ganze über einen Property-Deskriptor wie schon bei `Object.create()`.
`Object.defineProperties( objekt, deskriptoren )`	Analog zu `Object.defineProperty()` ermög-licht diese Methode die Definition direkt meh-rerer Eigenschaften.
`Object.keys(objekt)`	Gibt alle Eigenschaften eines Objekts zurück, die als `enumerable` definiert sind.
`Object.getOwnPropertyNames( objekt)`	Gibt alle »eigenen« Eigenschaften eines Objekts zurück, unabhängig davon, ob diese `enumerable` sind oder nicht. Eigene Eigenschaf-ten sind solche, die am Objekt selbst definiert sind, und nicht solche, die ein Objekt von sei-nem Prototyp erbt.
`Object.preventExtensions( objekt)`	Wird diese Methode für ein Objekt aufgerufen, ist es anschließend nicht mehr möglich, dem Objekt neue Eigenschaften hinzuzufügen.
`Object.isExtensible(objekt)`	Ermittelt, ob ein Objekt bezüglich der Eigen-schaften erweiterbar ist.
`Object.seal(objekt)`	Über diese Methode ist es möglich zu verhin-dern, dass einem Objekt neue Eigenschaften hinzugefügt oder bestehende Eigenschaften aus einem Objekt gelöscht werden. Zusätzlich dürfen die Property-Deskriptoren der Eigen-schaften nicht verändert werden. Werte der Eigenschaften dagegen können weiterhin ver-ändert werden.

Tabelle 3.1 Wichtigste Methoden von »Object«

Methode	Beschreibung
`Object.isSealed(objekt)`	Überprüft, ob ein Objekt »versiegelt« ist.
`Object.freeze(objekt)`	Ähnlich wie `Object.seal()`, allerdings werden zusätzlich die Werte der Eigenschaften »eingefroren«, sprich sowohl Eigenschaften als auch Werte der Eigenschaften sind nach Aufruf dieser Methode unveränderlich.
`Object.isFrozen(objekt)`	Überprüft, ob ein Objekt »eingefroren« ist.

Tabelle 3.1 Wichtigste Methoden von »Object« (Forts.)

Objekte erzeugen aus Strings

Eine weitere Möglichkeit, Objekte zu erstellen, von der Sie bei der JavaScript-Programmierung das ein oder andere Mal Gebrauch machen werden, ist das Parsen eines Strings unter Verwendung der Methode `JSON.parse()`. Insbesondere wenn Sie über einen Webservice Daten im JSON-Format laden, ist diese Methode eine willkommene Möglichkeit, den als String übermittelten Wert direkt in ein Objekt umzuwandeln.

Objekte erzeugen über ECMAScript-6-Klassen

In JavaScript basiert Objektorientierung auf reinen Objekten (bzw. Prototypen, Details dazu in Abschnitt 3.2, »Prototypen«) und nicht wie in anderen Sprachen auf Klassen. Da diese Art der Objektorientierung bzw. die damit einhergehende Schreibweise für Einsteiger in die Sprache eher gewöhnungsbedürftig ist, hat man sich bei der Ausarbeitung der Spezifikation von ECMAScript 6 (kurz ES6) darauf geeinigt, die sogenannte *Klassensyntax* einzuführen.

Äußerlich sieht das dann wie klassenbasierte Objektorientierung aus, intern basiert das Ganze trotzdem weiterhin auf Objekten und Prototypen. Es handelt sich bei der neuen Klassensyntax also lediglich um eine syntaktische Vereinfachung der weiterhin prototypischen Objektorientierung. Wenn ich im Folgenden also von »Klassen« spreche, müssen Sie sich darüber im Klaren sein, dass es sich hierbei nicht um echte Klassen, wie beispielsweise in Java, handelt, sondern um syntaktische Konstrukte, die der prototypischen Objektorientierung vorgelagert sind.

Wesentlicher Bestandteil der syntaktischen Neuerungen ist das Schlüsselwort `class`, über das sich eine Klasse definieren lässt (siehe Listing 3.10). Auch Methoden lassen sich seit ES6 einfacher definieren: Im Gegensatz zu vorher ist keine Angabe des

Schlüsselwortes `function` notwendig. Auch hierbei orientiert man sich offensichtlich an Sprachen wie Java.

```
class Person {
  constructor(vorname, nachname) {
    this.vorname = vorname;
    this.nachname = nachname;
  }
  toString() {
    return this.vorname + ' ' + this.nachname;
  }
}
```

Listing 3.10 ES6-Klassensyntax

Basierend auf dieser Klasse lässt sich eine Objektinstanz wie folgt instanziieren:

```
var max = new Person('Max', 'Mustermann');
console.log(max.toString());
```

Listing 3.11 Objekterzeugung, basierend auf ES6-Klassensyntax

Etwas detaillierter werde ich Ihnen die neue Klassensyntax noch in Kapitel 4 vorstellen, in dem es allgemein um Neuerungen in ES6 geht.

3.2   Prototypen

Bevor wir uns an die prototypische Vererbung und weitere objektorientierte Implementierungstechniken wagen, möchte ich Ihnen zunächst ein paar Begrifflichkeiten und Zusammenhänge der prototypischen Programmierung in JavaScript vorstellen. Erörtern wir im Folgenden also zunächst, was es mit den sogenannten *Prototypen* auf sich hat und wie diese mit Objekten und Funktionen zusammenhängen.

JavaScript ist eine prototypbasierte Sprache, kennt also keine Klassen. Alles in JavaScript sind Objekte. So viel dürfte bis hierhin bekannt sein. Jedes Objekt in JavaScript basiert aber auch auf einem Prototyp. Nun ja, zumindest fast jedes Objekt, denn einige Objekte, wie beispielsweise die Mutter aller Objekte `Object`, oder Objekte, deren Prototyp explizit auf `null` gesetzt wurde, haben keinen Prototyp. Aber das sind alles Ausnahmefälle. Für den Moment wollen wir also festhalten: Wenn Sie ein Objekt erstellen, hat dieses Objekt auch einen Prototyp, entweder implizit oder explizit.

Jedes Objekt kann zudem selbst als Vorlage, also als Prototyp, für ein anderes Objekt dienen. In diesem Fall stellt das Prototyp-Objekt dem neuen Objekt seine Eigenschaften und Methoden zur Verfügung. Übersetzt in die klassenbasierte Programmierung entspricht das also in etwa dem Erstellen einer Unterklasse: Diese erbt ja auch von der abgeleiteten (Ober-)Klasse (bzw. *Superklasse* oder *Elternklasse*) Eigenschaften und Methoden (soweit diese sichtbar sind). In JavaScript erben jedoch nicht Klassen von Klassen, sondern eben Objekte von Objekten.

Der Prototyp eines Objekts ist in der Eigenschaft __proto__ hinterlegt. Erstmals implementiert wurde diese Eigenschaft im Firefox-Browser als Alias zu der internen Eigenschaft [[Prototype]] und seitdem von fast allen Browsern bzw. Laufzeitumgebungen übernommen. Fest in den ECMAScript-Standard übernommen wurde die Eigenschaft aber erst mit der Version 6. Anstatt jedoch direkt auf die Eigenschaft zuzugreifen, ist es üblich und empfehlenswert, den Prototyp eines Objekts über die Methode Object.getPrototypeOf() zu ermitteln. Außerdem ist es möglich, mit Object.isPrototypeOf() zu überprüfen, ob ein Objekt der Prototyp eines anderen Objekts ist.

Nach diesen zugegeben noch etwas theoretischen Basisinformationen wollen wir als Nächstes einen Blick darauf werfen, welche Prototypen die auf verschiedene Arten erzeugten Objekte haben.

Prototypen bei Objekt-Literal-Schreibweise

Im Fall der Objekt-Literal-Schreibweise ist implizit immer das Basisobjekt Object der Prototyp, denn bei dieser Schreibweise lässt sich kein eigener Prototyp angeben.

```
var max = {
  name: 'Max',
  nachname: 'Mustermann'
};
console.log(max.__proto__);            // Object {}
console.log(Object.getPrototypeOf(max)); // Object {}
```

Listing 3.12 Prototypen bei der Verwendung der Objekt-Literal-Schreibweise

Prototypen bei »Object.create()«

Im Fall von Object.create() übergibt man den Prototyp explizit als Parameter. Im Beispiel in Listing 3.12 hatten wir Object.prototype übergeben, Sie können aber auch andere Objekte als Prototyp übergeben, wie Listing 3.13 zeigt:

```
var maexchen = Object.create(max);
maexchen.name = "Maexchen";
console.log(maexchen.__proto__);
// Object {name: "Max", nachname: "Mustermann"}
console.log(Object.getPrototypeOf(maexchen));
```

```
// Object {name: "Max", nachname: "Mustermann"}
console.log(maexchen.name);    // Maexchen
console.log(maexchen.nachname); // Mustermann
```

Listing 3.13 Prototypen bei der Verwendung von »Object.create()«

Übrigens sehen Sie schon an diesem kurzen Beispiel (ein kleiner Vorgriff auf Abschnitt 3.3.1, »Prototypische Vererbung«), dass Objekte von ihrem Prototyp erben, im Beispiel erbt das Objekt maexchen die Eigenschaften name und nachname von max, wobei name überschrieben wird.

Prototypen bei Konstruktorfunktionen

Bei Objekten, die mit einer Konstruktorfunktion erzeugt wurden, zeigt die Eigenschaft __proto__ auf den Prototyp, der von der Konstruktorfunktion intern dazu verwendet wird, Objekte zu erzeugen und dort in der Eigenschaft prototype hinterlegt ist. Zusätzlich haben Konstruktorfunktionen selbst eine Eigenschaft __proto__, die auf den Prototyp der Funktion selbst verweist. Abbildung 3.3 und Listing 3.14 machen diesen Zusammenhang deutlich.

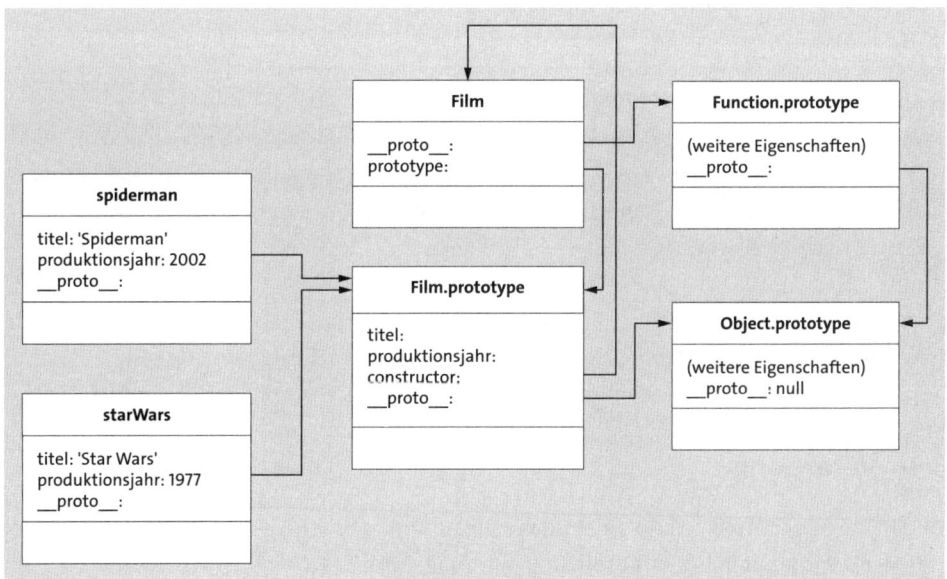

Abbildung 3.3 Zusammenhang zwischen Objektinstanzen, Prototypen und Konstruktorfunktionen

Wie Sie aus der Abbildung zudem entnehmen können, enthält umgekehrt der Prototyp der erzeugten Objektinstanzen eine Eigenschaft constructor, die wiederum auf die Konstruktorfunktion verweist.

```
function Film(titel, produktionsjahr) {
  this.titel = titel;
  this.produktionsjahr = produktionsjahr;
};
var spiderman = new Film('Spiderman', 2002);
var starWars = new Film('Star Wars', 1977);
console.log(spiderman.__proto__);              // Film {}
console.log(starWars.__proto__);               // Film {}
console.log(Object.getPrototypeOf(spiderman)); // Film {}
console.log(Object.getPrototypeOf(starWars));  // Film {}
console.log(spiderman.constructor);            // function Film() {...}
console.log(starWars.constructor);             // function Film() {...}
```

Listing 3.14 Prototypen bei der Verwendung von Konstruktorfunktionen

Merke

Jede Funktion verweist auf zwei Prototypen. Der eine Prototyp (__proto__) beschreibt den Prototyp der Funktion als Objekt, der andere Prototyp (prototype) beschreibt den Prototyp der Objektinstanzen, die durch die Funktion erzeugt werden.

Das Prototype-Entwurfsmuster

Während in anderen Programmiersprachen das Konzept der Prototypen erst durch das entsprechende GoF-Entwurfsmuster *Prototype* implementiert werden muss (siehe Abschnitt 7.2.4, »Ähnliche Objekte erstellen (Prototype)«), bringt JavaScript dieses Konzept direkt mit.

Dies sind die Grundlagen zu Prototypen in JavaScript. Lassen Sie mich Ihnen als Nächstes zeigen, wie in JavaScript das Konzept der Vererbung realisiert ist.

3.3 Vererbung

In der Vergangenheit haben sich in JavaScript verschiedene Konzepte bzw. Herangehensweisen bezüglich der Vererbung herausgebildet. Zu Beginn wurde häufig versucht, JavaScript das Aussehen einer klassisch objektorientierten Sprache aufzudrängen, sprich eine klassenbasierte Objektorientierung bzw. Vererbung zu emulieren. Diese Vorgehensweise kennt man heutzutage als *klassische Vererbung* bzw. besser *pseudoklassische Vererbung*, weil es sich eben nicht um wirkliche Klassen handelt.

Die pseudoklassische Vererbung basiert auf dem Einsatz von Konstruktorfunktionen (daher auch hin und wieder bezeichnet als *Konstruktorvererbung*), sprich Objekte werden dort über Konstruktorfunktionen erzeugt, und auch Unterklassenbeziehungen werden über Konstruktorfunktionen abgebildet, und zwar, indem eine Konstruktorfunktion von einer anderen ableitet. Konstruktorfunktionen stellen also quasi das Äquivalent zur Klasse dar.

Insgesamt mag dieser Ansatz Entwicklern, die bisher nur klassenbasierte Vererbung kennen, zwar vertraut vorkommen. Im Detail betrachtet kommen bei diesem Ansatz aber nicht die wirklichen Stärken von JavaScript bzw. der prototypischen Objektorientierung zur Geltung. Ging der Trend eine Zeit lang in Richtung klassischer Vererbung, geht er daher mittlerweile eher wieder davon weg hin zu der sogenannten *prototypischen Vererbung* (auch bekannt als *Objektvererbung*). Hierbei wird – wie der Name schon sagt – die Vererbung auf Basis von Prototypen realisiert. Konstruktorfunktionen werden dort überhaupt nicht verwendet.

Im Folgenden stelle ich Ihnen zunächst die prototypische Vererbung vor, anschließend der Vollständigkeit halber die klassische Vererbung, da auch diese immer noch in der Praxis zu finden ist und Sie diese Art der Vererbung, falls sie Ihnen einmal in einem Projekt begegnet, dann auch erkennen sollten. Außerdem zeige ich Ihnen zwei weitere Varianten der Vererbung: die *kopierende Vererbung* sowie in Kapitel 4 dann die Vererbung in ECMAScript 6.

3.3.1   Prototypische Vererbung

Die prototypische Vererbung basiert ausschließlich auf Objekten. Eigenschaften und Methoden eines Objekts kann ein anderes Objekt »erben«, indem es das Objekt als Prototyp verwendet. Der einfachste Weg, ein Objekt auf Basis eines Prototyps zu erzeugen, ist, wie Sie bereits sehen konnten, die Methode `Object.create()`. Als Parameter der Methode wird der Prototyp des zu erstellenden Objekts übergeben.

Folgendes Beispiel zeigt, wie auf Basis des Objekts hund die beiden Objekte bello und struppi erstellt werden:

```
var hund = {
  name: undefined,
  bellen: function() {
    console.log('Wau');
  }
}
var bello = Object.create(hund);
bello.name = 'Bello';
var struppi = Object.create(hund);
struppi.name = 'Struppi';
hund.bellen() // Wau
```

```
bello.bellen();    // Wau
struppi.bellen();  // Wau
```

Listing 3.15 Bei der prototypischen Vererbung erben Objekte von anderen Objekten.

Die beiden Objekte `bello` und `struppi` erben die Eigenschaft `name` sowie die Methode `bellen()` von ihrem Prototyp, dem Objekt `hund`. Erben bedeutet in diesem Fall nicht, dass die beiden Objekte die Eigenschaft und die Methode selbst als solche **enthalten**, sondern dass über die sogenannte *Prototypkette* Zugriff darauf besteht. Abbildung 3.4 macht dies deutlich: Beim Aufruf von `bello.bellen()` wird zunächst überprüft, ob das Objekt `bello` selbst die Methode `bellen()` enthält. Dies ist nicht der Fall, also wird die Prototypkette weiter nach oben verfolgt bis zu dem Objekt `hund`, an dem es die Methode gibt und wo sie entsprechend aufgerufen wird.

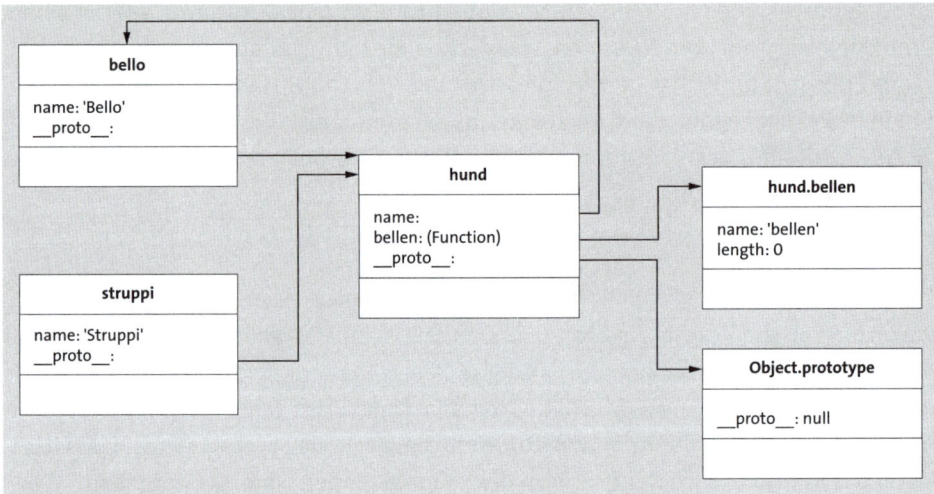

Abbildung 3.4 Prototypische Vererbung in JavaScript

Prinzipiell wird in der Prototypkette so weit nach oben gegangen, bis die entsprechende Methode oder Eigenschaft gefunden wurde oder das Ende der Prototypkette erreicht wurde, sprich bis zu dem Objekt, für das der Prototyp auf `null` gesetzt ist (in der Regel das Objekt `Object`).

Lassen Sie mich das Beispiel von eben erweitern, bevor wir uns den Besonderheiten dieser Art von Vererbung zuwenden. Listing 3.16 führt mit dem Objekt `tier` eine neue Ebene in die Vererbungshierarchie ein. Wird nun `bello.fressen()` aufgerufen, geht der JavaScript-Interpreter die Prototypkette schrittweise hoch bis zum Objekt `tier`, weil weder `bello` noch `hund` über die Methode verfügen (siehe Abbildung 3.5).

```
var tier = {
  name: undefined,
  fressen: function() {
    console.log('fressen');
  }
}
var hund = Object.create(tier);
hund.bellen = function() {
  console.log('Wau');
}
var bello = Object.create(hund);
bello.name = 'Bello';
var struppi = Object.create(hund);
struppi.name = 'Struppi';
bello.fressen(); // fressen
bello.bellen();  // Wau
```

Listing 3.16 Prototypische Vererbung funktioniert auch über mehrere Hierarchieebenen.

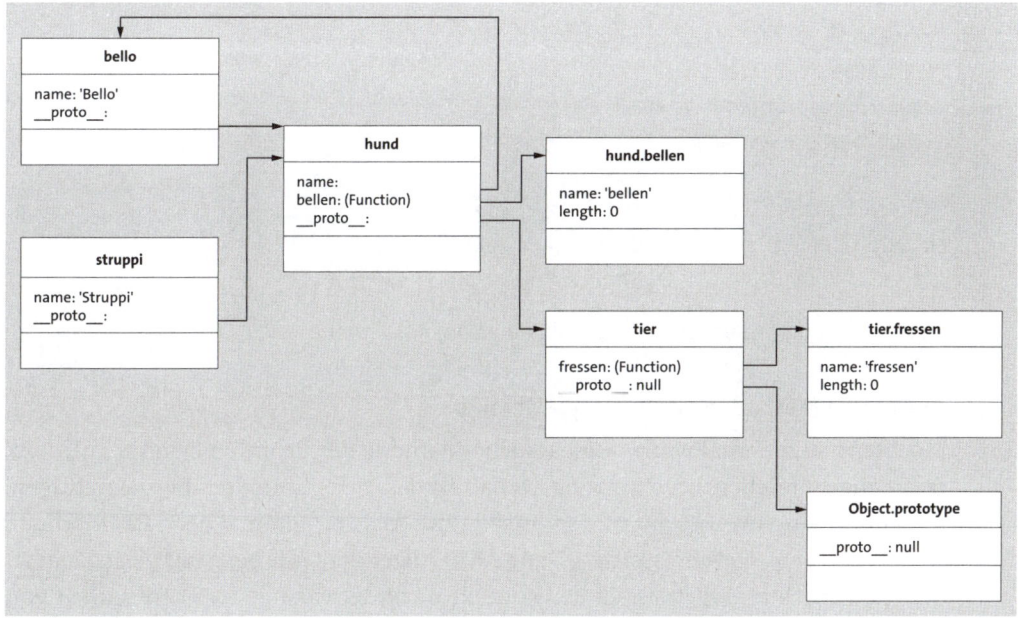

Abbildung 3.5 Prototypische Vererbung über mehrere Hierarchieebenen

Zugriff auf »this«

Der erste Fallstrick bei der Objektorientierung in JavaScript ist das Schlüsselwort this. Erinnern Sie sich: this bezieht sich innerhalb einer Funktion auf den Kontext, in dem die Funktion **aufgerufen** wurde, nicht auf den Kontext, in dem sie **definiert** wurde. Beim Aufruf einer Objektmethode bezieht sich this also auf das jeweilige Objekt, auf dem die Methode aufgerufen wurde.

Das Beispiel in Listing 3.17 macht dies deutlich. Die am Objekt hund definierte Methode bellen() greift per this auf die Eigenschaft name zu. Im Objekt hund existiert diese Eigenschaft nicht, der entsprechende Zugriff ergibt daher den Wert undefined. Für die beiden Objekte bello und struppi dagegen ist die Eigenschaft name definiert. Die Methode bellen() erben beide Objekte über die Prototypkette. Beim Aufruf der Methode auf einem dieser Objekte bezieht sich this nicht auf hund, sondern auf das entsprechende Objekt, an dem die Eigenschaft name definiert ist.

```javascript
var tier = {
  fressen: function() {
    console.log('fressen');
  }
}
var hund = Object.create(tier);
hund.bellen = function() {
  console.log(this.name + ': Wau');
}
var bello = Object.create(hund);
bello.name = 'Bello';
var struppi = Object.create(hund);
struppi.name = 'Struppi';
var anonymerHund = Object.create(hund);
anonymerHund.bellen(); // undefined: Wau
bello.bellen();        // Bello: Wau
struppi.bellen();      // Struppi: Wau
```

Listing 3.17 Zugriff auf »this« innerhalb einer Objektmethode

Aufruf von Methoden des Prototyp-Objekts

Möchte man innerhalb eines Objekts eine Methode des Prototyp-Objekts aufrufen, muss man die eben beschriebene Dynamik des this-Kontextes berücksichtigen. Angenommen, in struppi.bellen() soll zweimal hintereinander die Methode hund.bellen() ausgeführt werden. Dann führt folgender Code beispielsweise nicht zu dem gewünschten Ergebnis, da der Kontext nicht der richtige ist: Beim Aufruf von hund.bellen() bezieht sich this ja auf das Objekt hund.

```javascript
var tier = {
  fressen: function() {
    console.log('fressen');
  }
}
```

```
var hund = Object.create(tier);
hund.bellen = function() {
  console.log(this.name + ': Wau');
}
var bello = Object.create(hund);
bello.name = 'Bello';
var struppi = Object.create(hund);
struppi.name = 'Struppi';
struppi.bellen = function() {
  hund.bellen();
  hund.bellen();
}
struppi.bellen(); // 2 x undefined: Wau
```

Listing 3.18 Falscher Aufruf von Methoden des Prototyp-Objekts

Abhilfe schafft in diesem Fall die Methode call(), die Sie schon aus dem vorigen Kapitel kennen und über die sich Funktionen unter Angabe des Ausführungskontextes aufrufen lassen. Listing 3.19 zeigt, wie Sie korrekt im erbenden Objekt eine Methode des vererbenden Objekts aufrufen:

```
var tier = {
  fressen: function() {
    console.log('fressen');
  }
}
var hund = Object.create(tier);
hund.bellen = function() {
  console.log(this.name + ': Wau');
}
var bello = Object.create(hund);
bello.name = 'Bello';
var struppi = Object.create(hund);
struppi.name = 'Struppi';
struppi.bellen = function() {
  hund.bellen.call(this);
  hund.bellen.call(this);
}
struppi.bellen(); // 2 x Struppi: Wau
```

Listing 3.19 Korrekter Aufruf von Methoden des Prototyp-Objekts

Überschreiben von Methoden

Gegenüber dem Aufruf von Methoden des Prototyps ist das Überschreiben von Methoden recht einfach: Man fügt dem erbenden Objekt lediglich eine Methode mit gleichem Namen hinzu, genauso wie Sie es eben schon für Objekteigenschaften sehen konnten. Das sorgt dafür, dass beim Durchgehen der Prototypketten die »überschreibende« Methode des erbenden Objekts vor der überschriebenen Methode des Prototyps gefunden und aufgerufen wird.

Ein simples Beispiel verdeutlicht dies: In Listing 3.20 wird die Methode bellen() am Objekt struppi überschrieben. Ein Aufruf von struppi.bellen() bezieht sich also genau auf diese Methode, nicht auf die Methode hund.bellen().

```
var tier = {
  fressen: function() {
    console.log('fressen');
  }
}
var hund = Object.create(tier);
hund.bellen = function() {
  console.log(this.name + ': Wau');
}
var bello = Object.create(hund);
bello.name = 'Bello';
var struppi = Object.create(hund);
struppi.name = 'Struppi';
struppi.bellen = function() {
  console.log('Wau Wau');
}
bello.bellen();   // Bello: Wau
struppi.bellen(); // Wau Wau
```

Listing 3.20 Überschreiben einer Methode in dem ableitenden Objekt

---

Instanzmethoden vs. Prototypmethoden

Bei der Verwendung von Konstruktorfunktionen ist es möglich, Objektmethoden innerhalb der Konstruktorfunktion auf this zu definieren, sprich auf dem Objekt, das von der Konstruktorfunktion zurückgegeben wird. Damit definieren Sie eine sogenannte *Instanzmethode*. Jede Objektinstanz, die von der Konstruktorfunktion erzeugt wird, enthält dann eine eigene Kopie der Methode und belegt damit Speicherplatz.

Insbesondere wenn viele Objektinstanzen erzeugt werden, kann dieses Vorgehen Auswirkungen auf die Performance einer Anwendung haben. Stattdessen sollten Sie, wenn möglich, Methoden nicht auf einer Objektinstanz definieren, sondern als Methode auf dem Prototyp (*Prototypmethode*). Sie sollten Instanzmethoden eigentlich nur in zwei Fällen verwenden: entweder wenn nicht viele Objektinstanzen erzeugt werden und mit keinen Auswirkungen auf die Performance zu rechnen ist oder wenn die entsprechende Methode Zugriff auf lokale Variablen innerhalb der Konstruktorfunktion haben muss (siehe Abschnitt 3.4.3, »Privilegierte öffentliche Methoden«).

Namenskonventionen von Prototyp-Objekten und Objektinstanzen

Sie haben es in JavaScript zu jeder Zeit immer mit Objekten zu tun. Sowohl `tier`, `hund` als auch `bello` und `struppi` sind gleichermaßen Objekte. Einen Unterschied zwischen Klassen und Objektinstanzen gibt es in JavaScript nicht.

Dies hat Konsequenzen: Beispielsweise können direkt auf `tier` und `hund` Methoden aufgerufen werden (beides wären in klassenbasierten Sprachen keine Objektinstanzen, sondern Klassen und daher dort nicht möglich, es sei denn, es handelt sich um Klassenmethoden, ein anderes Thema).

Andersherum können Sie in JavaScript beispielsweise auch weitere Objekte erstellen, die von `bello` oder `struppi` ableiten. In klassenbasierten Sprachen wiederum wären dies beides Objektinstanzen, von denen man dort nicht ableiten könnte.

Um dennoch auch in JavaScript eine Unterscheidung zu haben, was eher »Klasse« bzw. Prototyp und was eher Objektinstanz sein soll, hat sich die Konvention herausgebildet, dass solche Objekte, die als Prototypen dienen, mit einem Großbuchstaben beginnen (genauer gesagt in *Upper-Camel-Case-Schreibweise* geschrieben werden) und solche, die als Objektinstanzen dienen, kleingeschrieben werden (*Lower-Camel-Case-Schreibweise*). Dies entspricht der Vorgehensweise, wie man sie beispielsweise aus Java kennt: Dort beginnen Klassen mit einem Großbuchstaben, Objektinstanzen mit einem Kleinbuchstaben.

Prototypen werden in diesem Zusammenhang – nicht ganz korrekt, aber dennoch gebräuchlich – auch als Klassen bezeichnet, Prototypen, die von Prototypen ableiten, als *Subklassen* und Objekte, die nicht als Prototyp dienen, als *Objektinstanzen*. Abbildung 3.6 zeigt den Zusammenhang.

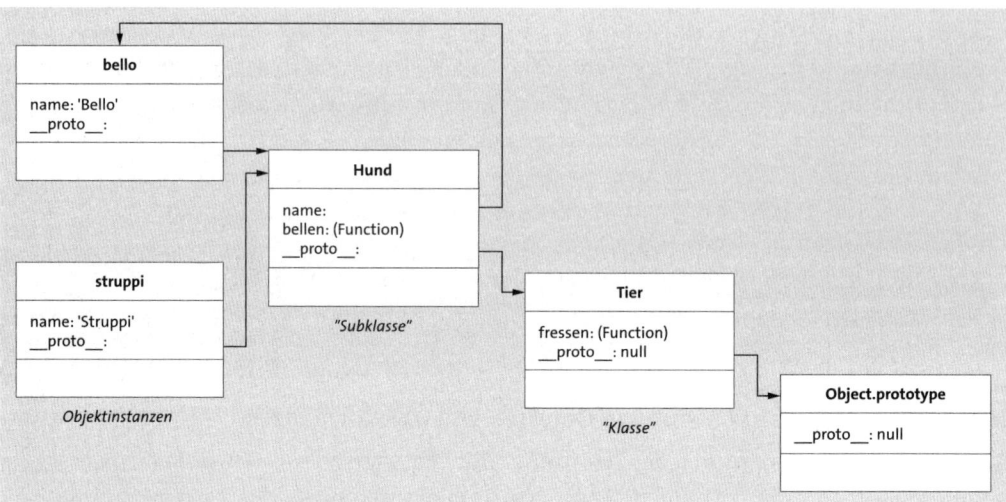

Abbildung 3.6 Begrifflichkeiten der Objektorientierung in JavaScript

Der Quelltext von eben ließe sich diesen Konventionen entsprechend wie folgt umschreiben:

```
var Tier = {
  fressen: function() {
    console.log('fressen');
  }
}
var Hund = Object.create(Tier);
Hund.bellen = function() {
  console.log(this.name + ': Wau');
}
var bello = Object.create(Hund);
bello.constructor('Bello');
var struppi = Object.create(Hund);
struppi.constructor('Struppi');
struppi.bellen = function() {
  Hund.bellen.call(this);
  Hund.bellen.call(this);
}
struppi.bellen(); // 2 x 'Struppi: Wau'
```

Listing 3.21 Prototyp-Objekte werden per Konvention in Upper-Camel-Case-Schreibweise
geschrieben, Objektinstanzen in Lower-Camel-Case-Schreibweise.

3.3.2   Pseudoklassische Vererbung

Im Gegensatz zur prototypischen Vererbung basiert die *pseudoklassische Vererbung* auf dem Einsatz von Konstruktorfunktionen. Das Prinzip dabei ist nicht ganz so einfach zu verstehen. Lassen Sie es mich daher anhand des in Listing 3.22 gezeigten Beispiels erklären. Für das bessere Verständnis werfen Sie bitte parallel einen Blick auf Abbildung 3.7 bis Abbildung 3.12, die jeweils den Zustand der JavaScript-Objekte nach entsprechender Codezeile in Form von *UML* (oder sollte ich besser sagen Pseudo-UML?) grafisch darstellen.

```
// Schritt 1
function Tier(name) {
  this.name = name;
};
// Schritt 2
Tier.prototype.fressen = function() {
  console.log('fressen');
}
// Schritt 3
function Hund(name, hunderasse) {
  Tier.call(this, name);
  this.hunderasse = hunderasse;
};
// Schritt 4
Hund.prototype = new Tier();
// Schritt 5
Hund.prototype.constructor = Hund;
// Schritt 6
Hund.prototype.bellen = function() {
  console.log(this.name + ': Wau');
}
var bello = new Hund('Bello', 'Malteser');
var struppi = new Hund('Struppi', 'Havaneser');
struppi.bellen = function() {
  Hund.prototype.bellen.call(this);
  Hund.prototype.bellen.call(this);
}
bello.bellen();   // Bello: Wau
struppi.bellen(); // 2 x Struppi: Wau
```

Listing 3.22 Bei der klassischen Vererbung kommen Konstruktorfunktionen zum Einsatz.

Zunächst wird die Funktion `Tier` definiert, welche als Konstruktorfunktion dienen soll (Schritt 1). Implizit passiert hierdurch aber wesentlich mehr, als dass nur eine Funktion definiert wird. Der Code `function Tier() {...}` bewirkt zusätzlich, dass ein Objekt erstellt wird, das in der Konstruktorfunktion der Eigenschaft `prototype` hinterlegt ist und seinerseits über eine Eigenschaft `constructor` auf die Konstruktorfunktion verlinkt (siehe Abbildung 3.7).

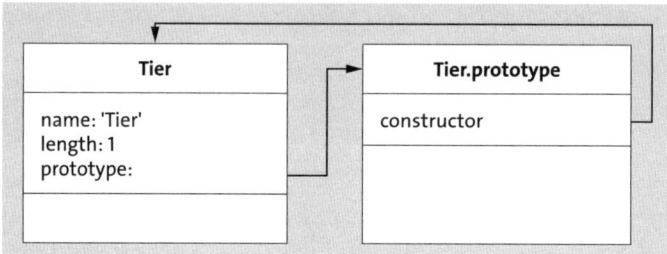

Abbildung 3.7 Schritt 1: Die Konstruktorfunktion »Tier«

Das Objekt `Tier.prototype` ist also der Prototyp für die Objekte, die durch Aufruf der Konstruktorfunktion `Tier` erstellt werden. Im zweiten Schritt werden benötigte Methoden an diesem Prototyp definiert, im Beispiel die Methode `fressen()` (siehe Abbildung 3.8).

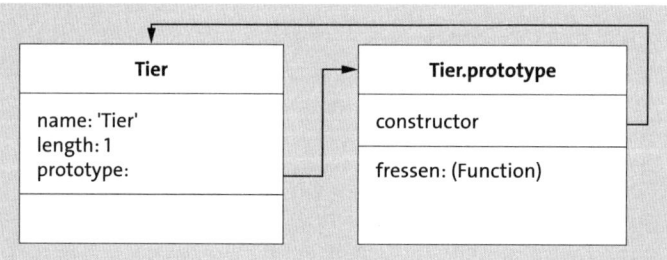

Abbildung 3.8 Schritt 2: Definition der Methode »fressen()« am Prototyp

Im dritten Schritt wird es langsam bezüglich der Vererbung interessant: Jetzt geht es daran, eine »Subklasse« von `Tier` zu erzeugen. Dazu wird im Beispiel die Konstruktorfunktion `Hund` definiert. Abbildung 3.9 zeigt den Zustand der entsprechenden Objekte. Wie Sie sehen, besteht noch keine Verknüpfung zwischen der »Hund-Ebene« und der »Tier-Ebene«. Diese Verknüpfung gilt es im Folgenden herzustellen. (Übrigens, was genau `Tier.call(this, name)` bewirkt, erkläre ich Ihnen in wenigen Momenten.)

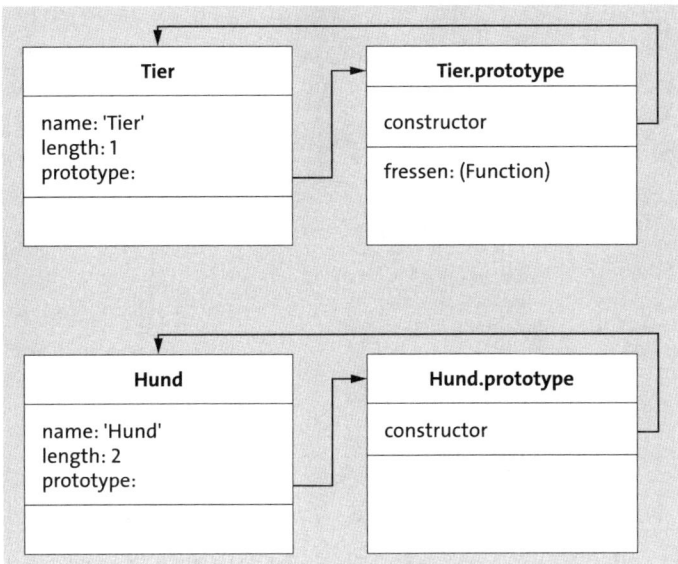

Abbildung 3.9 Schritt 3: Die Konstruktorfunktion »Hund«

Die Verknüpfung von »Hund-Ebene« zu »Tier-Ebene« geschieht über eine Verbindung zwischen den Prototyp-Objekten, sprich eine Verbindung von Hund.prototype zu Tier.prototype. Die Zeile Hund.prototype = new Tier(); (Schritt 4) sorgt dafür, dass Hund.prototype auf ein komplett neues Objekt gesetzt wird, das seinerseits als Prototyp das Objekt Tier.prototype referenziert.

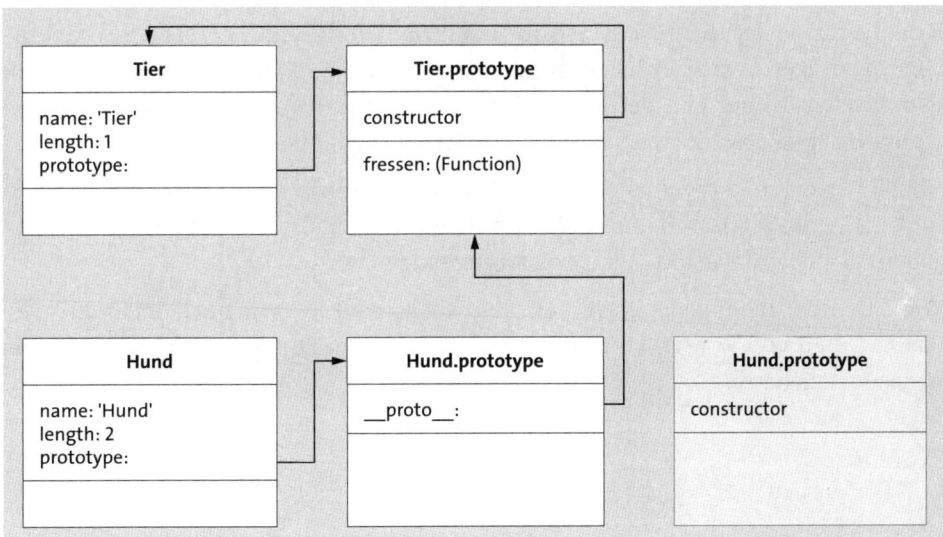

Abbildung 3.10 Schritt 4: Neudefinition des »Hund«-Prototyps

Wenn Sie sich dazu Abbildung 3.10 anschauen, fällt Ihnen auf, dass das neue Objekt Hund.prototype im Vergleich zum »alten« Objekt Hund.prototype über keine Eigenschaft constructor verfügt und somit keine Verbindung zum Objekt Hund besteht. Dies wird in Schritt 5 korrigiert (siehe Abbildung 3.11).

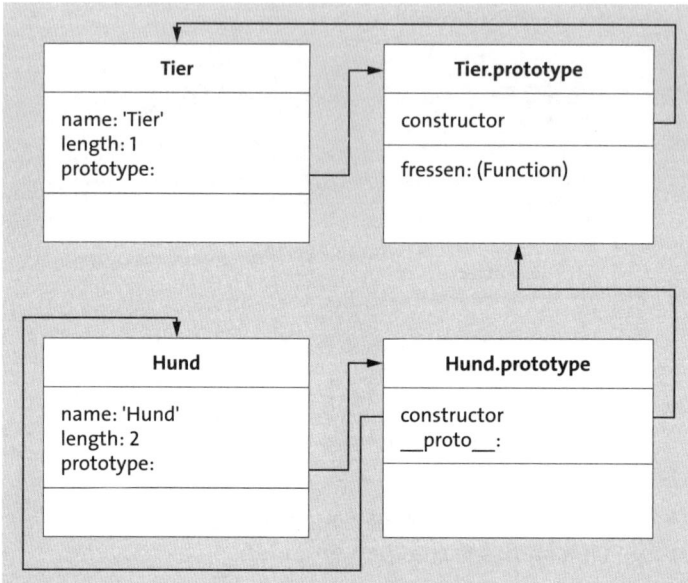

Abbildung 3.11 Schritt 5: Verlinken von Prototyp zu Konstruktorfunktion

Abschließend werden die Methoden der »Subklasse«, sprich Methoden am Objekt Hund.prototype definiert (siehe Schritt 6 und Abbildung 3.12). Hierbei ist es wichtig, das Hinzufügen von Eigenschaften und Methoden erst dann durchzuführen, nachdem Hund.prototype neu definiert wurde (siehe Schritt 4), da diese ansonsten am alten Objekt Hund.prototype definiert würden und damit verloren gingen.

Abbildung 3.12 zeigt den finalen Zustand der Objekte: Hund und Tier als Konstruktorfunktionen (bzw. Klassen), über die sich neue Objektinstanzen auf Basis der Prototypen Hund.prototype und Tier.prototype erzeugen lassen.

Wie Sie im Folgenden sehen werden, sind ausgehend hiervon auch Techniken wie das Aufrufen von Konstruktoren und Methoden einer Superklasse nicht schwierig nachzuvollziehen.

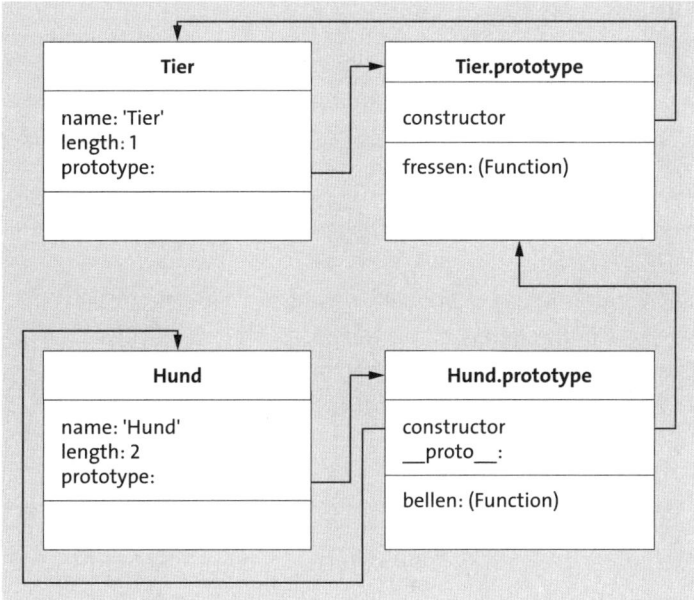

Abbildung 3.12 Schritt 6: Definition der Methode »bellen()« am Prototyp

Aufruf des Konstruktors der Superklasse

Um den Konstruktor einer Superklasse aufzurufen, müssen Sie lediglich die entsprechende Konstruktorfunktion über die Methode call() aufrufen und dabei this als Ausführungskontext sowie optional weitere Parameter übergeben. Listing 3.23 zeigt den entsprechenden Ausschnitt aus Listing 3.22, wobei aus der Konstruktorfunktion Hund die Konstruktorfunktion Tier aufgerufen wird.

```
function Hund(name, hunderasse) {
  Tier.call(this, name);
  this.hunderasse = hunderasse;
};
```

Listing 3.23 Aufruf des Konstruktors der Superklasse

Aufruf von Methoden der Superklasse

Die Methoden einer Superklasse befinden sich in der Regel am entsprechenden Prototyp (es sei denn, es handelt sich um statische Methoden, siehe Abschnitt 3.5, »Emulieren von statischen Eigenschaften und statischen Methoden«). Der Aufruf an sich geschieht wie eben bei dem Aufruf von Superkonstruktoren über die Methode call():

```
struppi.bellen = function() {
  Hund.prototype.bellen.call(this);
  Hund.prototype.bellen.call(this);
}
```

Listing 3.24 Aufruf von Methoden der Superklasse

Vererbung in ECMAScript 6

ES6 führt bezüglich der Vererbung das Schlüsselwort extends ein. Hierüber kann angegeben werden, von welcher anderen Klasse eine Klasse ableitet. Über super kann außerdem die Elternklasse angesprochen, über super() der Konstruktor der Elternklasse angesprochen werden. Details hierzu zeige ich Ihnen in Kapitel 4, »ECMAScript 6«.

Tipp zur Auswahl

Steht Ihnen eine JavaScript-Version zur Verfügung, die einen ECMAScript-Standard älter als ES5 implementiert, verwenden Sie entweder konstruktorbasierte Vererbung oder prototypische Vererbung basierend auf einer eigenen Implementierung von Object.create(), zu finden beispielsweise unter *https://developer.mozilla.org/de/docs/Web/JavaScript/Reference/Global_Objects/Object/create*. Steht Ihnen ES5 zur Verfügung, verwenden Sie prototypische Vererbung basierend auf Object.create(). Steht Ihnen dagegen ES6 zur Verfügung, sollten Sie die neue class-Syntax (siehe Kapitel 4) verwenden.

3.3.3   Kopierende Vererbung

Bei den beiden bisher vorgestellten Vererbungstechniken enthält das erbende Objekt immer einen Verweis auf das Objekt, von dem geerbt wird (den Prototyp). Bei Zugriff auf Eigenschaften oder Methoden des Objekts wird über die Prototypkette ermittelt, welches Objekt konkret die Eigenschaft bzw. die Methode bereitstellt.

In vielen Fällen ist es jedoch überhaupt nicht notwendig bzw. nicht gewollt, ein neues Objekt in eine solche Vererbungshierarchie »einzupflanzen«, um bestehende Methoden anderer Objekte nutzen zu können, z. B. dann nicht, wenn ein neues Objekt thematisch vielleicht gar nicht in die Vererbungshierarchie passt, aber trotzdem auf bereits implementierte Methoden eines Objekts dieser Hierarchie zugreifen soll.

In diesem Fall kann es sinnvoll sein, die Methoden des bestehenden Objekts stattdessen in das neue Objekt **hineinzukopieren**. Dank der dynamischen Eigenschaften von JavaScript ist dies relativ einfach möglich. Das Einzige, was dazu benötigt wird, ist die

3

in Listing 3.25 abgebildete Hilfsmethode extend(). Diese iteriert über alle Eigenschaften und Methoden eines (Quell-)Objekts und kopiert diese in ein anderes Objekt, das Zielobjekt. Dabei hilft die Methode hasOwnProperty(), diejenigen Eigenschaften zu ermitteln, die direkt zum Objekt gehören und nicht über die Prototypkette geerbt werden. Diese Form der Vererbung nennt man *kopierende Vererbung* bzw. *Vererbung durch Kopieren* oder auch *Mixin*.

```
function extend(ziel, quelle) {
  ziel = ziel || {};
  for(var eigenschaft in quelle) {
    if(quelle.hasOwnProperty(eigenschaft)) {
      ziel[eigenschaft] = quelle[eigenschaft];
    }
  }
  return ziel;
}
```

Listing 3.25 Helfermethode, über die Eigenschaften eines Objekts in ein anderes Objekt hineinkopiert werden können

Die Anwendung der Helfermethode zeigt Listing 3.26:

```
var person = {
  name: 'Max',
  getName: function() {
    return this.name;
  }
};
var hund = {
  name: 'Bello',
  bellen: function() {
    console.log('Wau wau');
  }
}
extend(hund, person);
console.log(hund.getName());
```

Listing 3.26 Anwendung der kopierenden Vererbung

Das Objekt hund verfügt nach dem Kopieren der Eigenschaften und Methoden über die aus person kopierte Methode getName(). Da es sich um Kopien der Methoden handelt, hat ein nachträgliches Überschreiben der Methode getName() in person keine Auswirkungen auf die bereits erstellte Kopie im Objekt hund:

```
extend(hund, person);
person.getName = function() {
  console.log('getName() überschrieben');
  return this.name;
}
console.log(person.getName()); // erst 'getName() überschrieben', dann 'Max'
console.log(hund.getName());   // 'Bello'
```

Listing 3.27 Änderungen an den kopierten Methoden haben keine Auswirkung auf die bereits erstellten Kopien.

3.4 Datenkapselung

In JavaScript gibt es im Gegensatz zu anderen Sprachen keine Modifikatoren wie public und private, um die Sichtbarkeit von Eigenschaften und Methoden festzulegen. Alle Eigenschaften und Methoden eines Objekts sind in JavaScript öffentlich. Es lassen sich aber verschiedene Techniken und Entwurfsmuster verwenden, mit denen es möglich ist, bestimmte Daten trotzdem zu verstecken bzw. zu kapseln und private Eigenschaften und Methoden zu emulieren. In diesem Abschnitt möchte ich Ihnen zeigen, wie Sie sich den Gültigkeitsbereich von Konstruktorfunktionen zunutze machen, um dies zu erreichen. In Abschnitt 3.8, »Emulieren von Modulen«, werde ich Ihnen dann mit dem Module-Entwurfsmuster einen weiteren, nicht auf Konstruktorfunktionen basierenden Weg zur Kapselung von Daten vorstellen.

3.4.1 Öffentliche Eigenschaften

Öffentliche Eigenschaften werden innerhalb einer Konstruktorfunktion auf dem Objekt definiert, das durch die Konstruktorfunktion erzeugt wird.

```
function Mitarbeiter(name, nachname, mitarbeiterID) {
  this.name = name;
  this.nachname = nachname;
  this.mitarbeiterID = mitarbeiterID;
}
```

Listing 3.28 Öffentliche Eigenschaften in JavaScript

Auf öffentliche Eigenschaften und Methoden eines Objekts lässt sich von außerhalb des Objekts lesend und schreibend zugreifen.

```
var max = new Mitarbeiter('Max', 'Mustermann', 2345);
console.log(max.name);         // Max
console.log(max.nachname);     // Mustermann
console.log(max.mitarbeiterID); // 2345
```

Listing 3.29 Auf öffentliche Eigenschaften kann von außerhalb des Objekts zugegriffen werden.

3.4.2   Private Eigenschaften

Um *private Eigenschaften* in JavaScript zu emulieren, verwendet man lokale Variablen innerhalb von Konstruktorfunktionen. Diese Variablen sind von außerhalb der Funktion nicht zugänglich. Genauer gesagt kann nur innerhalb der Konstruktorfunktion oder durch privilegierte öffentliche Methoden (siehe den nächsten Abschnitt) darauf zugegriffen werden.

```
function Mitarbeiter(name, nachname, mitarbeiterID) {
  var name = name;
  var nachname = nachname;
  var mitarbeiterID = mitarbeiterID;
}
var max = new Mitarbeiter('Max', 'Mustermann', 2345);
console.log(max.name);         // undefined
console.log(max.nachname);     // undefined
console.log(max.mitarbeiterID); // undefined
```

Listing 3.30 Private Eigenschaften werden in JavaScript über lokale Variablen innerhalb von Konstruktorfunktionen emuliert.

3.4.3   Privilegierte öffentliche Methoden

Methoden, die innerhalb einer Konstruktorfunktion auf der this-Referenz definiert werden, nennt man *privilegiert öffentlich*. Öffentlich deshalb, weil sie von außerhalb des erzeugten Objekts aufgerufen werden können. Privilegiert deshalb, weil sie Zugriff auf private Eigenschaften des Objekts haben. Ein typisches Beispiel, bei dem in JavaScript privilegiert öffentliche Methoden in Kombination mit privaten Variablen verwendet werden, sind Getter- und Setter-Methoden, wie Listing 3.31 demonstriert:

```
function Mitarbeiter(name, nachname, mitarbeiterID) {
  var name = name;
  var nachname = nachname;
  var mitarbeiterID = mitarbeiterID;
  this.getName = function() {
```

```
    return name;
  }
  this.getNachname = function() {
    return nachname;
  }
  this.getMitarbeiterID = function() {
    return mitarbeiterID;
  }
  this.setName = function(neuerName) {
    name = neuerName;
  }
  this.setNachname = function(neuerNachname) {
    nachname = neuerNachname;
  }
  this.setMitarbeiterID = function(neueMitarbeiterID) {
    mitarbeiterID = neueMitarbeiterID;
  }
  this.print = function() {
    return name + ' ' + nachname + ' (' + mitarbeiterID +')';
  }
}
var max = new Mitarbeiter('Max', 'Mustermann', 2345);
max.setName('Moritz');
console.log(max.name);              // undefined
console.log(max.getName());         // Moritz
```

Listing 3.31 Privilegierte öffentliche Methoden

Neben dem Vorteil der Datenkapselung gibt es jedoch auch einen wesentlichen, bereits im Laufe dieses Kapitels angedeuteten Nachteil von privilegierten öffentlichen Methoden: Sie existieren jeweils pro Objektinstanz und führen oft zu unnötig hoher Speicherauslastung. Es kann daher in vielen Fällen besser sein, Methoden am Prototyp zu definieren, so dass sich ableitende Objektinstanzen die Methoden teilen. Solche am Prototyp definierte Methoden bezeichnet man bezüglich der Datenkapselung als *nichtprivilegierte öffentliche Methoden*.

3.4.4   Nichtprivilegierte öffentliche Methoden

Methoden, die außerhalb der Konstruktorfunktion auf dem Prototyp-Objekt selbst definiert werden, nennt man *nichtprivilegiert öffentlich*: Sie können von außerhalb erzeugter Objekte aufgerufen werden, nicht aber auf private Eigenschaften der Objekte zugreifen.

```
function Mitarbeiter(name, nachname, mitarbeiterID) {
  this._name = name;
  this._nachname = nachname;
  this._mitarbeiterID = mitarbeiterID;
}
Mitarbeiter.prototype.getName = function() {
  return this._name;
};
Mitarbeiter.prototype.getNachname = function() {
  return this._nachname;
};
Mitarbeiter.prototype.getMitarbeiterID = function() {
  return this._mitarbeiterID;
};
Mitarbeiter.prototype.print = function() {
  return this._name + ' ' + this._nachname + ' (' + this._mitarbeiterID + ')';
};
```

Listing 3.32 Nichtprivilegierte öffentliche Methoden

Der Code aus Listing 3.32 ist zwar effizienter als vorher, aber die Eigenschaften des Objekts sind nicht mehr privat und können von außerhalb des Objekts mit neuen Werten überschrieben werden.

```
var max = new Mitarbeiter('Max', 'Mustermann', 2345);
max._name = 'Moritz';
console.log(max.getName());         // Moritz
console.log(max.getNachname());     // Mustermann
console.log(max.getMitarbeiterID()); // 2345
```

Listing 3.33 Nichtprivilegierte öffentliche Methoden verhindern das Überschreiben nicht.

Es sieht also so aus, als müssten Sie einen Kompromiss eingehen: Entweder, Sie verwenden private Eigenschaften mit öffentlichen Methoden, wobei diese pro Objektinstanz definiert werden – oder sie verwenden öffentliche Eigenschaften mit nichtprivilegiert-öffentlichen Methoden am Prototyp. Sie können die Vorteile beider Ansätze aber auch vereinen: Die privaten Eigenschaften werden bei Bedarf über privilegiert-öffentliche Methoden zur Verfügung gestellt, über die alle anderen Methoden – wenn nötig – auf sie zugreifen. Nur diese privilegierten Methoden müssen dann noch pro Objektinstanz vorhanden sein. Ergänzend kommen häufig Closures und IIFEs zum Einsatz (siehe Kapitel 2, »Funktionen und funktionale Aspekte«).

Listing 3.34 zeigt das entsprechend angepasste Beispiel: Die Konstruktorfunktion und die Definition der Prototyp-Methoden werden in einer IIFE gekapselt, welche (und hier kommt die Closure ins Spiel) die Konstruktorfunktion Mitarbeiter als Rückgabewert liefert.

```javascript
var Mitarbeiter = (function() {
  function Mitarbeiter(name, nachname, mitarbeiterID) {
    var name = name;
    var nachname = nachname;
    var mitarbeiterID = mitarbeiterID;
    this.getName = function() {
      return name;
    };
    /* Hier die weiteren Getter */
  }
  Mitarbeiter.prototype.print = function() {
    return this.getName() + ' ' + this.getNachname() + ' ('
      + this.getMitarbeiterID() + ')';
  };
  /* restliche Methoden */
  return Mitarbeiter;
})()
```

Listing 3.34 Kombination von privaten Eigenschaften, privilegiert-öffentlichen und nicht-privilegiert-öffentlichen Methoden

Dadurch dass die Daten innerhalb der anonymen Funktion gekapselt werden, sind sie von außen nicht veränderbar. Der Aufruf der Konstruktorfunktion an sich ändert sich nicht:

```javascript
var max = new Mitarbeiter('Max', 'Mustermann', 2345);
max._name = 'Moritz';
console.log(max.getName());          // Max
console.log(max.getNachname());      // Mustermann
console.log(max.getMitarbeiterID()); // 2345
```

Listing 3.35 Auf die privaten Variablen kann von außen nicht mehr zugegriffen werden.

3.4.5 Private Methoden

Zu guter Letzt sollte noch erwähnt werden, dass Sie – ähnlich zu privaten Eigenschaften – auch private Methoden definieren können, indem Sie diese lokal in der Konstruktorfunktion definieren. Diese Methoden sind von außen nicht sichtbar, ein

Versuch, sie auf einer Objektinstanz aufzurufen, führt, wie in Listing 3.36 zu sehen, zu einem `TypeError`:

```
function Mitarbeiter(name, nachname, mitarbeiterID) {
  var name = name;
  var nachname = nachname;
  var mitarbeiterID = mitarbeiterID;
  function getName() {
    return name;
  }
  function getNachname() {
    return nachname;
  }
  function getMitarbeiterID() {
    return mitarbeiterID;
  }
}
var max = new Mitarbeiter('Max', 'Mustermann', 2345);
//console.log(max.getName()); // TypeError: undefined is not a function
//console.log(max.getNachname()); // TypeError: undefined is not a function
//console.log(max.getMitarbeiterID()); // TypeError: undefined is not a function
})();
```

Listing 3.36 Private Methoden können von außerhalb nicht aufgerufen werden.

Zugriff auf private Methoden ist wie auf private Eigenschaften nur innerhalb von Konstruktorfunktionen und aus privilegierten öffentlichen Methoden heraus möglich.

3.5   Emulieren von statischen Eigenschaften und statischen Methoden

Statische Eigenschaften und *statische Methoden* bezeichnen in klassenbasierten Programmiersprachen solche, die nicht pro Objektinstanz existieren, sondern pro Klasse. Um auf statische Eigenschaften und Methoden zugreifen zu können, sind folglich keine Objektinstanzen notwendig, der Zugriff geschieht stattdessen direkt über die entsprechende Klasse. In der Praxis werden statische Eigenschaften häufig für die Definition von Konstanten, statische Methoden häufig für Utility-Methoden eingesetzt.

Sprachen wie C# und Java haben mit `static` ein spezielles Schlüsselwort, um solche Eigenschaften und Methoden zu kennzeichnen. In JavaScript dagegen ist dies nicht der Fall, zumindest nicht bis ECMAScript 6, aber dazu mehr in Kapitel 4. Trotzdem kann man hier etwas Vergleichbares erreichen, indem man Eigenschaften und Methoden an einer Konstruktorfunktion definiert, welche ja das Äquivalent zur Klasse darstellt.

Listing 3.37 zeigt hierzu ein Beispiel. Die Eigenschaft MAX_GEWICHT wird als Eigenschaft der Konstruktorfunktion Person definiert, die Methode erstelleDummy() als Methode. Zugriff auf beides kann nur über die Konstruktorfunktion erfolgen, nicht aber direkt über Objektinstanzen. Im Vergleich dazu sehen Sie, dass umgekehrt Methoden, die auf dem Prototyp definiert sind, nur über Objektinstanzen, nicht aber über die Konstruktorfunktion aufgerufen werden können:

```
function Person(name, nachname) {
  // Objekteigenschaften
  this.name = name;
  this.nachname = nachname;
}
// Statische Eigenschaft
Person.MAX_GEWICHT = 2000;
// Statische Methode
Person.erstelleDummy = function() {
  return new Person('Max', 'Mustermann');
}
// Objektmethoden
Person.prototype.getName = function() {
  return this.name;
}
Person.prototype.getNachname = function() {
  return this.nachname;
}

console.log(Person.MAX_GEWICHT);          // 2000
console.log(Person.erstelleDummy());
console.log(Person.getName());            // undefined, da Objektmethode
console.log(new Person('Moritz', 'Mustermann').getName()); // Moritz
console.log(new Person().erstelleDummy()); // undefined, da statische Methode
```

Listing 3.37 Emulieren von statischen Eigenschaften und statischen Methoden

Abbildung 3.13 stellt diesen Zusammenhang grafisch dar.

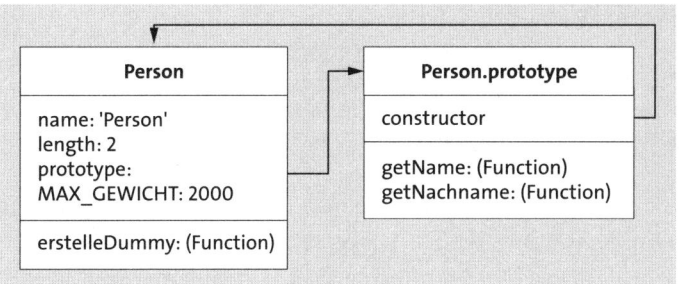

Abbildung 3.13 Statische Eigenschaften und statische Methoden werden an der Konstruktorfunktion definiert.

3.6   Emulieren von Interfaces

Sprachen, die mit Klassen arbeiten, definieren mit *Interfaces* einen Typ bzw. einen Vertrag, den eine Klasse erfüllen muss, die das jeweilige Interface implementiert. Interfaces enthalten dabei lediglich die *Methodensignatur*, nicht aber den *Methoden-körper*. Sie definieren also Rückgabewert, Name, Parameter und eventuelle Exceptions, die eine Methode werfen kann.

Code, der gegen Interfaces programmiert, ist nicht an der konkreten Implementierung interessiert, lediglich die Schnittstelle spielt für diesen Code eine Rolle. Interfaces werden daher häufig dazu verwendet, die (öffentliche) API (*Application Programming Interface*) einer Softwarebibliothek zu beschreiben. Setzen mehrere Anbieter eine API um, lässt sich die Implementierung im besten Fall einfach austauschen, ohne dass der jeweils abhängige Code zu ändern ist und ohne dass dieser Details der Implementierung kennt.

In Java sähe die Definition eines Interface beispielsweise wie folgt aus:

```java
public interface Box {
  double getBreite();
  double getTiefe();
  double getHoehe();
}
```

Listing 3.38 Definition eines Interface in Java

Eine Funktion, die dieses Interface als Parameter erwartet, sähe hingegen wie folgt aus:

```
public static double berechneVolumen(Box box){
  return box.getBreite() * box.getTiefe() * box.getHoehe();
}
```

Listing 3.39 Methode in Java, die ein Interface erwartet

Diese Funktion lässt sich mit allen Objektinstanzen aufrufen, deren zugehörige Klasse das Interface `Box` implementiert, weil sichergestellt ist, dass die Klasse vom Typ `Box` die Methoden `getBreite()`, `getTiefe()` und `getHoehe()` implementiert.

In JavaScript sieht das Ganze wiederum anders aus. Da JavaScript nicht strikt typisiert ist, ist dort gerade nicht sichergestellt, welchen Typ von Objekt eine Funktion übergeben bekommt. Die Funktion von eben sähe hier also wie folgt aus:

```
function berechneVolumen(box){
  return box.getBreite() * box.getTiefe() * box.getHoehe();
}
```

Listing 3.40 JavaScript kennt keine Interfaces.

Die Funktion `berechneVolumen()` in der JavaScript-Variante lässt sich also mit beliebigen Objekten aufrufen, funktioniert aber nur mit solchen Objekten, die über die drei Methoden `getBreite()`, `getTiefe()` und `getHoehe()` verfügen. Ist dies nicht der Fall, kommt es zu einem Fehler. Um dem vorzubeugen, beschreiben Dustin Diaz und Ross Harmes in ihrem Buch *Pro JavaScript Design Patterns* (Apress 2007) unter anderem zwei Entwurfsmuster, um Interfaces zu emulieren und ausgehend davon testen zu können, ob ein Objekt ein gefordertes Interface implementiert.

3.6.1 Interfaces emulieren mit Attribute Checking

Beim sogenannten *Attribute Checking* verwaltet jedes Objekt ein Array von Strings, das die Namen der von ihm »implementierten« Interfaces enthält (siehe Listing 3.41).

```
var Karton = function(breite, tiefe, hoehe) {
  this.breite = breite;
  this.tiefe = tiefe;
  this.hoehe = hoehe;
  this.implementsInterfaces = ['Box'];
  this.getBreite = function() {
    return breite;
  }
  this.getTiefe = function() {
    return tiefe;
  }
```

```
  this.getHoehe = function() {
    return hoehe;
  }
  return {
    implementsInterfaces : this.implementsInterfaces,
    getBreite : this.getBreite,
    getTiefe : this.getTiefe,
    getHoehe : this.getHoehe,
  }
}
```

Listing 3.41 Emulieren von Interfaces über Attribute Checking

Über die Helferfunktion implements() (die hier aus Platzgründen nicht abgebildet ist)
lässt sich dann im aufrufenden Code prüfen, ob ein Objekt das geforderte Interface
»implementiert« (siehe Listing 3.42).

```
function berechneVolumen(box){
  var volumen = 0;
  if(implements(box, 'Box')) {
    volumen = box.getBreite() * box.getTiefe() * box.getHoehe();
  }
  return volumen;
}
```

Listing 3.42 Überprüfen der Implementierung beim Attribute Checking

Der Nachteil bei diesem Entwurfsmuster ist, dass nicht wirklich sichergestellt ist, ob
ein Objekt auch tatsächlich die Methoden enthält, die über das entsprechende Interface gefordert werden. Das Objekt behauptet ja nur, von einem bestimmten Typ zu
sein. Allerdings kann vom Typ nicht auf die Methoden geschlossen werden.

3.6.2   Interfaces emulieren mit Duck Typing

Als konsequentere Alternative beschreiben Diaz und Harmes das Emulieren von
Interfaces via *Duck Typing*. Dabei bestimmt nicht der Typ eines Objekts, ob sich eine
Methode auf dem Objekt aufrufen lässt, sondern nur die Tatsache, ob das Objekt die
entsprechenden Methoden enthält. Der Name des Entwurfsmusters entspringt der
Redewendung: »When I see a bird that walks like a duck and swims like a duck and
quacks like a duck, I call that bird a duck.« Mit anderen Worten: Wenn ein Objekt über
bestimmte Methoden verfügt, lässt sich auf seinen Typ schließen und es dementsprechend nutzen.

Zum Abrunden dieses Konzepts implementieren die Autoren in *Pro JavaScript Design Patterns* ein zusätzliches Objekt `Interface`, über das sich definieren lässt, welche Methoden ein Interface bereitstellt.

```
var Box = new Interface('Box', ['getBreite', 'getTiefe', 'getHoehe']);
```

Um zu prüfen, ob ein Objekt die geforderten Funktionen bereitstellt, genügt dann ein Aufruf wie in Listing 3.43:

```
function berechneVolumen(box){
  var volumen = 0;
  if(Interface.ensureImplements(karton, Box)) {
    volumen = box.getBreite() * box.getTiefe() * box.getHoehe();
  }
  return volumen;
}
```

Listing 3.43 Überprüfen der Implementierung beim Duck Typing

Kritische Stimmen werfen sowohl dem Attribute Checking als auch dem Duck Typing vor, JavaScript zu sehr an die klassenbasierte Objektorientierung anpassen zu wollen. Die Autoren sagen selbst, dass sich das beschriebene Vorgehen für kleinere Projekte kaum lohnen würde und lediglich in größeren Projekten sinnvoll sei, vor allem bei der Definition von APIs.

3.7 Emulieren von Namespaces

Sobald man eine etwas umfangreichere Anwendung entwickelt, in der die Logik über mehrere JavaScript-Dateien verteilt ist, oder wenn Fremdbibliotheken eingebunden werden (auf deren Variablen- und Funktionsnamen man selbst keinen Einfluss hat), sollte man sich Gedanken darüber machen, wie sich Variablen, Objekte etc. so gruppieren und einordnen lassen, dass keine Namenskonflikte entstehen. In Sprachen wie C# und Java ist dies über Features wie Packages und Namespaces möglich. Beides gibt es in JavaScript nicht.

Die einfachste Möglichkeit in JavaScript, Namenskonflikte zu vermeiden, ist es, zusammengehörige Variablen und Funktionen jeweils in einem eigenen Objekt zusammenzufassen, das getreu dem Singleton-Entwurfsmuster nur einmal existiert und als einfacher Container dient. Das sorgt zumindest für etwas Struktur, und man entkommt dem globalen Gültigkeitsbereich. Solange das entsprechende Objekt einen global eindeutigen Namen hat, führt dieses Vorgehen zu keinen Namenskonflikten. Bezeichnet wird diese Technik als *Namespace-Entwurfsmuster*.

Listing 3.44 gibt dazu ein Beispiel. Das Objekt `Validator` bildet den Container bzw. den *Namensraum* für die Variable `format` und die Funktion `validiere()`. Der Zugriff auf beides erfolgt über das Objekt, wobei man aber auch wieder sieht, dass sowohl Variable als auch Funktion nicht wirklich gekapselt sind und sich von außen neu definieren, das heißt überschreiben lassen.

```
var Validator = Validator || {};
Validator.format = 'HTML5';
Validator.validiere = function() {
  console.log('Validierung gestartet: ' + this.format);
};
Validator.validiere();
Validator.validiere = function() {};
Validator.format = 'SGML';
```

Listing 3.44 Namespace-Entwurfsmuster

Oder in der kompakteren Variante über die Objekt-Literal-Schreibweise:

```
var Validator = Validator || {
  format: 'HTML5',
  validiere: function() {
  console.log('Validierung gestartet: ' + this.format); }
};
Validator.validiere();
```

Listing 3.45 Namespace-Entwurfsmuster in Objekt-Literal-Schreibweise

Der Aufruf nach dem Muster `var Validator = Validator || {};` verhindert übrigens jeweils, dass ein eventuell bereits existierendes Objekt `Validator` überschrieben wird.

Die Namespace-Technik lässt sich natürlich auch innerhalb des erzeugten Objekts fortführen, etwa um geschachtelte Objekthierarchien zu erstellen. Dies ist im Allgemeinen unter dem Namen *Nested Namespacing* bekannt. Listing 3.46 und Listing 3.47 zeigen die Umsetzung der in Java oder C# bekannten Konvention, revers geschriebene Domain-Namen abhängig vom jeweiligen Projekt zu verwenden.

```
var de = de || {};
de.philipackermann = de.philipackermann || {};
de.philipackermann.javascript = de.philipackermann.javascript || {};
```

Listing 3.46 »Nested Namespace«-Entwurfsmuster

Und wieder in Objekt-Literal-Schreibweise:

```
var de = de || {
  philipackermann : {
    javascript : { },
  }
};
```

Listing 3.47 »Nested Namespace«-Entwurfsmuster in Objekt-Literal-Schreibweise

Mit dem Namespace-Entwurfsmuster sind zwar die Probleme der Namenskonflikte gelöst, nicht aber, wie bereits gesehen, die der Sichtbarkeit von Variablen und Funktionen. Getreu dem Konzept des *Information Hidings* ist es jedoch sinnvoll, bei der Modellierung von Objekten nur so viel an Information nach außen hin bekannt zu geben, wie unbedingt nötig ist. Im Folgenden stelle ich Ihnen nun endlich das schon öfter angesprochene Module-Entwurfsmuster vor, mit dem genau dies möglich ist.

3.8 Emulieren von Modulen

Für das Zusammenfassen von Quelltext in wiederverwendbaren Bibliotheken bzw. Modulen, wie man sie beispielsweise in Java mit *Java Archives* (JAR-Dateien) kennt, bietet JavaScript von Haus aus keine Unterstützung an. Dennoch gibt es einen Weg, Module zu emulieren.

3.8.1 Das klassische Module-Entwurfsmuster

Das Emulieren von Modulen in JavaScript basiert auf der Verwendung des Namespace-Entwurfsmusters sowie der Kapselung von Daten über Closures und IIFEs. Die Idee dabei ist folgende: Mithilfe einer IIFE wird ein eigener Sichtbarkeitsbereich geschaffen, der dafür sorgt, dass alle Eigenschaften und Funktionen des Moduls von außen nicht zugänglich sind. Die IIFE gibt außerdem ein Objekt zurück, das die öffentliche API darstellt und Methoden und Eigenschaften enthält, die durch das Modul bereitgestellt werden. Die Methoden dieses Objekts haben Zugriff auf alle Eigenschaften und Funktionen des Moduls.

Listing 3.48 zeigt den vollständigen Code eines Beispielmoduls:

```
var ValidatorModul = ValidatorModul || (function () {
  // private Variable
  var format = 'HTML5';
  // öffentliche API
  return {
    // öffentliche Funktion
```

```
    validiere: function() {
      console.log('Validierung gestartet: ' + format);
    }
  }
})();
ValidatorModul.validiere(); // Ausgabe: HTML5
ValidatorModul.format = 'SGML';
ValidatorModul.validiere(); // Ausgabe: HTML5
```

Listing 3.48 Modul-Entwurfsmuster als Kombination aus Closure und IIFE

3.8.2   Das Revealing-Module-Entwurfsmuster

Als Variante des klassischen Module-Entwurfsmusters gibt es das sogenannte *Revealing-Module-Entwurfsmuster*. Motivation dabei ist, den Aufruf zwischen einzelnen Funktionen innerhalb eines Moduls einfacher zu gestalten. Möchte eine Funktion auf eine andere im gleichen Modul zugreifen, ist im klassischen Module-Entwurfsmuster immer die Referenz auf das Modul voranzustellen (siehe Listing 3.49).

```
var ValidatorModul = ValidatorModul || (function () {
  var format = 'HTML5';
  return {
    validiere: function() {
      console.log('Validierung gestartet: ' + format);
      // Aufruf einer anderen Methode im selben Modul
      ValidatorModul.validierungBeendet();
    },
    validierungBeendet: function() {
      console.log('Validierung beendet: ' + format); }
  }
})();
ValidatorModul.validiere();
```

Listing 3.49 Funktionsaufruf beim klassischen Module-Entwurfsmuster

Das Revealing-Module-Entwurfsmuster löst diese Unbequemlichkeit elegant, indem zunächst alle Funktionen privat gemacht und im Rückgabeobjekt lediglich öffentliche Referenzen auf die privaten Funktionen gesetzt werden (siehe Listing 3.50).

```
var ValidatorModul = ValidatorModul || (function () {
  var format = 'HTML5';
  // private Methode
  function validiere() {
    console.log('Validierung gestartet: ' + format);
```

```
      validierungBeendet();
    }
    // private Methode
    function validierungBeendet() {
      console.log('Validierung beendet: ' + format);
    }
    // öffentliche API
    return {
      // öffentliche Referenz auf private Methode
      validiere: validiere
    }
})();
ValidatorModul.validiere();
```

Listing 3.50 Funktionsaufruf beim Revealing-Module-Entwurfsmuster

3.8.3   Importieren von Modulen

Möchten Sie ein Modul innerhalb eines anderen Moduls nutzen, reicht es, dieses einfach als Parameter der IIFE zu übergeben. Schon haben Sie, wie in Listing 3.51 dargestellt, innerhalb des entsprechenden Moduls Zugriff auf das importierte Modul. Auf diese Weise können selbstverständlich auch mehrere Module importiert werden.

```
var PersistenzModul = PersistenzModul || (function () {
  function speichereErgebnisse(ergebnisse) {
    console.log('Ergebnisse gespeichert: ' + ergebnisse);
  }
  return {
    speichereErgebnisse: speichereErgebnisse
  }
})();
var ValidatorModul = ValidatorModul || (function (persistenzModul) {
  var format = 'HTML5';
  var ergebnisse = [];
  function validiere() {
    console.log('Validierung gestartet: ' + format);
    ergebnisse.push('Test fehlgeschlagen');
    persistenzModul.speichereErgebnisse(ergebnisse);
  }
  function getErgebnisse() {
    return ergebnisse;
  }
```

```
  return {
    validiere: validiere, getErgebnisse: getErgebnisse
  }
})(PersistenzModul);
```

Listing 3.51 Importieren eines Moduls

Hinweis

Ein wichtiger Punkt, über den man sich beim Module-Entwurfsmuster im Klaren sein muss, ist, dass die Methoden des Rückgabeobjekts keine Kopie, sondern lediglich eine Referenz auf die entsprechende Variable zurückgeben.

Listing 3.52 verdeutlicht das: Bei dem Rückgabewert der Methode getErgebnisse() handelt es sich um eine Referenz auf die Array-Variable ergebnis, nicht um eine Kopie. Das kann ungewünschte Nebeneffekte haben, da der aufrufende Code so Werte im Original-Array ändern kann. Um das zu verhindern, lautet das Best Practice ähnlich wie in anderen Sprachen besser, eine Kopie des Objekts zurückgeben.

```
var ValidatorModul = ValidatorModul || (function () {
  var format = 'HTML5';
  var ergebnisse = [];
  function validiere() {
    console.log('Validierung gestartet: ' + format);
    ergebnisse.push('Test fehlgeschlagen');
  }
  function getErgebnisse() {
    return ergebnisse;
  }
  return {
    validiere: validiere,
    getErgebnisse: getErgebnisse
  }
})();
ValidatorModul.validiere();
var ergebnisse = ValidatorModul.getErgebnisse(); console.log(ergebnisse);
// Ausgabe: Test fehlgeschlagen ergebnisse[0] = 'Test bestanden';
var ergebnisse2 = ValidatorModul.getErgebnisse(); console.log(ergebnisse2);
// Ausgabe: Test bestanden
```

Listing 3.52 Variablen werden per Referenz zurückgegeben.

3.8.4 Module Augmentation

Nachteil der bisherigen Herangehensweise ist, dass es nicht möglich ist, die Definition eines Moduls auf mehrere Dateien zu verteilen. Mit dem Vorwissen, wie das Importieren von Modulen funktioniert, lässt sich aber auch diese Einschränkung leicht aufheben. Bei dem unter dem Namen *Module Augmentation* bekannten Entwurfsmuster übergibt man einfach das Modul selbst der IIFE als Parameter, fügt Eigenschaften und Funktionen hinzu und liefert es schließlich als Rückgabewert (siehe Listing 3.53).

```
var ValidatorModul = (function (modul) {
  var format = 'HTML5';
  // 2.) Eigenschaften und Funktionen hinzufügen
  modul.ergebnisse = [];
  modul.validiere = function() {
    console.log('Validierung gestartet: ' + format);
    ergebnisse.push('Test fehlgeschlagen');
  }
  modul.getErgebnisse = function() {
    return ergebnisse;
  }
  // 3.) Modul selber als Rückgabewert liefern
  return modul;
})(ValidatorModul || {}); // 1.) Modul selber als Parameter übergeben
ValidatorModul.validiere();
```

Listing 3.53 Loose Augmentation

Module Augmentation gibt es in zwei Varianten: die in Listing 3.53 gezeigte *Loose Augmentation* sowie die *Tight Augmentation*. Erstere erstellt das übergebene Modul im Zweifelsfall neu (das heißt, `ValidatorModul || {}` wird als Parameter übergeben), während Letztere voraussetzt, dass es das Modul schon gibt (hier würde nur `ValidatorModul` übergeben).

Vorteil der Loose Augmentation ist, dass sich Skripte, die zum Modul beitragen, asynchron laden lassen. Es spielt keine Rolle, welches Skript als erstes geladen wird, da im Zweifelsfall das Modul neu erstellt wird. Bei der Tight Augmentation ist das nicht der Fall, hier setzt die Anwendung eine bestimmte Reihenfolge beim Laden der Skripte voraus. Vorteil ist dabei, dass man sich innerhalb einer Datei darauf verlassen kann, dass andere Dateien bereits geladen wurden und entsprechend dort zum Modul hinzugefügte Eigenschaften und Methoden existieren.

Nachteil bei Verwendung egal welcher der beiden Herangehensweisen: Funktionen, die in einer Quelltextdatei für ein Modul definiert werden, haben keinen Zugriff auf private Variablen, die in einer anderen Quelltextdatei für das gleiche Modul definiert sind.

3.8.5   AMD, CommonJS und ECMAScript-6-Module

Neben dem vorgestellten Module-Entwurfsmuster haben sich für JavaScript zwei allgemein akzeptierte Vorschläge für die Definition von Modulen durchgesetzt: *AMD* (*Asynchronous Module Definition*) und die Module-Definition aus *CommonJS*.

AMD ermöglicht das asynchrone Laden von Modulen und adressiert damit Anwendungen, die im Browser laufen, während CommonJS nur das synchrone Laden von Modulen unterstützt und so verstärkt auf serverseitige Applikationen abzielt.

AMD wird beispielsweise von require.js (*http://requirejs.org*) implementiert, CommonJS unter anderem von Node.js. Listing 3.54 zeigt die Definition eines Moduls in AMD, wobei man das Module-Entwurfsmuster wiedererkennen kann. Für das Registrieren eines Moduls definiert AMD die Methode define(), die mindestens die Modulfunktion als Parameter erwartet. Optional kann als erster Parameter der Name des Moduls definiert sowie als zweiter Parameter eine Auflistung der Module übergeben werden, die in das aktuelle Modul importiert werden sollen (im Beispiel das Modul mit Namen »Persistenz«). Diese stehen dann innerhalb des Moduls zur Verfügung (im Beispiel unter dem Parameter persistenz).

```
define(
  'Validator',         // Names des Moduls
  ['Persistenz'],      // Zu importierende Module
  function (persistenz) { // Funktion, die das Modul zurückliefert
    var modul = {
      format: 'HTML5',
      ergebnisse: [],
      validiere: function() {
        console.log('Validierung gestartet: ' + format);
        // Hier weiterer Code, der die Ergebnisse ermittelt
        persistenz.speichereErgebnisse(ergebnisse);
      }
    }
    return modul;
  }
);
```

Listing 3.54 Moduldefinition mit AMD

Für das Einbinden von Modulen definiert AMD die Funktion require(), deren Anwendung Sie in Listing 3.55 sehen. Ähnlich wie bei define() werden die Namen der einzubindenden Module dabei in Form eines Arrays übergeben. Die entsprechenden Module stehen dann innerhalb des Codes (welcher wiederum require() als Funktion als weiterer Parameter übergeben wird) zur Verfügung.

```
require(
  ['Validator'],
  function (validator) {
    validator.validiere();
  }
);
```

Listing 3.55 Verwenden eines Moduls in AMD

In Listing 3.56 sehen Sie die im Vergleich zu AMD etwas kompaktere Definition eines Moduls in CommonJS. Es fällt sofort auf, dass der Code nicht wie bei AMD in einer eigenen Funktion gekapselt ist. Vielmehr ist das Prinzip bei CommonJS, dass jede Datei zunächst ein eigenes Modul darstellt und somit über einen eigenen Scope verfügt. Innerhalb dieses Scopes stehen im Wesentlichen drei verschiedene Komponenten zur Verfügung:

▶ Über die Methode require() ist es möglich, abhängige Module zu laden. Übergeben wird der Methode der Name des Moduls bzw. der Pfad des Moduls. Im Listing beispielsweise lädt der Aufruf var persistenz = require('Persistenz') die Datei Persistenz.js bzw. das dort definierte Modul in die Variable persistenz.

▶ Dem Objekt exports werden die Komponenten hinzugefügt, die das Modul nach außen hin bereitstellen soll.

▶ Das Objekt module (im Listing nicht verwendet) stellt zusätzliche Metainformationen für ein Modul zur Verfügung, beispielsweise Modul-ID oder die URL, unter der ein Modul gefunden werden kann.

```
// Datei Validator.js
var persistenz = require('Persistenz');
var format = 'HTML5';
var ergebnisse = [];
function validiere: function() {
  console.log('Validierung gestartet: ' + format);
  // Hier weiterer Code, der die Ergebnisse ermittelt
  persistenz.speichereErgebnisse(ergebnisse);
}
exports.validiere = validiere;
```

Listing 3.56 Moduldefinition mit Common.js

Das so definierte Modul kann anschließend wie folgt verwendet werden:

```
var validator = require('Validator');
validator.validiere();
```

Listing 3.57 Verwenden eines Moduls in CommonJS

Alternativ zu AMD und CommonJS unterstützt ECMAScript 6 von Haus aus die Definition von Modulen. Ein Modul lässt sich dann passenderweise über das Schlüsselwort `module` definieren. Bei der Spezifikation der Modulkomponente von ECMAScript 6 wurde dabei ein Kompromiss zwischen AMD und CommonJS eingegangen, der eine ähnlich kompakte Schreibweise wie bei CommonJS mit der Möglichkeit kombiniert, Module asynchron zu laden. Details dazu stelle ich Ihnen im folgenden Kapitel vor.

3.9   Zusammenfassung und Ausblick

▶ Objekte können in JavaScript auf verschiedene Arten erzeugt werden: über die *Objekt-Literal-Schreibweise*, über *Konstruktorfunktionen*, über die Methode `Object.create()` oder seit ES6 über *Konstruktoren*.

▶ Die Objektorientierung in JavaScript basiert nicht auf Klassen, sondern auf Objekten und *Prototypen*.

▶ Jedes Objekt verfügt über einen Prototyp, mit Ausnahme der Mutter aller Objekte `Object` sowie solcher Objekte, deren Prototyp explizit auf `null` gesetzt wurde.

▶ JavaScript verfügt über verschiedene Techniken der Vererbung:

– Die der Sprache nächststehende ist die sogenannte *prototypische Vererbung*, bei der ein Objekt von seinem Prototyp bzw. über die *Prototypkette* von allen vorhergehenden Objekten erbt.

– Die *pseudoklassische Vererbung* basiert auf dem Einsatz von *Konstruktorfunktionen* und versucht, der Sprache JavaScript ein klassenähnliches Verhalten zu verleihen.

– Bei der *kopierenden Vererbung* werden Eigenschaften und Methoden von einem Objekt in ein anderes Objekt hineinkopiert.

– ECMAScript 6 führt eine neue Klassensyntax ein, mit der auch Vererbung einfacher ausgedrückt werden kann (siehe Kapitel 4).

▶ Bezüglich der *Datenkapselung* gibt es in JavaScript keine speziellen Schlüsselwörter wie `public` oder `private`:

– Eigenschaften und Methoden von Objekten, die per Objekt-Literal-Schreibweise oder über `Object.create()` angelegt werden, sind immer öffentlich.

– Bei Objekten, die über Konstruktorfunktionen erstellt werden, kann man über den Sichtbarkeitsbereich von Funktionen ein bisschen tricksen: *Öffentliche*

Eigenschaften und *öffentliche Methoden* definiert man innerhalb einer Konstruktorfunktion auf this, also das Objekt, das zurückgegeben wird. *Private Eigenschaften* und *private Methoden* definiert man als lokale Variablen innerhalb der Konstruktorfunktion. Zugriff auf diese Variablen hat man nur innerhalb der Konstruktorfunktion und über *privilegierte öffentliche Methoden*. Der Nachteil Letzterer ist, dass sie pro Objektinstanz vorhanden sind. Insbesondere bei vielen Objektinstanzen ist es daher ratsam, Methoden am Prototyp zu definieren. Diese nennt man dann *nichtprivilegierte öffentliche Methoden*, da sie keinen Zugriff auf private Eigenschaften und Methoden haben.

▶ Auch für *statische Eigenschaften* und *statische Methoden* stellt JavaScript bis zu ES6 keine bestimmten Schlüsselwörter zur Verfügung. Um dennoch Vergleichbares zu erreichen, sprich Eigenschaften und Methoden, die nur einmal pro »Klasse« existieren, definiert man diese direkt als Eigenschaften und Methoden der entsprechenden Konstruktorfunktion.

▶ *Interfaces* sind ebenfalls ein Sprachfeature, das es in JavaScript nicht gibt. Das sogenannte *Attribute Checking* kommt dem Zweck von Interface zwar in gewisser Weise nahe, ist aber in der Umsetzung viel zu umständlich, um in der Praxis häufig Anwendung zu finden. Stattdessen kommt in JavaScript häufiger das Prinzip des *Duck Typings* zum Einsatz, bei dem lediglich das Vorhandensein von Methoden den Typ des jeweiligen Objekts bestimmt.

▶ Über das *Namespace-Entwurfsmuster* lassen sich Namenskonflikte bei der Definition von Variablen umgehen.

▶ Das *Module-Entwurfsmuster* erlaubt es, zusammengehörige Daten in Form von Modulen zu kapseln.

▶ Neben dem Module-Entwurfsmuster gibt es die Möglichkeit, *AMD* oder *CommonJS* zur Strukturierung von Modulen zu verwenden. Ersteres lädt Module asynchron und ist daher für den Browsereinsatz geeignet, Letzteres lädt Module synchron und eignet sich daher eher für browserunabhängige Anwendungen.

Auch David Herman beschäftigt sich in seinem Buch *Effective JavaScript* mit dem Thema Objekte und Prototypen. Das Buch hat nicht nur vom Titel her Ähnlichkeit mit dem unter Java-Entwicklern bekannten *Effective Java* von Joshua Bloch. Auch der Aufbau an sich ist ähnlich: Es werden Item-basiert verschiedene Best Practices der JavaScript-Programmierung vorgestellt. Insgesamt sehr empfehlenswert und mittlerweile ein Klassiker unter JavaScript-Entwicklern, allerdings in der derzeitigen Auflage mit keinerlei Informationen über ES6.

Nicholas C. Zakas widmet ein ganzes Buch dem Thema Objektorientierung in JavaScript (*The Principles of Object-Oriented JavaScript*). Das Buch ist mit etwa 120 Seiten nicht sonderlich dick, und es fehlen Themen wie ES6 oder Modulsysteme wie AMD und CommonJS. Trotzdem ist es eine durchaus lesenswerte Lektüre.

Kapitel 4
ECMAScript 6

In den vorigen Kapiteln haben Sie bereits gesehen, dass JavaScript vieles kann, einiges aber auch nicht oder nur umständlich. Der neueste Standard hinter der Sprache vereinfacht allerdings vieles – Zeit, sich das näher anzuschauen.

Die sechste Edition von ECMAScript bringt eine umfangreiche Menge an neuen Features mit sich, so dass ich es für am sinnvollsten halte, diese Änderungen gesammelt in einem Kapitel zu behandeln. Dabei gehe ich auch immer wieder zum Vergleich auf Aspekte und Lösungsansätze ein, die teilweise aus den vorigen Kapiteln bekannt sein dürften. Betrachten Sie diese Abschnitte einfach als etwas detailliertere Wiederholung.

4.1 Einführung

Bei der Ausarbeitung der Spezifikation zu ECMAScript 6 (oft auch als ES6 abgekürzt oder unter dem Namen »Harmony« geführt) verfolgte man verschiedene Ziele: Ein wichtiges Ziel war es, die Sprache an Anforderungen komplexer und moderner Anwendungen anzupassen. Ich spreche bewusst nicht allein von **Web**anwendungen, da in der neuen Spezifikation auch der Tatsache Rechnung getragen wird, dass JavaScript immer mehr außerhalb des Browsers zum Einsatz kommt.

Ein weiteres Ziel war es, das Schreiben von Bibliotheken und Codegeneratoren für JavaScript zu vereinfachen. Ersteres dürfte klar sein, aber für Letzteres muss man sich zunächst vergegenwärtigen, dass JavaScript-Code auch immer häufiger das Ergebnis anderer Compiler ist. Beispielsweise generiert das Google Web Toolkit (GWT) aus Java-Code JavaScript-Code. Auch die bereits erwähnte Precompiler-Sprachen CoffeeScript und TypeScript generieren JavaScript-Code. Mit Emscripten (*https://github.com/kripken/emscripten*) ist es zudem möglich, LLVM-Bitcode (der wiederum aus C oder C++ generiert werden kann) in JavaScript-Code umzuwandeln. Letztendlich kann man also über diesen Weg C-Code relativ einfach in JavaScript-Code umwandeln (ganz nebenbei gesagt gibt es einige durchaus interessante Projekte, die diese Technik nutzen, beispielsweise SQLite *http://www.sqlite.org/* oder FreeType *http://www.freetype.org/*).

Viele der neuen Features in ES6 basieren zudem auf Ideen und Konzepten aus proprietären Erweiterungen der verschiedenen Browserhersteller, aus CoffeeScript oder TypeScript oder aus anderen Programmiersprachen wie Java, Ruby oder Python. So wurden unter anderem auch grundlegende Features eingeführt, die in vielen der genannten Programmiersprachen bereits lange zur Verfügung stehen, wie beispielsweise Konstanten, Block-Scope, Iteratoren oder Generatoren. Außerdem führt ES6 ein neues Klassensystem ein, mit dem nun (zumindest oberflächlich) klassenbasierte Objektorientierung möglich wird. Auch neue Datenstrukturen wie Maps und Sets sowie neue Funktionen in der Standard-API (in den Objekten `Object`, `String`, `Array`, `Number` und `Math`) kommen hinzu.

Die Spezifikation befindet sich zum Zeitpunkt der Drucklegung noch nicht im endgültigen Zustand. Die finale und von ECMA abgesegnete Version ist für Mitte 2015 geplant, weswegen die einzelnen neuen Features Stand heute (Januar 2015) noch nicht zu 100 Prozent in allen gängigen Laufzeitumgebungen implementiert sind. Einen guten Überblick über den jeweils aktuellen Stand bietet die Seite *http://kangax.github.io/es5-compat-table/es6/*.

Möchten Sie die neuen Features testen, ohne zu warten, bis sie vollständig in den Laufzeitumgebungen implementiert sind, gibt es derzeit verschiedene Möglichkeiten:

- ▶ **Polyfills**: Unter einem Polyfill versteht man eine besondere Art von Bibliothek, die bestimmte Features (in diesem Fall ES6-Features) mit anderen Mitteln nachbildet (in diesem meistens mit ES5-Mitteln). Wobei für den konkreten Fall natürlich gesagt werden muss, dass nicht alle ES6-Features mit ES5-Mitteln nachgebildet werden können. Bekannte Beispiele für Polyfills sind unter anderem:
  - – es6-promise: Ermöglichen die Nutzung von Promises (siehe Abschnitt 4.7), zu finden unter der URL *https://github.com/jakearchibald/es6-promise*.
  - – es6-collections: Ermöglichen die Nutzung von Collections wie Maps und Sets (siehe Abschnitt 4.9) in ES5, zu finden unter der URL *https://github.com/WebReflection/es6-collections*.
  - – es6-module-loader: Ermöglichen die Nutzung von ES6-Modulen (siehe Abschnitt 4.10) in ES5, zu finden unter der URL *https://github.com/ModuleLoader/es6-module-loader*.
- ▶ **TypeScript**: Wie bereits erwähnt, schaut sich ES6 vieles von anderen Sprachen ab, unter anderem auch von TypeScript. Viele der neuen Features sind von der Syntax her ähnlich oder genauso wie dort umgesetzt, beispielsweise die Definition von Klassen. Nicht umsonst wird TypeScript oft als eine Kombination von ES6 plus statischer Typisierung zusammengefasst (denn statische Typisierung bringt auch ES6 nicht). Ein guter Startpunkt, um sich mit der TypeScript-Syntax vertraut

zu machen, ist der Playground unter folgender Adresse: *http://www.typescript-lang.org/Playground*.

▸ **Virtuelle Maschinen**: Besonders interessant ist »continuum«, eine in ES3 geschriebene virtuelle Maschine für ES6: *http://benvie.github.io/continuum/*. Die Webseite listet eine bemerkenswerte Anzahl an Features, die bisher implementiert wurden.

▸ **Transpiler**: Google Traceur (*https://github.com/google/traceur-compiler*) ist ein Compiler, der ES6-Code in ES5-Code umwandelt. Auch hier sind viele Features bereits implementiert. Das Tool steht unter anderem als Online-Formular zur Verfügung (*https://google.github.io/traceur-compiler/demo/repl.html*), über das Sie ES6-Code eingeben und ausführen können.

4.2   Block-Scope und Konstanten

Beginnen wir mit zwei Features, bei denen man sich als JavaScript-Neueinsteiger fragt, warum diese nicht schon viel länger Teil der Sprache sind: Die Rede ist von Block-Scope und von der Möglichkeit, Konstanten zu definieren.

4.2.1   Block-Scope

In Kapitel 2, »Funktionen und funktionale Aspekte« (siehe Abschnitt 2.1.2, »Funktionen haben einen Kontext«), haben Sie ja bereits die Problematik gesehen, die sich daraus ergibt, dass in ES5 Variablen immer im gesamten Ausführungskontext (in den meisten Fällen die aktuelle Funktion) sichtbar sind und nicht nur innerhalb des umgebenden Codeblocks. Sprich: ES5 kennt keinen Block-Scope, wodurch Variablen, die innerhalb eines Blocks deklariert werden, (wegen des Variablen-Hoistings, ebenfalls Kapitel 2, Abschnitt 2.1.3, »Funktionen definieren einen Sichtbarkeitsbereich«) überall innerhalb der umgebenden Funktion sichtbar sind.

Der Code ...

```
function test(x) {
  console.log(y); // undefined
  if(x) {
    var y = 4711;
  }
  console.log(y); // 4711
}
test(2);
```

Listing 4.1 Definition einer Variablen innerhalb eines Codeblocks in ES5

... wird vom JavaScript-Interpreter wie folgt interpretiert:

```
function test(x) {
  var y;
  console.log(y); // undefined
  if(x) {
    y = 4711;
  }
  console.log(y); // 4711
}
test(2);
```

Listing 4.2 Innerhalb einer Funktion definierte Variablen werden an den Anfang der Funktion »gehoistet«.

Die Ausgabe ist beide Male erst »undefined« und danach »4711«. Dies kann schnell zu Konflikten führen, denn selbst wenn eine Variable versehentlich mehrmals definiert wird, führt dies nicht zu einem Fehler, sondern dazu, dass Variablen einfach überschrieben werden.

Listing 4.3 macht dies deutlich: Hier wird zunächst die Variable y deklariert und anschließend eine (scheinbar neue) Variable y innerhalb des if-Blocks. Was aber eigentlich passiert, ist, dass der bereits im äußeren Codeblock vorhandenen Variablen y einfach ein neuer Wert zugewiesen wird. Man erhält als Entwickler nicht einmal einen Hinweis darauf, dass die Variable bereits vorhanden ist.

```
function test(x) {
  var y = 4711;
  console.log(y);    // 4711
  if(x) {
    var y = 2345;
    console.log(y); // 2345
  }
  console.log(y);    // 2345
}
test(2);
```

Listing 4.3 Mehrere gleichnamige Variablen innerhalb einer Funktion

---

Merke

Eine Variable, die innerhalb eines Codeblocks mit var deklariert wurde, ist auch außerhalb des Codeblocks innerhalb der jeweiligen Funktion bekannt. Vor der Initialisierung mit einem Wert hat sie den Wert undefined, nach dem Codeblock hat sie den Wert, der ihr zuletzt vor dem Austreten aus dem Codeblock zugewiesen wurde.

Hoisting macht es nicht nur schwierig, den Quelltext richtig zu verstehen, sondern kann auch zu schwer auffindbaren Problemen führen, wie Listing 4.4 demonstriert. Ziel des Codes ist es, ein Array von Funktionen (ergebnis) zu erzeugen, wobei jede Funktion jeweils einen anderen Wert zurückgibt, und zwar einen, der zuvor innerhalb der for-Schleife festgelegt wurde: Die erste Funktion soll eine 1 zurückgeben, die zweite eine 2 usw. Dazu wird die Variable zahl innerhalb der for-Schleife deklariert und jeweils von der Funktion, die in das Array geschrieben wird, zurückgegeben.

```
function test() {
  var ergebnis = [];
  for(var i=1; i<11; i++) {
    var zahl = i;
    ergebnis[i] = function() {
      return zahl;
    };
  }
  ergebnis.forEach(function(zahlFunktion) {
    console.log(zahlFunktion());
  });
}
test();
```

Listing 4.4 Aufgrund des Hoistings von Variablen problematischer Code

Auf den ersten Blick sollte man meinen, diese Implementierung stelle kein Problem dar. Allerdings ist dies ein gern gemachter und häufiger Fehler. Wenn Sie den obigen Code laufen lassen, werden Sie nämlich merken, dass jede der Funktionen, die in dem Array ergebnis gespeichert werden, den Wert 10 zurückgibt, also genau den Wert, der vor Schleifenabbruch zuletzt der Variablen zahl zugewiesen wurde.

Zur Erinnerung: Jede (innere) Funktion innerhalb einer (äußeren) Funktion hat Zugriff auf die Variablen dieser äußeren Funktion. Im Beispiel liefert return zahl in der inneren Funktion die Variable zahl der äußeren Funktion zurück. Und diese hat nach der Schleife den Wert 10.

Das Problem ist, wie Sie sicherlich bemerkt haben, dass zahl wegen fehlenden Block-Scopes nicht nur innerhalb der for-Schleife deklariert ist, sondern schon davor. Es wäre das Gleiche, den Code wie folgt zu formulieren (und das ist auch das, was der JavaScript-Interpreter aus dem Code oben macht):

```
function test() {
  var zahl;
  var ergebnis = [];
  for(var i=1; i<11; i++) {
    zahl = i;
```

```
    ergebnis[i] = function() {
      return zahl;
    };
  }
  ergebnis.forEach(function(zahlFunktion) {
    console.log(zahlFunktion());
  });
}
test();
```

Listing 4.5 Durch das Hoisting interpretiert der JavaScript-Interpreter
den Quelltext wie hier gezeigt.

Emulieren von Block-Scope in ES5

Um diesen Effekt zu vermeiden, müsste die innere Funktion eine eigene Variable
erhalten und in dieser den korrekten Wert speichern. Techniken, dies zu erreichen,
haben Sie bereits in Abschnitt 2.5.3, »Closures«, und in Abschnitt 2.5.6, »Das IIFE-Entwurfsmuster«, kennengelernt. Die Rede ist von einer Closure in Kombination mit
einer IIFE. Wie dies für den konkreten Fall funktioniert, ist in Listing 4.6 zu sehen:

```
function test() {
  var ergebnis = [];
  for(var i=1; i<11; i++) {
    var zahl = i;
    ergebnis[i] = (function(zahl2) {
      return function() {
        return zahl2;
      };
    })(zahl);

  }
  ergebnis.forEach(function(zahlFunktion) {
    console.log(zahlFunktion());
  });
}
test();
```

Listing 4.6 Closures definieren einen eigenen Scope.

Die Funktionen, die in dem Array gespeichert werden, geben nun jeweils eine Closure
zurück, die wiederum jeweils den (eingeschlossenen) Parameter zahl2 zurückgeben.
Dadurch, dass der Parameter in der Closure eingeschlossen ist, haben Änderungen
an der Variablen zahl in der äußeren Funktion in weiteren Iterationen keine Auswir-

kungen auf die bereits im Array gespeicherten Funktionen bzw. deren Variablen. Wir hätten die Variable der inneren Funktion statt zahl2 übrigens auch zahl nennen können. Hier ging es mir nur darum, deutlich zu machen, dass es sich um zwei verschiedene Variablen handelt: eine innerhalb der äußeren Funktion und eine innerhalb der inneren Funktion.

Block-Scope in ES6

Aber genug von ES5, schließlich soll das ein Kapitel über ES6 sein. So darf ich also verkünden: In ES6 ist es möglich (ein Trommelwirbel wäre hier angebracht), die Gültigkeit und Sichtbarkeit von Variablen auf Codeblöcke zu begrenzen. Mit anderen Worten: Es gibt endlich *Block-Scope*.

Dazu steht Ihnen ab sofort das neue Schlüsselwort let zur Verfügung. Ändern wir das Eingangsbeispiel von oben ab und verwenden nun let statt var bei der Deklaration der Variablen, sehen Sie, dass die Variable nun nicht innerhalb der gesamten Funktion zur Verfügung steht, sondern nur innerhalb des Codeblocks, in dem sie deklariert wurde:

```
function test(x) {
  // console.log(y); // ReferenceError: y is not defined
  if(x) {
    let y = 4711;
  }
  // console.log(y); // ReferenceError: y is not defined
}
test(2);
```

Listing 4.7 ES6 ermöglicht es, den Variablengültigkeitsbereich auf Codeblöcke einzuschränken.

Auch das Beispiel mit dem Array, das die Funktionen enthalten soll, die innerhalb der for-Schleife generiert werden, gestaltet sich nun um einiges einfacher und so, wie man es erwarten würde. Es besteht nun kein Grund mehr, eine IIFE zu verwenden.

```
function test() {
  var ergebnis = [];
  for(var i=1; i<11; i++) {
    let zahl = i;
    ergebnis[i] = function() {
        return zahl;
    };
  }
  ergebnis.forEach(function(zahlFunktion) {
    console.log(zahlFunktion());
```

```
    });
}
test();
```

Listing 4.8 Mit »let« wird das häufig verwendete Closure-IIFE-Entwurfsmuster an vielen Stellen überflüssig.

Merke

Verwenden Sie let, um Variablen zu definieren, die im aktuellen Codeblock sichtbar sein sollen. let funktioniert so, wie var eigentlich schon vor langer Zeit hätte funktionieren sollen.

4.2.2   Konstanten

In ES5 gibt es keine Trennung zwischen Variablen und Konstanten. Alle Variablen, die Sie mit var anlegen, sind veränderlich. Zwar gibt es bereits in ES5 das Schlüsselwort const, allerdings zählt dieses nur zu den vorsorglich reservierten Schlüsselwörtern und wird nur von einzelnen Laufzeitumgebungen und Browsern (wie beispielsweise Firefox) unterstützt.

Emulieren von Konstanten in ES5: Konstanten nach Konvention

Die allgemeine Vorgehensweise und Konvention, um Variablen und Konstanten zu unterscheiden, ist daher lediglich, Variablennamen in Lower-Camel-Case-Schreibweise und Konstanten komplett in Großbuchstaben zu schreiben.

```
var KONSTANTE = 44;
console.log(KONSTANTE); // 44
```

Listing 4.9 Konstanten werden per Konvention in Großbuchstaben geschrieben.

Das ändert natürlich nichts an der Tatsache, dass es sich trotz alledem um Variablen handelt, deren Wert auch im Nachhinein geändert werden kann.

```
var KONSTANTE = 44;
console.log(KONSTANTE); // 44
KONSTANTE = 4711;
console.log(KONSTANTE); // 4711
```

Listing 4.10 Kein Schutz vor Überschreiben von Konstanten

Wenn Sie also diese Konvention in Ihrem Projekt verwenden, sollten sich alle Entwickler im Team (wie immer bei Konventionen) auch daran halten. Da dies nicht immer einfach ist und gerade dann problematisch werden kann, wenn Sie Ihren Code anderen als Bibliothek zur Verfügung stellen, haben sich in ES5 verschiedene Entwurfsmuster herausgebildet, um Konstanten zu emulieren.

Emulieren von Konstanten in ES5:
Konstanten als nicht überschreibbare Objekteigenschaften

Das erste Entwurfsmuster sieht vor, über `Object.defineProperty()` Konstanten als nicht überschreibbare Eigenschaften eines Objekts zu definieren. In Listing 4.11 wird die Eigenschaft `MAXIMUM` am Objekt `konstanten` definiert, wobei der entscheidende Punkt der ist, dass das Attribut `writeable` der Eigenschaft im Property-Deskriptor auf `false` gesetzt wird. Anschließende Versuche, die Objekteigenschaft zu überschreiben, scheitern bzw. bleiben ohne Wirkung.

```
var konstanten = {};
Object.defineProperty(konstanten, 'MAXIMUM', {
    writable: false,
    enumerable: true,
    configurable: false,
    value: 44
});
konstanten.MAXIMUM = 4711; // ohne Wirkung
```

Listing 4.11 Ein Entwurfsmuster, um Konstanten in ES5 zu definieren

Der Nachteil ist hierbei, dass dieses Vorgehen nicht zuverlässig in allen Browsern funktioniert: Die Methode `defineProperty()` bzw. das Prinzip der Property-Deskriptoren gibt es schließlich erst seit ES5. Zudem muss man ziemlich viel Code schreiben, und das nur, um eine simple Konstante zu definieren. Etwas einfacher zu verwenden ist da schon folgendes Entwurfsmuster.

Emulieren von Konstanten in ES5: Kapseln der Konstanten in eigenem Objekt

Eine weitere Möglichkeit besteht darin, die Verwaltung von Konstanten in ein eigenes Objekt auszulagern und in diesem zu kapseln. Dieses Objekt verfügt dann über Methoden, Konstanten zu definieren, zu prüfen, ob es eine Konstante bereits gibt, und den Wert der Konstanten zu ermitteln.

Letztlich ist diese Vorgehensweise nichts anderes als die Anwendung des Modul-Entwurfsmusters, wie Sie es bereits in Abschnitt 3.8, »Emulieren von Modulen«, kennengelernt haben. Listing 4.12 definiert ein Modul `konstantenModul`, das ein (privates) Objekt `konstanten` enthält, das außerhalb des Moduls nicht sichtbar ist. Die öffentliche API des Moduls stellt dabei drei Methoden zur Verfügung: `definiere()`, um neue Konstanten zu definieren, istDefiniert(), um zu prüfen, ob es eine gleichnamige Konstante gibt, und get(), um den Wert einer Konstanten zu ermitteln.

```
var konstantenModul = (function () {
  var konstanten = {};
  return {
    definiere: function (name, wert) {
      if (this.istDefiniert(name)) {
        return false;
      }
      konstanten[name] = wert;
      return true;
    },
    istDefiniert: function (name) {
      return Object.prototype.hasOwnProperty.call(konstanten, name);
    },
    get: function (name) {
      if (this.istDefiniert(name)) {
        return konstanten[name];
      }
      return null;
    }
  };
}());

console.log(konstantenModul.istDefiniert('MAXIMUM')); // false
konstantenModul.definiere('MAXIMUM', 200000);
console.log(konstantenModul.get('MAXIMUM'));          // 200000
console.log(konstantenModul.istDefiniert('MAXIMUM')); // true
konstantenModul.definiere('MAXIMUM', 700000);         // ohne Wirkung
console.log(konstantenModul.get('MAXIMUM'));          // 200000
```

Listing 4.12 Konstanten über gekapseltes Modul

In Objekten gekapselte Konstanten sind schon etwas einfacher zu verwenden als solche, die erst über defineProperty() definiert werden müssen, aber so wirklich komfortabel ist das immer noch nicht. In ES6 gibt es daher nun endlich offiziell Konstanten, deren Wert nicht mehr verändert werden kann.

Konstanten in ES6

Konstanten werden in ES6 über das Schlüsselwort const definiert:

```
const MAXIMUM = 5;
MAXIMUM = 9;            // ohne Wirkung bzw. je nach Laufzeitumgebung Fehler
console.log(KONSTANTE); // 5
```

Listing 4.13 Konstanten definieren Sie über das neue Schlüsselwort »const«.

Im Gegensatz zu Java, wo Konstanten durch das Schlüsselwort final deklariert werden und der Compiler, für den Fall, dass eine Konstante nicht mit einem Wert initialisiert wird, einen Fehler produziert, ist es in JavaScript durchaus möglich, eine Konstante ohne einen Wert anzulegen. In diesem Fall hat sie für immer den Wert undefined.

```
const UNDEFINIERT;
UNDEFINIERT = "definiert"; // ohne Wirkung
```

Listing 4.14 Konstanten ohne Wert haben für immer den Wert »undefined«.

Merke

Verwenden Sie const, um Konstanten zu deklarieren. Beachten Sie aber, dass Sie nicht unbedingt eine Fehlermeldung erhalten, sollten Sie einer Konstanten einen neuen Wert zuweisen oder die Konstante nicht initialisieren. Beide Fälle werden vom JavaScript-Interpreter in der Regel stillschweigend ignoriert.

Wie erwähnt wurde const von einigen Browsern bereits vor ES6 unterstützt. Allerdings ist das Verhalten diesbezüglich unter den Browsern nicht konsistent. In einigen Browsern beispielsweise unterscheidet sich const faktisch nicht von var: In beiden Fällen ist es dann möglich, die entsprechende Variable/Konstante zu überschreiben. Ganz bedenkenlos können Sie const also nicht verwenden. Stellen Sie auf jeden Fall erst sicher, dass die entsprechende Laufzeitumgebung das Schlüsselwort korrekt unterstützt.

4.3   Striktere Trennung zwischen Funktionen und Methoden

In ES5 werden sowohl eigenständige Funktionen (besser Subroutinen) als auch Objektmethoden über das Schlüsselwort function definiert. Letzteres ist eigentlich überflüssig und wäre in etwa vergleichbar, als wenn Sie in einer Java- oder C#-Klasse vor jede Methode method oder function schreiben müssten. Die Tatsache, dass eine Funktion innerhalb eines Objekts definiert wird, macht sie ja eigentlich schon implizit zu einer Objektmethode. In ES6 hat man dem Rechnung getragen und führt eine striktere Trennung von Subroutinen und Objektmethoden auch auf Syntaxebene ein.

4.3.1   Arrow-Funktionen

Wie bereits in Kapitel 1, »Einführung«, erwähnt, stellen Arrow-Funktionen eine Möglichkeit dar, Funktionen mit relativ wenig Boilerplate-Code zu definieren. Arrow-Funktionen können dabei auf verschiedene Arten definiert werden, sind aber immer gleich aufgebaut: Auf der linken Seite stehen die Funktionsparameter, auf der rechten Seite der Funktionskörper, dazwischen ein =>.

Sowohl Funktionsparameter als auch Funktionskörper können dabei auf verschiedene Weisen definiert werden: Gibt es nur einen Funktionsparameter, müssen keine Klammern verwendet werden, mehrere Parameter dagegen müssen kommasepariert in Klammern angegeben werden. Gibt es keinen Parameter, muss ein leeres Klammerpaar () verwendet werden. Enthält der Funktionskörper mehrere Anweisungen, muss er in geschweifte Klammern eingefasst werden. Bei Funktionen mit nur einer Anweisung kann man darauf verzichten (Details siehe Tabelle 4.1).

Lassen Sie mich diese Fälle kurz an einigen Beispielen verdeutlichen. Zunächst die einfachste Form einer Arrow-Funktion, bei der weder Parameter noch Funktionskörper geklammert werden müssen:

```
var quadrat = x => x*x;
```

Dies entspricht der bisherigen Definition einer Funktion wie folgt:

```
var quadrat = function(x) {
  return x*x;
}
```

Mehrere Parameter müssen in runde Klammern eingefasst werden:

```
var addition = (x, y) => x+y;
```

Mehrere Anweisungen ebenfalls, jedoch in geschweifte Klammern:

```
var fakultaet =  x => {
  let ergebnis = 1;
  for(let i=x; i>0; i--) {
    ergebnis *= i;
  }
  return ergebnis;
}
```

Listing 4.15 Fakultätsfunktion als Arrow-Funktion

Zusammenfassend sind also folgende Schreibweisen erlaubt, die Tabelle 4.1 auflistet.

Schreibweise	Bedeutung
() => { <Funktionskörper> }	Funktion ohne Parameter
x => { <Funktionskörper> }	Funktion mit einem Parameter
(x, y) => { <Funktionskörper> }	Funktion mit mehreren Parametern
<Funktionsparameter> => { return x*x }	Funktionskörper als Block
<Funktionsparameter> => x*x	Funktionskörper als Anweisung

Tabelle 4.1 Die verschiedenen Schreibweisen für Arrow-Funktionen

Viel wichtiger aber als die verkürzte Schreibweise sind folgende Eigenschaften, die Arrow-Funktionen von Funktionen unterscheiden, die über function definiert werden:

1. Der Wert, der durch this referenziert wird, ergibt sich aus dem Kontext, in dem die Funktion **definiert** wird, nicht aus dem Kontext, in dem sie **ausgeführt** wird (siehe auch Kapitel 2 und Kapitel 3). Zur Erinnerung: Bei einer »normalen« Funktion ist dies genau umgekehrt.

2. Arrow-Funktionen können nicht mit einem new aufgerufen werden, können also nicht als Konstruktorfunktionen herhalten.

3. Die Variable this kann nicht geändert werden. Zur Erinnerung: Bei »normalen« Funktionen können Sie das this dynamisch ändern, z. B. über die Methode bind().

Insbesondere Punkt 1 führt in der Praxis zu einem wesentlichen Vorteil, wie Sie im Folgenden feststellen werden.

Kontext von Funktionen in ES5

Listing 4.16 zeigt das sogenannte »that = this«-Entwurfsmuster. Innerhalb der Funktion Controller wird dem Objekt, das durch schaltflaeche referenziert wird, ein Eventlistener in Form einer anonymen Funktion hinzugefügt. Da sich this aber innerhalb dieser Funktion auf das Objekt bezieht, in dem die Funktion ausgeführt wird (hier das durch schaltflaeche referenzierte Objekt, ein Element aus dem *DOM-Baum*, dem *Document Object Model* der Webseite), muss zuvor der Kontext des Controllers in einer anderen Variablen gespeichert werden, möchte man auf das Controller-Objekt innerhalb des Listeners zugreifen.

```
function Controller() {
  var that = this;
  var schaltflaeche = document.getElementById('ok');
```

```
    schaltflaeche.addEventListener('click', function() {
      that.handleOk(); // this bezieht sich auf das DOM-Element
    });
}
```

Listing 4.16 Das Entwurfsmuster »that = this« in ES5

Kontext von Arrow-Funktionen in ES6

Mit einer Arrow-Funktion können Sie sich den Umweg über die that-Variable sparen.
Innerhalb des Listeners bezieht sich this trotzdem auf Controller:

```
function Controller() {
  var schaltflaeche = document.getElementById('ok');
  schaltflaeche.addEventListener('click',() => {
    this.handleOk();
  });
}
```

Listing 4.17 »this« bezieht sich bei Arrow-Funktionen auf den Kontext,
in dem die Funktion definiert wurde.

Arrow-Funktionen und funktionale Programmierung

Besonders praktisch sind Arrow-Funktionen auch bei der funktionalen Programmierung. Um beispielsweise von einem Zahlen-Array alle Zahlen kleiner 5 auszugeben,
reicht folgender Code, der dank Fluent API sogar besonders schlank und übersichtlich ist:

```
var zahlen = [3,4,2,4,3,5,7,4,6,3,7,45,4,345,5435,5,534,545];
zahlen
  .filter(x => x < 5)
  .forEach(x => console.log(x));
```

Listing 4.18 Arrow-Funktionen erleichtern funktionale Programmierung.

Die Schreibweise erinnert dabei übrigens an die in Java 8 eingeführten Lambda-
Ausdrücke.

4.3.2   Definition von Methoden

ES6 ermöglicht neben Arrow-Funktionen eine viel einfachere Definition von
Objektmethoden.

Definition von Methoden in ES5

Wenn Sie sich kurz erinnern: In Kapitel 3 (siehe Abschnitt 3.1.2, »Objekte erstellen«), haben Sie bereits gesehen, dass in ES5 Objektmethoden ebenfalls über Funktionen realisiert werden, wie Listing 4.19 zeigt:

```js
var Logger = {
  info: function(meldung) {
    console.log(meldung);
  }
}
Logger.info('Tests');
```

Listing 4.19 Methodendefinition in ES5

Sie verwenden das – in diesem Zusammenhang eigentlich überflüssige – Schlüsselwort function, obwohl Sie eine Objektmethode definieren wollen. Einzige Ausnahme, bei der auf das Schlüsselwort function verzichtet wird, bilden die in ES5.1 eingeführten besonderen Bezeichner set und get, um Setter respektive Getter auszuzeichnen:

```js
var Person = {
  set name(wert) {
    console.log("Neuer Name: " + wert);
    this.internerName = wert;
  },
  get name() {
    console.log("Name: " + this.internerName);
    return this.internerName;
  },
  set nachname(wert) {
    console.log("Neuer Nachname: " + wert);
    this.internerNachname = wert;
  },
  get nachname() {
    console.log("Nachname: " + this.internerNachname);
    return this.internerNachname;
  },
}
```

Listing 4.20 Definition von Gettern und Settern in ES5.1

Definition von Methoden in ES6

In ES6 ist es nun möglich, Methoden eines Objekts ohne Angabe des function-Schlüsselwortes zu definieren:

```
var Logger = {
  info(meldung) {
    console.log(meldung);
  }
}
Logger.info('Tests');
```

Listing 4.21 Methodendefinition in ES6

Merke

Verwenden Sie Arrow-Funktionen, um Subroutinen zu definieren, und verwenden Sie Methodendefinitionen, um Methoden zu definieren.

4.4   Flexiblerer Umgang mit Funktionsparametern

Wo wir gerade bei Funktionen und Methoden sind: ES6 bringt einige Neuerungen, die den Umgang mit Funktionsparametern stark vereinfachen. So ist es ab sofort möglich, die Anzahl an Funktionsparametern dynamisch zu halten, Arrays automatisch auf Funktionsparameter abzubilden und Funktionsparameter mit einem Standardwert zu belegen. Wie das im Detail funktioniert, zeige ich Ihnen in den folgenden Abschnitten.

4.4.1   Beliebige Anzahl an Funktionsparametern

In Kapitel 2, »Funktionen und funktionale Aspekte« (siehe Abschnitt 2.2.3, »Funktionen aufrufen über die Methode ›apply()‹«), haben Sie kurz variadische Funktionen kennengelernt: Funktionen, die mit unterschiedlicher Anzahl an Parametern umgehen können. Lassen Sie mich zeigen, wie Sie diese mit ES5 und ES6 implementieren.

Emulieren einer beliebigen Anzahl an Funktionsparametern in ES5

Nehmen wir als Beispiel eine Funktion tagsZuKuenstlerHinzufuegen(), die als ersten Parameter den Künstlernamen erwartet und danach beliebig viele Tags, die die Musikrichtung des Künstlers repräsentieren.

```
tagsZuKuenstlerHinzufuegen('Kylesa', 'heavy', 'sludge', 'stoner');
tagsZuKuenstlerHinzufuegen('Kyuss', 'heavy', 'stoner');
tagsZuKuenstlerHinzufuegen('Monster Magnet', 'psychedelic', 'spacerock');
```

Listing 4.22 Aufruf einer Funktion mit dynamischer Anzahl an Parametern

Um dies in ES5 umzusetzen, bedient man sich, wie bereits in Kapitel 2 gezeigt, in der Regel des `arguments`-Objekts und wandelt dieses in ein Array um, um innerhalb der Funktion besser mit den Parametern umgehen zu können. Die Methode `slice()` kommt hier wieder zum Einsatz, weil der erste Parameter (`kuenstler`) genau nicht in dem Ergebnis-Array enthalten sein soll. Insgesamt also eine nicht wirklich komfortable Lösung, um den dynamischen Teil der Parameter zu ermitteln.

```
function tagsZuKuenstlerHinzufuegen(kuenstler) {
  var tags = Array.prototype.slice.call(
    arguments, 1
  );
  tags.forEach(function(tag) {
    console.log(kuenstler + " " + tag);
    kuenstler.tagHinzufuegen(tag);
  });
  // weitere Logik hier
}
```

Listing 4.23 Dynamische Anzahl an Funktionsparametern in ES5

Beliebige Anzahl an Funktionsparametern in ES6

In ES6 geht das nun um einiges einfacher. ES6 erlaubt nämlich, über sogenannte *Rest-Parameter* die dynamischen Funktionsparameter anzusprechen, ähnlich wie die aus Java bekannten varargs. Rest-Parameter werden über drei aufeinanderfolgende Punkte und einen unmittelbar darauffolgenden beliebigen Parameternamen definiert und stehen dann für die Parameter einer Funktion, die keinen eigenen Namen in der Funktionsdeklaration haben, sozusagen für den Rest.

Die Funktion von eben würde mit Rest-Parameter daher wie folgt aussehen:

```
function tagsZuKuenstlerHinzufuegen(kuenstler, ...tags) {
  tags.forEach(function(tag) {
    console.log(kuenstler  + " " + tag);
    kuenstler.tagHinzufuegen(tag);
  });
}
```

Listing 4.24 Rest-Parameter in ES6 stellen eine bequeme Alternative zum Arbeiten mit dem arguments-Objekt dar.

Es entfällt also der Schritt, das `arguments`-Objekt in ein Array umzuwandeln, da es sich bei dem Rest-Parameter bereits um ein echtes Array handelt.

> **Merke**
>
> Zusammengefasst unterscheiden sich Rest-Parameter wie folgt von dem arguments-Objekt:
>
> ▸ Das arguments-Objekt enthält alle Parameter, die einer Funktion übergeben wurden, wohingegen die Rest-Parameter nur einen Teil der Parameter kennzeichnen können.
>
> ▸ Das arguments-Objekt ist kein Array, Rest-Parameter dagegen schon.

4.4.2 Abbilden von Arrays auf Funktionsparameter

Rest-Parameter ermöglichen es, bequem auf den dynamischen Teil der Funktionsparameter zuzugreifen, indem diese innerhalb der entsprechenden Funktion als Array zur Verfügung gestellt werden. Angenommen, Sie haben nun umgekehrt bereits ein Array, das verschiedene für einen Funktionsaufruf notwendige Parameter enthält, und möchten dieses Array direkt einer Funktion übergeben, so dass die einzelnen Werte für die dort erwarteten Parameter eingesetzt werden, das heißt für Parameter 1 soll der Wert aus dem Array an Index 0 verwendet werden, für Parameter 2 der Wert an Index 1 usw.

Auch für diese Richtung, also das Abbilden eines Arrays auf Funktionsparameter, gibt es in ES6 ein neues Feature, den sogenannten *Spread-Operator*. Dieser operiert auf einem Array und kann an solchen Stellen eingesetzt werden, an denen kommaseparierte Werte erwartet werden. Beispielsweise eben auch dazu, die einzelnen Werte eines Arrays als separate Parameter einer Funktion zu verwenden.

Bevor ich Ihnen diesen Operator im Detail vorstelle, möchte ich Ihnen wieder kurz zeigen, wie man Vergleichbares mit ES5-Mitteln umsetzen würde. Als Beispiel sei dazu folgende Additionsfunktion gegeben.

```
function addiere(x,y,z) {
  return x + y + z;
}
```

Listing 4.25 Eine Funktion mit drei Parametern

Arrays auf Funktionsparametern abbilden in ES5

Um nun ein Array mit drei Zahlenwerten in ES5 direkt auf diese Funktion anzuwenden, würde man sich der apply()-Methode bedienen. Diese, aufgerufen auf dem Funktionsobjekt, erwartet – wie Sie bereits wissen – als zweiten Parameter genau ein Array, das die Funktionsparameter enthält. Nicht besonders schön, aber es funktioniert.

```
var zahlen = [2,3,4];
addiere.apply(null, zahlen);
```

Listing 4.26 Array auf Funktionsparameter abbilden in ES5

Zur Erinnerung

Die Methode apply() erwartet als ersten Parameter den Wert, der für this verwendet werden soll, (für dieses Beispiel irrelevant und daher null) sowie als zweiten Parameter optional die Argumente der Funktion als Array.

Arrays auf Funktionsparameter abbilden in ES6

In ES6 ist das Vorgehen deutlich intuitiver: Die Schreibweise . . . zahlen in Listing 4.27 sorgt »out of the box« dafür, dass die Werte des Arrays zahlen auf die Funktionsparameter abgebildet werden.

```
var zahlen = [2,3,4];
addiere(...zahlen);
```

Listing 4.27 Array auf Funktionsparameter abbilden in ES6 mit dem Spread-Operator

Andere Anwendungsbeispiele des Spread-Operators

Aber nicht nur im Zusammenspiel mit Funktionsaufrufen ist der Spread-Operator eine große Hilfe. Der Operator kann beispielsweise auch bei der Deklaration von Arrays verwendet werden. Die Werte des referenzierten Arrays werden dabei einfach in das neue Array kopiert.

```
var tags = ['heavy', 'sludge', 'stoner'];
var mehrTags = ['psychedelic', 'spacerock'];
var alleTags = ['desertrock', ...tags, ...mehrTags, 'punk'];
console.log(alleTags);
```

Listing 4.28 Array auf Funktionsparameter abbilden in ES6

Dabei können, wie Sie sehen, auch mehrere Spread-Operatoren verwendet werden und zugleich an beliebigen Stellen vorkommen.

4.4.3   Standardwerte für Funktionsparameter

Häufig hat man als Entwickler die Situation, dass man eine Funktion erstellen möchte, die an bestimmten Stellen optional einen Parameter erwartet und die für den Fall, dass der entsprechende Parameter weggelassen wird (bzw. der Wert undefined oder null übergeben wird), innerhalb der Funktion mit einem Standardwert weiterarbeiten soll.

Schauen Sie sich dazu Listing 4.29 an. Die Funktion erstellePerson() erwartet standardmäßig zwei Parameter, soll aber für den Fall, dass kein Nachname angegeben wurde, den Wert "Mustermann" verwenden und den Wert "Max", falls zusätzlich kein Vorname angegeben wurde. Konkret bedeutet dies, dass die Funktion sowohl mit keinem, mit einem oder mit zwei (oder noch mehr) Parametern zurechtkommen soll.

```
var ben = erstellePerson('Ben', 'Harper');
// {name: "Ben", nachname: "Harper"}
var moritz = erstellePerson('Moritz');
// {name: "Moritz", nachname: "Mustermann"}
var max = erstellePerson('Max');
// {name: "Max", nachname: "Mustermann"}
var herrSchuster = erstellePerson(undefined, 'Schuster');
// {name: "Max", nachname: "Schuster"}
```

Listing 4.29 Das Ziel: Optionale Parameter

Standardwerte für Funktionsparameter in ES5

Das allgemeine Vorgehen in ES5 sieht dafür die Verwendung des logischen Operators || vor. Dabei wird die Parametervariable zu Beginn der Funktion neu gesetzt, und zwar mit variable = variable || 'Standardwert';. Das bewirkt für den Fall, dass variable einen Wert hat, dass dieser erhalten bleibt. Für den Fall dagegen, dass variable den Wert undefined oder null hat, wird stattdessen der zweite Operand des ||-Operators der Variablen zugewiesen. Ein beliebter und zugegeben netter Trick.

Die Funktion, die wie oben beschrieben funktioniert, würde mit dieser Technik wie folgt implementiert:

```
function erstellePerson(name, nachname) {
  name = name || 'Max';
  nachname = nachname || 'Mustermann';
  return {
    name: name,
    nachname: nachname,
  }
}
```

Listing 4.30 Standardparameter in ES5 über logisches Oder

4

Standardwerte für Funktionsparameter in ES6

In ES6 können Standardparameter bequem direkt in der Deklaration einer Funktion angegeben werden. Dazu schreiben Sie einfach den Standardwert hinter den entsprechenden Parameternamen, getrennt durch ein Gleichheitszeichen. Die Funktion von eben würde wie folgt aussehen:

```
function erstellePerson(name = 'Max', nachname = 'Mustermann') {
  return {
    name: name,
    nachname: nachname
  }
}
var moritz = erstellePerson('Moritz');
console.log(moritz.name);        // 'Moritz'
console.log(moritz.nachname);    // 'Mustermann'
var herrNull = erstellePerson(undefined, null);
console.log(herrNull.name);      // 'Max'
console.log(herrNull.nachname);  // null
```

Listing 4.31 Default-Parameter in ES6

Tipp

Beachten Sie, dass der Standardwert in der ES6-Variante nur verwendet wird, wenn der übergebene Parameter undefined ist. Hat der Parameter dagegen den Wert null, wird der Standardwert nicht verwendet.

Standardwerte per Funktionsaufruf ermitteln

Statt eines konstanten Wertes ist es ebenfalls möglich, den einzusetzenden Standardwert über einen Funktionsaufruf zu ermitteln. Zugewiesen wird dann – logisch – der Rückgabewert der Funktion.

```
function standardNachname() {
  return 'Mustermann';
}
function erstellePerson(name = 'Max', nachname = standardNachname()) {
  return {
    name: name,
    nachname: nachname
  }
}
```

Listing 4.32 Standardwerte können auch das Ergebnis eines Funktionsaufrufs sein.

4.4.4 Benannte Parameter

Ein weiteres Feature, das auf den ersten Blick in die Kategorie »ganz nett« fällt, bei genauerem Hinsehen aber doch ganz nützlich sein kann, sind *benannte Parameter*. Durch sie wird es möglich, beim Aufruf einer Funktion den einzelnen Parametern Namen zu geben. Gerade bei Funktionen, die eine ganze Reihe an Parametern erwarten, ist dies durchaus nützlich.

Emulieren benannter Parameter in ES5

Betrachten wir als Beispiel die in Listing 4.33 verwendete Funktion erstellePerson(), die insgesamt sieben Parameter erwartet. Wenn man sich nur den Funktionsaufruf anschaut, ist gerade ab Parameter Nummer drei nicht mehr sofort ersichtlich, was die Funktion dort jeweils als Parameter erwartet.

```
function erstellePerson(name, nachname, groesse, gewicht, geburtstag,
geburtsmonat, geburtsjahr) {
  return {
    name: name,
    nachname: nachname,
    groesse: groesse,
    gewicht: gewicht,
    geburtstag: geburtstag,
    geburtsmonat: geburtsmonat,
    geburtsjahr: geburtsjahr
  }
}
var person = erstellePerson('Max', 'Mustermann', 180, 79, 2, 4, 1956);
```

Listing 4.33 Viele ähnliche Parameter erschweren die Lesbarkeit.

Natürlich könnten Sie jetzt sagen, dass dieses »Problem« auch in Sprachen wie C# oder Java existiert. Aber auf der anderen Seite ist dort der IDE-Support doch noch ausgereifter als für JavaScript. Viele IDEs bieten Features, durch die bei Bedarf die Methodensignatur (inklusive der Parameternamen) zu einer Methode eingeblendet werden können. Da für JavaScript der IDE-Support in der Vergangenheit aber eher bescheiden war, verwendete man häufig das bereits angesprochene Entwurfsmuster »Konfigurationsobjekt«: Anstatt viele einzelne Parameter zu übergeben, fasst man dabei die Parameter zu einem Objekt (dem Konfigurationsobjekt) zusammen und übergibt dieses Objekt an die Funktion.

```
var person = erstellePerson(
  {
    name: 'Max',
    nachname: 'Mustermann',
```

4

```
    groesse: 180,
    gewicht: 79,
    geburtstag: 2,
    geburtsmonat: 4,
    geburtsjahr: 1956
  }
);
```

Listing 4.34 Entwurfsmuster »Konfigurationsobjekt«,
um benannte Parameter in ES5 nachzubilden

Die Implementierung der Funktion müsste natürlich dann auch anders aussehen:

```
function erstellePerson(daten) {
  return {
    name: daten.name,
    nachname: daten.nachname,
    groesse: daten.groesse,
    gewicht: daten.gewicht,
    geburtstag: daten.geburtstag,
    geburtsmonat: daten.geburtsmonat,
    geburtsjahr: daten.geburtsjahr
  }
}
```

Listing 4.35 Innerhalb der Funktion wird auf die Eigenschaften
des Konfigurationsobjekts zugegriffen.

Das Gute an dieser Vorgehensweise: Nicht alle Eigenschaften müssen im Konfigurationsobjekt vorhanden sein. Das macht den aufrufenden Code sehr viel übersichtlicher, als wenn man für nicht belegte Parameter überall null oder undefined übergeben würde. Um beispielsweise eine anonyme Person mit Jahrgang 1956 zu erstellen, reicht folgender Code:

```
var person = erstellePerson(
  {
    geburtsjahr: 1956
  }
);
```

Listing 4.36 Das Entwurfsmuster erlaubt es, einzelne »Parameter« wegzulassen.

Hier wird dem Konfigurationsobjekt nur das Geburtsjahr übergeben, die restlichen »Parameter« fehlen und sind somit innerhalb der Funktion undefined.

Benannte Parameter in ES6

ES6 macht das Ganze noch ein bisschen einfacher. Statt eines Konfigurationsobjekts mit benannten Objekteigenschaften können bei Funktionsaufrufen ab sofort die einzelnen Parameter selbst benannt werden:

```
var person = erstellePerson(name='Max', nachname='Mustermann', groesse=180,
  gewicht=79, geburtstag=2, geburtsmonat=4, geburtsjahr=1956);
```

Listing 4.37 Benannte Parameter in ES6

Bei der Funktion fällt damit der Umweg über das Konfigurationsobjekt weg, so dass sie wieder aussieht wie in Listing 4.33:

Einzelne benannte Parameter können mit dieser Lösung übrigens auch weggelassen werden:

```
var person = erstellePerson(geburtsjahr=1979);
```

Listing 4.38 Einzelne benannte Parameter in ES6 können auch weggelassen werden.

In diesem Fall gilt wieder: Die weggelassenen Parameter haben den Wert undefined.

4.5   Mehrfachzuweisungen über Destructuring

In Abschnitt 4.4.2, »Abbilden von Arrays auf Funktionsparameter«, haben Sie gesehen, wie Sie mit dem Spread-Operator die Werte eines Arrays auf Funktionsparameter abbilden oder bei der Erstellung neuer Arrays verwenden können. Daneben bietet ES6 noch ein weiteres neues Feature, welches das Abbilden von Werten betrifft: das sogenannte *Destructuring*. Dabei können Werte aus Arrays (*Array-Destructuring*) und Eigenschaften von Objekten (*Objekt-Destructuring*) relativ einfach extrahiert und gleichzeitig mehreren Variablen zugewiesen werden.

4.5.1   Array-Destructuring

Array-Destructuring ermöglicht es auf einfache Weise, die Werte eines Arrays einer Reihe von Variablen zuzuweisen. Sprachen, wie beispielsweise Clojure und Ruby, bieten dieses Feature schon seit einiger Zeit an, ES6 zieht hier mit einer weniger mächtigen Variante nach.

Angenommen, Sie haben ein Array mit vier Werten und möchten diese Werte schnell vier verschiedenen Variablen zuweisen. In ES5 würden Sie dazu wie folgt vorgehen:

4

```
var bestOfStonerrock = ['Kyuss', 'QOTSA', 'Unida', 'Vista Chino'];
var platz1 = bestOfStonerrock[0];
var platz2 = bestOfStonerrock[1];
var platz3 = bestOfStonerrock[2];
var platz4 = bestOfStonerrock[3];
```

Listing 4.39 Array auf Variablen in ES5 abbilden

Mit anderen Worten: Jeder Wert aus dem Array muss einzeln der jeweiligen Variablen zugewiesen werden.

Mit der Destructuring-Anweisung in ES6 geht das Ganze viel einfacher und übersichtlicher:

```
var [platz1, platz2, platz3, platz4] = bestOfStonerrock;
```

Listing 4.40 Array auf Variablen über Array-Destructuring in ES6 abbilden

Diese Schreibweise kann man sich leicht merken, wenn man sich in Erinnerung ruft, wie in JavaScript Arrays erzeugt werden, nämlich genau in der »umgekehrten Schreibweise«:

```
var bestOfStonerrock = [platz1, platz2, platz3, platz4];
```

Für den Fall, dass die Variablen, denen die Werte zugeordnet werden sollen, bereits vorhanden sind und nicht erst deklariert werden müssen, können Sie das var auch weglassen:

```
[platz1, platz2, platz3, platz4] = bestOfStonerrock;
```

Für den Fall, dass das Array weniger Elemente enthält, als Variablen angegeben sind, erhält die entsprechende Variable den Wert undefined:

```
var [platz1, platz2, platz3, platz4, platz5] = bestOfStonerrock;
console.log(platz5); // undefined
```

Listing 4.41 Nicht definierte Werte beim Array-Destructuring

Alternativ haben Sie beim Array-Destructuring wie eben schon bei Funktionsparametern die Möglichkeit, Standardwerte für Variablen anzugeben. Statt undefined bekommt die entsprechende Variable dann den Standardwert zugewiesen, falls im Array kein entsprechender Eintrag vorhanden ist.

```
var [x = 4711] = einArray;
```

Listing 4.42 Standardwerte beim Array-Destructuring

Wäre einArray also leer, würde die Variable x den Wert 4711 zugewiesen bekommen.

Sie sind selbstverständlich nicht dazu gezwungen, Variablen mit var zu verwenden. Destructuring funktioniert genauso mit der neuen let-Syntax oder mit Konstanten:

```
let [platz1, platz2, platz3, platz4] = bestOfStonerrock;
const [platz1, platz2, platz3, platz4] = bestOfStonerrock;
```

Listing 4.43 Destructuring funktioniert auch mit »let« und »const«.

Möchten Sie nur bestimmte Werte aus dem Array abbilden, ist dies auch möglich, und zwar indem Sie an entsprechender Stelle keine Variable vorsehen:

```
var [platz1, , platz3, platz4] = bestOfStonerrock;
```

Listing 4.44 Nur bestimmte Werte abbilden

Destructuring mehrdimensionaler Arrays

Destructuring funktioniert aber nicht nur mit eindimensionalen Arrays, sondern auch mit mehrdimensionalen. Und das ist gar nicht so kompliziert, wie es vielleicht klingen mag, wenn man sich nur wieder überlegt, wie ein mehrdimensionales Array erstellt wird:

```
var koordinaten = [
  [2,3,4],
  [5,6,7],
  [8,9,10]
];
```

Listing 4.45 Erzeugen eines mehrdimensionalen Arrays

Denn dann fällt auch die Schreibweise für das Destructuring eines solchen nicht mehr schwer:

```
var [
  [x1,y1,z1],
  [x2,y2,z2],
  [x3,y3,z3]
] = koordinaten;
```

Listing 4.46 Array-Destructuring eines mehrdimensionalen Arrays

Kombination mit anderen ES6-Features

Seine besonderen Stärken spielt ES6 dann aus, wenn die neuen Features miteinander kombiniert werden. In Kombination mit dem Spread-Operator beispielsweise kann das Destructuring von Arrays dazu verwendet werden, einzelne Werte aus einem Array auf ein neues Array abzubilden.

```
let array = ['Kyuss', 'Blues for the Red Sun', 'Sky Valley'];
let [interpret, ...alben] = array;
console.log(alben); // Blues for the Red Sun, Sky Valley
```

Listing 4.47 Rest-Parameter in Kombination mit Destructuring

Aber nicht nur das: Array-Destructuring führt an vielen Stellen zu schlankerem und übersichtlicherem Quelltext. Im Folgenden sehen Sie drei weitere Anwendungsfälle, bei denen dies besonders auffällt.

Anwendungsfall 1: Tauschen von Variablen ohne temporäre dritte Variable

Dank dem Array-Destructuring ist es beispielsweise nun ein Einfaches, die Werte zweier Variablen ohne dritte temporäre Variable zu tauschen:

```
let x = 5;
let y = 9;
[x,y] = [y,x];
```

Listing 4.48 Tauschen der Werte zweier Variablen mit Array-Destructuring

Anwendungsfall 2: Mehrere Rückgabeparameter

Indirekt wird es zudem möglich, dass eine Funktion »mehrere Rückgabewerte« gleichzeitig liefern kann. Immer dann nämlich, wenn eine Funktion ein Array zurückgibt, kann dieser Rückgabewert direkt mehreren Variablen zugewiesen werden.

```
function getBestOfStonerrock() {
  return ['Kyuss', 'QOTSA', 'Unida', 'Vista Chino'];
}
var [platz1, platz2, platz3, platz4] = getBestOfStonerrock();
```

Listing 4.49 Simulieren mehrerer Rückgabewerte dank Array-Destructuring

Anwendungsfall 3: Iteration über Maps

ES6 stellt unter anderem Maps als neue Datenstruktur bereit. Detailliert werde ich Ihnen diese zwar noch in Abschnitt 4.9.1 vorstellen, aber das Konzept dürfte vermutlich den meisten Lesern ohnehin bereits bekannt sein: Maps speichern Werte zu bestimmten Schlüsseln, wobei die Schlüssel eindeutig sein müssen, die Werte nicht.

Ein einzelner Eintrag in einer Map ist demnach ein Schlüssel-Wert-Paar, das als Array repräsentiert wird. An Index 0 in diesem Array befindet sich der Schlüssel, an Index 1 der Wert.

Über die Einträge iterieren lässt sich beispielsweise mit der ebenfalls in ES6 neu eingeführten for-of-Schleife (dazu mehr in Abschnitt 4.13.3).

```
var map = new Map();
map.set("Schlüssel 1", "Wert 1");
map.set("Schlüssel 2", "Wert 2");
for (let eintrag of map) {
  let schluessel = eintrag[0];
  let wert = eintrag[1];
  console.log(schluessel + ": " + wert);
}
```

Listing 4.50 Iteration über eine Map

Mit Array-Destructuring kann man die beiden Zuweisungen an die Variablen in eine zusammenfassen:

```
var map = new Map();
map.set("Schlüssel 1", "Wert 1");
map.set("Schlüssel 2", "Wert 2");
for (let [schluessel, wert] of map) {
  console.log(schluessel + ": " + wert);
}
```

Listing 4.51 Iteration über eine Map und Anwendung von Array-Destructuring

4.5.2   Objekt-Destructuring

Das Destructuring von Objekten funktioniert prinzipiell analog zum Array-Destructuring. Die Schreibweise ist auch hier wieder umgekehrt zu der beim Erstellen von Objektliteralen:

```
var person = {
  name : 'Max',
  nachname : 'Mustermann'
};
var {
  name : nameExtrahiert,
  nachname : nachnameExtrahiert
} = person;
```

Listing 4.52 Objekt-Destructuring

Das ist das Gleiche, wie zu schreiben:

```
var nameExtrahiert = person.name;
var nachnameExtrahiert = person.nachname;
```

Falls Variablen und Objekteigenschaften gleich lauten, geht das Ganze sogar noch einfacher:

```
var {name, nachname} = person;
```

Listing 4.53 Objekt-Destructuring in Kombination mit Object Literal Shorthand

Hier erhalten die Variablen name und nachname die Werte der gleichlautenden Objekteigenschaften des Objekts person.

Destructuring geschachtelter Objekte

Auch geschachtelte Objekte stellen für das Destructuring kein Problem dar:

```
var person = {
  name : 'Max',
  nachname : 'Mustermann',
  adresse : {
    plz : 23456,
    strasse : 'Musterstraße 22'
  }
}

var {
  name : nameExtrahiert,
  nachName : nachNameExtrahiert,
  adresse : {
    plz : plzExtrahiert,
    strasse : strasseExtrahiert
  }
} = person;
```

Listing 4.54 Destructuring von geschachtelten Objekten

Falls es eine Objekteigenschaft nicht gibt, wird der Variablen übrigens analog zur Vorgehensweise beim Array-Destructuring der Wert undefined zugewiesen. Anders allerdings als beim Array-Destructuring, bei dem man var, let und const auch weglassen kann, führt dies beim Objekt-Destructuring zu einem Fehler, auch wenn die Variable(n) bereits deklariert ist/sind. Folgende Schreibweise ist demnach nicht erlaubt.

```
{name} = person;
```

Der Grund {name} wird nicht als Destructuring-Anweisung interpretiert, sondern als Codeblock. Sie können diesen Konflikt allerdings umgehen, indem Sie entweder {name} oder den gesamten Ausdruck einklammern:

```
({name}) = person;
({name} = person);
```

Die runden Klammern sorgen dafür, dass die geschweiften Klammern vom Java-Script-Interpreter nicht mehr als Codeblock interpretiert werden.

Objekt-Destructuring in Kombination mit Array-Destructuring

Um das Ganze richtig zu vereinfachen (oder es je nach Sichtweise noch komplizierter zu machen), funktioniert Destructuring nicht nur mit mehrdimensionalen Arrays und geschachtelten Objekten, sondern auch mit einer Kombination aus beidem. Listing 4.55 zeigt ein Beispiel:

```
var person = {
  name : 'Max',
  nachname : 'Mustermann',
  adresse : {
    plz : 23456,
    strasse : 'Musterstraße 22'
  },
  telefonnummern : [
    23452345678,
    2345623456
  ]
}

var {
  name : nameExtrahiert,
  nachName : nachNameExtrahiert,
  adresse : {
    plz : plzExtrahiert,
    strasse : strasseExtrahiert
  },
  telefonnummern : [
    telefonnummer1Extrahiert,
    telefonnummer2Extrahiert
  ]
} = person;
```

Listing 4.55 Objekt-Destructuring in Kombination mit Array-Destructuring

Anwendungsfall: Destructuring bei Funktionsparametern

Die Destructuring-Technik kann dazu verwendet werden, Funktionsparameter innerhalb einer Funktion aus einem der Funktion übergebenen Objekt zu extrahieren, um innerhalb der Funktion direkt auf benannte Variablen zugreifen zu können statt auf das übergebene Objekt.

Wie das geht, zeigt Listing 4.56:

```
var aktuellerSong = {
  titel: 'Demon Cleaner',
  interpret: 'Kyuss',
  album: {
    titel: 'Sky Valley',
    erschienen: '1994'
  }
};

var logSongInfo = function logSongInfo(
  {
    titel,
    interpret,
    album: {
      erschienen: jahr
    }
  }
) {
    console.log('Titel: ' + titel + '\nInterpret: ' + interpret +
    '\nErschienen: ' + jahr);
};

logSongInfo(aktuellerSong);
// Ausgabe:
// Titel: Demon Cleaner
// Interpret: Kyuss
// Erschienen: 1994
```

Listing 4.56 Objekt-Destructuring in Kombination mit einem Funktionsaufruf

4.6   Iteratoren und Generatoren

Zwei Neuerungen, die ebenfalls bereits dem einen oder anderen Leser aus anderen Programmiersprachen bekannt sein dürften, sind Iteratoren und Generatoren. Iteratoren vereinfachen den (iterativen) Zugriff auf Elemente, die in einer bestimmten

Datenstruktur gespeichert sind. Generatoren sind Funktionen, die unterbrochen und zu einem späteren Zeitpunkt fortgesetzt werden können.

4.6.1   Iteratoren

Iteratoren kapseln das Wissen darüber, wie eine Datenquelle (in der Regel eine Liste oder Collection von Daten) zu durchlaufen ist oder, anders gesagt, wie über diese Daten strukturiert iteriert wird. Sie können sich Iteratoren als eine Art Zeiger auf das aktuelle Element in der jeweiligen Datenstruktur vorstellen.

In Java beispielsweise werden Iteratoren durch das Interface Iterator repräsentiert. Das Interface definiert zwei Methoden: next(), um an das nächste Element zu gelangen, und hasNext(), um zu überprüfen, ob noch ein weiteres Element in der zu iterierenden Datenquelle vorhanden ist. In C# dagegen haben Iteratoren eine Eigenschaft Current, die auf das aktuelle Element zeigt, sowie eine Methode MoveNext(), um diesen internen Zeiger auf das nächste Element zu schieben.

In ES6 haben Iteratoren lediglich eine einzige Methode mit dem Namen next(). Diese liefert ein Objekt mit zwei Eigenschaften zurück: die boolesche Eigenschaft done gibt an, ob das Ende des Iterators erreicht wurde, die Eigenschaft value enthält den Wert, der in der jeweiligen Iteration durch den Iterator zurückgegeben wird.

Einige Datenstrukturen in JavaScript, wie beispielsweise Arrays oder Maps (siehe Abschnitt 4.9, »Collections«), bieten Methoden an, über die sich Iteratoren für die Elemente in der Datenstruktur ermitteln lassen. Listing 4.57 zeigt, wie mithilfe der Array-Methode values() ein Iterator für die im Array enthaltenen Werte erzeugt wird (siehe auch Abschnitt 4.12.3, »Neue Methoden in ›Array‹«):

```
var interpreten = ['Kyuss', 'QOTSA', 'Ben Harper', 'Monster Magnet']
var iterator = interpreten.values();
var interpret = iterator.next();
console.log(interpret); // {value: 'Kyuss', done: false}
interpret = iterator.next();
console.log(interpret); // {value: 'QOTSA', done: false}
interpret = iterator.next();
console.log(interpret); // {value: 'Ben Harper', done: false}
interpret = iterator.next();
console.log(interpret); // {value: 'Monster Magnet', done: false}
interpret = iterator.next();
console.log(interpret); // {done: true}
```

Listing 4.57 Iterator für ein Array

Individuelle Iteratoren

Nicht immer wird das Verhalten des Standard-Iterators das sein, das Sie benötigen. Für Fälle, in denen Sie auf eine andere Art und Weise über eine Datenstruktur iterieren möchten, bietet es sich an, einen eigenen Iterator zu schreiben, der dieses Verhalten kapselt.

Betrachten wir dazu als einfaches Beispiel einen Iterator, der die Elemente in einem Array in umgekehrter Reihenfolge ausgeben soll. Als Datenstruktur soll nicht das Array direkt, sondern ein Wrapper-Objekt verwendet werden:

```
let interpreten = ['Kyuss', 'QOTSA', 'Ben Harper', 'Monster Magnet'];
let interpretenWrapper = {}
interpretenWrapper.interpreten = interpreten;
```

Listing 4.58 Datenstruktur, über die iteriert werden soll

Iteratoren sind nichts anderes als ein Objekt mit einer Methode next(), das wiederum Objekte erzeugt mit den Eigenschaften value und done. An welcher Stelle ein Iterator erstellt wird, ist prinzipiell egal. Es bietet sich aber an, die Funktion, die den Iterator erstellt, unter der Eigenschaft Symbol.iterator an der entsprechenden Datenstruktur zu definieren. Der Vorteil dabei: Die Datenstruktur lässt sich dann auch innerhalb der for-of-Schleife (siehe Abschnitt 4.13.3, »for-of-Schleife«) nutzen, sie ist »*iterable*«. Übrigens: Symbol.iterator ist ein sogenanntes Symbol, ebenfalls eine Neuerung in ES6, die ich Ihnen in Abschnitt 4.13.2, »Symbole«, vorstellen werde.

Die Implementierung des Beispiel-Iterators sehen Sie in Listing 4.59. Die Methode, die den Iterator erzeugt, nimmt sich eine Closure zu Hilfe (siehe Abschnitt 2.5.3), um das Interpreten-Array und die Zählervariable zu kapseln und liefert ein Objekt zurück, das dem Iterator-Protokoll entspricht. Dieses wiederum liefert über next() so lange Objekte mit der Eigenschaft value, wie die Zählervariable größer gleich 0 ist. Erst wenn diese Abbruchbedingung erfüllt wird, liefert die Methode ein Objekt, dessen Eigenschaft done auf true gesetzt ist.

```
interpretenWrapper[Symbol.iterator] = function() {
  var interpreten = this.interpreten;
  var zaehler = this.interpreten.length-1;
  // Rückgabe des Iterator-Objekts
  return {
    next: function(){
      if (zaehler < 0) {
        return {
          done: true
        };
      } else {
```

```
      return {
        value: interpreten[zaehler--],
        done: false
      };
    }
  }
 }
};
```

Listing 4.59 Definition des Iterators

Wie in Listing 4.60 zu sehen, kann der Iterator zum einen »manuell« über die Methode next() gesteuert werden. Zum anderen kann aber auch die zugrunde liegende Datenstruktur (interpretenWrapper) direkt als Eingabe für eine for-of-Schleife dienen.

```
var iterator = interpretenWrapper[Symbol.iterator]();
console.log(iterator.next()); // {value: 'Monster Magnet', done: false}
console.log(iterator.next()); // {value: 'Ben Harper', done: false}
console.log(iterator.next()); // {value: 'QOTSA', done: false}
console.log(iterator.next()); // {value: 'Kyuss', done: false}
console.log(iterator.next()); // {done: true}
for(let interpret of interpretenWrapper) {
  // Ausgabe der Werte 'Monster Magnet', 'Ben Harper', 'QOTSA' und 'Kyuss'
  console.log(interpret);
}
```

Listing 4.60 Der Iterator in Aktion

Fazit

Iteratoren sind ein mächtiges Mittel, um einfach und auf unterschiedlichste Weise über Datenstrukturen zu iterieren. Wir haben in diesem Kapitel nur relativ einfache Beispiele gesehen, aber es geht auch durchaus komplexer: Stellen Sie sich eine Tiefensuche oder Breitensuche innerhalb einer Baumstruktur vor. Auch das lässt sich über einen Iterator kapseln. Im folgenden Abschnitt werden ich Ihnen ein weiteres mächtiges Mittel vorstellen, das dabei helfen kann, komplexere Iteratoren zu erstellen.

4.6.2   Generatorfunktionen und Generatoren

Generatoren bezeichnen spezielle Arten von Funktionen, die an bestimmten Stellen unterbrochen und später fortgesetzt werden können. Erzeugt werden Generatoren über sogenannte *Generatorfunktionen*. Das Unterbrechen eines Generators geschieht über den neu eingeführten yield-Operator. yield liefert wie return, einen Wert zurück und sorgt dafür, dass aus dem Generator herausgesprungen wird. Der Clou: Wird der Generator das nächste Mal aufgerufen, setzt die Ausführung der Funktion nach dem yield fort.

Einen Generator, der beim ersten Aufruf eine 1 und beim zweiten Aufruf eine 2 zurückgibt, erhält man über diese Generatorfunktion:

```
function* erstEinsDannZwei() {
  yield 1;
  yield 2;
}
```

Listing 4.61 Eine einfache Generatorfunktion

Der Stern hinter dem function-Schlüsselwort zeichnet diese Funktion übrigens als Generatorfunktion aus. Sie liefert als Rückgabewert einen Generator, über den man die Ausführung des Codes im Funktionskörper anstößt und an die mit yield festgelegten unterschiedlichen Rückgabewerte kommt. Über wiederholte Aufrufe der Methode next() am Generator wird – wie Sie gleich sehen werden – erreicht, dass der Kontrollfluss bei yield aus der Generatorfunktion heraus- und dahinter wieder hineinspringt.

Generatoren sind also nichts anderes als ein spezielle Art von Iteratoren. Wie auch bei Iteratoren liefern Aufrufe von next() an einem Generator immer ein Objekt mit den Eigenschaften done und value zurück. Die Eigenschaft done gibt Auskunft darüber, ob das Ende des Generators erreicht ist, die Eigenschaft value enthält den jeweiligen Wert, der von dem aktuellen yield zurückgegeben wurde. Dazu ein Beispiel:

```
var generator = erstEinsDannZwei();
var ergebnis = generator.next();
console.log(ergebnis); // {done: false, value: 1}
ergebnis = generator.next();
console.log(ergebnis); // {done: false, value: 2}
ergebnis = generator.next();
console.log(ergebnis); // {done: true, value: undefined}
```

Listing 4.62 Verwenden eines Generators

In der ersten Zeile sehen Sie den Aufruf der Generatorfunktion, die den eigentlichen Generator zurückgibt. Anschließend wird der Generator dreimal hintereinander über die Methode next() aufgerufen, wobei die Eigenschaft value des Rückgabeobjekts bei den ersten beiden Aufrufen den Rückgabewert der entsprechenden yield-Anweisung enthält und beim dritten Aufruf den Wert undefined.

> **Achtung**
>
> Wenn Sie versuchen, auf einem bereits beendeten Generator next() aufzurufen, erhalten Sie einen TypeError mit der Meldung »generator has already finished«. Im Beispiel oben können Sie das erreichen, indem Sie ein viertes Mal generator.next() aufrufen.

Besonders praktisch: Generatoren können direkt innerhalb von for-Schleifen verwendet werden, so dass in Kombination mit Object-Destructuring der explizite Aufruf von next() überflüssig wird:

```
var generator = erstEinsDannZwei();
for(let {value} in generator) {
  if(value) {
    console.log(value);
  } else {
    break;
  }
}
```

Listing 4.63 Generatorfunktion und for-in-Schleife

Unendliche Generatoren

Ebenfalls praktisch ist, dass Generatoren auch unendliche Sequenzen generieren können. Nehmen wir als Beispiel eine Generatorfunktion, die wie ein Zähler funktioniert und beginnend bei 0 immer die nächsthöhere Zahl zurückliefert. Da der yield-Operator prinzipiell an beliebigen Stellen innerhalb einer Funktion auftauchen kann, lässt sich eine solche Zählerfunktionalität relativ schnell realisieren, indem das yield einfach innerhalb einer unendlichen Schleife platziert wird:

```
function* zaehler() {
  var zaehler = 0;
  while(true) {
    zaehler++;
    yield zaehler;
  }
}
```

Listing 4.64 Eine Generatorfunktion für das Hochzählen

Generatoren mit Parametern steuern

Manchmal kann es hilfreich sein, von außen den Generator beeinflussen zu können, beispielsweise um zu steuern, wann ein Generator beendet werden soll. Um dies zu erreichen, kann man sich zunutze machen, dass die Methode next() eines Generators zusätzlich mit einem Parameter aufgerufen werden kann. Dieser Parameter wird innerhalb des Generators als Rückgabewert der yield-Anweisung verwendet (nicht falsch verstehen: bezüglich des Rückgabewertes des Aufrufs von next() liefert yield weiterhin das, was hinter dem yield steht). Am besten lässt sich das wieder an einem Beispiel nachvollziehen. Passen wir dazu den Zähler-Generator von eben so an, dass er sich zurücksetzen lässt:

```
function* zaehler() {
  var zaehler = 0;
  while(true) {
    zaehler++;
    var vonVorne = yield zaehler;
    if(vonVorne === true) {
      zaehler = 0;
    }
  }
}
```

Listing 4.65 Eine Generatorfunktion mit yield-Rückgabewert

Die Variable vonVorne erhält den Wert, der als Parameter dem Aufruf von next() übergeben wurde. Abhängig von diesem Wert wird zaehler zurückgesetzt oder nicht. Wird next() in der Folge also mit einem true aufgerufen, fängt der entsprechende Generator wieder von vorne an zu zählen:

```
var zaehlerInstanz = zaehler();
console.log(zaehlerInstanz.next());      // {done: false, value: 1}
console.log(zaehlerInstanz.next());      // {done: false, value: 2}
console.log(zaehlerInstanz.next());      // {done: false, value: 3}
console.log(zaehlerInstanz.next());      // {done: false, value: 4}
console.log(zaehlerInstanz.next(true)); // {done: false, value: 1}
```

Listing 4.66 Verwendung von »next()« mit Parameter

4.7   Promises

Ein Feature, das primär der Vermeidung von geschachtelten Callback-Funktionen dient und somit der »Pyramid of Doom« entgegenwirkt, sind die sogenannten *Promises*. Promises selbst sind nichts anderes als Objekte, die sozusagen als Platzhalter für das Ergebnis einer asynchronen Funktion dienen. Anstatt dass der jeweiligen asynchronen Funktion selbst die Callback-Handler übergeben werden, liefert sie ein Promise-Objekt zurück, das Zugriff auf zwei gekapselte Callback-Funktionen hat: eine, um über den Ergebniswert zu informieren, und eine, um über Fehler zu informieren (in der Regel benennt man diese Callback-Funktionen resolve() und reject(), um ihre Intention zu verdeutlichen). Durch diesen simplen, aber effektiven Trick kann der synchrone Code mit dem Promise-Objekt weiterarbeiten.

> **Hintergrundinfo**
>
> Promises sind keine Neuerfindung von ES6, das Konzept gibt es schon länger (seit etwa 1976, um genau zu sein) und findet bereits in verschiedenen Programmiersprachen Verwendung. Promises in ES6 basieren weitestgehend auf zwei Spezifikationen, die schon für ES5 in der JavaScript-Community entstanden sind. Promises/A (*http://wiki.commonjs.org/wiki/Promises/A*) bzw. deren detaillierterer Nachfolger Promises/A+ (*http://promises-aplus.github.io/promises-spec*).

Die asynchrone Funktion von eben würde unter Verwendung eines Promise-Objekts demnach wie folgt aussehen:

```
function asynchroneFunktion() {
  var promise = new Promise(
    function(resolve, reject) {
      window.setTimeout(
        function() {
          var ergebnis = 4711; // hier normalerweise asynchrone Berechnung
          if(ergebnis < 4000) {
            reject('Ergebnis kleiner als 4000');
          } else {
            resolve(ergebnis);
          }
        }, Math.random() * 2000);
    }
  );
  );
  return promise;
}
```

Listing 4.67 Asynchrone Funktion, die ein Promise-Objekt zurückgibt

Sie sehen: Die asynchrone Funktion hat selbst keine Callback-Parameter, sondern liefert stattdessen ein Promise-Objekt zurück. Der Konstruktor von Promise bekommt dabei eine Funktion mit zwei Parametern übergeben: resolve als Callback-Handler für den Fall, dass die asynchrone Operation erfolgreich war, reject für den Fall, dass ein Fehler auftritt.

Intern nimmt ein Promise-Objekt einen von drei Zuständen an:

- **pending** (»wartend«) bedeutet, die asynchrone Funktion ist noch nicht abgeschlossen.

- **fulfilled** (»erfüllt«) bedeutet, die asynchrone Funktion wurde erfolgreich abgeschlossen (und das Promise-Objekt enthält einen Ergebniswert).

- **rejected** (»abgelehnt«) bedeutet, die asynchrone Funktion wurde nicht erfolgreich abgeschlossen bzw. führte zu einem Fehler (und das Promise-Objekt enthält den Grund für den Fehler).

Aus Sicht des aufrufenden Codes übergibt man jetzt also der asynchronen Funktion keine Callback-Parameter mehr. Stattdessen übergibt man diese Parameter nun dem Promise-Objekt, das man von der asynchronen Funktion als Rückgabewert erhält. Das Promise-Objekt bietet zu diesem Zweck die Methode then() an. Ihr kann, wie in folgendem Code zu sehen, jeweils ein Callback-Handler für die Behandlung des Ergebnisses und ein Callback-Handler für die Behandlung von Fehlern übergeben werden.

```
asynchroneFunktion().then(
  function(ergebnis) {
    console.log(ergebnis);
  },
  function(fehler) {
    console.error(fehler);
  },
);
```

Listing 4.68 Aufruf einer asynchronen Funktion mit der Promise-API

Dank seiner Fluent API können Aufrufe von then() relativ bequem hintereinandergereiht werden, weil then() immer auch selbst ein Promise-Objekt zurückgibt. Im folgenden Beispiel liefert der erste Callback-Handler das Ergebnis von asynchroneFunktion() mit 2 multipliziert als Rückgabewert. Dadurch wird implizit ein Promise-Objekt erzeugt, dessen Zustand auf »fulfilled« gesetzt und seinerseits von then() zurückgegeben wird. Der Rückgabewert des Callback-Handlers wird anschließend als Eingabe für den zweiten Callback-Handler verwendet.

```
asynchroneFunktion()
  .then(function(ergebnis) {
    return ergebnis * 2;
  })
  .then(function(ergebnis) {
    console.log(ergebnis);
  });
```

Listing 4.69 Eine Kette von Promises

Liefert der Callback-Handler eines then() keinen Rückgabewert, hat der nächste Callback-Handler in der Reihe übrigens keine Parameter. Im obigen Beispiel tritt dieser Fall nicht auf. Aber wenn Sie ein weiteres then() an die bisherige then()-Kette hängen würden, hätte dessen Callback-Handler keinen Parameter.

Für weitere Informationen zum Thema Promises empfehle ich Ihnen insbesondere folgende zwei Blogbeiträge von Axel Rauschmayer, zu finden unter *http://www.2ality.com/2014/09/es6-promises-foundations.html* und *http://www.2ality.com/2014/10/es6-promises-api.html*.

4.8   Proxies

Wenn Sie sich bereits mit den *Entwurfsmustern der Gang of Four* (GoF-Entwurfsmuster) beschäftigt haben, ist Ihnen sicherlich das Entwurfsmuster Proxy bekannt. Unter einem Proxy versteht man in der Softwareentwicklung ein Objekt, das einem anderen Objekt vorgelagert ist und stellvertretend für das Objekt aufgerufen wird. Das Proxy-Objekt erlaubt es, Zugriffe auf das Ursprungsobjekt abzufangen, zu verarbeiten und an selbiges weiterzuleiten. Als Beispiel sei hier *RMI (Remote Method Invocation)* aus Java genannt, bei der man beim Zugriff auf ein entferntes (auf einem Server liegendes) Objekt über ein Proxy-Objekt (das lokal vorhanden ist) zugreift.

In Kapitel 7 werden wir noch über den Stellenwert der GoF-Entwurfsmuster in JavaScript im Allgemeinen sprechen, aber so viel sei an dieser Stelle schon mal verraten: In JavaScript brauchen Sie seit ES6 kein Entwurfsmuster, um das Proxy-Konzept zu realisieren. Denn ES6 liefert Proxy-Objekte von Haus aus mit.

4.8.1   Proxies in ES6

Ein Proxy-Objekt wird über den Aufruf Proxy(zielObjekt, handler); erzeugt. Dabei erwartet Proxy() zwei Parameter: zielObjekt stellt das Ursprungsobjekt dar, dessen Zugriffe abgefangen werden sollen, handler bezeichnet das Objekt, das auf die Zugriffe auf das Ursprungsobjekt reagieren soll. Im Code spricht man dann statt des Ursprungsobjekts das Proxy-Objekt an:

```
var zielObjekt = {};
var handler = {/*...*/};          // Wird gleich implementiert
var proxy = Proxy(zielObjekt, handler);
proxy.name = 'Max';               // Aufruf set() von handler
proxy.nachname = 'Mustermann';    // Aufruf set() von handler
console.log(proxy.name);          // Aufruf get() von handler
console.log(proxy.nachname);      // Aufruf get() von handler
```

Listing 4.70 Verwendung eines Proxys

Aus der Zugriffsart auf eine Eigenschaft des unterliegenden Objekts ergibt sich die Methode des Handlers, die aufgerufen werden soll. Diese Methoden des Handlers werden auch als *Traps* bezeichnet: set und get sind beispielsweise zwei vordefinierte Methoden, die schreibende Zugriffe (im Fall von set) sowie lesende Zugriffe (im Fall von get) abfangen. Insgesamt umfasst die Proxy-Spezifikation etwa 20 solcher Traps, einige davon sind in Tabelle 4.2 zu sehen.

Operation	Methode im Handler
proxy[eigenschaft]	handler.get(zielObjekt, eigenschaft)
proxy[eigenschaft] = wert	handler.set(zielObjekt, eigenschaft, wert)
eigenschaft in proxy	handler.has(eigenschaft)
delete proxy[eigenschaft]	handler.delete(eigenschaft)
for(var eigenschaft in proxy) {}	handler.iterate()
Object.keys(proxy)	handler.keys()

Tabelle 4.2 Zusammenhang zwischen Proxy-Operationen und Handler-Methoden

Ein Handler, der aufgerufen wird, wenn eine Eigenschaft des Objekts gesetzt oder ausgelesen wird und jeweils eine entsprechende Meldung auf die Konsole schreibt, sähe beispielsweise folgendermaßen aus:

```
let handler = {
  set: function(zielObjekt, eigenschaft, wert) {
    console.log('setze ' + wert + ' für Eigenschaft ' + eigenschaft);
    zielObjekt[eigenschaft] = wert;
  },
  get: function(zielObjekt, eigenschaft) {
    console.log('liefere ' + zielObjekt[eigenschaft] +
    ' von Eigenschaft ' + eigenschaft);
    return zielObjekt[eigenschaft];
  }
}
```

Listing 4.71 Beispiel für einen Proxy-Handler

Beachten Sie hierbei: Mit zielObjekt[eigenschaft] = wert in obigem Code sorgen Sie dafür, dass die Eigenschaft an dem Zielobjekt auch wirklich gesetzt wird. Würden Sie diese Zeile weglassen, würde die Eigenschaft am Zielobjekt nicht gesetzt (denn der

Aufruf am Proxy wird nicht automatisch an das Zielobjekt weitergeleitet). Analog gilt das Ganze für die Zeile `return zielObjekt[eigenschaft]`. Ohne diese Zeile würde der Proxy nicht den Wert der entsprechenden Eigenschaft des Zielobjekts zurückgeben.

4.8.2   Emulieren von Proxies in ES5

In ES5 können Sie einen analogen Proxy, wie in Listing 4.72 dargestellt, emulieren. Sie sehen: Diese Lösung ist nicht unbedingt elegant. Vom Prinzip her geht man wie bei der Erstellung des Proxys so vor, dass das Zielobjekt als Prototyp für den Proxy dient und anschließend für jede Eigenschaft des Zielobjekts (ausgehend von den jeweiligen Property-Deskriptoren) ein Setter und ein Getter am Proxy definiert werden.

Der Code ist aber nicht nur unübersichtlicher, sondern hat auch einen weiteren Nachteil, wie die letzten beiden Zeilen im Listing deutlich machen: Neue Eigenschaften, die dem Zielobjekt dynamisch hinzugefügt werden, werden vom Proxy nicht registriert. Auch Änderungen der Attribute einer Eigenschaft des Zielobjekts (beispielsweise `writeable`, `enumerable` etc.) werden nicht an den Proxy weitergeleitet.

```
var zielObjekt = {"name" : "Max"};
var proxy = Object.create(Object.getPrototypeOf(zielObjekt), {});
Object.getOwnPropertyNames(zielObjekt).forEach(function(eigenschaft) {
  var pd = Object.getOwnPropertyDescriptor(zielObjekt, eigenschaft);
  Object.defineProperty(proxy, eigenschaft, {
    set: function(wert) {
      console.log('setze ' + wert + ' für Eigenschaft ' + eigenschaft);
      zielObjekt[eigenschaft] = wert;
    },
    get: function() {
      console.log('liefere ' +
      zielObjekt[eigenschaft] + ' von Eigenschaft ' + eigenschaft);
      return zielObjekt[eigenschaft];
    }
  });
  // Kopieren der Property-Decriptor-Attribute
  return proxy;
});
console.log(proxy.name);      // 'Max'
zielObjekt.nachname = 'Mustermann';
console.log(proxy.nachname); // undefined
```

Listing 4.72 Emulation eines loggenden Proxys in ES5

4.8.3 Anwendungsbeispiel: Proxy als Profiler

Unter einem *Profiler* versteht man in der Softwareentwicklung ein Tool, das das Laufzeitverhalten einer Software analysiert, indem es gewisse Daten (z. B. bezüglich Speichernutzung, Geschwindigkeit, Ausführungsdauer etc.) sammelt. Ziel ist es, problematische Programmabläufe und Programmstellen ausfindig zu machen, um diese anschließend beheben zu können.

Folgender Quelltext zeigt einen (zugegeben recht simplen) Proxy, der die Anzahl der lesenden Zugriffe auf ein Objekt abfängt und diese in einer lokalen Zählervariablen speichert.

```
let profiler = {
  anzahlZugriffe: 0,
  get: function(proxy, name) {
    this.anzahlZugriffe++;
    return proxy[name];
  },
  getAnzahlZugriffe: function() {
    return this.anzahlZugriffe;
  }
}

let person = Proxy({}, profiler);
person.name = 'Max';
for(let i=0; i<9; i++) {
  console.log(person.name);
}
console.log(profiler.getAnzahlZugriffe());
```

Listing 4.73 Proxy als Profiler

4.8.4 Anwendungsbeispiel: Proxy zur Validierung

Getreu dem Motto »Defensiv programmieren« macht es durchaus öfter Sinn, die Parameter eines Funktionsaufrufs auf Gültigkeit hin zu überprüfen, sprich zu validieren, beispielsweise um sicherzustellen, dass ein übergebener Wert innerhalb eines geforderten Wertebereichs liegt oder von einem bestimmten Typ ist. Besonders in JavaScript ist dies aufgrund der dynamischen Eigenschaften der Sprache empfehlenswert, da wegen fehlender Typisierung in den meisten Fällen nicht sichergestellt ist, dass ein bestimmter »Typ« übergeben wird.

Listing 4.74 zeigt einen einfachen *Validator*, der für die Eigenschaft alter überprüft, ob der an den Setter übergebene Wert eine Zahl ist. Ist dem nicht so, wirft der Validator einen TypeError, und der Wert der Eigenschaft wird nicht gesetzt.

```
let personValidator = {
  set: function(objekt, eigenschaft, wert) {
    if (eigenschaft === 'alter') {
      if (!Number.isInteger(eigenschaft)) {
        throw new TypeError('Das Alter muss eine Zahl sein.');
      }
    }
    objekt[eigenschaft] = wert;
  }
};
let person = Proxy({}, personValidator);
person.alter = 100;
console.log(person.alter); // 100
person.alter = 'Mitte 20'; // TypeError: Das Alter muss eine Zahl sein.
```

Listing 4.74 Proxy zur Validierung

Sicherlich kann man diese Logik auch direkt in dem Zielobjekt (dem »Business-Objekt«) implementieren, allerdings lässt sich obiger Proxy auch für mehrere (verschiedenartige) Objekte wiederverwenden, die über eine Eigenschaft alter verfügen (und dort nur Zahlen erlauben).

Die Anwendungszwecke für Proxies sind vielfältig, insbesondere für die klassischen *Cross-Cutting-Concerns* wie Logging, Tracing, Profiling, Caching, Security und Validierung, um nur einige zu nennen, bieten sich Proxies an.

4.9   Collections

Im Gegensatz zu anderen Programmiersprachen, die teilweise viele verschiedene Datenstrukturen für die Verwaltung von Objekten anbieten, gibt es in JavaScript seit langer Zeit nur Arrays. In Java dagegen stehen verschiedene, komplexere Datenstrukturen zur Verfügung, beispielsweise *Listen*, um den Zugriff auf die Objekte zu vereinfachen, *Mengen* bzw. *Sets*, in denen Objekte nur einmal vorkommen dürfen, oder *Maps*, bei denen es möglich ist, Schlüssel-Wert-Paare zu speichern. Mit ES6 rüstet JavaScript nach: Zumindest Sets und Maps stehen jetzt zur Auswahl, jeweils zusätzlich in einer »Weak«-Variante, bei der besondere Regelungen bezüglich der Garbage Collection gelten, wie ich Ihnen gleich noch zeigen werde.

4.9.1   Maps

Bisher mussten JavaScript-Entwickler auf echte native Map-Funktionalität verzichten, und so hat man sich, um Maps zu emulieren, in der Vergangenheit oft die Tatsache zunutze gemacht, dass Objekte in JavaScript ja selbst schon nichts anderes sind als Ansammlungen von Eigenschaften (Schlüsseln) und Werten. Prinzipiell lassen sich also auch Objekte wie eine Art Map verwenden:

```
var map = {};
map['Schlüssel 1'] = 'Wert 1';
map['Schlüssel 2'] = 'Wert 2';
var wert1 = map['Schlüssel 1'];
var wert2 = map['Schlüssel 2'];
console.log(wert1); // Wert 1
console.log(wert2); // Wert 2
```

Listing 4.75 In ES5 hielten Objekte als Pseudo-Map her, bei denen Schlüssel lediglich Strings sein können.

Als Werte können hier beliebige andere Objekte verwendet werden, als Schlüssel allerdings nur Strings. Zudem gibt es keine Map-spezifischen Methoden, wie man sie aus anderen Sprachen kennt. Um sich beispielsweise die vorhandenen Schlüssel einer solchen Pseudo-Map ausgeben zu lassen, müsste man wie in Listing 4.76 über die Eigenschaften iterieren.

```
for(var schluessel in map) {
  if(map.hasOwnProperty(schluessel)) {
    console.log(schluessel);
  }
};
```

Listing 4.76 Iteration über die Schlüssel einer Pesudo-Map

Hier verhält sich der neue Typ Map in zweierlei Hinsicht, wie man es von einer richtigen Map erwartet: Zum einen dürfen nicht nur Strings, sondern beliebige Objekte als Schlüssel verwendet werden, zum anderen gibt es verschiedene Methoden, wie Sie in Tabelle 4.3 sehen:

```
var anzahlAlben = new Map();
anzahlAlben.set('Kyuss', 4);
anzahlAlben.set('Tool', 6);
anzahlAlben.set('Monster Magnet', 8);
anzahlAlben.set('Ben Harper', 9);
console.log(anzahlAlben.get('Kyuss'));
```

Listing 4.77 In ES6 gibt es nun echte native Maps.

Methode/Eigenschaft	Beschreibung
clear()	Löscht alle Schlüssel-Wert-Paare aus der Map.
delete()	Löscht zu einem übergebenen Schlüssel den Wert aus der Map. Bei erfolgreichem Löschen gibt die Methode true zurück, andernfalls false.
get()	Liefert zu einem Schlüssel den assoziierten Wert. Gibt es den Schlüssel in der Map nicht, gibt die Methode ein undefined zurück.
has()	Prüft, ob es zu einem Schlüssel einen Wert in der Map gibt. Wenn ja, gibt die Methode ein true zurück, ansonsten ein false.
set()	Setzt zu einem Schlüssel den entsprechenden Wert. Ist der Schlüssel bereits in der Map vorhanden, wird der damit assoziierte Wert überschrieben.
size	Diese Eigenschaft repräsentiert die Anzahl an Schlüsseln in der Map.
entries()	Liefert einen Iterator zurück, mit dessen Hilfe man über die Schlüssel-Wert-Paare der Map iterieren kann.
keys()	Analog zu entries() gibt diese Methode einen Iterator für die Schlüssel der Map zurück.
values()	Analog zu entries() gibt diese Methode einen Iterator für die Werte der Map zurück.

Tabelle 4.3 Übersicht der wichtigsten Methoden und Eigenschaften von Maps

4.9.2 Weak-Maps

Weak-Maps sind vom Prinzip her ähnlich wie normale Maps, unterscheiden sich allerdings in zwei Punkten grundsätzlich: Zum einen sind als Schlüssel nur Objekte erlaubt und keine primitiven Datentypen, wie sie bei normalen Maps auch erlaubt wären. Zum anderen können Objekte, die als Schlüssel verwendet werden, im Rahmen der Garbage Collection gelöscht werden. Bei normalen Maps ist dagegen sichergestellt, dass dies nicht geschieht.

Der zweite Punkt hat direkte Auswirkungen auf die API von Weak-Maps: Die Methoden keys(), values() und entries() stehen hier nicht zur Verfügung. Der Grund: All diese Methoden würden Iteratoren zurückgeben, für die nicht garantiert wäre, dass der interne Zustand nach einer Garbage Collection noch stimmt. Aus ähnlichem

Grund steht in Weak-Maps ebenfalls nicht die Eigenschaft size zur Verfügung. Die restliche API unterscheidet sich aber nicht von den normalen Maps.

Einen interessanten Anwendungsfall für Weak-Maps finden Sie in einem Blogartikel von Nicholas C. Zakas unter *http://www.nczonline.net/blog/2014/01/21/private-instance-members-with-weakmaps-in-javascript/*. Dort ist beschrieben, wie sich Weak-Maps dazu einsetzen lassen, private Objekteigenschaften zu realisieren.

4.9.3   Sets

Sets repräsentieren Listen, in denen Objekte nur einmal vorkommen dürfen. Sie werden in ES6 über das neue Objekt Set dargestellt. Ob zwei Werte gleich sind, wird nach den gleichen Regeln wie beim ====-Operator überprüft, sprich nach strikter Gleichheit, bei der sowohl Wert als auch Typ einer Variablen berücksichtigt werden. Einzelne Werte können über die Methode add() hinzugefügt werden.

```
var interpreten = new Set();
interpreten.add('Kyuss');
interpreten.add('Kyuss');
interpreten.add('Tool');
interpreten.add('Monster Magnet');
interpreten.add('Ben Harper');
console.log(interpreten.size);            // 4
console.log(interpreten.has('Kyuss'));        // true
console.log(interpreten.has('Justin Bieber')); // false
```

Listing 4.78 In Sets darf jedes Objekt nur einmal vorkommen.

Um über die Elemente in einem Set zu iterieren, verwenden Sie am einfachsten die for-of-**Schleife**:

```
for (let interpret of interpreten) {
    console.log(interpret);
}
```

Listing 4.79 Iteration über ein Set mit for-of-Schleife

Über die Methode delete() können Sie einzelne Elemente löschen, über die Methode clear() alle Elemente des Sets:

```
interpreten.add('Coldplay');   // Bitte nicht
console.log(interpreten.size); // 5
interpreten.delete('Coldplay');
console.log(interpreten.size); // 4
```

```
interpreten.clear();
console.log(interpreten.size); // 0
```

Listing 4.80 Löschen von Objekten

Tabelle 4.4 zeigt eine Übersicht der wichtigsten Methode von Set:

Methode/Eigenschaft	Beschreibung
add()	Fügt ein Element dem Set hinzu.
clear()	Löscht alle Elemente aus dem Set.
delete()	Löscht das übergebene Element aus dem Set.
has()	Überprüft, ob das übergebene Element im Set enthalten ist.
size	Diese Eigenschaft repräsentiert die Anzahl an Elementen im Set.

Tabelle 4.4 Übersicht der wichtigsten Methoden von Sets

4.9.4   Weak-Sets

Analog zu den Weak-Maps für Maps gibt es für Sets die Weak-Sets-Alternative. Hierbei werden regelmäßig die Elemente aus dem Set, die nicht mehr anderweitig referenziert werden, im Rahmen der Garbage Collection gelöscht.

4.10   Module

Gerade bei der Entwicklung von komplexen JavaScript-Anwendungen ist es wichtig, den Quelltext in Modulen zu strukturieren. Das erhöht die Wiederverwendbarkeit und die Arbeit mit dem Quelltext. Bis ES5 einschließlich gibt es allerdings keinen nativen Support für Module. In Abschnitt 3.8 haben Sie bereits gesehen, wie man Module emulieren kann, und außerdem zwei De-facto-Standards kennengelernt, die sich aus der Not entwickelt haben: das auf asynchrones Laden spezialisierte AMD (*Asynchronous Module Definition*), das hauptsächlich im Browser Anwendung findet, und die auf synchrones Laden spezialisierte *CommonJS Module Specification*, die vor allem für die Verwendung auf der Serverseite konzipiert wurde.

ES6 bringt nun endlich nativen Support für Module, wobei das Ziel bei der Konzeption des neuen Standards hauptsächlich war, sowohl das AMD-Lager als auch das CommonJS-Lager zufriedenzustellen, die Vorteile beider zu vereinen und sowohl auf Clientseite als auch auf Serverseite einsetzbar zu sein. Die Syntax orientiert sich dabei an der Modulschreibweise von CommonJS, die doch um einiges intuitiver ist als die Schreibweise unter AMD. Zudem ist es in ES6 möglich, Module sowohl synchron (wie bei CommonJS) als auch asynchron (wie bei AMD) zu laden.

Der ES6-Modul-Standard besteht dabei aus zwei Teilen: einer deklarativen Syntax für die Definition (bzw. den Export) sowie den Import von Modulen und einer API, mit der es beispielsweise möglich ist, Module dynamisch zu laden.

4.10.1   Module exportieren

Das Prinzip von ES6-Modulen ist ähnlich wie auch bei AMD und CommonJS: Ein Modul ist nichts anderes als eine gewöhnliche Skriptdatei, in der Objekte und Funktionen, die das Modul nach außen hin bereitstellen soll, »exportiert« werden. Dieser Export von Komponenten kann auf verschiedene Arten geschehen: Entweder gibt man die zu exportierenden Komponenten explizit an (dann spricht man von einem benannten Export), oder man gibt eine einzelne Default-Komponente an, die quasi den Hauptteil des Moduls repräsentiert.

Benannter Export

Bei einem benannten Export wird den zu exportierenden Komponenten das Schlüsselwort export vorangestellt:

```
// Datei: logger.js
export function info(meldung) {
  console.log(meldung);
}
export function debug(meldung) {
  console.debug(meldung);
}
export function warn(meldung) {
  console.warn(meldung);
}
export function error(meldung) {
  console.warn(meldung);
}
```

Listing 4.81 Inline-Export von Modulen

Die in Listing 4.81 abgebildete Datei *logger.js* stellt bereits ein komplettes Modul dar. Wie Sie dieses Modul importieren können, zeige ich Ihnen in Abschnitt 4.10.2. Vorher stelle ich Ihnen noch die Schreibweise zur Angabe eines Default-Exports vor.

Angabe einer Default-Exportkomponente

Bei der Entwicklung von komplexen JavaScript-Anwendungen ist es häufig so, dass die einzelnen Klassen (bzw. Prototypen) nicht in einer einzigen Datei entwickelt werden, sondern dass es im Zweifelsfall für jede Klasse eine eigene Quelltextdatei gibt. In diesem Fall bietet es sich an, diese einzelne Klasse nach außen hin als Hauptkomponente des Moduls zu exportieren (zu Details bezüglich der neuen Klassensyntax siehe auch Abschnitt 4.11, »Klassen«).

```
// Datei: Album.js
export default class {
  constructor(interpret, titel, jahr) {
    this.interpret = interpret;
    this.titel = titel;
    this.jahr = jahr;
  }
}
```

Listing 4.82 Default-Exportkomponente

Der Vorteil von Default-Exporten ist, dass Sie in der Folge, wenn Sie das Modul von woanders importieren, nicht wissen müssen, wie die exportierte Komponente innerhalb des Moduls heißt.

4.10.2   Module importieren

Für den Import stehen Ihnen verschiedene Möglichkeiten zur Verfügung.

Importieren einzelner Komponenten des Moduls

Angenommen, das im vorigen Abschnitt definierte Modul ist in der Datei *logger.js* gespeichert. Einzelne Komponenten des Moduls können dann direkt wie folgt unter Angabe des jeweiligen Komponentennamens importiert werden:

```
import {info, debug, warn, error} from 'logger'
```

Dabei werden die Komponenten an lokale Variablen im aktuellen Modul gebunden.

```
info(4711); // Aufruf der Funktion info des Moduls 'logger'
```

Dies ist vergleichbar mit dem statischen Import von Methoden in Java. Nachteil ist hierbei, dass dies schnell zu Namenskonflikten führen kann. Nämlich genau dann, wenn gleichnamige Komponenten aus verschiedenen Modulen importiert werden.

Abhilfe schaffen hier zwei andere Importoptionen: Zum einen können einzelne Komponenten eines Moduls unter einem anderen Namen (Alias) importiert werden, zum anderen kann das gesamte Modul unter einem anderen Namen importiert werden.

Importieren einzelner Komponenten eines Moduls unter anderem Namen

```
import {info as i, debug as d, warn as w, error as e} from 'logger'
```

Folglich können Sie die importierten Komponenten unter neuem Namen ansprechen.

```
e(4711); // Aufruf der Funktion error des Moduls 'logger'
```

Importieren des gesamten Moduls unter anderem Namen

```
import 'logger' as l;
```

Anschließend steht Ihnen das Modul als Objekt (in diesem Fall das Objekt l) mit allen exportierten Komponenten zur Verfügung.

```
l.debug(4711); // Aufruf der Funktion debug des Moduls 'logger'
```

Importieren einer Default-Modulkomponente

```
import Album from 'Album';
let album = new Album('Monster Magnet', 'Dopes to Infinity', 1994);
```

4.11 Klassen

Aus dem vorigen Kapitel wissen Sie bereits, dass in JavaScript Objektorientierung auf Basis von Prototypen realisiert ist, Klassen hingegen emuliert werden müssen. Mit ES6 ändert sich das zumindest oberflächlich, das heißt, es wird eine Syntax eingeführt, die klassenbasierten Sprachen wie Java entspricht. Unter der Haube allerdings werkeln weiter Prototypen.

4.11.1 Definition von Klassen

Klassen können in ES6 über das neue Schlüsselwort `class` definiert werden. Methoden werden als Methodendefinitionen (siehe auch Abschnitt 4.3, »Striktere Trennung zwischen Funktionen und Methoden«) angegeben. Die Methode `constructor()` nimmt einen besonderen Stellenwert ein: Sie bezeichnet den Konstruktor einer

Klasse und wird immer dann aufgerufen, wenn eine Instanz der Klasse erstellt wird. Dies geschieht übrigens auf die gleiche Art und Weise wie schon mit Konstruktorfunktionen (siehe Kapitel 3, »Objektorientierte Programmierung mit JavaScript«). Statische Methoden definieren Sie, indem Sie den entsprechenden Methoden das Schlüsselwort static voranstellen.

Listing 4.83 zeigt ein Beispiel einer ES6-Klasse.

```
class Person {
  constructor(vorname, nachname) {
    this.vorname = vorname;
    this.nachname = nachname;
  }
  // Objektmethode
  toString() {
    return this.vorname + ' ' + this.nachname;
  }
  // Statische Methode
  static beispiel() {
    return 4711;
  }
}
var max = new Person('Max', 'Mustermann');
```

Listing 4.83 Definition einer Klasse und Erzeugen einer Objektinstanz in ES6

4.11.2 Vererbung

Auch bezüglich der Vererbung passt sich JavaScript syntaktisch an andere Sprachen an: Von einer anderen Klasse ableiten lässt sich über das Schlüsselwort extends, über den Bezeichner super lässt sich die Superklasse ansprechen, ein Aufruf des Superkonstruktors erreicht man über super(). Der umständliche Aufruf über call() wie bei der pseudoklassischen Vererbung entfällt.

```
class Mitarbeiter extends Person {
  constructor(vorname, nachname, mitarbeiterID) {
    super(vorname, nachname);
    this.mitarbeiterID = mitarbeiterID;
  }
}
```

Listing 4.84 Vererbung in ES6

In Listing 4.84 beispielsweise leitet die Klasse Mitarbeiter von der Klasse Person aus Listing 4.83 ab. Mitarbeiter erhält einen Konstruktor, dem zusätzlich zu Vorname und Nachname auch die ID des Mitarbeiters übergeben werden kann. Über super(vorname, nachname) wird zudem der Konstruktor der Superklasse Person aufgerufen.

Das Überschreiben von Methoden funktioniert wie gewohnt: Man definiert einfach eine Methode gleichen Namens wie die zu überschreibende Methode. Letztere kann übrigens mithilfe von super aufgerufen werden können (siehe Listing 4.85). Auch hier entfällt im Gegensatz zur pseudoklassischen Vererbung der Umweg über call().

```
class Mitarbeiter extends Person {
  ...
  toString() {
    return super.toString() + ' ' + this.mitarbeiterID;
  }
}
var max = new Person('Max', 'Mustermann');
var moritz = new Mitarbeiter('Moritz', 'Mustermann', 2345);
console.log(max.toString());    // Max Mustermann
console.log(moritz.toString()); // Moritz Mustermann 2345
```

Listing 4.85 Überschreiben und Aufruf von Methoden der Superklasse

---

Hinweis

Ein Punkt, bei dem deutlich wird, dass JavaScript trotz der immer ähnlicher werdenden Syntax doch anders ist als andere bereits genannte Sprachen ist folgender: Statt von einer Superklasse kann eine Klasse auch von einem Objekt ableiten. Dies ist in Java beispielsweise nicht möglich.

```
class MitarbeiterDesMonats extends moritz {
  ...
}
```

Listing 4.86 Klassen können von Objekten ableiten.

Dies verdeutlicht: In Wahrheit verbirgt sich hinter der ES6-Vererbung nichts anderes als prototypische Vererbung. ES6-Klassen stellen lediglich eine Form von syntaktischer Vereinfachung gegenüber der prototypischen Objektorientierung dar.

Statt einer konkreten Superklasse kann zudem auch durch einen Funktionsaufruf die Superklasse dynamisch ermittelt werden.

```
function generiereSuperklasse() {
  return Person;
}
class Mitarbeiter extends generiereSuperklasse() {
```

```
  constructor(interpret, titel, jahr) {
    super(interpret, titel, jahr);
  }
}
```

Listing 4.87 Superklassen können auch dynamisch generiert werden.

4.12   Neue Methoden der Standardobjekte

In diesem Abschnitt stelle ich Ihnen die neuen Methoden vor, die ES6 für die Standardobjekte Object, String, Array, RegExp, Number und Math einführt.

4.12.1   Neue Methoden in »Object«

Eine häufig genutzte Technik, um Eigenschaften eines Objekts in einem anderen Objekt wiederverwenden zu können, haben Sie bereits in Abschnitt 3.3.3 kennengelernt: Die Rede ist von *Mixins* bzw. der kopierenden Vererbung. Zur Erinnerung: Dabei werden die Eigenschaften eines (Quell-)Objekts einfach in ein anderes (Ziel-)Objekt hineinkopiert. Erinnern Sie sich die Methode extend() aus Kapitel 3:

```
function extend(ziel, quelle) {
  ziel = ziel || {};
  for(var eigenschaft in quelle) {
    if(quelle.hasOwnProperty(eigenschaft)) {
      ziel[eigenschaft] = quelle[eigenschaft];
    }
  }
  return ziel;
}
```

Listing 4.88 Helfermethode, über die Eigenschaften eines Objekts in ein anderes Objekt hineinkopiert werden können

In ES6 wird diesem Entwurfsmuster nun Tribut gezollt: Die neue Methode Object.assign() macht genau das Gleiche: Sie kopiert Eigenschaften von einem Objekt in ein anderes. Wobei nur die Eigenschaften des Quellobjekts kopiert werden, die sowohl direkt für das Objekt definiert sind als auch im entsprechenden Property-Deskriptor als »enumerable« markiert sind. Folglich macht Object.assign() durchaus einiges mehr als die oben gezeigte extend()-Funktion; bei Interesse finden Sie ein (42 Zeilen langes) Polyfill für die Methode unter *https://developer.mozilla.org/en-US/docs/Web/JavaScript/Reference/Global_Objects/Object/assign#Polyfill*.

Verwendet wird `Object.assign()` wie folgt:

```
var person = { name: 'Max', nachname: 'Mustermann' };
var mitarbeiter = { id: 4711 }
var maxDerMitarbeiter = Object.assign(person, mitarbeiter);
console.log(maxDerMitarbeiter);
```

Listing 4.89 Anwendung der neuen Methode »Object.assign()«

Eine weitere neue Methode in `Object` ist die Methode `is()`. Sie ermittelt für zwei übergebene Werte, ob diese gleich sind. Dabei verhält sie sich prinzipiell wie der `===`-Operator (strikte Gleichheit), allerdings mit dem Unterschied, dass ein Vergleich von NaN und NaN `true` ergibt und ein Vergleich von -0 und +0 ein `false`. Beides ist bei Verwendung des `===`-Operators nicht der Fall.

Zudem ist es über `Object.setPrototypeOf()` nun möglich, den Prototyp eines Objekts zu definieren. Damit entfällt nun das Anti-Pattern, Prototypen über die Eigenschaft `__proto__` zu setzen.

Zusammenfassend gibt es für `Object` demnach die in Tabelle 4.5 aufgeführten neuen Methoden.

Methode	Beschreibung
`Object.assign(zielObjekt, ...quellObjekte)`	Kopiert Eigenschaften eines Objekts (oder mehrerer Objekte) in ein anderes Objekt.
`Object.is(wert1, wert2)`	Ermittelt für zwei übergebene Werte, ob diese gleich sind.
`Object.getOwnPropertySymbols(objekt)`	Gibt die direkten Symbole (siehe Abschnitt 4.13.2) eines Objekts zurück.
`Object.setPrototypeOf(objekt, prototyp)`	Ermöglicht die Angabe des Prototyps für ein Objekt.

Tabelle 4.5 Übersicht der neuen Methoden von »Object«

4.12.2   Neue Methoden in »String«

Man mag es kaum glauben, aber bisher gab es in JavaScript für Strings keine Methode `startsWith()`, um zu testen, ob eine Zeichenkette mit einer anderen Zeichenkette beginnt. Bisher musste man diese Funktionalität selbst implementieren, z. B. wie folgt:

```
if (typeof String.prototype.startsWith !== 'function') {
   String.prototype.startsWith = function (str){
      return this.indexOf(str) === 0;
   };
}
```

Listing 4.90 Polyfill in ES5 für die Methode »startsWith()«

Oder auch:

```
if (typeof String.prototype.startsWith !== 'function') {
   String.prototype.startsWith = function (str){
      return this.substring(0, str.length) === str;
   };
}
```

Listing 4.91 Polyfill-Alternative in ES5 für die Methode »startsWith()«

Das ist mit ES6 nicht mehr notwendig, die Methode startsWith() ist nun fester Bestandteil des Standards. Von den Eigenimplementierungen oben unterscheidet sich diese neue Methode insofern, dass man ihr optional einen zusätzlichen zweiten Parameter übergeben kann. Dieser gibt an, ab welcher Position im ursprünglichen String der Vergleich gestartet werden soll.

```
var name = 'Mustermann';
console.log(name.startsWith('Muster'));    // true
console.log(name.startsWith('Muster', 6)); // false
console.log(name.startsWith('mann', 6));    // true
```

Listing 4.92 Anwendung der neuen String-Methode »startsWith()«

Die ebenfalls neue String-Methode endsWith() verhält sich ähnlich wie startsWith(), mit dem Unterschied – Sie vermuten es sicher –, dass hierbei überprüft wird, ob die jeweilige Zeichenkette mit einer anderen Zeichenkette endet. Auch hier hat man die Möglichkeit, über einen zweiten Parameter die Position zu beeinflussen, ab welcher der Vergleich durchgeführt werden soll. Die Positionsangabe bezieht sich dabei auf den ursprünglichen String.

```
var name = 'Mustermann';
console.log(name.endsWith('mann'));      // true
console.log(name.endsWith('mann', 6));   // false
console.log(name.endsWith('Muster', 6)); // true
```

Listing 4.93 Anwendung der neuen String-Methode »endsWith()«

Ebenfalls neu ist die Methode contains(), die überprüft, ob eine Zeichenkette generell innerhalb einer anderen Zeichenkette vorkommt. Auch hier kann über den zweiten Parameter gesteuert werden, ab welchem Index in der Zeichenkette gesucht
werden soll.

```
var name = 'Mustermann';
console.log(name.contains('erma'));     // true
console.log(name.contains('Muster', 6)); // false
```

Listing 4.94 Anwendung der neuen String-Methode »contains()«

Daneben gibt es weitere neue Methoden, die das Arbeiten mit Zeichenketten vereinfachen: repeat() beispielsweise ermöglicht es, einen String mehrmals hintereinander zu wiederholen:

```
var vorname = 'Max';
var meldung = vorname.repeat(8);
console.log(meldung); // MaxMaxMaxMaxMaxMaxMaxMax
```

Listing 4.95 Anwendung der neuen String-Methode »repeat()«

Eine Übersicht dieser und weiterer neuer Methoden für String zeigt Tabelle 4.6.

Methode	Beschreibung
String.fromCodePoint(...codePoints)	In Zeichensätzen wie ASCII oder Uni-code erfolgt die Zuordnung einzelner Zeichen auf Basis von Code Points. Die Methode formCodePoint() ermittelt für eine Reihe von Code Points die ent-sprechende Zeichenkette.
String.prototype.codePointAt(position)	Ermittelt den Code Point eines Zei-chens innerhalb einer Zeichenkette.
String.prototype.repeat(anzahl)	Wiederholt eine Zeichenkette mehr-mals.
String.prototype.startsWith(string, position)	Überprüft, ob eine Zeichenkette mit der übergebenen Zeichenkette beginnt.
String.prototype.endsWith(string, position)	Überprüft, ob eine Zeichenkette mit der übergebenen Zeichenkette endet.

Tabelle 4.6 Übersicht der neuen Methoden von »String«

Methode	Beschreibung
String.prototype.contains(string, position)	Überprüft, ob eine Zeichenkette die übergebene Zeichenkette enthält.
String.prototype.normalize([form])	Gibt die nach Unicode normalisierte Form der Zeichenkette zurück.
String.raw(callSite, ...ersetzungen)	Für das Arbeiten mit Template-Strings, siehe Abschnitt 4.13.1.

Tabelle 4.6 Übersicht der neuen Methoden von »String« (Forts.)

4.12.3 Neue Methoden in »Array«

Auch für das Arbeiten mit Arrays bietet ES6 einige neue Methoden. Über Array.from() ist es so beispielsweise möglich, ein neues Array auf Basis eines Array-ähnlichen oder eines iterierbaren Objekts zu erstellen. In Kapitel 2, »Funktionen und funktionale Aspekte« (siehe Abschnitt 2.2.2, »Funktionen aufrufen über die Methode ›call()‹« und Abschnitt 2.5.4, »Partielle Auswertung«), konnten Sie bereits sehen, dass für das Umwandeln Array-ähnlicher Objekte in richtige Arrays der eher umständliche Aufruf Array.prototype.slice.call(objekt); notwendig war. Dies ist jetzt einfacher: Array.from(objekt) erreicht mehr oder weniger das Gleiche, liest sich aber viel angenehmer.

Optional kann dieser Methode als zweiter Parameter eine Funktion übergeben werden, die für jedes der Elemente aufgerufen wird. Der Rückgabewert dieser Funktion bestimmt dann den Wert, der ausgehend von dem jeweiligen Element in das Array übernommen werden soll. Das Prinzip ist diesbezüglich also ähnlich wie das der in Kapitel 2 besprochenen map()-Methode. Ebenfalls optional: Ein dritter Parameter, über den der Ausführungskontext der übergebenen Funktion angegeben werden kann.

```
function quadrat() {
   return Array.from(arguments, function(element) {
      return element * element;
   });
}
var quadrate = quadrat(1, 2, 3, 4, 5, 6, 7, 8);
console.log(quadrate); // [1, 4, 9, 16, 25, 36, 49, 64]
```

Listing 4.96 Anwendung der neuen Array-Methode »from()«

Die neuen Methoden Array.prototype.find() und Array.prototype.findIndex() erleichtern das Suchen von Elementen in einem Array. Übergeben wird diesen

Methoden jeweils eine Callback-Funktion (und optional der Ausführungskontext eben dieser Funktion), über welche man sozusagen das Suchkriterium definieren kann. Die Callback-Funktion wird für die einzelnen Elemente im Array so lange aufgerufen, bis entweder ein Element gefunden wurde, für das die Funktion true liefert, oder das Ende des Arrays erreicht wurde. Übrigens: Im Unterschied zu der Array-Methode filter() (siehe Abschnitt 2.4.3) liefert find() maximal ein Element zurück.

```
var zahlen = [1, 2, 3, 4, 5, 6, 7, 8];
var geradeZahlen = zahlen.filter(function(element) {
  return element % 2 === 0;
});
console.log(geradeZahlen); // [2, 4, 6, 8]
var ersteGeradeZahl = zahlen.find(function(element) {
  return element % 2 === 0;
});
console.log(ersteGeradeZahl); // 2
```

Listing 4.97 Anwendung der neuen Array-Methode »find()«

Die neuen Methoden Array.prototype.keys(), Array.prototype.values() und Array.prototype.entries() liefern für ein Array jeweils einen Iterator, der die Schlüssel (keys()), die Werte (values()) des entsprechenden Arrays oder beides gekapselt (entries()) enthält.

```
var zahlen = [1, 2, 3, 4, 5, 6, 7, 8];
var iterator = zahlen.keys();
var index = iterator.next();
// Ausgabe hintereinander: 0, 1, 2, 3, 4, 5, 6, 7
while(!index.done) {
   console.log(index.value);
   index = iterator.next();
}
var iterator = zahlen.values();
var wert = iterator.next();
// Ausgabe hintereinander: 1, 2, 3, 4, 5, 6, 7, 8
while(!wert.done) {
   console.log(wert.value);
   wert = iterator.next();
}
var iterator = zahlen.entries();
var entry = iterator.next();
// Ausgabe hintereinander: [0, 1], [1, 2], [2, 3], [3, 4], [4, 5], [5, 6],
[6, 7], [7, 8]
while(!entry.done) {
```

```
        console.log(entry.value);
        entry = iterator.next();
}
```

Listing 4.98 Anwendung der neuen Array-Methoden »keys()«, »values()« und »entries()«

Möchten Sie auf schnelle Art und Weise ein Array mit gleichen Werten befüllen, bietet sich die neue Methode Array.prototype.fill() an, über die ein Array relativ einfach mit Werten gefüllt werden kann. Der erste Parameter stellt dabei den einzufügenden Wert dar, über zwei optionale weitere Parameter kann gesteuert werden, von welchem Index bis zu welchem Index der Wert eingefügt werden soll.

```
// Anlegen eines Arrays der Länge 8
var zahlen = new Array(8);
// Füllen der ersten vier Positionen mit dem Wert 1
zahlen.fill(1, 0, 4);
// Füllen aller Positionen ab Index 4 mit dem Wert 2
zahlen.fill(2, 4);
console.log(zahlen); // [1, 1, 1, 1, 2, 2, 2, 2]
```

Listing 4.99 Anwendung der neuen Array-Methode »fill()«

Eine Übersicht über die neuen Array-Methoden gibt Tabelle 4.7.

Methode	Beschreibung
Array.from(arrayLike, mapFunktion, kontext)	Erstellt ein neues Array auf Basis eines Array-ähnlichen bzw. iterierbaren Objekts. Zweiter und dritter Parameter zur Angabe von Mapping-Funktion und Ausführungskontext sind optional.
Array.of(...elemente)	Erstellt ein neues Array auf Basis einer variablen Anzahl an Elementen.
Array.prototype.copyWithin(zielIndex, startIndex, endIndex)	Kopiert einen bestimmten Ausschnitt an Elementen innerhalb des Arrays. Die Methode erwartet mindestens zwei Parameter: einen für den Zielindex innerhalb des Arrays, an den die Elemente kopiert werden sollen, einen für den Startindex, von dem ausgehend die Elemente kopiert werden sollen, sowie optional einen dritten Parameter, über den der Endindex für die zu kopierenden Elemente angegeben werden kann.

Tabelle 4.7 Übersicht der neuen Methoden von »Array«

Methode	Beschreibung
`Array.prototype.find(` `callback, kontext)`	Sucht ein Element innerhalb eines Arrays, ausgehend von einer übergebenen Callback-Funktion, über die das Suchkriterium formuliert wird.
`Array.prototype.findIndex(` `callback, kontext)`	Wie `Array.prototype.find`, nur dass nicht das Element zurückgegeben wird, sondern der Index des Elements.
`Array.prototype.fill(wert,` `startIndex, endIndex)`	Füllt ein Array oder einen Teil eines Arrays mit einem Wert.
`Array.prototype.keys()`	Gibt einen Iterator für die in einem Array enthaltenen Schlüssel zurück.
`Array.prototype.values()`	Gibt einen Iterator für die in einem Array enthaltenen Werte zurück.
`Array.prototype.entries()`	Gibt einen Iterator für die in einem Array enthaltenen Einträge zurück.

Tabelle 4.7 Übersicht der neuen Methoden von »Array« (Forts.)

4.12.4   Neue Methoden in »RegExp«, »Number« und »Math«

Neben den vorgestellten Erweiterungen an `Object`, `String` und `Array` bringt ES6 einige neue Methoden in den Objekten `RegExp`, `Number` und `Math`. Die Beschreibung dieser Methoden ist für Sie an dieser Stelle wahrscheinlich vergleichsweise weniger spannend, weswegen ich mich hier kurz fassen und Ihnen in Tabelle 4.8 bis Tabelle 4.10 nur eine kurze Übersicht über diese Methoden geben möchte.

Methode	Beschreibung
`RegExp.prototype.match(` `string)`	Vom Prinzip her analog zu der bereits existierenden Methode `String.prototype.match()`. Liefert für eine Zeichenkette alle Zeichenketten, die unter Anwendung des Suchmusters gefunden wurden.
`RegExp.prototype.replace(` `string, neuerWert)`	Ersetzt in einer Zeichenkette (erster Parameter) alle auf das Suchmuster passenden Zeichenketten mit einer neuen Zeichenkette (zweiter Parameter).

Tabelle 4.8 Übersicht der neuen Methoden von »RegExp«

Methode	Beschreibung
`RegExp.prototype.search(` `    string)`	Liefert für ein Suchmuster die Position des ersten Treffers zurück.
`RegExp.prototype.split(` `    string, limit)`	Teilt eine Zeichenkette an den Stellen, an denen das Suchmuster gefunden wurde. Über den zweiten Parameter kann gesteuert werden, wie viele Zeichenketten das Ergebnis-Array enthalten soll.

Tabelle 4.8 Übersicht der neuen Methoden von »RegExp« (Forts.)

Methode	Beschreibung
`Number.isFinite(zahl)`	Prüft, ob der übergebene Wert endlich ist.
`Number.isInteger(zahl)`	Prüft, ob der übergebene Wert eine Ganzzahl ist.
`Number.isSaveInteger(zahl)`	Prüft, ob der übergebene Wert eine sichere Ganzzahl ist, Details siehe unter *https://developer.mozilla.org/en-US/docs/Web/JavaScript/Reference/Global_Objects/Number/isSafeInteger*.
`Number.isNaN(zahl)`	Prüft, ob der übergebene Wert NaN ist.

Tabelle 4.9 Übersicht der neuen Methoden von »Number«

Methode	Beschreibung
`Math.imul(x, y)`	Führt eine C-ähnliche 32-Bit-Multiplikation von zwei Zahlen durch.
`Math.sign(x)`	Liefert das Vorzeichen für eine Zahl. Mögliche Rückgabewerte sind 1 (positive Zahl), −1 (negative Zahl), 0 (positive Null), −0 (negative Null) und NaN.
`Math.log10(x)`	Berechnet den Zehner-Logarithmus einer Zahl.
`Math.log2(x)`	Berechnet den Zweier-Logarithmus einer Zahl.
`Math.log1p(x)`	Berechnet den natürlichen Logarithmus zur Basis E.
`Math.expm1(x)`	Liefert e^{x-1}, wobei E die Euler-Zahl ist.

Tabelle 4.10 Übersicht der neuen Methoden von »Math«

Methode	Beschreibung
`Math.cosh(x)`	Liefert den hyperbolischen Kosinus.
`Math.sinh(x)`	Liefert den hyperbolischen Sinus.
`Math.tanh(x)`	Liefert den hyperbolischen Tangens.
`Math.acosh(x)`	Liefert den hyperbolischen Arcus Kosinus.
`Math.asinh(x)`	Liefert den hyperbolischen Arcus Sinus.
`Math.atanh(x)`	Liefert den hyperbolischen Arcus Tangens.
`Math.hypot(wert1, wert2, ...werte)`	Liefert die Quadratwurzel der Summe der Quadrate der Parameter.
`Math.trunc(x)`	Liefert den Ganzzahlenanteil einer (Fließkomma-)Zahl, ohne dabei zu runden.
`Math.fround(x)`	Liefert die (nach einfacher Genauigkeit) gerundete nächste Zahl.
`Math.clz32(x)`	Gibt für eine Zahl die Anzahl führender Null-Bits als 32-Bit Repräsentation zurück.
`Math.cbrt(x)`	Liefert die kubische Wurzel einer Zahl.

Tabelle 4.10 Übersicht der neuen Methoden von »Math« (Forts.)

4.13   Sonstiges neue Features

Damit sind wir beinahe am Ende dieses Kapitels angekommen. Bleiben noch ein paar neue Features, die ebenfalls erwähnenswert sind: Template-Strings, Symbole und die schon mehrfach verwendete neue `for-of`-Schleife.

4.13.1   Template-Strings

Wer kennt das nicht: Bei der Arbeit mit Zeichenketten kommt es häufig vor, dass man an bestimmten Stellen innerhalb einer Zeichenkette berechnete bzw. in Variablen gespeicherte Werte einfügen möchte. Normalerweise endet so etwas dann in Quelltext wie dem folgenden, in dem per String-Konkatenation die variablen Werte an die Zeichenkette gehängt werden.

```
var name = 'Max Mustermann';
var meldung = 'Mein Name ist' + name;
console.log(meldung); // Mein Name ist Max Mustermann
```

Listing 4.100 Zusammenbauen eines Strings in ES5

Um das ein bisschen zu erleichtern, haben sich in JavaScript verschiedene Bibliotheken wie Mustache.js (*https://github.com/janl/mustache.js*), Handlebars.js (*http://handlebarsjs.com*) und Jade (*https://github.com/visionmedia/jade*) herausgebildet. Diese ermöglichen es, mit Platzhaltern zu arbeiten, die dann zur Laufzeit mit konkreten Werten ersetzt werden. Obiger Code könnte dann beispielsweise wie folgt umgeschrieben werden:

```
var meldung = 'Mein Name ist {{name}}';
```

Listing 4.101 Template-Bibliotheken erleichtern das Arbeiten mit Zeichenketten.

ES6 verspricht mit sogenannten Template-Strings eine native Alternative. Die Platzhalter können dabei über ${variable} definiert werden. Statt '- oder "-Zeichen werden Template-Strings in zwei `-Zeichen eingefasst.

```
var name = 'Max Mustermann';
var meldung = `Mein Name ist ${name}`;
console.log(meldung); // Mein Name ist Max Mustermann
```

Listing 4.102 Anwendung eines Template-Strings

Neben Variablennamen können innerhalb der geschweiften Klammern auch beliebige andere Ausdrücke verwendet werden.

```
var name = 'Max Mustermann';
function getName() {
  return name;
}
var meldung = `Mein Name ist ${getName()}, ich bin ${44 + 44} Jahre jung`;
console.log(meldung); // Mein Name ist Max Mustermann, ich bin 88 Jahre jung
```

Listing 4.103 Template-Strings können beliebige Ausdrücke enthalten.

Tagged Templates

Eine besondere Möglichkeit, Einfluss auf das Ergebnis der String-Auswertung zu nehmen, bieten sogenannte *Tagged Templates*. Dies sind zunächst einmal nichts anderes als normale Funktionen (deren genauen Aufbau wir uns in wenigen Augenblicken ansehen). Um ein solches Tagged Template zu nutzen, wird dessen Name (der Funktionsname) dem Template-String vorangestellt, wie in Listing 4.104 zu sehen:

```
var meldung = tagFunktion`Mein Name ist ${name}, ich bin ${44} Jahre jung`;
```

Listing 4.104 Beispiel für ein Tagged Template

Intern sorgt JavaScript dann dafür, dass die entsprechende Funktion (im Beispiel tag-Funktion) mit zwei Parametern aufgerufen wird: Der erste Parameter stellt die fest definierten, der zweite Parameter die variablen Teile des entsprechenden Template-Strings dar.

```
function tagFunktion(strings, ...werte) {
  ...
}
```

Listing 4.105 Implementierung einer Tag-Funktion

Innerhalb der Funktion hat man dann die Möglichkeit, den Ergebniswert zu beeinflussen. In Listing 4.106 sorgt die Tag-Funktion beispielsweise dafür, dass – abhängig vom übergebenen Alter – ein anderer String generiert wird. Der Parameter werte enthält dabei die dynamischen Werte des unterliegenden Strings, das heißt, »Max Mustermann« und »44« bzw. »88«. Der Parameter strings enthält die durch die dynamischen Werte geteilten Zeichenketten, also »Mein Name ist«, » , ich bin« und » Jahre jung«.

```
var name = 'Max Mustermann';
var meldung = tagFunktion`Mein Name ist ${name}, ich bin ${44} Jahre jung`;
console.log(meldung); // Mein Name ist Max Mustermann, ich bin 44 Jahre jung
meldung = tag`Mein Name ist ${name}, ich bin ${88} Jahre jung`;
console.log(meldung); // Mein Name ist Max Mustermann
function tagFunktion(strings, ...werte) {
  let name = werte[0];
  let alter = werte[1];
  if(alter > 80) {
    return `${strings[0]}${werte[0]}`;
  }
  return `${strings[0]}${name}${strings[1]}${alter}${strings[2]}`;
}
```

Listing 4.106 Implementierung einer Tag-Funktion

Auch wenn das Beispiel mehr zu Demonstrationszwecken dient, kann man sich leicht ausmalen, welche Möglichkeiten sich hierdurch eröffnen: Neben Validierung ist es hierüber beispielsweise möglich, eigene DSLs (*Domain Specific Languages*) zu erstellen.

4.13.2   Symbole

Symbole sind eine neue Art von primitivem Datentyp und wurden hauptsächlich dazu eingeführt, eindeutige Namen für Objekteigenschaften definieren zu können. Objekteigenschaften, die per Symbol definiert werden, können anschließend nur über Angabe dieses Symbols ausgelesen werden. Gegenüber der Definition von Objekteigenschaften per Zeichenkette sind somit Kollisionen untereinander ausgeschlossen.

Symbole werden über die Funktion Symbol() erstellt (wichtig: nicht als Konstruktorfunktion aufrufbar). Optional erwartet die Funktion eine Beschreibung des Symbols. Listing 4.107 zeigt die Anwendung:

```
var vorname = Symbol('Vorname');   // Parameter ist optional
var nachname = Symbol('Nachname'); // Parameter ist optional
var person = {};
person[vorname] = 'Max';
person[nachname] = 'Mustermann';
console.log(person[vorname]);     // Max
console.log(person[nachname]);    // Mustermann
console.log(person[0]);           // undefined
console.log(person[1]);           // undefined
console.log(person['vorname']);   // undefined
console.log(person['nachname']);  // undefined
```

Listing 4.107 Symbole eignen sich beispielsweise als eindeutige Werte für Objekteigenschaften.

4.13.3   for-of-Schleife

ES6 führt eine neue for-Schleife ein, die sogenannte for-of-Schleife. Sie unterscheidet sich von der for-in-Schleife darin, dass sie über die Namen der Objekteigenschaften über die mit diesen Eigenschaften assoziierten Werte iteriert. In der Praxis sieht das dann aus wie in folgendem Beispiel:

```
let zahlen = [ 1, 2, 3, 4, 5 ];
zahlen.name = "Zahlen eins bis fünf";
// for-in-Schleife
for (let i in zahlen) {
```

```
    console.log(i); // 0, 1, 2, 3, 4, name
}
// for-of-Schleife
for (let i of zahlen) {
    console.log(i); // 1, 2, 3, 4, 5
}
```

Listing 4.108 Vergleich der klassischen for-in-Schleife mit der neuen for-of-Schleife

4.14   Zusammenfassung und Ausblick

Sicherlich kann man zu den neuen Features von ECMAScript 6 ganze Bücher füllen. Nichtsdestotrotz haben Sie jetzt einen guten Überblick darüber, welche neuen Features es gibt und welche Dinge dadurch einfacher werden, die in ECMAScript 5 noch über Umwege gelöst werden mussten. Eine kurze Zusammenfassung dessen, was Sie aus diesem Kapitel mitnehmen sollten, bietet folgende Liste:

▶ Zusätzlich zu Variablen, die funktionsweit sichtbar sind, können über `let` nun auch Variablen angelegt werden, die nur im aktuellen Codeblock sichtbar sind. Bisher war dies nur über das IIFE-Entwurfsmuster möglich.

▶ Konstanten können über das Schlüsselwort `const` definiert werden. Bisher musste man sich auf Konventionen verlassen oder die Konstanten in einem eigenen Objekt bzw. Modul kapseln.

▶ ES6 trennt strikter zwischen Funktionen und Methoden: Arrow-Funktionen sind besonders hilfreich bei der funktionalen Programmierung, Objektmethoden müssen zukünftig nicht mehr über das in diesem Zusammenhang überflüssige Schlüsselwort `function` definiert werden.

▶ Rest-Parameter ermöglichen eine variable Angabe von Funktionsparametern, die innerhalb der Funktion als Array zur Verfügung gestellt werden. Bisher musste man für ähnliches Verhalten das `arguments`-Objekt in ein Array umwandeln.

▶ Der Spread-Operator ermöglicht das Abbilden von Arrays auf Funktionsparameter. Bisher musste man hierfür die Methode `apply()` auf der entsprechenden Funktion aufrufen und dieser das Array übergeben.

▶ ES6 erlaubt die Angabe von Standardwerten für Funktionsparameter. Bisher verwendete man dazu den ||-Operator, um innerhalb der Funktion den entsprechenden Parameter gegebenenfalls mit einem Standardwert zu belegen.

▶ Benannte Parameter erleichtern es, den Überblick bei Funktionsaufrufen zu behalten. Bisher hatte man sich hierzu des Entwurfsmusters Konfigurationsobjekt bedient.

▶ Array Destructuring und Objekt-Destructuring erlauben es, Werte bzw. Eigenschaften aus Arrays und Objekten relativ einfach mehreren Variablen zuzuweisen.

▶ Iteratoren stellen eine Alternative zu den verschiedenen Schleifenarten dar, Generatoren ermöglichen es relativ einfach, Iteratoren für komplexe Sachverhalte zu generieren.

▶ Promises erleichtern das Schreiben von asynchronem Code, indem sie die Callback-Funktionen der asynchronen Funktion kapseln.

▶ Proxies ermöglichen es, Zugriffe auf Objekte abzufangen.

▶ Die verschiedenen neuen Arten von Datenstrukturen (Map, WeakMap, Set und WeakSet) stellen Alternativen zu normalen Arrays dar.

▶ Anstatt Module über Entwurfsmuster zu emulieren oder Modulsysteme wie AMD oder CommonJS zu verwenden, können Sie nun ES6-Module verwenden.

▶ Die neue Klassensyntax erleichtert das objektorientierte Programmieren in JavaScript.

▶ Des Weiteren führt ES6 zahlreiche neue Methoden für die Standardobjekte `Object`, `String`, `Array`, `RegExp`, `Number` und `Math` ein.

▶ Template-Strings sind ein mächtiges Werkzeug für die Arbeit mit Zeichenketten und ersetzen teilweise die Notwendigkeit von Template-Bibliotheken wie Mustache.js, Handlebars.js und Jade.

▶ Symbole stellen eine neue Art primitiver Datentypen dar und ermöglichen eindeutige Namen für Objekteigenschaften.

▶ Die neue `for-of`-Schleife erlaubt es, über die Werte von Objekteigenschaften zu iterieren.

Im folgenden Kapitel werde ich Ihnen die wichtigsten Aspekte und Tools der Entwicklung von JavaScript-Anwendungen vorstellen.

Kapitel 5
Der Entwicklungsprozess

Die Sprache an sich zu beherrschen ist die eine Sache. Zu der professionellen Entwicklung in JavaScript gehört aber auch ein entsprechender Entwicklungsprozess.

In diesem Kapitel lernen Sie die wichtigsten Aspekte des Entwicklungsprozesses von JavaScript-Anwendungen kennen. Dazu zählen die Dokumentation von Quelltext, das Generieren von Projekt-Outlines bzw. Codegerüsten (*Scaffolding*), der Umgang mit Styleguides sowie das Sicherstellen von Codequalität, des Weiteren *Minifizierung* und sogenannte *Obfuscation* (das Umwandeln in unleserlichen Code), Package Management und der Einsatz von Build-Tools. Für jeden dieser Aspekte stelle ich Ihnen eine Auswahl von Tools vor, die sich jeweils als sehr hilfreich erwiesen haben und sich momentan in der JavaScript-Community großer Beliebtheit erfreuen. Dem Aspekt des Testens ist ein eigenes, hieran anschließendes Kapitel gewidmet.

Zusammengenommen stelle ich Ihnen in diesem und dem folgenden Kapitel mehr als 20 Tools vor. Hierbei beschränke ich mich (nicht nur aus Platzgründen) auf die wesentlichen Aspekte des jeweiligen Tools. Mein Ziel ist es, Ihnen einen Überblick zu geben: Welche Tools gibt es? Worin liegen die Unterschiede? Wie wählen Sie das richtige Tool aus? Was sind die jeweils wichtigsten Komponenten und Möglichkeiten, die Ihnen das Tool bietet?

Das Kapitel stellt also ausdrücklich kein Tutorial für die jeweiligen Tools dar (diese finden Sie zur Genüge unter anderem auf den jeweiligen Webseiten), sondern soll neben einem Überblick vor allem als Entscheidungshilfe bei der Wahl des für Sie passenden Tools dienen.

5.1 Einleitung

Bei der Entwicklung einer JavaScript-Anwendung spielen neben der eigentlichen Implementierung folgende Aspekte eine Rolle:

▶ **Styleguides**: Für JavaScript gibt es, wie für andere Sprachen auch, diverse Styleguides bezüglich des Codestils. Hierin wird festgehalten, an welche Regeln und Konventionen man sich als Entwickler halten sollte. Abschnitt 5.2 widmet sich diesem Thema.

▶ **Scaffolding**: Hierunter versteht man das automatische Generieren einer Projektvorlage bzw. eines Codegerüsts, das als Ausgangspunkt für die Entwicklung des Projekts dient. Im Rahmen des Scaffoldings werden beispielsweise Verzeichnisstruktur, Konfigurationsdateien etc. automatisch erzeugt, benötigte (externe) Bibliotheken automatisch als Abhängigkeiten geladen und vieles mehr. Auch wenn dieser Aspekt relativ früh im Workflow eine Rolle spielt, stelle ich Ihnen die entsprechenden Tools erst in Abschnitt 5.8 vor. Dies hat den Grund, dass eines der dort besprochenen Tools (Yeoman) auf anderen Tools basiert, die ich Ihnen aus didaktischen Gründen aber vorher vorstellen möchte.

▶ **Kompilieren durch Präprozessoren**: JavaScript selbst lässt sich zwar nicht kompilieren, immer häufiger ist JavaScript aber Produkt der Kompilierung aus einer anderen Sprache. Beispielsweise lassen sich CoffeeScript, TypeScript oder Dart durch entsprechende Präprozessoren nach JavaScript kompilieren. Vorteil der genannten Sprachen: Sie verfügen unter anderem über statische Typen, vereinfachen die Syntax und bieten einige andere Features, die JavaScript nicht bietet. Auf Präprozessoren werde ich in diesem Kapitel nicht weiter eingehen.

▶ **Überprüfen der Codequalität**: JavaScript hat – wie Sie in den vergangenen Kapiteln selbst sehen konnten – viele Tücken (Stichwörter Variablen-Hoisting, dynamischer Ausführungskontext etc.). Deswegen ist es umso wichtiger, den eigenen Quelltext auf vermeidbare Fehler hin zu überprüfen. In Abschnitt 5.3 zeige ich Ihnen, welche Tools es gibt, die Ihnen dabei helfen.

▶ **Dokumentation**: Guter Code ist zwar teilweise selbsterklärend, eine Dokumentation des Quelltextes schadet trotzdem nicht. Insbesondere wenn es sich um (1) schwer verständlichen Quelltext handelt oder (2) um eine öffentliche API, die von Entwicklern verstanden werden soll, die nicht unmittelbar im Team bzw. an der Entwicklung des jeweiligen Moduls beteiligt sind. Auch in JavaScript gibt es daher die Möglichkeit, innerhalb der Kommentare gewisse Informationen zu hinterlegen, aus denen anschließend beispielsweise eine HTML-Dokumentation generiert werden kann. Ähnlich wie man es als Java-Entwickler mit dem Tool javadoc kennt. Die entsprechenden Tools sind Inhalt von Abschnitt 5.4.

▶ **Testen**: Es gibt verschiedene Arten des Testens, die bei der Entwicklung von JavaScript-Anwendungen eine Rolle spielen: unter anderem Unit-Tests und Integrationstests. Die verschiedenen Testarten sowie einiges zu den Themen Testabdeckung und Test Doubles sowie entsprechende Tools stelle ich Ihnen im folgenden Kapitel vor.

▶ **Konkatenation, Minifizierung und Obfuscation**: Bevor der JavaScript-Quelltext (im Fall einer Webanwendung) auf den Rechner des Clients heruntergeladen wird, ist es sinnvoll, den Code vorher zu minimieren, um die Dateigröße klein zu halten. Zudem wird in manchen Fällen über sogenannte Obfuscation der Quelltext so verändert, dass er unleserlich wird. Beide Techniken sind Thema von Abschnitt 5.5.

► **Package Management**: Hierunter versteht man, den Quelltext in (wiederverwendbare) Pakete bzw. Module zusammenzufassen. Aus Kapitel 3, »Objektorientierte Programmierung mit JavaScript«, wissen Sie bereits, dass es verschiedene Arten gibt, Quellcode zu wiederverwendbaren Modulen zusammenzufassen: über das Module-Entwurfsmuster, AMD oder CommonJS Modules. Abschnitt 5.6 gibt eine Einführung in zwei der populärsten Package Manager.

Abbildung 5.1 gibt einen Überblick über die Einordnung dieser Aspekte in den Gesamtworkflow. Orientiert habe ich mich dabei an dem Workflow, der in dem Buch *Book of Modern frontend tooling* (zu finden unter *http://tooling.github.io/book-of-modern-frontend-tooling*) beschrieben ist.

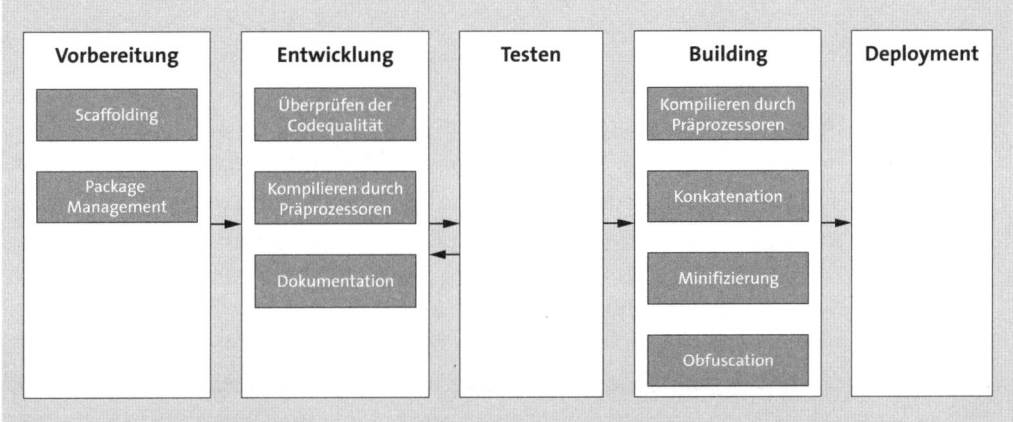

Abbildung 5.1 Überblick über den Entwicklungsprozess

Node.js und NPM

Viele der im Nachfolgenden vorgestellten Tools sind selbst ganz oder teilweise in JavaScript geschrieben und stehen als Node.js-Anwendung zur Verfügung. Die einfachste Art und Weise, eine Node.js-Anwendung zu installieren, führt über den sogenannten Node.js Package Manager, kurz NPM (*https://github.com/npm/npm*). In Abschnitt 5.6, »Package Management«, werde ich Ihnen dieses Tool noch einmal etwas detaillierter vorstellen, für das weitere Verständnis dieses Kapitels ist es jedoch an dieser Stelle bereits notwendig, dass Sie wissen, wie Sie (1) NPM installieren und (2) wie Sie mit NPM eine Node.js-Anwendung installieren:

1. **NPM installieren**

   Das Tool NPM kann auf verschiedene Weise installiert werden: Für Windows und Mac stehen MSI- bzw. PKG-Installationsdateien zur Verfügung, für andere Unix-Systeme ein entsprechendes Installationsskript. Die verschiedenen Möglichkeiten der Installation sind unter *https://github.com/npm/npm* ausführlich beschrieben. Viel gebräuchlicher als diese separate Installation von NPM ist aber die indirekte Installation über Node.js: Seit Version 0.6.3 ist NPM nämlich in der Installation von Node.js enthalten. Letzteres kann von der Seite *http://nodejs.org/download/* als Installations- bzw. ausführbare Datei für die verschiedenen Betriebssysteme heruntergeladen werden. Nach der Installation steht Ihnen NPM als Kommandozeilenbefehl npm zur Verfügung. Die Installation können Sie anschließend überprüfen, indem Sie den Befehl npm -version ausführen.

2. **Node.js-Anwendungen über NPM installieren**

Der Befehl, um eine Node.js-Anwendung (bzw. allgemeiner ein Node.js-Package) zu installieren, lautet npm install (oder in Kurzform: npm i). Dieser Befehl lässt sich mit verschiedenen Parametern aufrufen, für die in diesem Kapitel vorgestellten Tools benötigen wir aber nur eine Form: npm install <package>, wobei <package> für das Package (bzw. das Tool) steht, das installiert werden soll. Bei Interesse finden Sie unter *https://www.npmjs.org/doc/cli/npm-install.html* eine vollständige Beschreibung aller Installationsmöglichkeiten.

Eine weitere grundlegende Sache, die Sie an dieser Stelle noch mitnehmen sollten: NPM kann Packages wahlweise lokal oder global installieren. Ersteres ist sinnvoll, wenn Sie ein Node.js-Package als Abhängigkeit installieren wollen (dazu später mehr), Letzteres dann, wenn ein Node.js-Package global verfügbar sein soll. Bei den Tools, die ich Ihnen in diesem Kapitel vorstellen werde, ist dies in der Regel der Fall: Diese sollen global von der Kommandozeile aufgerufen werden können.

Um ein Package als globales Package zu installieren, muss dem install-Befehl ein -g als Parameter übergeben werden. Da die globalen Packages je nach Konfiguration in einem Verzeichnis liegen, auf das man nur mit Administratorrechten Schreibzugriff hat, ist in solchen Fällen der Befehl unter entsprechender Kennung auszuführen, unter Unix-basierten Umgebungen beispielsweise wie folgt: sudo npm install -g <name>.

Noch etwas: NPM bezieht alle Node.js-Anwendungen und Packages von einer Registry-Webseite. Standardmäßig ist dies die URL *http://registry.npmjs.org/*, prinzipiell lässt sich eine angepasste Registry aber auch auf einem eigenen Server hosten. Eine Übersicht über die in der Standard-Registry verfügbaren Packages finden Sie unter *https://www.npmjs.org/*. Dort finden Sie derzeit (Stand: Februar 2015) rund 125.000 Pakete.

5.2   Styleguides und Code Conventions

Für die Entwicklung im Team ist es besonders wichtig, sich bei der Entwicklung an gewisse Regeln und Konventionen zu halten. Dies schafft ein gemeinsames Verständnis vom Code, erleichtert dessen Lesbarkeit und somit letztendlich auch die

Zusammenarbeit im Team. Halten sich alle Entwickler an die gleichen Konventionen, fällt es leichter, sich in den Code von jemand anderen einzuarbeiten und diesen zu verstehen, als wenn jeder seinen eigenen Programmierstil verfolgen würde. Außerdem sind Änderungen am Quelltext im Rahmen der Versionskontrolle einfacher nachzuvollziehen, wenn als Basis ein gemeinsamer Stil verwendet wird.

Regeln und Konventionen können sich von Projekt zu Projekt unterscheiden, sollten zu Beginn eines Projekts aber unbedingt im Team abgestimmt und im weiteren Verlauf des Projekts konsequent von allen Entwicklern eingehalten werden. Festgehalten werden sollten beispielsweise Aspekte wie die einheitliche Benennung von Variablen, Methoden und Objekten, Formatierung des Quelltextes (beispielsweise Einrückungen) etc.

Zusammengefasst bezeichnet werden diese Regeln und Konventionen in Form sogenannter *Styleguides*, von denen sich für JavaScript mittlerweile eine ganze Reihe herausgebildet haben. Eine Auswahl der populärsten gibt Tabelle 5.1 wieder. Wenn Sie sich die dort aufgeführten Styleguides einmal unter der jeweils angegebenen URL aufrufen und zu Gemüte führen, wird Ihnen auffallen, dass sie sich nicht in allen Punkten einig sind. Beispielsweise ziehen die Styleguides von Node.js und Google bei der Deklaration von Strings einfache Anführungszeichen vor, der Styleguide von jQuery dagegen doppelte Anführungszeichen.

Style Guide	Kurzbeschreibung	Link
Idiomatic.js	ein relativ kompakt gehaltener Styleguide, der in (derzeit) zehn Kategorien einige wichtige Punkte bezüglich des Programmierstils zusammenfasst	*https://github.com/ rwldrn/idiomatic.js/*
Pragmatic.js	noch kompakter als Idiomatic.js	*https://github.com/ madrobby/pragmatic.js*
Google JavaScript Style Guide	Styleguide von Google, der im Wesentlichen die Regeln in zwei Oberkategorien einsortiert: solche, die den Umgang mit Sprachmitteln selbst betreffen (z. B. weitestgehende Vermeidung von `eval()`, siehe Kasten), sowie solche, die eher stilistische Aspekte betreffen (z. B. Namenskonventionen etc.)	*https://google-style-guide.googlecode.com/ svn/trunk/javascript-guide.xml*

Tabelle 5.1 Übersicht der wichtigsten JavaScript-Styleguides

Style Guide	Kurzbeschreibung	Link
NPM Coding Style	Der Styleguide hinter dem Node Package Manager. Besteht derzeit aus zwölf Regeln.	*https://www.npmjs.org/ doc/coding-style.html*
Node.js Style Guide	ein Styleguide, der sich auf die Entwicklung von Node.js-Modulen fokussiert, dabei aber trotzdem allgemein anwendbar bleibt	*https://github.com/ felixge/node-style-guide*
jQuery Style Guide	Der Styleguide von jQuery. Besteht derzeit aus zwölf Regeln.	*http://contribute. jquery.org/style-guide/js/*
Douglas Crockford's Code Conventions	Codekonventionen von Douglas Crockford, auf denen auch das Tool JSLint basiert (das ich Ihnen in Abschnitt 5.3.1 vorstellen werde)	*http://javascript.crock- ford.com/code.html*
airbnb JavaScript Style Guide	relativ umfangreicher Styleguide von airbnb	*https://github.com/ airbnb/javascript*
Dojo Style Guide	Styleguide von Dojo, der sich stark an einem bereits existierenden Styleguide für Java orientiert	*http://dojotoolkit.org/ community/styleGuide*
JavaScript Quality Guide	Styleguide von Nicolas G. Bevacqua, dem Autor des Buches *JavaScript Application Design*	*https://github.com/ bevacqua/js*

Tabelle 5.1 Übersicht der wichtigsten JavaScript-Styleguides (Forts.)

Die Methode »eval()«

Über die Methode eval() ist es möglich, JavaScript-Code dynamisch auszuwerten. Der JavaScript-Code wird dabei als String übergeben. Die Verwendung von eval() sollte jedoch vermieden werden, weil sie potenzielle Risiken birgt: Zum einen kann es – je nachdem, aus welcher Quelle der auszuwertende Code stammt (beispielsweise Teile von Formulareingaben) – Ziel von Scripting-Injection sein, also dem Einschleusen bösartigen Codes. Zum anderen ist die Geschwindigkeit des Codes gegenüber normal interpretiertem Code langsamer und das Debuggen schwieriger. Details hierzu finden Sie unter diesem lesenswerten Blogeintrag: *http://www.nczonline. net/blog/2013/06/25/eval-isnt-evil-just-misunderstood/*.

Um Ihnen einen ersten Eindruck von den in den Styleguides definierten Regeln und Konventionen zu geben, möchte ich Ihnen im Folgenden eine kurze Auswahl vorstellen. Welchen Styleguide Sie dann im Einzelfall verwenden oder ob Sie Ihren eigenen Styleguide entwerfen, bleibt selbstverständlich Ihnen überlassen. Teilweise ist bei der Auswahl der Regeln sicherlich auch der persönliche Geschmack entscheidend.

Einrückungen

Ein Thema, bei dem sich die Styleguides weitestgehend einig sind, ist das der verwendeten Zeichen für Einrückungen im Code. Die meisten Styleguides bevorzugen hierbei zwei Leerzeichen statt eines Tabulator-Zeichens. Hauptgrund hierfür ist, dass der Code damit in der Codeansicht der meisten Browser besser zu lesen ist.

Statt Tabulatoren wie hier ...

```
function addiere(x, y) {
  return x + y;
}
```

Listing 5.1 Einrückung mit Tabulator

... verwenden Sie besser doppelte Leerzeichen wie hier:

```
function addiere(x, y) {
  return x + y;
}
```

Listing 5.2 Einrückung mit doppelten Leerzeichen

Semikolons

Anweisungen sollten in JavaScript immer mit einem Semikolon abgeschlossen werden. Das automatische Einfügen von Semikolons durch den JavaScript-Interpreter führt an einigen Stellen zu schwierig auffindbaren Bugs wie beispielsweise in Listing 5.3:

```
function erstellePerson(name, nachname) {
  return
  {
    name : name,
    nachname : nachname
  }
}
```

Listing 5.3 Fehlende Semikolons

Dort fehlen die Semikolons und werden automatisch zur Laufzeit vom Interpreter eingefügt und wie folgt interpretiert:

```
function erstellePerson(name, nachname) {
  return;
  {
    name : name,
    nachname : nachname
  };
}
```

Listing 5.4 Vom Interpreter eingefügte Semikolons

Die Funktion macht also nicht mehr das, was sie eigentlich machen soll, der Code hinter dem `return` wird ignoriert. Statt des Ergebnisobjekts wird der Wert `undefined` zurückgegeben.

Anführungszeichen bei Strings

Strings können in JavaScript, wie Sie wissen, sowohl über einfache als auch über doppelte Anführungszeichen definiert werden. Ich persönlich verwende einfache Anführungszeichen, wie in den Styleguides von Node.js und Google vorgeschlagen. Dies ist zwar für Java-Entwickler etwas gewöhnungsbedürftig (in Java werden Strings mit doppelten Anführungszeichen erstellt, einfache Anführungszeichen dagegen dienen der Definition des primitiven Datentyps `char`), hat aber den Vorteil, dass man innerhalb der so definierten Strings doppelte Anführungszeichen verwenden kann, ohne diesen ein Escape-Zeichen voranstellen zu müssen.

Es spielt allerdings keine wirklich entscheidende Rolle, ob Sie sich für die einfachen oder doppelten Anführungszeichen entscheiden: Wichtig ist, dass Sie die jeweilige Variante einheitlich verwenden. Vermeiden Sie Code wie folgenden ...

```
var meldung = 'Hallo ' + person.name + ", wie geht es Dir?";
```

... und verwenden Sie stattdessen entweder konsequent einfache Anführungszeichen ...

```
var meldung = 'Hallo ' + person.name + ', wie geht es Dir?';
```

... oder konsequent doppelte Anführungszeichen:

```
var meldung = "Hallo " + person.name + ", wie geht es Dir?";
```

Variablendeklaration

Auch wenn bezüglich der Deklaration von Variablen wieder die Meinungen der verschiedenen Styleguides auseinandergehen, halte ich es für sinnvoll, bei der Deklaration mehrerer Variablen nur ein var zu verwenden:

```
var zaehler = 0,
  interpreten = ['Kyuss', 'Tool'],
  kaufen = true,
  person = {};
```

Listing 5.5 Ein »var« für mehrere Variablen

Und nicht wie im Node.js-Styleguide vorgeschlagen mehrere var:

```
var zaehler = 0;
var interpreten = ['Kyuss', 'Tool'];
var kaufen = true;
var person = {};
```

Listing 5.6 Ein »var« pro Variable

Die Schreibweise mit einem var hat nämlich zwei Vorteile: Alle Variablen an einer Stelle zu deklarieren ermöglicht es, auf einen Blick zu erkennen, welche Variablen innerhalb des Funktionskontextes zur Verfügung stehen. Unbeabsichtigtem Überschreiben von Variablen, das durch Variablen-Hoisting entstehen kann (wenn Variablen an mehreren, unterschiedlichen Stellen im Code deklariert werden), wird so vorgebeugt.

Der zweite Vorteil ist rein praktischer Natur, spielt aber besonders bei clientseitigem JavaScript eine Rolle: Bevor der Code auf Clientseite ausgeführt werden kann, muss er natürlich zunächst vom Server heruntergeladen werden. Trotz schneller Internetverbindungen spielt die Dateigröße dabei nach wie vor eine große Rolle (beispielsweise wenn die entsprechende Webseite auf einem mobilen Endgerät betrachtet wird). Wenn Sie nur ein var verwenden, sparen Sie ganz einfach Zeichen. Das mag unwesentlich erscheinen, macht sich in der Summe aber durchaus bemerkbar. (Anmerkung: Automatische Tools wie die in Abschnitt 5.5, »Konkatenation, Minification und Obfuscation«, besprochenen können Variablendeklarationen auch nachträglich zusammenfassen).

Namenskonventionen

Bei der Namensgebung sind sich ausnahmsweise alle Styleguides (soweit sie dazu überhaupt etwas sagen) einig: Namen von Objektinstanzen und Funktionen werden in Lower-Camel-Case-Schreibweise geschrieben (z. B. name, getName()), Konstanten in Großbuchstaben (z. B. MAX) und Prototypen (bzw. emulierte Klassen) in Pascal-Case-bzw. Upper-Camel-Case-Schreibweise (z. B. Person, CrawlerConfiguration etc.). Dies dürfte den meisten C#- und Java-Entwicklern bekannt vorkommen.

Klammern

Klammern bei if-Anweisungen etc. sollten Sie immer verwenden. Vermeiden Sie unbedingt Code wie folgenden:

```
if(x>5)
  console.log('x ist größer als fünf.');
else
  console.log('x ist kleiner oder gleich fünf.');
```

Listing 5.7 if-else-Anweisung ohne geschweifte Klammern

Stattdessen schreiben Sie entweder ...

```
if(x>5) {
  console.log('x ist größer als fünf.');
} else {
  console.log('x ist kleiner oder gleich fünf.');
}
```

Listing 5.8 if-else-Anweisung mit geschweiften Klammern in gleicher Zeile

... oder Folgendes:

```
if(x>5)
{
  console.log('x ist größer als fünf.');
}
else
{
  console.log('x ist kleiner oder gleich fünf.');
}
```

Listing 5.9 if-else-Anweisung mit geschweiften Klammern in neuer Zeile

Die Positionierung der Klammern spielt dabei keine entscheidende Rolle. Wichtig ist lediglich, **dass** Klammern verwendet werden.

5.3   Codequalität

Richtlinien und Konventionen bringen natürlich nur etwas, wenn sich jeder im Team daran hält. Doch im Getümmel des Gefechts kann man das schon mal vergessen werden. Gut, wenn sich dann der Großteil der Richtlinien durch automatische Tools überprüfen lässt. Sowohl direkt während der Entwicklung oder eben erst im Rahmen des Build-Prozesses. Im Folgenden stelle ich Ihnen die bekanntesten Tools dazu vor.

5.3.1   JSLint

JSLint (*https://github.com/douglascrockford/JSLint*) dient der automatischen Qualitätssicherung des Codes und ermittelt sowohl syntaktische Fehler als auch stilistische Schwachstellen, die gegen bestimmte Regeln und Konventionen verstoßen. JSLint wurde von Douglas Crockford entwickelt und ist eines der ersten Prüftools für JavaScript hinsichtlich der Codequalität (diese Tools nennt man übrigens auch *Linting-Tools*, den Prozess des Überprüfens auch *Linting*).

Das Tool steht vorrangig als Online-Dienst zur Verfügung, kann aber über Plug-ins auch in diverse Build-Tools und IDEs integriert werden und ist beispielsweise Bestandteil der WebStorm-IDE. Abbildung 5.2 gibt einen Eindruck von den (eher begrenzten) Konfigurationsmöglichkeiten von JSLint.

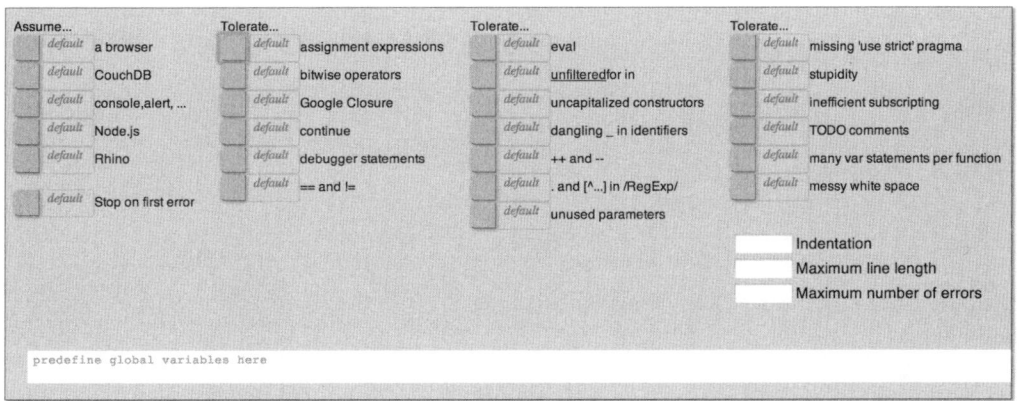

Abbildung 5.2 Konfiguration des JSLint-Online-Dienstes (http://www.jslint.com)

Und so wie in Abbildung 5.3 sieht die Konfiguration in WebStorm aus.

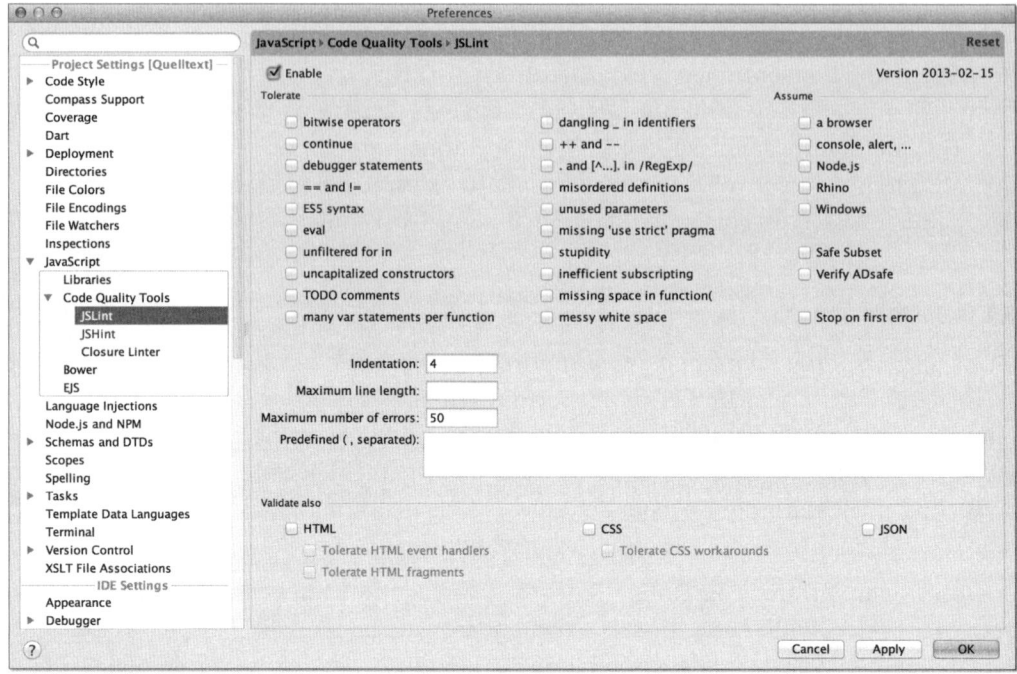

Abbildung 5.3 JSLint-Konfiguration in WebStorm

Wie Sie sehen, werden unter anderem folgende Kriterien getestet:

▶ nicht verwendete Parameter

▶ Kommentare, die ein TODO enthalten

▶ nicht strikter Vergleich (==) mit null

▶ Debugging Code

▶ Verwendung von mehreren var-Anweisungen innerhalb einer Funktion

▶ Verwendung der Funktion eval()

Mittlerweile wird in der JavaScript-Community eher von der Nutzung des Tools abgeraten, weil es sich im Vergleich zu anderen, neueren Tools recht stark an dem Programmierstil von Douglas Crockford bzw. dessen Konventionen orientiert und nur wenig konfigurieren und anpassen lässt. Wer also mit den Konventionen von Crockford nicht übereinstimmt, sollte besser ein anderes Linting-Tool verwenden.

5.3.2 JSHint

JSHint (*https://github.com/jshint/jshint*) ist ein Fork von JSLint, erlaubt aber eine viel feinere Konfiguration und flexiblere Anpassung von dem, was überprüft werden soll.

Das Tool steht sowohl als Online-Service zur Verfügung, über den sich Codeschnipsel validieren lassen (*http://www.jshint.com*), als auch als Modul für Node.js. Des Weiteren existieren Plug-ins für diverse Build-Tools und IDEs. Abbildung 5.4 zeigt die Konfigurationsmöglichkeiten in der WebStorm-IDE.

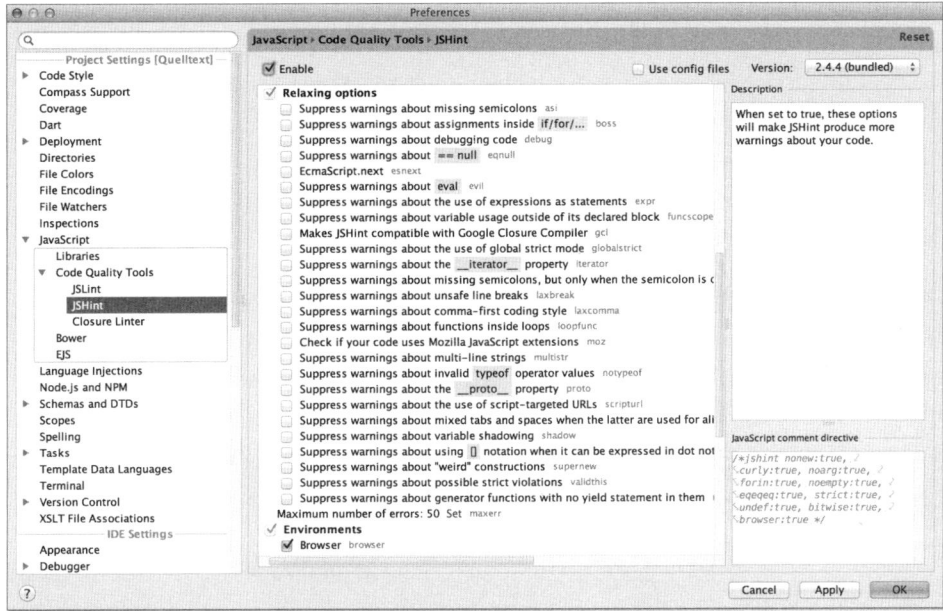

Abbildung 5.4 JSHint-Konfiguration in WebStorm

Unter anderem werden folgende Kriterien getestet:

▶ nicht verwendete Variablen

▶ nicht definierte Variablen

▶ nicht strikter Vergleich (==) mit null

▶ Debugging Code

▶ innerhalb von Schleifen definierte Funktionen

▶ Verwendung von `eval()`

Auch wenn JSHint um einiges anpassungsfähiger als JSLint ist, erlaubt es beispielsweise nicht die Definition bzw. Implementierung eigener Regeln. Hier kommt das nächste Tool ins Spiel.

5.3.3   ESLint

Da eine Anpassung von JSHint bezüglich der Erweiterbarkeit durch eigene Regeln nicht so ohne Weiteres umsetzbar gewesen wäre, entwickelte Nicholas C. Zakas kurzerhand ein weiteres Tool: ESLint (*http://eslint.org*). Die genauen Beweggründe sind am besten nachzulesen im Blog von Herrn Zakas: *http://www.nczonline.net/blog/ 2013/07/16/introducing-eslint/*.

ESLint ist um einiges flexibler und anpassbarer als JSHint und JSLint. Das Tool erlaubt beispielsweise die Implementierung eigener Regeln, die dynamisch bei Bedarf während des Linting-Prozesses hinzugeladen werden. Mittlerweile gibt es eine beachtliche Menge solcher Prüfregeln (*http://eslint.org/docs/rules*), eingeteilt in die Kategorien Fehlervermeidung, Best Practices, Strict-Mode, Variablendeklarationen, Node.js sowie Stilistik.

ESLint steht als Node.js-Modul zur Verfügung und kann mit folgendem Befehl über NPM installiert werden:

```
npm install -g eslint
```

Das Tool kann anschließend über den Konsolenbefehl `eslint` genutzt werden.

Die Konfiguration von ESLint kann entweder direkt innerhalb der Kommentare des entsprechenden JavaScript-Quelltextes erfolgen oder über eine Konfigurationsdatei im JSON-Format, die als Kommandozeilenparameter übergeben wird. Lässt man die Angabe weg, such ESLint standardmäßig nach einer Datei mit dem Namen *.eslintrc*.

Listing 5.10 zeigt ein Beispiel einer solchen Konfigurationsdatei:

```
{
  "env": {
    "browser": true,
    "node": true
  },
  "rules": {
    "no-console": 0,
    "no-debugger": 1,
    "no-sparse-arrays": 2
  }
}
```

Listing 5.10 Beispielkonfiguration von ESLint

Über die Variable `env` lassen sich verschiedene Umgebungen angeben, die während des Linting-Prozesses als gegeben vorausgesetzt werden. Im vorliegenden Beispiel sorgen die Angaben von `browser: true;` und `node: true;` dafür, dass beispielsweise browserspezifische und Node.js-spezifische globale Variablen als vorhanden angesehen werden und die Verwendung solcher Variablen innerhalb des zu testenden Codes nicht zu einem Fehler führt.

Die konkreten Regeln lassen sich über das Objekt `rules` konfigurieren. Angegeben wird hierbei immer der Name der Regel sowie die Angabe des Status der Regel: »0«

bedeutet, die Regel ist deaktiviert, »1« bedeutet, die Regel liefert für entsprechende problematische Codestellen eine Warnung, und »2« bedeutet, die Regel liefert entsprechend einen Fehler.

Überprüft man beispielsweise den Code aus Listing 5.11 mit ESHint und der obigen Konfigurationsdatei, dann führt dies zu der in Listing 5.12 gezeigten Konsolenausgabe.

```
(function() {
  "use strict";
  console.log("Beispiel");
  debugger;
  var array = [,,];
  console.log(array);
})();
```

Listing 5.11 Der zu überprüfende Quelltext

```
script.js
  7:4   warning  Unexpected 'debugger' statement      no-debugger
  8:16  error    Unexpected comma in middle of array  no-sparse-arrays

✗ 2 problems
```

Listing 5.12 Ausgabe von ESLint

5.3.4   JSBeautifier

JSBeautifier (*http://jsbeautifier.org*) ist ein Tool für das Bereinigen von JavaScript-Code und steht als Online-Formular (siehe Abbildung 5.5), als Python-Modul sowie als Modul für Node.js (*https://github.com/beautify-web/js-beautify*) zur Verfügung.

Abbildung 5.5 Online-Version von JSBeautifier

Unter anderem lassen sich über das Tool die Art der Einrückung (Tabs, Anzahl Leerzeichen), maximale Zeilenlänge, die Positionierung der geschweiften Klammern (gleiche Zeile wie vorhergehender Code vs. neue Zeile) sowie die Positionierung der Funktionsaufrufe bei verketteten Funktionsaufrufen bestimmen.

Das Node.js-Modul lässt sich über folgenden Befehl installieren:

```
npm install -g js-beautify
```

Anschließend steht das Tool über den gleichnamigen Befehl `js-beautify` zur Verfügung. Folgendes Kommando liefert dann die bereinigte Version zu einer (oder mehreren) angegebenen JavaScript-Datei(en).

```
js-beautify Datei.js
```

Das Ergebnis wird standardmäßig auf die Konsole ausgegeben. Alternativ lässt es sich aber auch direkt in eine Zieldatei (über den Parameter `-f` plus Name der Zieldatei) bzw. direkt in die Ursprungsdatei (über den Parameter `-r`) schreiben.

Für Webentwickler ebenfalls interessant: Parallel zu `js-beautify` stehen nach Installation des Node.js-Moduls die Befehle `css-beautify` bzw. `html-beautify` zur Verfügung, über die sich – Sie ahnen es – CSS-Dateien respektive HTML-Dateien säubern lassen.

5.3.5   Google Closure Linter

Google Closure Linter (*https://developers.google.com/closure/utilities*) ist ein Tool, das von Google entwickelt wurde und im Rahmen der Closure Tools als Open Source zur Verfügung gestellt wird. Wie auch die anderen vorgestellten Tools dient Closure Linter dazu, »schmutzigen« JavaScript-Code zu finden und wie JSBeautifier entsprechend zu bereinigen. »Schmutzig« bedeutet in diesem Fall jeglicher Code, der sich nicht an den Google JavaScript Style Guide hält. Verwendet man im Team einen anderen Styleguide, stellt das Tool also eher nicht die erste Wahl dar.

Installieren lässt sich Closure Linter für alle gängigen Betriebssysteme (Linux, Mac OS X, Windows) als Python-Modul über »Easy Install«, beispielsweise für Mac OS X mit dem Befehl `easy_install http://closure-linter.googlecode.com/files/closure_linter-latest.tar.gz`

(Im Detail und für die anderen Betriebssystem nachzulesen unter *https://developers.google.com/closure/utilities/docs/linter_howto*)

Nach erfolgreicher Installation stehen zwei Befehle zur Verfügung: `gjslint`, der nicht dem Styleguide entsprechende Codestellen ausgibt, sowie `fixjsstyle`, der die Stellen direkt »repariert«. Closure Linter kann wie JSLint und JSHint in WebStorm eingebunden werden.

5.3.6   Fazit

JSLint, JSBeautifier und Closure Linter lassen sich nur relativ eingeschränkt den eigenen Wünschen und Vorstellungen von »sauberem Code« anpassen. JSLint folgt streng den Code Conventions von Douglas Crockford, Closure Linter dem JavaScript Styleguide von Google und JSBeautifier bietet auch nicht wirklich viele Anpassungsmöglichkeiten.

Möchten Sie also flexibler definieren können, was überprüft werden soll, verwenden Sie besser JSHint oder ESLint. Während JSHint in jeder Laufzeitumgebung einsetzbar ist, läuft ESLint nur unter Node.js und eignet sich somit eher für den Einsatz im Buildprozess (siehe Abschnitt 5.7, »Building«). Es bleibt abzuwarten, ob wir bald ein weiteres Tool mit dem Namen »ESHint« begrüßen dürfen. Dem Schema der bisherigen Namensgebung folgend wäre dies eigentlich nur die logische Konsequenz.

5.4   Dokumentation

Im Gegensatz zu Java, bei dem für die Generierung von Dokumentation das Tool javadoc bereits im Java Development Kit (JDK) enthalten ist, gibt es für JavaScript kein Standardtool. In diesem Abschnitt stelle ich Ihnen daher drei verschiedene Tools vor, mit denen Sie eine Dokumentation für Ihren JavaScript-Code generieren können. Ähnlich wie in Java zeichnet man den Quelltext dabei über *Annotationen* bzw. *Tags* aus, die anschließend von den Tools ausgelesen werden. Leider existiert bezüglich der zur Verfügung stehenden Tags kein Konsens unter den Tools, so dass Sie sich im Vorfeld überlegen sollten, welches Sie verwenden.

5.4.1   JSDoc 3

Bei JSDoc 3 (*https://github.com/jsdoc3/jsdoc*) handelt es sich um ein Tool, das in etwa das macht, was javadoc für Java macht: Basierend auf den Kommentaren und den dort enthaltenen Tags generiert es die HTML-Dokumentation für die entsprechende Codekomponente. Die zur Verfügung stehenden Tags orientieren sich in etwa an den aus javadoc bekannten: `@author` etwa bezeichnet den Autor des Quelltextes, `@version` die Version, `@param` bezeichnet Parameter und `@return` den Rückgabewert einer Funktion oder Methode. Über `@throws` können zudem eventuell geworfene Fehler einer Funktion bzw. Methode dokumentiert werden. Hinzu kommen weitere Tags: `@constructor` z. B., um Konstruktorfunktionen explizit auszuzeichnen, `@this`, um den Objekttyp anzugeben, auf den sich die Referenz `this` im jeweiligen Kontext bezieht, und viele mehr.

JSDoc 3 ist komplett in JavaScript geschrieben und kann als Standalone-Version oder als Node.js-Modul verwendet werden (die Installation erfolgt dann wie gewohnt über NPM über den Befehl `npm -g install jsdoc`). In jedem Fall wird eine etwas angepasste Version von Rhino als Laufzeitumgebung verwendet, die in JSDoc 3 enthalten ist. Das bedeutet aber auch, dass Java installiert sein muss, um JSDoc 3 überhaupt nutzen zu können.

Lassen Sie uns folgenden Code als Eingabe für `jsdoc` verwenden:

```
/**
 * Ein kleiner Taschenrechner
 *
 * @class Rechner
 * @constructor
 */
function Rechner() {
    /**
     * Diese Methode addiert zwei Zahlen.
     *
     * @method addiere
     * @param {Number} x Zahl 1
     * @param {Number} y Zahl 2
     * @return {Number} Liefert das Ergebnis der Addition von x und y.
     */
    this.addiere = function(x,y) {
        return x + y;
    }
}
```

Listing 5.13 Beispielhafte Verwendung von Dokumentations-Tags

Wenn Sie den obigen Code in der Datei *Rechner.js* speichern, lautet der Aufruf von JSDoc wie folgt:

```
jsdoc Rechner.js
```

Die HTML-Dokumentation speichert JSDoc standardmäßig in dem Verzeichnis *out*, alternativ kann das Zielverzeichnis über den Parameter `-d` angegeben werden. Neben einer Übersichtsdatei (*index.html*) wird unter anderem die Datei *Rechner.html* generiert, die zwar relativ schlicht aussieht (siehe Abbildung 5.6), sich über Templates bzw. eigenes CSS aber nach eigenen Bedürfnissen anpassen lässt.

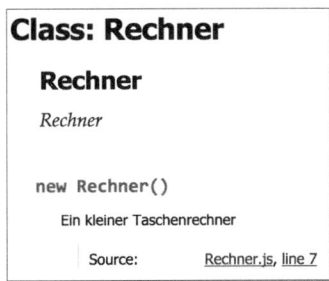

Abbildung 5.6 Beispiel für eine mit JSDoc 3 generierte Dokumentation

5.4.2   YUIDoc

YUIDoc (*http://yui.github.io/yuidoc*) ist ein Dokumentationstool, das seine Ursprünge in der von Yahoo als Open Source zur Verfügung gestellten YUI-Bibliothek (Yahoo User Interface) hat. Im Gegensatz zu JSDoc 3 ist YUIDoc eine reine Node.js-Anwendung, also wird kein installiertes Java benötigt.

Über folgenden Befehl lässt sich YUIDoc installieren:

```
npm -g install yuidocjs
```

Anschließend steht das Tool über den Befehl `yuidoc` zur Verfügung und generiert aufgerufen im Wurzelverzeichnis des Quelltextes die entsprechende HTML-Dokumentation (siehe Abbildung 5.7).

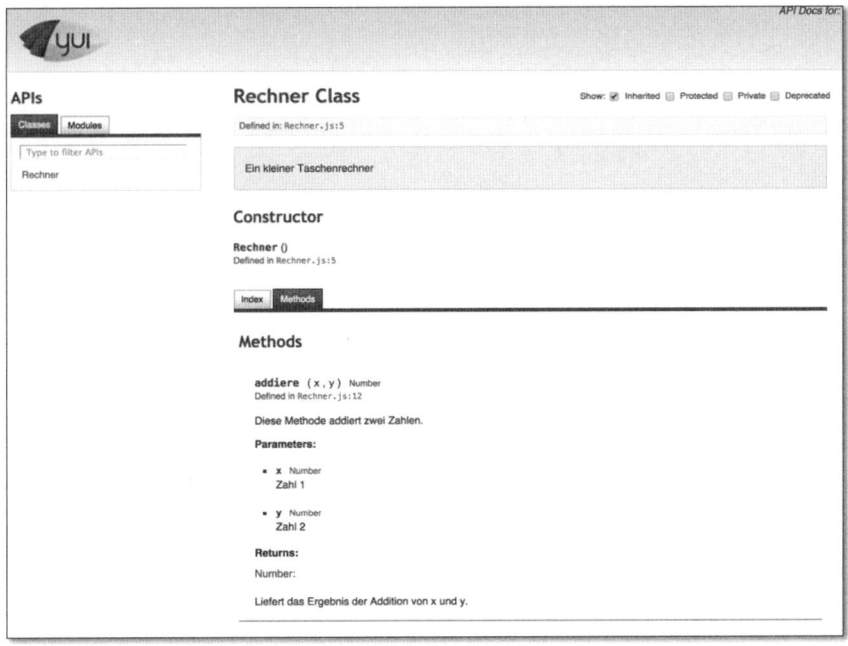

Abbildung 5.7 Beispiel für eine mit YUIDoc generierte Dokumentation

259

Besonders nett: Die generierte Dokumentation verfügt über eine Suchfunktion, mit deren Hilfe sich schnell einzelne Klassen oder Module finden lassen.

Ein weiteres Feature, durch das sich YUIDoc positiv von seiner Konkurrenz abhebt, ist der sogenannte SERVER MODUS. Statt die Dokumentation via Kommandozeile oder im Rahmen des Build-Prozesses zu erzeugen, erlaubt dieser Modus eine Live-Vorschau der generierten Dokumentation während ihres Schreibens. Änderungen an Codekommentaren machen sich somit direkt bemerkbar und sorgen dafür, dass die HTML-Dokumentation im Hintergrund aktualisiert wird.

5.4.3   JSDuck 5

JSDuck 5 (*https://github.com/senchalabs/jsduck*) ist primär ein Dokumentationsgenerator für JavaScript-Anwendungen, die auf Frameworks des Anbieters Sencha (wie beispielsweise Ext JS) basieren, kann allerdings auch für beliebige andere JavaScript-Anwendungen verwendet werden. Die Installation erfolgt unter Linux und Mac OS X über Rubygems oder im Fall von Windows über eine entsprechende Installationsdatei.

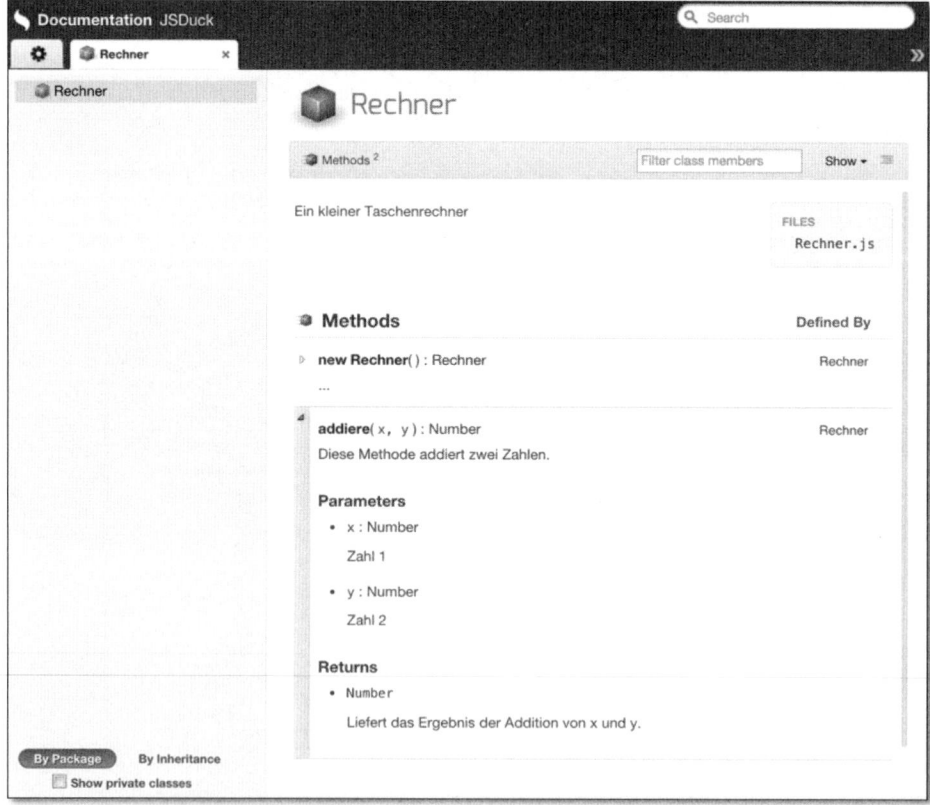

Abbildung 5.8 Beispiel für eine mit JSDuck generierte Dokumentation

Im Gegensatz zu JSDoc 3 und YUIDoc, die die Information für die Dokumentation ausschließlich aus den in den Kommentaren enthaltenen Tags berücksichtigen, gewinnt JSDuck auch Informationen aus dem Quelltext an sich. Beispielsweise werden »Klassen« und Methoden (sofern mit dem ExtJS-Framework erzeugt) automatisch erkannt. Zudem lassen sich eigene Tags (Custom Tags) erzeugen, die dann von dem Tool verarbeitet werden können.

Die generierte Dokumentation für das Codebeispiel von eben sieht aus wie in Abbildung 5.8. Wie Sie sehen, verfügt die Dokumentation über ähnliche Eigenschaften wie die von YUIDoc generierte: hübsches User Interface und integrierte Suchfunktion.

5.4.4 Unterstützte Tags

Wie erwähnt unterstützt nicht jedes der Dokumentationstools alle Tags der jeweils anderen, so dass man sich – bevor überhaupt mit der Auszeichnung des Quelltextes begonnen wird – für eines der Tools entscheiden sollte. Hinzu kommt, dass teilweise die gleichen Tags eine etwas andere Bedeutung haben.

Tabelle 5.2 zeigt die wichtigsten Tags, die Sie relativ bedenkenlos verwenden können. Spezielle Tags finden Sie auf den jeweiligen Webseiten der Tools.

Tag	Beschreibung	JSDoc	YUIDoc	JSDuck
@abstract	Dokumentiert, dass eine Methode in ableitenden Klassen überschrieben werden muss.	✓	–	✓
@author	Dokumentiert den Autor des entsprechenden Quelltextes.	✓	✓	✓
@chainable	Dokumentiert, dass eine Methode die zugehörige Objektinstanz (this) als Wert zurückgibt und somit mehrere Methodenaufrufe verkettet werden können.	–	✓	✓
@class	Erlaubt die Angabe einer Beschreibung der entsprechenden Klasse.	–	✓	✓
@classdesc		✓	–	–
@constructor	Dokumentiert eine Funktion als Konstruktorfunktion.	✓	✓	✓
@default	Dokumentiert einen Standardwert.	✓	✓	–

Tabelle 5.2 Übersicht der wichtigsten Tags für die Dokumentation

Tag	Beschreibung	JSDoc	YUIDoc	JSDuck
@deprecated	Zeichnet den entsprechenden Quell-text als veraltet aus.	✓	✓	✓
@enum	Dokumentiert eine Collection von Eigenschaften als Enum.	✓	–	✓
@event	Dokumentiert ein Ereignis.	✓	✓	✓
@example	Ermöglicht die Angabe eines Beispiels, das die Verwendung des entsprechen-den Quelltextes demonstriert.	✓	✓	✓
@fires	Gibt an, welche Events durch eine Funktion ausgelöst werden.	✓	–	✓
@method	Zeichnet eine Funktion explizit als Methode aus.	✓	✓	✓
@module	Dokumentiert ein Modul.	✓	✓	–
@namespace	Ermöglicht die Angabe des Namens-raums.	✓	✓	–
@param	Dokumentiert einen Funktions- bzw. Methodenparameter.	✓	✓	✓
@private	Zeichnet eine Eigenschaft oder Methode als privat aus.	✓	✓	✓
@property	Zeichnet eine Eigenschaft aus.	✓	✓	✓
@protected	Zeichnet eine Eigenschaft oder Methode als protected aus.	✓	✓	✓
@readonly	Markiert eine Eigenschaft als nur lesend zugreifbar.	✓	✓	✓
@requires	Dokumentiert Abhängigkeiten des entsprechenden Moduls.	✓	✓	✓
@return	Dokumentiert den Rückgabewert einer Funktion oder Methode.	–	✓	✓
@returns		✓	–	–

Tabelle 5.2 Übersicht der wichtigsten Tags für die Dokumentation (Forts.)

Tag	Beschreibung	JSDoc	YUIDoc	JSDuck
@since	Dokumentiert die Version, seit der der entsprechende Quelltext (bzw. das Feature, die Methode, die Funktion etc.) hinzugefügt wurde.	✓	✓	✓
@static	Dokumentiert eine Komponente als statisch.	✓	✓	✓
@throws	Dokumentiert, welche Fehler eine Funktion bzw. Methode werfen kann.	✓	–	✓
@type	Dokumentiert den Typ eines Objekts.	✓	✓	✓

Tabelle 5.2 Übersicht der wichtigsten Tags für die Dokumentation (Forts.)

5.4.5   Fazit

Mein persönlicher Favorit der vorgestellten Dokumentationstools ist YUIDoc: Es bietet eine benutzerfreundliche, relativ hübsch gestaltete Oberfläche, die zudem noch über eine Suchfunktion und verschiedene Filterfunktionen verfügt. Außerdem handelt es sich bei YUIDoc um ein reines Node.js-Modul. JSDuck bietet ebenfalls eine benutzerfreundliche Oberfläche mit Suchfunktion, entfaltet sein volles Potenzial aber erst mit Sencha-Frameworks wie Ext JS. JSDoc 3 macht auch einen zuverlässigen Job, allerdings ist die generierte Dokumentation eher schlicht gehalten. Wenn man Zeit und Muße hat, diese durch eigenes CSS aufzuhübschen, ist man aber mit JSDoc 3 auch gut beraten.

5.5   Konkatenation, Minification und Obfuscation

Bei der Entwicklung von clientseitigem JavaScript-Code muss man verschiedene Dinge beachten, die man eventuell nicht vor Augen hat, wenn man bisher eher serverseitige Komponenten entwickelt hat:

▶ **Anzahl an Dateien**: Vor dem Ausführen von clientseitigem JavaScript-Code muss dieser Code – logisch – erst auf Clientseite heruntergeladen werden. In der Regel passiert das im Hintergrund durch den Browser, der eine Webseite interpretiert und die entsprechend verlinkten JavaScript-Dateien herunterlädt. Das Herunterladen der Dateien geschieht jedoch nicht parallel. Erst wenn eine Datei komplett geladen ist, kann mit dem Herunterladen der nächsten Datei fortgefahren werden. Das wirkt sich natürlich auf die Gesamtdownloadzeit aus. Die Anzahl der benötigten JavaScript-Dateien sollte daher auf ein Minimum reduziert werden.

▶ Um dies zu erreichen, geht man in der Regel so vor, dass man den (clientseitigen) JavaScript-Code der entsprechenden Anwendung zu einer Datei (bzw. zu einigen wenigen Dateien) zusammenfasst. Dies bringt einen enormen Geschwindigkeitsvorteil gegenüber vielen einzelnen Dateien, da der Browser nicht mehr viele einzelne HTTP-Anfragen durchführen muss, sondern (im Idealfall) nur noch eine einzige. Den Prozess des Zusammenfassens mehrerer JavaScript-Dateien nennt man *Konkatenation*.

▶ **Dateigröße**: Neben der Anzahl an Dateien spielt auch deren Größe eine Rolle. Leerzeichen, Tabulatoren, Zeilenumbrüche oder auch Kommentare führen in der Summe zu einem (gerade für das Web) nicht unerheblichen Ballast. Dem wirkt man über *Minifizierung* (*Minification*) entgegen, bei der unter anderem für die Programmlogik unwichtige Zeichen aus dem Code entfernt werden.

▶ **Einsehbarer Code**: JavaScript-Code auf der Clientseite ist für jeden anderen sichtbar und einsehbar: Theoretisch läuft man so Gefahr, dass der eigene Code von anderen Entwicklern kopiert und für eigene Zwecke eingesetzt wird, aber auch, dass Schwachstellen im eigenen Code leichter entdeckt und ausgenutzt werden können. Dies ist zwar prinzipiell auch bei kompiliertem Code möglich, über sogenanntes Reverse-Engineering, bei dem kompilierter Code in Quelltext konvertiert wird, allerdings ist dies im Vergleich um einiges aufwendiger. Um das Verstehen des Codes zu erschweren, geht man daher so vor, Variablen- und Funktionsnamen durch kürzere, kryptische Namen zu ersetzen. Dies macht den Code sowohl kompakter als auch schwieriger zu verstehen. Diesen Prozess nennt man *Obfuscation*.

Das Ändern von Variablen- und Funktionsnamen erhöht jedoch auch die Wahrscheinlichkeit, dass Bugs in den Code gelangen. Die vorhandenen Tools sind zwar weitestgehend ausgereift, trotzdem sollten Sie die Obfuscation-Technik nur dann anwenden, wenn berechtigtes Interesse daran besteht, den Code vor Reverse-Engineering zu schützen. Zudem kann es relativ aufwendig sein, zu konfigurieren, welche Variablen- und Funktionsnamen nicht verändert werden dürfen: Verwenden Sie beispielsweise externe Bibliotheken, dürfen Verweise auf die dort enthaltenen Funktionen und Objekte natürlich nicht umbenannt werden, da ansonsten Ihr Code nicht mehr funktioniert! Hier ist auf jeden Fall vorher abzuwägen, ob einem der Aufwand wert ist.

Hintergrundinfo

Während des Entwicklungsprozesses und insbesondere während des Debuggens ist es einfacher, die nicht minifizierte Version einer Bibliothek inklusive originalen Variablen- und Funktionsnamen zu verwenden. So gut wie alle Open-Source-Bibliotheken bieten daher neben der minifizierten Variante immer auch die Originalbibliothek zum Download an.

Sowohl für Konkatenation, Minifizierung als auch für Obfuscation gibt es verschiedene Tools, wobei die meisten alle Techniken unterstützen. Im Folgenden stelle ich Ihnen kurz die drei bekanntesten vor: den YUI Compressor (*http://yui.github.io/yui-compressor*) von Yahoo, den Google Closure Compiler (*https://developers.google.com/closure/compiler*) sowie UglifyJS 2 (*https://github.com/mishoo/UglifyJS2*).

Best Practice

Komprimierungstools können einiges ersetzen, einiges aber auch nicht: Werte primitiver Datentypen wie `true`, `false` etc. können nicht einfach ersetzt werden. Daher ist es sinnvoll, primitive Werte in Variablen zu speichern. Diese Variablen können dann vom Optimierungstool in kürzere Namen umbenannt werden, was in Summe platzsparender ist als Werte wie `true`, `false` etc. immer auszuschreiben. Einige weitere Tipps, wie man den Code für den Optimierungsprozess vorbereiten sollte, findet sich unter *http://yuiblog.com/blog/2008/02/11/helping-the-yui-compressor*.

5.5.1   YUI Compressor

YUI Compressor (*https://github.com/yui/yuicompressor*) ist ein in Java geschriebenes JavaScript-Minifizierungs-Tool von Yahoo. Es kann sowohl als Java-Anwendung als auch als Node.js-Modul verwendet werden. Intern verwendet es in beiden Fällen eine modifizierte Version der Rhino-Laufzeitumgebung und setzt somit ein installiertes Java voraus.

YUI Compressor entfernt unnötige Whitespaces, ersetzt Variablennamen durch (im besten Fall) einzelne Zeichen und entfernt unnötige Semikolons. Neben der Minifizierung von JavaScript-Dateien lassen sich zudem CSS-Dateien verkleinern.

Angenommen, folgende Datei soll minimiert werden:

```
/**
 * Eine Person
 *
 * @class Person
 * @constructor
 */
function Person(name, nachname) {
  this.name = name;
  this.nachname = nachname;
  /**
   * Diese Methode gibt ein Hallo auf die Konsole aus.
   *
   * @method sagHallo
   */
```

```
  this.sagHallo = function() {
    console.log('Hallo');
  }
}
```

Listing 5.14 Beispielhafter zu optimierender Code

Über den Aufruf von `java -jar yuicompressor-2.4.8.jar Person.js -o Person.min.js`
lässt sich der YUI Compressor starten. Der optimierte Code sieht dann wie folgt aus:

```
function Person(b,a){this.name=b;this.nachname=a;this.sagHallo=
function(){console.log("Hallo")}};
```

Listing 5.15 Mit YUIDoc optimierter Code

5.5.2   Google Closure Compiler

Google Closure Compiler (*https://developers.google.com/closure/compiler*) ist wie
YUI Compressor ein in Java geschriebenes Tool. Neben dem Aufruf über Kommandozeile steht das Tool zusätzlich noch als Webanwendung sowie über eine REST-
basierte Webservice-API zur Verfügung.

Google Closure Compiler kann in drei verschiedenen Modi ausgeführt werden:

► WHITESPACE ONLY: Entfernen von Whitespaces

► SIMPLE: einfache Optimierungen

► ADVANCED: fortgeschrittene Optimierungen

Bei Letzterem werden beispielsweise Variablen noch verstärkter umbenannt, Code,
der nicht erreicht werden kann (»Dead Code«), wird entfernt und der Funktionskörper von Funktionen teilweise direkt innerhalb anderer Funktionen (welche die Funktion aufrufen) eingebettet. All diese Optimierungen sind nicht ganz risikolos und
laufen eher unter dem Begriff »experimentelles Feature«, so dass nicht wirklich
garantiert ist, dass der Code hinterher noch so läuft, wie er soll (für ein Beispiel dazu
siehe Kasten »Advanced Modus«).

Google Closure Compiler kann von der Projektwebseite als Java-Archiv (JAR-Datei)
heruntergeladen und wie folgt verwendet werden:

```
java -jar compiler.jar --js Person.js --js_output_file Person.min.js
```

Standardmäßig sind einfache Optimierungen aktiviert, so dass folgendes Ergebnis
für die Beispieldatei erzeugt wird:

```
function Person(a,b){this.name=a;this.nachname=b;this.sagHallo=
function(){console.log("Hallo")}};
```

Listing 5.16 Mit Google Closure Compiler optimierter Code

Wie Sie sehen, entfernt das Tool Kommentare und irrelevante Zeichen, wie beispiels-weise Whitespaces. Das Ergebnis ist also ähnlich bzw. in diesem Fall sogar gleich wie bei YUI Compressor. Allerdings verfügt der Google Closure Compiler (und auch das im Anschluss vorgestellte UglifyJS 2) über eine Reihe weiterer Optimierungen, die YUI Compressor nicht anbietet. Tabelle 5.3 gibt Ihnen Aufschluss über die genauen Unterschiede.

Advanced Modus

Die fortgeschrittenen Optimierungen des Google Closure Compilers lassen sich mit der Option `--compilation_level ADVANCED_OPTIMIZATIONS` aktivieren. Wendet man diese allerdings auf die Beispieldatei an, bleibt die optimierte Datei komplett leer. Der Grund: Die Konstruktorfunktion `Person` wird nirgends im Code verwendet. Um also überhaupt etwas zu sehen, fügen wir noch folgende beiden Zeilen an das Ende der Datei *Person.js*:

```
var person = new Person('Max', 'Mustermann');
console.log(person);
```

Wendet man nun das Tool mit entsprechendem Parameter auf diese geänderte Datei an, erhält man zwar eine durchaus bemerkenswert optimierte Version des Quelltextes, allerdings macht diese nicht mehr das Gleiche wie der Originalcode. Statt der Ausgabe des vollständigen Objekts `person` inklusive `name` und `nachname`, wird lediglich ein Objekt mit einer Eigenschaft (`name`) ausgegeben. Der Rest fehlt.

```
console.log(new function(a){this.name=a}("Max","Mustermann"));
```

Listing 5.17 Im »Advanced Mode« optimierter Code

5.5.3   UglifyJS 2

UglifyJS 2 (*https://github.com/mishoo/UglifyJS2*) ist selbst in JavaScript geschrieben und kann als Node.js-Modul installiert werden (`npm install uglify-js`).

Über den Befehl `uglifyjs` lässt sich das Tool anschließend verwenden. Als Parameter übergibt man die zu minimierenden JavaScript-Dateien. Mit dem Parameter `-o` lässt sich zudem eine Zieldatei für den minifizierten Code angeben:

```
uglifyjs Person.js -o Person.min.js
```

Standardmäßig ersetzt das Tool Variablennamen nicht, das bedeutet, obiger Befehl führt zu folgendem Code:

```
function Person(name,nachname){this.name=name;this.nachname=
nachname;this.sagHallo=function()
```

Listing 5.18 Mit UglifyJS 2 optimierter Code

Möchte man Variablennamen ersetzen, erreicht man das durch Angabe des Parameters -m (für englisch *mangle*). Das Ergebnis ist dann folgendes:

```
function Person(n,o){this.name=n;this.nachname=o;this.sagHallo=
function(){console.log("Hallo")}}
```

Listing 5.19 Mit der »mangle«-Option werden Variablennamen ersetzt.

In Tabelle 5.3 sehen Sie, dass die Minifizierungstechniken in etwa identisch sind mit denen des Closure Compilers.

Source Maps

Wenn es ans Debuggen einer Live-Anwendung geht, steht man mit minifiziertem und unleserlich gemachtem Quelltext erstmal vor einem Problem: Der Code lässt sich schwer bis gar nicht lesen, geschweige denn verstehen. Abhilfe schaffen hier sogenannte Source Maps. Das sind nichts anderes als JSON-Dateien, die als Mapping zwischen minifiziertem Code und Originalcode dienen.

Source Maps werden während des Minifizierens erstellt (Google Closure Compiler und UglifyJS 2 können das, YUI Compressor leider nicht) und können später während des Debuggens eingebunden werden, beispielsweise mithilfe der Chrome Developer Tools.

Mit UglifyJS 2 lässt sich eine Source Map beispielsweise über den Parameter --source-map definieren:

```
uglifyjs Person.js -m -o Person.min.js --source-map Person.min.js.map
```

Der Inhalt der Source-Map sieht dann für das Beispiel wie folgt aus:

```
{
  "version":3,
  "file":"Person.min.js",
  "sources":["Person.js"],
  "names":[
    "Person",
    "name",
    "nachname",
    "this",
    "sagHallo",
    "console",
    "log"],
  "mappings":"AAMA,QAASA,QAAOC,EAAMC,GAClBC,KAAKF,KAAOA,CACZE,MAAKD,SAAWA,CAMhBC,MAAKC,SAAW,WACZC,QAAQC,IAAI"
}
```

Listing 5.20 Aufbau einer Source-Map

Folgende Informationen sind dabei in einer Source Map enthalten:

▶ Angaben über die Version der verwendeten Source-Map-Spezifikation (hier die momentan aktuelle Revision 3)

▶ ein Verweis auf die generierte, minifizierte JavaScript-Datei (file)

▶ ein Array, das die Quelldateien auflistet (sources)

▶ ein Array mit allen Variablennamen, die ersetzt wurden (names)

▶ in Base64 VLQ (Variable Length Quantity) kodierte Mapping-Informationen (mappings)

▶ Die minifizierte Datei (in dem Fall *Person.min.js*) enthält zudem einen Verweis auf die Source-Map:

```
function Person(n,o){this.name=n;this.nachname=o;this.sagHallo=
function(){console.log("Hallo")}}
//# sourceMappingURL=Person.min.js.map
```

Listing 5.21 Die minifizierte Datei enthält einen Verweis auf die Source-Map.

Für detaillierte Informationen zu dieser Mapping-Technik empfehle ich Ihnen den Blogartikel von HTML5Rocks unter *http://www.html5rocks.com/en/tutorials/developertools/sourcemaps/*, für Informationen bezüglich des Einsatzes von Source Maps während des Debuggens von Live-Anwendungen folgenden Artikel: *https://developer.chrome.com/devtools/docs/javascript-debugging#source-maps*.

Weitere Tools

Nicht unerwähnt bleiben sollen an dieser Stelle zwei Tools, die noch einen Schritt weiter gehen als die bisher besprochenen. Das eine Tool nennt sich JavaScript Compressor (*http://javascriptcompressor.com*) und erlaubt es, den JavaScript-Code mit Base62 zu encoden und somit noch unleserlicher zu machen. Das hat aber wiederum zur Folge, dass der entstandene Code recht lang ist. Jedes Zeichen wird schließlich durch mehrere andere Zeichen ersetzt.

Das Tool JSFuck (ja, es heißt wirklich so, zu finden hier: *http://www.jsfuck.com*) codiert sogar alle lesbaren Zeichen in Kombinationen aus [,], (,), ! und +. Auch hier dürfte klar sein, dass der umgewandelte Code um einiges länger als der Originalcode ist.

Aber nicht nur die Dateigröße ist bei Verwendung der beiden Tools ein Problem, man muss auch Einbußen in der Performance hinnehmen, denn das Ausführen beispielsweise von Schleifen ist dann um einiges langsamer. Beide Tools sind daher für den Produktiveinsatz nicht bzw. nur in extremen Sonderfällen zu verwenden.

5.5.4   Fazit

Alle drei vorgestellten Tools unterstützen die Konkatenation, die Minimierung und die Obfuscation von JavaScript-Quelltext. YUI Compressor bietet – wie Sie in Tabelle 5.3 sehen können – dabei nicht ganz so viele Optimierungen wie Google Closure Compiler und UglifyJS 2, zudem unterstützt es nicht die Generierung von Source Maps. Ich würde daher eines der beiden letztgenannten Tools empfehlen. Google Closure Compiler im Advanced Mode ist dagegen nicht zu empfehlen, da es teilweise Code produziert, der nicht das Gleiche wie der Ursprungscode macht.

Optimierungs-technik	Unkomprimiert	Komprimiert	Google Closure Compier	YUI Com-pressor	UglifyJS 2
Einsatz von Objekt-Literal	`var object = new Object();`	`var object={};`	✓	–	✓
Einsatz von Array-Literal	`var array = new Array();`	`var array=[];`	✓	–	✓

if-Optimie-rung 1	`if(x) {`
	`   executeSome-`
	`   thing();`
	`}`
		`x&&execute-`
		`Something();`
			✓	–	✓

if-Optimie-rung 2	`if(x) {`
	`   executeSome-`
	`   thing();`
	`} else {`
	`   executeSome-`
	`   thingElse();`
	`}`
		`x?executeSome-`
		`thing():exe-`
		`cuteSomething-`
		`Else();`
			✓	–	✓

Auswerten statischer Aus-drücke	`function return-`
	`Eight() {`
	`   return 2*4;`
	`}`
		`function`
		`returnEight(){`
		`return 8};`
			✓	–	✓

Zusammen-fassen von Variablen-deklarationen	`var v1 = 4;`
	`var v2 = 7;`
	`var v3 = 4;`
	`var v4 = 7;`
		`var v1=4,`
		`v2=7,`
		`v3=4,`
		`v4=7;`
			✓	–	✓

Tabelle 5.3 Support der verschiedenen Optimierungstechniken in den Tools

Optimierungs-technik	Unkomprimiert	Komprimiert	Google Closure Compier	YUI Com-pressor	UglifyJS 2
Zugriff auf Objekteigen-schaften per Punktschreib-weise	`var name = inter-` `pret['name'];`	`var name=inter-` `pret.name;`	✓	✓	✓

Entfernen unnötiger Anführungs-zeichen	`var person = {`
	`  "name" : "Max"`
	`}`
		`var person=`
		`{name:"Max"};`
			✓	✓	✓

String-Konka-tenation	`var ergebnis =`
	`  "String" + " Kon-`
	`  katenation";`
		`var ergebnis=`
		`  "String Konka-`
		`  tenation";`
			✓	✓	✓

Auflösen innerer Funktionen	`(function() {`
	`  function x1() {`
	`  console.log(`
	`    'x1');`
	`  }`
	`  function x2() {`
	`  console.log(`
	`    'x1');`
	`  }`
	`  x1();`
	`})();`
		`(function(){`
		`  console.log(`
		`  "x1")})();`
			✓	–	✓ (bzw. ähnlich kompri-miert)

Tabelle 5.3 Support der verschiedenen Optimierungstechniken in den Tools (Forts.)

5.6   Package Management

Zu der professionellen Softwareentwicklung gehört ein ordentliches *Package Management*, über das Abhängigkeiten einer Anwendung oder eines Moduls verwaltet werden können. Dies umfasst Installation, automatisches Update und Entfernen von Abhängigkeiten.

Im Fall von JavaScript unterscheidet man dabei aufgrund der flexiblen Einsatzmöglichkeiten der Sprache zwei Arten von Package Management: serverseitiges sowie clientseitiges.

Serverseitige Package Manager kümmern sich um Abhängigkeiten von serverseitigen Paketen (bzw. Anwendungen) zu anderen JavaScript-Paketen. Der Node.js Package Manager (NPM) ist diesbezüglich quasi konkurrenzlos.

Clientseitige Package Manager kümmern sich zudem um Frontend-bezogene Abhängigkeiten: Packages, die neben JavaScript-Code auch CSS- und HTML-Komponenten enthalten. Hier gibt es direkt mehrere Alternativen, wobei ich Ihnen im Folgenden das relativ etablierte Bower vorstellen möchte.

5.6.1   Backend Package Management mit NPM

Den Package Manager für Node.js haben Sie bereits zu Beginn des Kapitels kennengelernt. Wenn Sie Node.js installieren, wird der Node.js Package Manager inklusive des Tools npm automatisch mit installiert. Mit dessen Hilfe lassen sich anschließend verschiedenste Node.js-Module bequem von der Kommandozeile aus installieren. Übrigens: Die Begriffe *Package* und *Modul* werden zwar häufig synonym verwendet, im Folgenden spreche ich aber immer von Packages bzw. Paketen, um den Begriff deutlicher von den in Kapitel 3, »Objektorientierte Programmierung mit JavaScript«, vorgestellten Modultechniken abzugrenzen.

Konfiguration eines Packages

Bei der Konfigurationsdatei *package.json* handelt es sich, wie der Name schon sagt, um eine JSON-Datei, die typischerweise im Wurzelverzeichnis des jeweiligen Packages liegt. Die Datei muss in jedem Package vorhanden sein und mindestens den Namen und die Versionsnummer des jeweiligen Packages beinhalten, da es ansonsten nicht installiert werden kann. Name und Versionsnummer in Kombination identifizieren nämlich ein Package eindeutig. Beide werden von NPM benötigt, um Abhängigkeiten auflösen und herunterladen zu können. Neben allgemeinen Daten zum Package werden in der Konfigurationsdatei auch die Abhängigkeiten zu anderen Packages definiert. Installieren Sie über NPM ein Package, werden ausgehend von dieser Datei die Abhängigkeiten, falls notwendig, direkt in der korrekten Version mit installiert.

Das verwendete JSON-Format basiert lose auf dem unter CommonJS definierten Package-Descriptor-Dateiformat (*http://wiki.commonjs.org/wiki/Packages/1.0#Package_Descriptor_File*).

Listing 5.22 zeigt als Beispiel die Konfigurationsdatei für das Node.js-Package *jquery* (*https://github.com/jquery/jquery*), wobei bei den Abhängigkeiten etwas gekürzt wurde:

```
{
  "name": "jquery",
  "title": "jQuery",
  "description": "JavaScript library for DOM operations",
  "version": "2.1.2-pre",
  "main": "dist/jquery.js",
  "homepage": "http://jquery.com",
  "author": {
    "name": "jQuery Foundation and other contributors",
    "url": "https://github.com/jquery/jquery/blob/master/AUTHORS.txt"
  },
  "repository": {
    "type": "git",
    "url": "https://github.com/jquery/jquery.git"
  },
  "keywords": [
    "jquery",
    "javascript",
    "browser",
    "library"
  ],
  "bugs": {
    "url": "http://bugs.jquery.com"
  },
  "licenses": [
    {
      "type": "MIT",
      "url": "https://github.com/jquery/jquery/blob/master/LICENSE.txt"
    }
  ],
  "dependencies": {},
  "devDependencies": {
    "colors": "0.6.2",
    "commitplease": "1.10.1",
    "grunt": "0.4.5",
    "grunt-cli": "0.1.13",
    "grunt-compare-size": "0.4.0",
    ...
  },
  "scripts": {
    "build": "npm install && grunt",
    "start": "grunt watch",
```

```
      "test": "grunt"
    }
}
```

Listing 5.22 Die Konfigurationsdatei package.json für das NPM-Modul jquery

Tabelle 5.4 gibt eine Übersicht über die wichtigsten Eigenschaften, die in dieser Konfigurationsdatei verwendet werden können. Eine vollständige Liste finden Sie unter *https://www.npmjs.org/doc/json.html*. Eine weitere gute Quelle ist der interaktive package.json-Guide unter *http://package.json.nodejitsu.com/*.

Eigenschaft	Beschreibung
name	Name des Packages
version	Version des Packages. Der Name eines Packages plus die Version des Packages dienen als eindeutige ID für das gesamte Package. Unterstützt wird hierbei die sogenannte semantische Versionierung (siehe auch *http://semver.org*).
description	Beschreibung des Packages
main	Hauptdatei/Einstiegsdatei in das Package
keywords	Ein Array von Schlüsselwörtern, um das Package thematisch einzuordnen. Diese Schlüsselwörter werden beispielsweise durchsucht, wenn Sie eine Suchanfrage über npm search durchführen.
homepage	URL der Projekt-Homepage
license	Lizenz des Packages
author	(Haupt-)Autor des Packages. Hier kann nur eine Person angegeben werden. Weitere Autoren können über die Eigenschaft contributors angegeben werden. Ein Person-Objekt besteht aus den Eigenschaften name, email (optional) und url (optional).
contributors	ein Array von Person-Objekten
repository	Hierüber kann das Repository angegeben werden, unter dem der Quelltext des Packages verwaltet wird.

Tabelle 5.4 Die verschiedenen Eigenschaften der Konfigurationsdatei package.json

Eigenschaft	Beschreibung
dependencies	Hier können Abhängigkeiten des Packages zu anderen Packages definiert werden. Abhängigkeiten werden über Name und Version des entsprechenden Packages definiert. Dabei kann unter anderem definiert werden, ob die Versionsnummer des referenzierten Packages exakt übereinstimmen muss, ob die Version größer (bzw. größer gleich) oder kleiner (bzw. kleiner gleich) als die angegebene Versionsnummer sein muss. Über verschiedene weitere Platzhalter kann sehr flexibel bestimmt werden, ab wann eine Abhängigkeit erfüllt ist. Abhängigkeiten werden bei der Installation eines Packages direkt mit installiert.
devDependencies	Hier werden all die Packages verwaltet, die lediglich während der Entwicklung benötigt werden, nicht aber, wenn das jeweilige Package produktiv verwendet wird. In der Regel finden sich hier Packages für das Unit-Testen, das Überprüfen von Codequalität, den Build-Prozess etc.
os	Über diese Eigenschaft können Sie die Betriebssysteme definieren, unter denen das jeweilige Package lauffähig ist.

Tabelle 5.4 Die verschiedenen Eigenschaften der Konfigurationsdatei package.json (Forts.)

Erstellen eines Packages

Über den Befehl npm init lässt sich ein Kommandozeilen-Wizard starten, über den man sich die Datei *package.json* generieren lassen kann. Dabei werden nacheinander die in Listing 5.23 fett markierten Informationen abgefragt.

```
This utility will walk you through creating a package.json file.
It only covers the most common items, and tries to guess sane defaults.

See `npm help json` for definitive documentation on these fields
and exactly what they do.

Use `npm install <pkg> --save` afterwards to install a package and
save it as a dependency in the package.json file.

Press ^C at any time to quit.
name: (package) beispielpaket
version: (0.0.0) 1.0.0
```

```
description: Beispielpaket JavaScript-Buch
entry point: (index.js)
test command: mocha
git repository:
keywords: javascript
author: Philip Ackermann
license: (ISC) MIT
About to write to /Users/philipackermann/Documents/Arbeit/Rheinwerk/
JavaScriptBuch/Quelltext/Kapitel5/package/package.json:

{
  "name": "beispielpaket",
  "version": "1.0.0",
  "description": "Beispielpaket JavaScript-Buch",
  "main": "index.js",
  "scripts": {
    "test": "mocha"
  },
  "keywords": [
    "javascript"
  ],
  "author": "Philip Ackermann",
  "license": "MIT"
}


Is this ok? (yes)
```

Listing 5.23 Kommandozeilen-Wizard für die Erstellung eines npm-Packages

Installation von Packages

Für die Installation der Tools aus diesem Kapitel haben Sie bisher immer den Befehl `npm install -g` [package] verwendet. Damit wird das angegebene Package global installiert. Bei der Entwicklung eigener Packages reicht es aber häufig, die abhängigen Packages nicht global, sondern lokal (standardmäßig in den Ordner *node_modules*) zu installieren. Das erreichen Sie mit folgendem Befehl:

`npm install` [package]

Dies bewirkt eine Installation des Packages in das Verzeichnis, von dem aus der Befehl aufgerufen wird.

NPM sorgt nicht nur dafür, dass das ausgewählte Package installiert wird, sondern wie erwähnt zusätzlich dafür, dass auch alle Abhängigkeiten des Packages mit installiert werden. Das geschieht für jedes zu installierende Package rekursiv so lange, bis alle Abhängigkeiten aufgelöst und ebenfalls installiert wurden.

Über die Angabe des zusätzlichen Parameters `--save` erreicht man, dass die Abhängigkeit nicht nur heruntergeladen wird, sondern auch direkt als Abhängigkeit in der Datei *package.json* vermerkt wird:

```
npm install underscore --save
```

Der Parameter `--save-dev` schreibt analog die Anhängigkeit in die Entwicklungsabhängigkeiten (`devDependencies`) der Konfigurationsdatei:

```
npm install mocha --save-dev
```

Nach Ausführen obiger Befehle sieht die *package.json*-Datei nun wie folgt aus:

```
{
  "name": "beispielpaket",
  "version": "1.0.0",
  "description": "Beispielpaket JavaScript-Buch",
  "main": "index.js",
  "scripts": {
    "test": "mocha"
  },
  "keywords": [
    "javascript"
  ],
  "author": "Philip Ackermann",
  "license": "MIT",
  "dependencies": {
    "underscore": "~1.7.0",
  },
  "devDependencies": {
    "mocha": "~1.21.4"
  }
}
```

Listing 5.24 Die um Abhängigkeiten erweiterte Konfigurationsdatei package.json

---

Infos zu Modulen einholen

Über den Befehl `npm info [package-name]` können Sie sich die *package.json*-Datei des entsprechenden Packages ausgeben lassen, ohne dass das Package auf Ihrem Rechner installiert sein muss. Der Node.js Package Manager holt sich die Information aus

---

der NPM-Registry und gibt die Datei auf der Konsole aus. Dies kann praktisch sein, wenn Sie vor der Installation eines Packages gewisse Voraussetzungen überprüfen möchten, beispielsweise verwendete Abhängigkeiten, Support eines bestimmten Betriebssystems etc.

Mittlerweile können viele Tools und Bibliotheken über NPM installiert werden. Tabelle 5.5 gibt eine kurze Übersicht über einige wichtige davon.

Modulname	Beschreibung	Link
express	ein Web-Framework für Node.js	*https://github.com/strongloop/ express*
async	Vereinfacht den Umgang mit asynchronen Funktionen.	*https://github.com/caolan/async*
grunt	Build-Tool, das ich Ihnen später in diesem Kapitel noch vorstellen werde	*https://github.com/gruntjs/grunt*
request	ein HTTP-Client	*https://github.com/mikeal/ request*
socket.io	Socket-Server und Socket-Client	*https://github.com/Automattic/ socket.io*
mocha	Test-Framework, unter anderem Inhalt des nächsten Kapitels	*https://github.com/visionmedia/ mocha*
underscore	hilfreiche Bibliothek für alles rund um funktionale Programmierung	*https://github.com/jashkenas/ underscore*

Tabelle 5.5 Auswahl bekannter NPM-Packages

Verwenden von Packages

Wie bereits in Kapitel 3, »Objektorientierte Programmierung mit JavaScript«, erwähnt, richtet sich Node.js und damit NPM nach dem CommonJS-Modulformat. Das bedeutet, die als Abhängigkeiten definierten Packages können über require() im Code eingebunden werden:

```
var _ = require('underscore');
var namen = ['Max', 'Moritz'];
console.log(_.contains(namen, 'Moritz')); // Ausgabe: true
```

Listing 5.25 Verwenden des Packages underscore in Node.js

Browserify

Node.js-Module richten sich, wie bereits erwähnt, nach der CommonJS-Modulspezifikation. Solche Module können jedoch standardmäßig nicht innerhalb eines Browsers verwendet werden. Der Code

```
var s = require('tests');
```

würde im Browser nicht ohne Weiteres funktionieren, weil die Funktion `require()` im Browser (im Vergleich zu Node.js) standardmäßig nicht existiert.

Dieser Problematik nimmt sich das Tool Browserify (*http://browserify.org*) an: Dank Browserify können viele Node.js (bzw. auf CommonJS basierende) Packages innerhalb des Browsers verwendet werden. So lange das Package, das Sie verwenden, nicht eine Aktion durchführt, die innerhalb eines Browsers nicht möglich bzw. nicht erlaubt ist (beispielsweise das Modul »fs« (»filesystem«), das auf das Dateisystem zugreift), spricht nichts gegen eine Verwendung.

Damit kennen Sie nun den wichtigsten Package Manager für serverseitige JavaScript-Komponenten. Lassen Sie uns als Nächstes das Package Management auf Clientseite betrachten.

5.6.2   Frontend Package Management mit Bower

Der derzeit bekannteste Package Manager für die Verwaltung von Abhängigkeiten im Frontend ist Bower (*http://bower.io*). Bower selbst ist ein Modul für Node.js, so dass es mit NPM über folgenden Befehl installiert werden kann:

```
npm install –g bower
```

Anschließend steht Ihnen das Tool über den Befehl `bower` zur Verfügung.

Prinzipiell kommt man mit dem Tool recht schnell zurecht, wenn man bereits NPM kennt, ähneln sich doch viele der Konfigurationen und Befehle.

Konfiguration eines Packages

Ähnlich wie die Datei *package.json* für NPM-Packages werden Abhängigkeiten eines Bower-Packages über eine JSON-Konfigurationsdatei verwaltet: über die Datei *bower.json*. Der Aufbau ist, wie Sie an Listing 5.26 sehen können, dem der *package.json*-Datei sehr ähnlich: Neben den eigentlichen Abhängigkeiten finden sich dort beispielsweise auch Angaben wie Name und Version des Packages.

```
{
  "name"         : "backbone",
  "version"      : "1.1.2",
  "main"         : "backbone.js",
  "dependencies" : {
```

```
     "underscore"  : ">=1.5.0"
   },
   "ignore"         : ["backbone-min.js", "docs", "examples", "test", "*.yml",
   "*.map", ".html", "*.ico"]
}
```

Listing 5.26 Eine exemplarische Konfigurationsdatei bower.json

In Tabelle 5.6 finden Sie eine Übersicht über die wichtigsten Eigenschaften, die in dieser Konfigurationsdatei verwendet werden können. Eine vollständige Liste finden Sie unter *https://github.com/bower/bower.json-spec.*

Eigenschaft	Beschreibung
name	Name der Komponente
version	Version der Komponente. Der Name eines Packages plus die Version des Packages dienen als eindeutige ID für das gesamte Package. Unterstützt wird hierbei die semantische Versionierung.
description	Beschreibung des Packages
main	Hauptdatei/Einstiegsdatei in das Package
keywords	ein Array von Schlüsselwörtern, um das Package thematisch einzuordnen
homepage	URL der Projekt-Homepage
license	Lizenz des Packages
authors	Autoren der Komponente
repository	Hierüber kann das Repository angegeben werden, unter dem der Quelltext des Packages verwaltet wird.
dependencies	Hier können Abhängigkeiten des Packages zu anderen Packages definiert werden. Abhängigkeiten werden über Name und Version des entsprechenden Packages definiert. Dabei kann unter anderem definiert werden, ob die Versionsnummer des referenzierten Packages exakt übereinstimmen muss, ob die Version größer (bzw. größer gleich) oder kleiner (bzw. kleiner gleich) als die angegebene Versionsnummer sein muss. Über verschiedene weitere Platzhalter kann sehr flexibel bestimmt werden, ab wann eine Abhängigkeit erfüllt ist.

Tabelle 5.6 Die verschiedenen Eigenschaften der Konfigurationsdatei bower.json

Eigenschaft	Beschreibung
devDependencies	Hier werden all die Packages verwaltet, die lediglich während der Entwicklung benötigt werden, nicht aber, wenn das jeweilige Package produktiv verwendet wird. In der Regel finden sich hier beispielsweise Packages für das Unit-Testen, das Überprüfen von Codequalität etc.

Tabelle 5.6 Die verschiedenen Eigenschaften der Konfigurationsdatei bower.json (Forts.)

Erstellen eines Packages

Über den Befehl bower init lässt sich (wie schon bei npm) ein Kommandozeilen-Wizard starten, über den sich die Datei *bower.json* generieren lässt. Neben Informationen zu Namen, Version und Beschreibung zu dem Package lässt sich auch das verwendete Modulformat auswählen: Zur Verfügung stehen AMD (siehe Abschnitt 3.8.5, »AMD, CommonJS und ECMAScript-6-Module«), ES6-Module (siehe Abschnitt 4.10, »Module«), Globals (das heißt globale Variablen), Node.js (sprich CommonJS, siehe Abschnitt 3.8.5) und YUI-Module (*http://yuilibrary.com/yui/docs/yui/create.html*).

Listing 5.27 zeigt (fett markiert) die durch den Wizard abgefragten Informationen:

```
[?] name: beispielpaket
[?] version: 1.0.0
[?] description: Beispielpaket JavaScript-Buch
[?] main file:
[?] what types of modules does this package expose? amd
[?] keywords: javascript
[?] authors: Philip Ackermann
[?] license: MIT
[?] homepage: philipackermann.de
[?] set currently installed components as dependencies? Yes
[?] add commonly ignored files to ignore list? Yes
[?] would you like to mark this package as private which prevents it from
    being accidentally published to the registry? No

{
  name: 'beispielpaket',
  version: '1.0.0',
  authors: [
    'Philip Ackermann'
  ],
  description: 'Beispielpaket JavaScript-Buch',
  moduleType: [
```

```
    'amd'
  ],
  keywords: [
    'javascript'
  ],
  license: 'MIT',
  homepage: 'javascript.philipackermann.de',
  ignore: [
    '**/.*',
    'node_modules',
    'bower_components',
    'test',
    'tests'
  ]
}
```

[?] Looks good? Yes

Listing 5.27 Kommandozeilen-Wizard für die Erstellung eines Bower-Packages

Installation von Packages

Einzelne Abhängigkeiten lassen sich unter Bower ähnlich wie unter NPM über bower install [package] installieren. (Anmerkung: Statt des Paketnamens können dem Befehl auch GitHub-Shortcuts, Git-URLs sowie einfache URLs übergeben werden. Das entsprechende Paket wird dann von der entsprechenden Quelle heruntergeladen). Die Option --save sorgt wieder dafür, dass die Abhängigkeit nicht nur heruntergeladen, sondern auch direkt in die *bower.json*-Konfigurationsdatei geschrieben wird, über --save-dev lassen sich zudem Entwicklungsabhängigkeiten konfigurieren. Alle Abhängigkeiten werden standardmäßig in einem lokalen Ordner mit Namen *bower_components* gespeichert.

Hier ein paar Beispiele:

```
bower install underscore –save
bower install requirejs --save
bower install jasmine --save-dev
bower install sinon --save-dev
```

Nach Ausführen obiger Befehle sieht die *bower.json*-Datei wie folgt aus:

```
{
  "name": "beispielpaket",
  "version": "1.0.0",
  "authors": [
```

```
    "Philip Ackermann"
  ],
  "description": "Beispielpaket JavaScript-Buch",
  "moduleType": [
    "amd"
  ],
  "keywords": [
    "javascript"
  ],
  "license": "MIT",
  "homepage": "javascript.philipackermann.de",
  "ignore": [
    "**/.*",
    "node_modules",
    "bower_components",
    "test",
    "tests"
  ],
  "dependencies": {
    "underscore": "~1.7.0",
    "requirejs": "~2.1.15"
  },
  "devDependencies": {
    "jasmine": "~2.0.4",
    "sinon": "~1.10.3"
  }
}
```

Listing 5.28 Die um Abhängigkeiten erweiterte Konfigurationsdatei bower.json

Verwenden von Packages

Bower gibt wie gesehen nicht vor, welches Modulsystem zu verwenden ist. Eine Verwendung von AMD mit RequireJS sähe beispielsweise wie folgt aus:

```
<!doctype html>
<html lang="en">
  <head>
    <meta charset="UTF-8">
    <title>Clientseitiges Package-Management mit Bower</title>
  </head>
  <body>
    <script src="bower_components/requirejs/require.js"></script>
    <script>
```

```
require.config({
  paths: {
    underscore: 'bower_components/underscore/underscore'
  }
});
require(['underscore'], function (_) {
  var namen = ['Max', 'Moritz'];
  console.log(_.contains(namen, 'Moritz'));
});

    </script>
  </body>
</html>
```

Listing 5.29 Verwenden eines Packages

Auswahl an Packages

Bower bietet wie NPM eine öffentliche Registry für Packages, unter der man derzeit (Stand: Februar 2015) rund 23.500 Packages findet (*http://bower.io/search*). Tabelle 5.7 zeigt ein paar der bekannteren.

Modulname	Beschreibung	Link
angularjs	bekanntes JavaScript-Web-Framework, ansatzweise in Kapitel 8, »Architekturmuster und Konzepte moderner Java-Script-Webframeworks«, vorgestellt	*https://github.com/angular/angular.js*
bootstrap	Framework mit Fokus auf die Entwicklung responsiver Web-anwendungen	*https://github.com/twbs/bootstrap*
norma-lize.css	CSS-Datei, die dafür sorgt, dass HTML-Elemente in allen Browsern einheitlich dargestellt werden	*https://github.com/necolas/normalize.css*
modernizr	Bibliothek, mit der erkannt werden kann, welche CSS3- und HTML5-Features der jeweilige Browser unterstützt	*https://github.com/Modernizr/Modernizr*

Tabelle 5.7 Auswahl bekannter Bower-Packages

Modulname	Beschreibung	Link
skrollr	Bibliothek, mit der Parallax-Scrolling-Effekte erzeugt werden können	*https://github.com/Prinzhorn/skrollr*
jasmine	Ein Test-Framework für das Durchführen von Unit-Tests	*https://github.com/pivotal/jasmine*
handlebars.js	Bibliothek, die clientseitiges Templating ermöglicht	*https://github.com/wycats/handlebars.js*

Tabelle 5.7 Auswahl bekannter Bower-Packages (Forts.)

5.6.3   Fazit

Momentan ist NPM für das Package Management von serverseitigen Komponenten konkurrenzlos. Über Browserify lassen sich NPM-Packages mit Einschränkungen sogar auch auf Clientseite (sprich im Browser) verwenden. Eine Kombination von NPM mit Browserify ist immer dann sinnvoll, wenn Sie eine Komponente erstellen, die sowohl auf Clientseite als auch auf Serverseite funktionieren soll, denn dann sparen Sie sich die Arbeit, zwei verschiedene Varianten eines Packages zu erstellen.

Bower orientiert sich an NPM und stellt momentan eine gute Wahl dar, wenn Ihre Anwendung auf Frontend-Frameworks wie AngularJS, Backbone, Bootstrap, EmberJS, JQuery etc. aufsetzt bzw. wenn es sich um eine Webanwendung handelt. Neben Bower sind an dieser Stelle vielleicht noch WebPack (*https://github.com/webpack/webpack*) und Component (*https://github.com/componentjs/component*) erwähnenswert, die eine ähnliche Problematik adressieren. Hier bleibt abzuwarten, welches dieser Tools in Zukunft die Gunst der Entwickler-Community gewinnt.

5.7   Building

Während des Entwicklungsprozesses einer JavaScript-Anwendung gibt es gewisse Aufgaben, die immer wieder anfallen: Dazu zählen Codeanalyse, Komprimierung, Minifizierung, Obfuscation, das Ausführen von Präprozessoren oder Unit-Tests und weitere Tätigkeiten zur Vorbereitung des Deployments einer Anwendung. Anstatt diese Aufgaben alle händisch durchzuführen, ist es sinnvoll, sich die Arbeit von Tools abnehmen zu lassen. In Java gibt es dazu beispielsweise Automatisierungstools wie Ant, Maven oder neuere Tools wie das auf Groovy basierende Gradle (*http://www.gradle.org*). Für C++ gibt es beispielsweise make, für Ruby am bekanntesten ist Rake.

Aber auch in der JavaScript-Entwicklung haben sich mittlerweile verschiedene solcher Build-Tools durchgesetzt, die einem viele wiederkehrende Aufgaben abnehmen und damit den Entwicklungsprozess beschleunigen. Im Folgenden werde ich Ihnen die zwei derzeit bekanntesten Vertreter im JavaScript-Umfeld vorstellen: das schon etwas länger verfügbare Grunt sowie das in den letzten Monaten immer populärer gewordene Tool Gulp JS.

5.7.1   Grunt

Grunt (*http://gruntjs.com*) ist ein auf JavaScript basierendes *Build-Tool* (bezeichnet sich selbst als *Task-Runner*), das dem Entwickler die eingangs genannten Aufgaben abnimmt und automatisch ausführt. Grunt kann über NPM als Node.js-Modul installiert werden, wobei man dabei laut Empfehlung des Entwicklerteams Grunt nicht global, sondern lokal für jedes Projekt installieren sollte. Hierdurch hat man den Vorteil, dass jedes Projekt über eine eigene Version von Grunt verfügt. Da Grunt in der Regel nur im Rahmen der Entwicklung einer Anwendung benötigt wird, reicht es außerdem, die Abhängigkeit nur als Entwicklungsabhängigkeit hinzuzufügen.

Der Befehl zur Installation von Grunt lautet daher wie folgt:

```
npm install grunt --save-dev
```

Der Nachteil, Grunt lokal und nicht global zu installieren, ist der, dass Grunt nicht als globales Kommando aufgerufen werden kann. Abhilfe schafft hier das ebenfalls über NPM installierbare Tool grunt-cli. Durch dieses Tool ist es möglich, Grunt global aufzurufen, dabei aber die Grunt-Version des aktuellen Projekts zu verwenden.

```
npm install -g grunt-cli
```

Die Aufgaben, die durch Grunt automatisiert erledigt werden sollen, definieren Sie zuvor in der Konfigurationsdatei *Gruntfile.js*. Diese Datei liegt in der Regel im Wurzelverzeichnis des jeweiligen Packages. Das Dateisuffix verrät es bereits: Bei der Konfigurationsdatei handelt es sich nicht etwa um eine JSON-Datei, sondern um eine JavaScript-Datei. Der generelle Aufbau ist in Listing 5.30 dargestellt:

```
'use strict';
module.exports = function (grunt) {
  grunt.initConfig({
    // ...
  });
  grunt.loadNpmTasks('...');
  grunt.registerTask('default', [ '...' ]);
};
```

Listing 5.30 Genereller Aufbau der Datei Gruntfile.js

Sie sehen: Die Konfigurationsdatei richtet sich nach dem CommonJS-Modulsystem. Innerhalb der anonymen Funktion, die als Export bereitgestellt wird, geschieht die eigentliche Konfiguration in drei Schritten: Über initConfig() können Projekt- und Task-Konfigurationen vorgenommen werden, über loadNpmTasks() vorhandene Plug-ins und Tasks geladen werden und über registerTask() eigene Tasks definiert werden.

Für das Erstellen eines simplen eigenen Tasks reicht die Funktion registerTask(), wie in Listing 5.31 zu sehen. Der Task kann anschließend über den Befehl grunt beispiel aufgerufen werden.

```
'use strict';
module.exports = function (grunt) {
    grunt.registerTask('beispiel', 'Ein Beispiel-Task.', function() {
        console.log('Beispiel')
    });
};
```

Listing 5.31 Ein Beispiel-Task für Grunt

Auf diesem Weg lassen sich beliebig komplexe eigene Tasks erstellen. Besonders effektiv ist Grunt aber erst durch die diversen zur Verfügung stehenden Plug-ins.

Plug-ins für Grunt

Grunt bietet eine wahre Fülle an vorhandenen Plug-ins, die Sie unter *http:// gruntjs.com/plugins* einsehen können. Zum derzeitigen Zeitpunkt beläuft sich die Anzahl auf mehr als 4.000 Plug-ins (Stand: Februar 2015). Eine Auswahl davon zeigt Tabelle 5.8.

Plug-in	Beschreibung
grunt-contrib-jshint	Validierung von JavaScript-Code mithilfe von JSHint (siehe Abschnitt 5.3.2)
grunt-contrib-uglify	Minifizierung von JavaScript-Code unter Verwendung von UglifyJS (siehe Abschnitt 5.5.3)
grunt-contrib-concate	Konkatenation von JavaScript-Dateien
grunt-contrib-cssmin	Minifizierung von CSS-Dateien
grunt-contrib-watch	Führt bestimmte Grunt-Tasks aus, sobald sich beobachtete Dateien ändern. Ist besonders praktisch, um als Entwickler nicht jedes Mal händisch Grunt ausführen zu müssen.

Tabelle 5.8 Übersicht einiger Plug-ins für Grunt

Plug-in	Beschreibung
grunt-contrib-coffee	Kompilierung von CoffeeScript nach JavaScript
grunt-contrib-qunit	Ausführen von auf QUnit basierenden Unit-Tests in Kombination mit PhantomJS (siehe Abschnitt 6.1.5, Unterabschnitt »QUnit in Grunt«)
grunt-contrib-yuidoc	Generierung von Dokumentation unter Verwendung von YUIDoc (siehe Abschnitt 5.4.2)
grunt-mocha-test	Ausführen von auf mocha basierenden serverseitigen Unit-Tests (siehe Abschnitt 6.1.5, Unterabschnitt »mocha in Grunt«)

Tabelle 5.8 Übersicht einiger Plug-ins für Grunt (Forts.)

Installation von Plug-ins

Um ein Plug-in verwenden zu können, muss es zuvor in den lokalen Kontext des Moduls bzw. der Anwendung installiert werden. Schauen wir uns als Beispiel die Installation des UglifyJS-Plug-ins an. Dieses würden Sie wie folgt innerhalb ihrer Anwendung installieren:

```
npm install grunt-contrib-uglify --save-dev
```

Die Verwendung des Plug-ins innerhalb der Datei *Gruntfile.js* ist in Listing 5.32 dargestellt. Wie Sie sehen, wird das UglifyJS-Plug-in zunächst innerhalb von `initConfig()` konfiguriert: Hierzu zählen die Angaben von Quellverzeichnis und Zielverzeichnis der zu bearbeitenden JavaScript-Dateien (*src* und *dest*) sowie die Angabe, ob die Verzeichnisstruktur im Zielverzeichnis beibehalten werden oder der Zielcode zu einer Datei zusammengefasst werden soll (`expand`). Für weitere Details zur Konfiguration des UglifyJS-Plug-ins schlagen Sie am besten in der Dokumentation unter *https://github.com/gruntjs/grunt-contrib-uglify* nach.

Anschließend wird das Plug-in über `loadNpmTasks()` geladen. Damit wäre man eigentlich schon fertig und der Task könnte über `grunt uglify` aufgerufen werden. Üblich ist es aber, einen Default-Task zu definieren, der dann aufgerufen wird, wenn `grunt` ohne Parameter aufgerufen wird. Dies geschieht im Beispiel über `registerTask()`.

Eine weitere nette Eigenschaft von Grunt-Konfigurationsdateien: Da es sich um JavaScript-Code handelt, der das Modulsystem von CommonJS unterstützt, lassen sich über `require()` auch andere Module importieren. In Listing 5.32 wird beispielsweise das Node.js-Modul `path` geladen, um das Zielverzeichnis für die »uglifizierten« Dateien zu ermitteln:

```
'use strict';
module.exports = function (grunt) {
  var path = require("path");
  var binDir = path.join(__dirname, "dist", "bin");
  grunt.initConfig({
    uglify: {
      module : {
        files: [
          {
            expand : true,
            src : ['**/*.js', '!dist/**/*.js', '!node_modules/**/*.js',
                "!Gruntfile.js"],
            dest : binDir
          }
        ]
      }
    }
  });
  grunt.loadNpmTasks('grunt-contrib-uglify');
  grunt.registerTask('default', [ 'uglify' ]);
};
```

Listing 5.32 Verwendung des UglifyJS-Plug-ins für Grunt

In etwa lässt sich Grunt also mit Gradle vergleichen: Anstatt wie in Maven die Build-Konfiguration deklarativ zu definieren, macht man dies programmatisch. Der Vorteil ist, dass man viel flexibler bezüglich der Formulierung von Tasks ist.

5.7.2   Gulp JS

Je größer ein Projekt wird, desto größer wird mit der Zeit auch die Konfigurationsdatei für Grunt. Kritische Stimmen sehen Grunt daher auch als zu konfigurationslastig. In den vergangenen Monaten hat sich daher ein anderes Tool mit Namen Gulp JS in der JavaScript-Community als Alternative zu Grunt sehr beliebt gemacht, das mit deutlich weniger Konfiguration auskommt und insgesamt einen Pipelining-Ansatz verfolgt. Hierbei werden einzelne Tasks in einer Pipe hintereinandergeschaltet. Leserlich wird das Ganze durch eine Fluent API.

Installiert wird Gulp über NPM:

```
npm install -g gulp
```

Anschließend müssen Gulp und idealerweise einige Plug-ins über folgende Befehle als Abhängigkeit in die Datei *package.json* eingefügt werden:

```
npm install --save-dev gulp
```

```
npm install gulp-jshint gulp-sass gulp-concat gulp-uglify gulp-rename --save-dev
```

Konfiguriert wird Gulp wie Grunt über eine JavaScript-Konfigurationsdatei, allerdings mit dem Namen *gulpfile.js*. Eine solche Konfigurationsdatei für Gulp sieht beispielsweise wie folgt aus:

```
var gulp = require('gulp');
var jshint = require('gulp-jshint');
var concat = require('gulp-concat');
var uglify = require('gulp-uglify');
var rename = require('gulp-rename');

gulp.task('lint', function() {
  return gulp.src('scripts/*.js')
    .pipe(jshint())
    .pipe(jshint.reporter('default'));
});

gulp.task('scripts', function() {
  return gulp.src('scripts/*.js')
    .pipe(concat('all.js'))
    .pipe(gulp.dest('dist'))
    .pipe(rename('all.min.js'))
    .pipe(uglify())
    .pipe(gulp.dest('dist'));
});

gulp.task('watch', function() {
  gulp.watch('scripts/*.js', ['lint', 'scripts']);
});

gulp.task('default', ['lint', 'scripts', 'watch']);
```

Listing 5.33 Aufbau einer Konfigurationsdatei für Gulp

Sie sehen direkt, dass die Datei mit verhältnismäßig wenig Konfiguration auskommt und der Fokus auf dem Hintereinanderschalten von einzelnen Tasks (über die Methode `pipe()`) liegt. Das Resultat: Das, was die einzelnen Tasks machen, ist viel lesbarer als bei Grunt.

5.7.3   Fazit

Bezüglich der Definition und Konfiguration von Tasks verfolgt Grunt den Ansatz *Configuration over Code*, neigt aber dadurch auch zu aufgeblähten, sehr langen Konfigurationen. Gulp hingegen ist durch seinen Ansatz *Code over Configuration* leserlicher. Bezüglich der verfügbaren Plug-ins hat derzeit noch Grunt die Nase vorn. Ob man jetzt Grunt oder Gulp bevorzugt, ist mitunter auch anhängig von den Gegebenheiten: Hat sich ein Team beispielsweise gerade erst in das (immer noch frische) Grunt eingearbeitet und ist damit vertraut, würde ich raten, es dabei auch bis auf Weiteres zu belassen. Denn viel wichtiger, als auf jeden neuen Zug aufzuspringen, ist es, dass der Workflow im Team funktioniert.

Falls Sie den in diesem Kapitel besprochenen Workflow in Ant oder Maven integrieren wollen, empfehle ich Ihnen, Grunt oder Gulp als Build-Tool für die JavaScript-Komponenten zu verwenden und das jeweilige Tool von Ant bzw. Maven heraus aufzurufen und nicht die einzelnen Tools (Dokumentationstools, Linting-Tools etc.) direkt aus Ant bzw. Maven heraus aufzurufen. Zwar ist dies auch möglich, aber der Build-Prozess mit Grunt und Gulp ist mittlerweile schon so ausgereift, dass die Qualität jeweils höher ist als die entsprechenden JavaScript-Plug-ins für Ant oder Maven.

5.8   Scaffolding

Gerade in größeren Projekten ist es wichtig, seinen Quelltext innerhalb einer Ordnerstruktur und gewissen Konventionen folgend zu organisieren. In Java gibt es dazu beispielsweise die Konvention, Java-Dateien in Packages zu strukturieren, die gespiegelten URLs entsprechen (z. B. `de.philipackermann.java.beispiele`).

Solche Konventionen haben verschiedene Vorteile: Sie erleichtern das Auffinden von (Quelltext-)Dateien, vermeiden Namenskonflikte und schaffen eine saubere Trennung, beispielsweise von Konfigurationsdateien, Quelltext und benötigten Ressourcen wie Bildern etc.

Die Projektstruktur eines JavaScript-Projekts lässt sich natürlich (wie bei anderen Sprachen auch) nicht pauschal für alle Arten von Projekten definieren, sondern ist von verschiedenen Faktoren abhängig, wie beispielsweise von den verwendeten Frameworks, den verwendeten Technologien und vielem mehr: Eine Webanwendung folgt einer anderen Struktur als ein Node.js-Modul, das auf Serverseite zum Einsatz kommt, eine Anwendung, bei der sowohl Clientseite als auch Serverseite in JavaScript programmiert sind, ist anders strukturiert als eine Anwendung, bei der die Serverseite mit Java umgesetzt wird, und eine Anwendung, die auf dem AngularJS-Framework basiert, hat eventuell einen anderen Aufbau als eine Anwendung, die auf EmberJS basiert.

Eine pauschale Antwort für die »richtige« Projektstruktur gibt es also nicht. Trotzdem gibt es einige Konventionen, die eigentlich für alle Arten von Anwendungen gelten. Zusammenfassend lässt sich daher für JavaScript-Anwendungen Folgendes sagen:

▶ Der Code für die Clientseite und die Serverseite sollte in verschiedene Ordner einsortiert werden, wenn nicht sogar in verschiedene Projekte.

▶ Unit-Tests gehören ebenfalls in einen separaten Ordner, inklusive der Bibliotheken, die für das Testen notwendig sind.

▶ Im Fall einer Webanwendung werden (clientseitige) JavaScript-Dateien, CSS-Dateien, HTML-Dateien und Bilder jeweils in unterschiedlichen Ordnern verwaltet, typischerweise mit Namen wie *scripts*, *styles*, *views* und *images* benannt. Zusammengefasst werden diese Ordner in der Regel in einem Ordner mit dem Namen *app* oder *webapp*, der sozusagen den clientseitigen Code der Webanwendung darstellt.

▶ Je nachdem, welches Build-Tool eingesetzt wird und welches Tool für das Package Management eingesetzt wird, ergeben sich weitere Konfigurationsdateien, wie beispielsweise *Gruntfile.js* oder *bower.json*.

▶ In jedem Fall sollten die Metadaten der Anwendung in der Datei *package.json* eingetragen werden.

Um nicht für jedes neue Projekt die Ordnerstruktur händisch anlegen zu müssen, existieren mittlerweile verschiedene Tools, die Ihnen die Arbeit diesbezüglich abnehmen, unter anderem die im Folgenden vorgestellten Yeoman (*http://yeoman.io* bzw. *https://github.com/yeoman/yo*) und Lineman (*http://linemanjs.com*).

5.8.1   Yeoman

Yeoman (*http://yeoman.io*) ist eigentlich viel mehr als ein einfacher Projektgenerator, sondern hat eher das allgemeine Ziel, den Workflow bei der Entwicklung von JavaScript-basierten (Web-)Anwendungen im Allgemeinen zu vereinheitlichen. Es setzt dabei auf Grunt als Build-Tool und Bower als Package Manager auf. Yeoman kann über den Node Package Manager als Node.js-Modul installiert werden:

```
npm install -g yo
```

Anschließend steht das Tool über den Befehl yo zur Verfügung. Yo ist neben Grunt und Bower die dritte Hauptkomponente von Yeoman und kann dazu verwendet werden, automatisiert Projektgerüste zu erstellen. Diesen Prozess nennt man *Scaffolding*. Bevor Yo jedoch sinnvoll verwendet werden kann, ist ein weiterer Schritt notwendig: Das Erzeugen der Projektgerüste wird nämlich von sogenannten *Generatoren* übernommen. Mithilfe dieser Generatoren können beispielsweise Projektstrukturen für AngularJS-Projekte, JEE/JavaScript-Projekte, EmberJS-Projekte etc. generiert werden. Diese Generatoren müssen – bevor sie verwendet werden können – jeweils in Form von weiteren Node.js-Modulen bei Bedarf installiert werden.

Eine Liste aller verfügbaren Generatoren finden Sie unter *http://yeoman.io/genera-tors/*. Derzeit (Februar 2015) sind dort mehr als 1.400 verschiedene Generatoren gelistet (im Übrigen ein weiteres Indiz dafür, dass es nicht **die** eine richtige Projekt-struktur gibt). Tabelle 5.9 gibt eine kurze Übersicht über einige bekanntere Genera-toren.

Name des Generators	Beschreibung	Homepage
generator-angular-fullstack	Generierung eines Projekts basierend auf dem sogenann-ten MEAN-Stack, bestehend aus MongoDB, Express, AngularJS und Node.js	*https://github.com/ DaftMonk/generator-angular-fullstack*
generator-jhipster	Generierung eines Projekts basierend auf Maven, Spring und AngularJS	*https://github.com/ jhipster/generator-jhipster*
generator-wordpress	Generierung eines auf Word-press basierenden Projekts	*https://github.com/ wesleytodd/YeoPress*
generator-express	Generierung eines Projekts, das auf dem Node.js-Package Express basiert	*https://github.com/ petecoop/generator-express*
generator-h5bp	Generierung eines Projekts basierend auf HTML5-Boiler-plate	*https://github.com/h5bp/ generator-h5bp*
generator-firefox-os	Generierung einer Projekt-struktur von JavaScript-Anwendungen für Firefox OS (*http://www.mozilla.org/de/ firefox/os*)	*https://github.com/ zenorocha/generator-firefox-os*
generator-cordova	Generierung eines Projekts für Apache Cordova	*https://github.com/ dangeross/generator-cordova*
generator-webapp	Generierung eines Standard-webprojekts	*https://github.com/ yeoman/generator-webapp*

Tabelle 5.9 Übersicht einiger Generatoren für Yo

Den Generator für eine einfache Webanwendung installieren Sie beispielsweise wie folgt:

```
npm install -g generator-webapp
```

Anschließend steht Ihnen der Generator zur Verfügung, und Sie können über folgenden Befehl die Generierung des Projektgerüsts starten (allerdings sollten Sie zuvor ein neues Verzeichnis für das Projekt erstellen und dort hinein wechseln, denn Generatoren legen kein neues Verzeichnis für das Projekt an, sondern betrachten das aktuelle Verzeichnis als Wurzelverzeichnis).

```
yo webapp
```

Je nach Generator werden Sie durch einen mehr oder weniger umfangreichen Wizard-ähnlichen Dialog auf der Kommandozeile geführt. Im Falle des oben genannten webapp-Generators beschränkt sich das auf die Auswahl optionaler externer Bibliotheken wie Bootstrap und Modernizr sowie den Support von Sass. Es geht aber, wie Sie gleich sehen werden, auch deutlich komplexer.

Das Ergebnis des webapp-Generators ist in Abbildung 5.9 dargestellt. Wie Sie sehen, erzeugt der Generator ein Verzeichnis für die Webanwendung (*app*), ein separates Verzeichnis für Unit-Tests (*test*), jeweils ein Verzeichnis für die durch Bower verwalteten Abhängigkeiten (im Ordner *bower_components*) sowie eine Datei *package.json*, die Metadaten zu dem Projekt enthält. Als Build-Tool wird Grunt verwendet, daher wird zusätzlich noch eine Datei *Gruntfile.js* generiert, sowie ein Verzeichnis für die im Rahmen des Build-Prozesses benötigten Abhängigkeiten (*node_modules*).

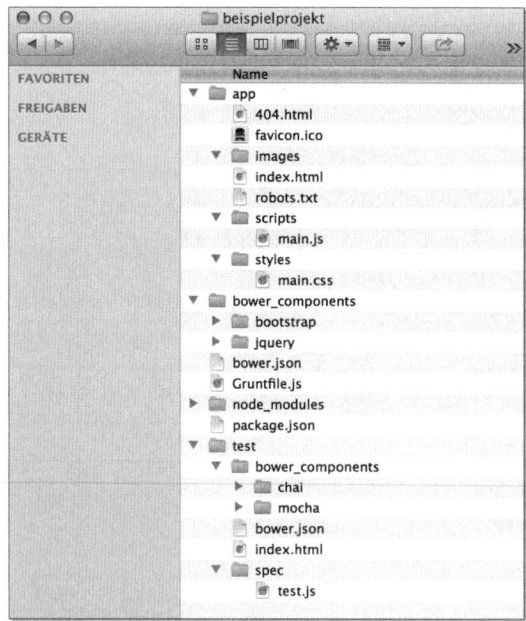

Abbildung 5.9 Projekt-Outline für ein mit dem webapp-Generator erstelltes Webprojekt

Zum Vergleich zeigt Abbildung 5.10 die Projekt-Outline für ein AngularJS-Projekt, das mit dem angular-fullstack-Generator erstellt wurde. Der Aufbau ist hier prinzipiell sehr ähnlich zum Beispiel aus Abbildung 5.9. Hinzu kommen aber serverseitige Komponenten sowie entsprechend eine Unterteilung der Unit-Tests in clientseitige und serverseitige.

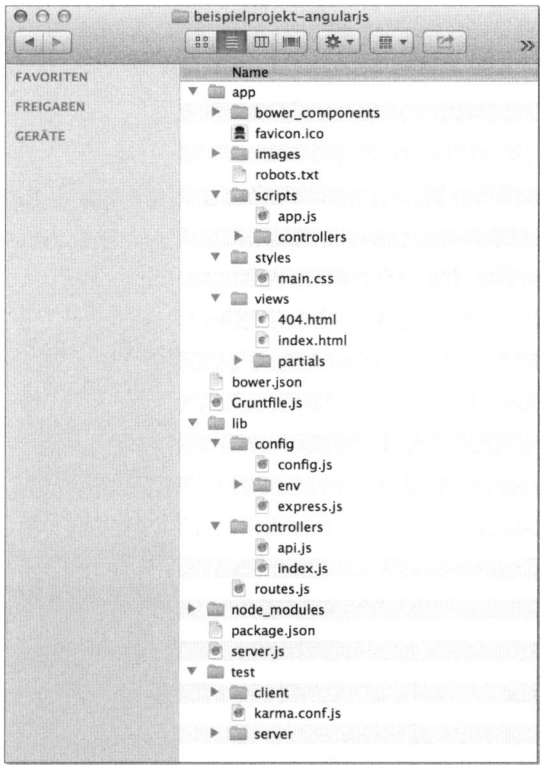

Abbildung 5.10 Projekt-Outline für ein mit dem angular-fullstack-Generator erstelltes AngularJS-Projekt

Als letztes Beispiel noch einen kurzen Blick auf die Generierung eines Projekts mit dem JHipster-Generator. JHipster ist nämlich insbesondere für Java-Entwickler interessant, da es automatisch ein Projekt erzeugt, das auf dem Spring-Framework sowie AngularJS basiert, wahlweise Maven oder Gradle als Build- und Dependency-Management-Tool für die serverseitigen Komponenten verwendet und wahlweise Grunt oder Gulp für die clientseitigen Komponenten.

Zudem bietet der Generator, wie in Abbildung 5.11 zu sehen, eine Reihe weiterer Konfigurationsmöglichkeiten, wie beispielsweise die Wahl zwischen SQL- oder NoSQL-Datenbank, Auswahl der zu verwendenden Java-Version, Angaben zu Authentifizierung, Caching, Session-Management, Sockets und einiges mehr.

```
Welcome to the JHipster Generator

[?] (1/13) What is the base name of your application? beispielprojekt-jhipster
[?] (2/13) Would you like to use Maven or Gradle? Maven
[?] (3/13) What is your default Java package name? de.philipackermann.jhipster
[?] (4/13) Do you want to use Java 8? No (use Java 7)
[?] (5/13) Which *type* of authentication would you like to use? Cookie-Based Authentication (Session)
[?] (6/13) Which *type* of database would you like to use? SQL (H2, MySQL, PostgreSQL)
[?] (7/13) Do you want to use Hibernate 2nd level cache? Yes, with ehcache (local cache, for a single node)
[?] (8/13) Do you want to use clustered HTTP sessions? No
[?] (9/13) Do you want to use WebSockets? No
[?] (10/13) Which *production* database would you like to use? MySQL
[?] (11/13) Which *development* database would you like to use? H2 in-memory with web console
[?] (12/13) Would you like to use Grunt or Gulp.js for building the frontend? Grunt
[?] (13/13) Would you like to use the Compass CSS Authoring Framework? No
```

Abbildung 5.11 Auswahlmöglichkeiten beim JHipster-Generator

Der Aufbau der generierten Projekt-Outline (mit Maven und Grunt als Build-Tools) ist folglich genau so, wie man es aus Maven-basierten Projekten kennt (siehe Abbildung 5.12). Die Maven-Konfiguration für das Dependency-Management und den Build-Prozess der serverseitigen Komponenten findet in der Datei *pom.xml* Platz, die entsprechende Grunt-Konfiguration für den Build-Prozess der clientseitigen Komponenten in der Datei *Gruntfile.js*, die Bower-Konfiguration für das Package Management der clientseitigen Komponenten in der Datei *bower.json*.

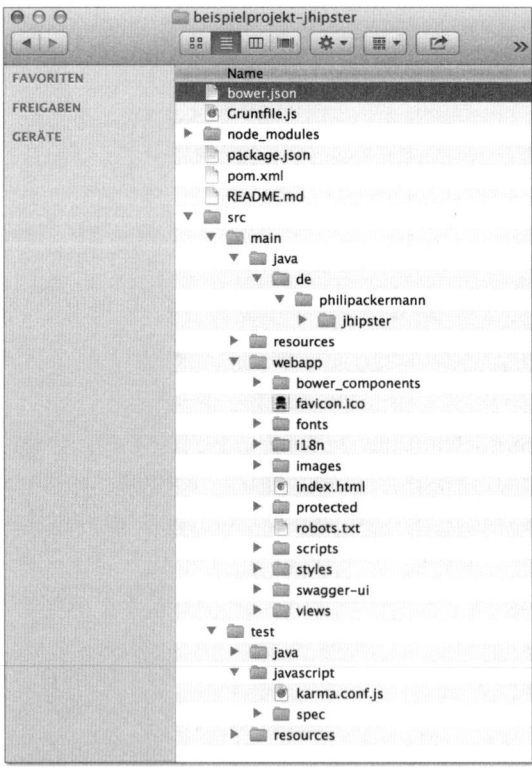

Abbildung 5.12 Projekt-Outline für ein mit dem JHipster-Generator erstelltes JHipster-Projekt

Der Rest sollte zumindest Java-Entwicklern bekannt vorkommen: Im Ordner *src* befinden sich Anwendungs- und Testcode in separaten Ordnern (*main* bzw. *test*). Beide Ordner enthalten wiederum Ordner für serverseitigen und clientseitigen Code.

JHipster ist ein schönes Beispiel dafür, wie man den Build-Prozess clientseitiger Komponenten in den allgemeinen Build-Prozess integriert. Bei genauerem Blick in die Maven-Konfigurationsdatei fällt nämlich auf, dass dort mithilfe eines entsprechenden Maven-Plug-ins (yeoman-maven-plugin) der Grunt-Build-Prozess angestoßen wird.

5.8.2 Lineman

Yo bzw. Yeoman ist sehr eng an Bower für das Package Management und Grunt als Build-Tool gebunden. Über Plug-ins kann es zwar auch andere Tools verwenden, aber der Fokus liegt ganz klar auf den beiden genannten. Ein weiterer »Nachteil«: Durch die Generatoren wird teilweise recht viel an initialen Beispieldateien und Konfigurationen erzeugt, die man in vielen Fällen gar nicht benötigt.

Das Tool Lineman (*http://linemanjs.com*) dagegen geht bezüglich dieser beiden Aspekte einen leichtgewichtigeren Weg. Im Gegensatz zu Yeoman gibt es ein fest definiertes Projektgerüst. Projekte, die Lineman verwenden wollen, müssen sich an diese Vorlage halten, damit Lineman korrekt funktioniert.

Lineman wird über NPM installiert: `npm install -g lineman`. Ein neues Projekt lässt sich dann über den Befehl `lineman new beispielprojekt` erzeugen. Daraufhin wird ein Projekt mit der Outline erstellt, die Sie in Abbildung 5.13 sehen.

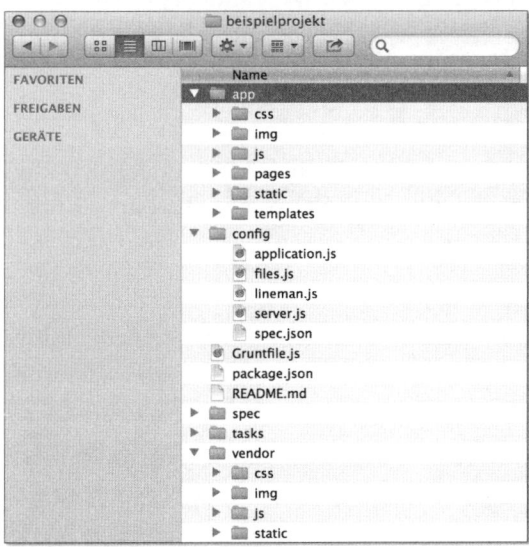

Abbildung 5.13 Projekt-Outline für ein mit dem Lineman-Standard-Template erstelltes Projekt

Im Gegensatz zu Yeoman basiert Lineman nicht auf Generatoren, sondern auf Templates. Das Standard-Template verwendet bis auf Underscore.js keine weiteren externen Bibliotheken oder Frameworks. Linemans Prinzip ist es vielmehr, das Projekt von Anfang an recht schmal zu halten und dem Entwickler zu überlassen, welche externen Abhängigkeiten nach und nach hinzugefügt werden sollen. Für den Fall, dass man sich zu Beginn des Projekts schon über das verwendete Framework sicher ist, bietet Lineman zusätzlich eine Reihe weiterer speziell vorkonfigurierter Templates, von denen Tabelle 5.10 eine kleine Auswahl zeigt.

Template	Beschreibung	Homepage
lineman-angular	ein Template für AngularJS-Projekte	*https://github.com/linemanjs/lineman-angular*
lineman-backbone	ein Template, das Backbone als Bibliothek einbindet	*https://github.com/linemanjs/lineman-backbone*
lineman-bower	ein Template, das Bower für das Package Management von clientseitigen Komponenten verwendet	*https://github.com/linemanjs/lineman-bower*
lineman-browserify	ein Template, das Browserify für das Package Management von clientseitigen Komponenten verwendet	*https://github.com/linemanjs/lineman-browserify*
lineman-ember	ein Template für EmberJS-Projekte	*https://github.com/linemanjs/lineman-ember*

Tabelle 5.10 Übersicht einiger Templates für Lineman

Um eines dieser Templates zu verwenden, erstellt man zunächst einen lokalen Klon des Templates. Für das Backbone-Template lautet der Befehl beispielsweise wie folgt:

```
git clone https://github.com/linemanjs/lineman-backbone-template
beispielprojekt-backbone
```

Weitere Bibliotheken lassen sich mit dem Befehl `lineman fetch <bibliothek>` einbinden bzw. herunterladen. Eine Liste der unterstützten Bibliotheken findet sich unter *https://github.com/linemanjs/fetcher-recipes/tree/master/recipes*.

Lineman bietet wie Yeoman neben der Projektgenerierung noch weitere Features, darunter einige, die in Yeoman nicht integriert sind, beispielsweise API-Stubbing, um Anfragen an Server zu »mocken«, oder API-Proxies, um Anfragen an den Server umzuleiten. Eine genauere Auflistung der Unterschiede beider Tools findet sich unter *http://linemanjs.com/#lineman-vs-yeoman*.

Fazit

Yeoman gibt den Workflow durch Verwendung der Tools Grunt und Bower relativ stark vor. Lineman dagegen ist diesbezüglich flexibler und wirbt auf der Webseite mit einigen anderen Features, die Yeoman nicht unterstützt. Ob man diese Features benötigt und welches Tool für das jeweilige Projekt geeignet ist, muss man selbst entscheiden. Momentan dürft aber Yeoman noch das verbreitetere Tool sein.

5.9   Zusammenfassung und Ausblick

In diesem Kapitel haben Sie die wichtigsten Aspekte eines professionellen JavaScript-Workflows sowie eine Auswahl der derzeit wichtigsten Tools kennengelernt. Die Betonung liegt hierbei auf »derzeit wichtigsten«, denn gerade was JavaScript-Tools angeht, gibt es bereits jetzt eine ungeheure Auswahl, die wöchentlich, wenn nicht täglich zunimmt.

Folgende Auflistung enthält die wichtigsten Punkte aus diesem Kapitel:

▶ Der Entwicklungsprozess einer JavaScript-Anwendung besteht im Wesentlichen aus den folgenden Schritten:

- Kompilieren aus Präprozessorsprachen wie CoffeeScript und TypeScript
- Überprüfen der Codequalität
- Durchführen der Unit-Tests und Integrationstests
- Generierung der HTML-Dokumentation
- Konkatenation, Minifizierung und Obfuscation des Quelltextes
- Package Management

▶ Für das Überprüfen der *Codequalität* sind die bekanntesten Tools JSLint, JSHint, ESLint, JSBeautifier und Google Closure Clinter. Am flexibelsten bezüglich der Erstellung eigener Regeln sind Sie mit ESLint.

▶ Für die *Dokumentation* von JavaScript-Quelltext gibt es beispielsweise JSDoc 3, YUIDoc und JSDuck 5, die allesamt ein ähnliches Prinzip wie javadoc verfolgen und ermöglichen, über Tags zu bestimmen, welche Informationen in die generierte HTML-Dokumentation übernommen werden soll.

▶ YUI Compressor, Google Closure Compiler und UglifyJS 2 sind allesamt Tools, über die sich JavaScript-Quelltext **konkatenieren, minifizieren und unleserlich machen** lässt. Die effektivsten Optimierungen liefern dabei Google Closure Compiler und UglifyJS 2.

▶ Bezüglich des *Package Managements* stellen NPM für serverseitige Packages und Bower für clientseitige Packages eine gute Wahl dar. Über Browserify lassen sich zudem Node.js-Packages teilweise auch auf Clientseite verwenden.

- ▶ Für das *Building* gibt es ebenfalls mehrere Tools: Am geläufigsten sind momentan das eher konfigurationslastige Grunt und das schlankere, auf einer Fluent API basierende Gulp.

- ▶ Yeoman und Lineman sind zwei Tools, die einen vordefinierten Workflow für Java-Script-Anwendungen vorschlagen und es zudem ermöglichen, über sogenanntes *Scaffolding* Projektgerüste zu erzeugen.

Kapitel 6
JavaScript-Anwendungen testen

Ein Aspekt des Entwicklungsprozesses von JavaScript-Anwendungen
wurde im vorigen Kapitel nur kurz angesprochen: das Testen.

Das automatisierte Testen ist unabhängig von der eingesetzten Programmiersprache ein wichtiger Bestandteil in der professionellen Softwareentwicklung. In diesem Kapitel stelle ich Ihnen vor, wie Sie Ihren JavaScript-Code automatisiert testen können. Dabei gehe ich auf Themen wie testgetriebene und verhaltensgetriebene Entwicklung ein, zeige Ihnen, wie Sie Test-Doubles einsetzen und wie Sie die Testabdeckung Ihrer Tests ermitteln. Des Weiteren stelle ich Ihnen verschiedene Möglichkeiten vor, über die Sie die Oberfläche einer Webanwendung testen können.

6.1 Testgetriebene Entwicklung

Zunächst möchte ich Ihnen einen kurzen Überblick über das Thema der *testgetriebenen Entwicklung* (kurz *TDD* für den englischen Begriff *Test-Driven Development*) sowie einige weitere in diesem Zusammenhang relevante Begriffe geben. Sollten Sie bereits Kenntnisse in der testgetriebenen Entwicklung bzw. dem Schreiben von Unit-Tests haben, können Sie diesen Abschnitt getrost überspringen.

6.1.1 Grundlagen und Begriffsdefinition

Das Prinzip der testgetriebenen Entwicklung gibt es – nach Maßstäben der Web- und Softwareentwicklung – mittlerweile recht lange, etwa seit der Jahrtausendwende. Seinen Ursprung hat sie in einer Methode der agilen Softwareentwicklung, dem *Extreme Programming*.

Die grundlegende Idee bei der testgetriebenen Entwicklung ist ein iteratives Vorgehen, bei dem man – bevor mit der Implementierung einer neuen Komponente begonnen wird – zunächst über sogenannte *Modultests* bzw. *Unit-Tests* festlegt, was die zu implementierende Komponente leisten soll. Sprich, innerhalb des Tests werden die Anforderungen an die entsprechende Komponente festgelegt (die Begriffe Modul, Unit und Komponente werden dabei häufig synonym verwendet).

Ein einzelner Unit-Test besteht aus einem oder mehreren *Testfällen*. Innerhalb eines Testfalls formuliert man über so genannte *Assertions* die Anforderungen an die zu implementierende Komponente. Das sind Zusicherungen, über die Sie bestimmte Aspekte prüfen können, beispielsweise definieren können, welches Ergebnis von einer Funktion für gegebene Parameter erwartet wird etc.

Eine Iteration bei der testgetriebenen Entwicklung besteht aus folgenden Schritten (siehe auch Abbildung 6.1):

► **Schreiben des Tests**: Bevor mit der Implementierung begonnen wird, definiert man im Unit-Test über Assertions die Anforderungen an die zu implementierende Komponente (in der Regel werden Unit-Tests in der gleichen Programmiersprache wie die zu testendende Komponente geschrieben).

► **Ausführen des Tests**: Nach dem Schreiben des Tests führt man diesen aus, wobei der Test zu diesem Zeitpunkt in der Regel fehlschlägt, da ja die Komponente (bzw. die geforderte Funktionalität) noch nicht implementiert ist. Da der Ablauf von Unit-Tests oft visuell durch Tools unterstützt wird und dort ein fehlschlagender Test durch die Farbe Rot repräsentiert wird, nennt man diesen Schritt der Iteration auch kurz »Red« oder aber auch »Fail«.

► **Implementierung der Funktionalität**: Im nächsten Schritt implementiert man die Komponente mit dem Ziel, die Anforderungen des Tests zu erfüllen, so dass dieser bei erneuter Ausführung von »Red« auf »Green« bzw. von »Fail« auf »Pass« wechselt.

► **Erneutes Ausführen des Tests**: Ob die Anforderungen korrekt implementiert wurden, wird durch erneutes Ausführen des Tests überprüft. Erst wenn der Test besteht, geht man zum nächsten Schritt über. Besteht er dagegen nicht, geht man einen Schritt zurück und passt die Implementierung entsprechend an, um dann anschließend einen neuen Testversuch zu starten.

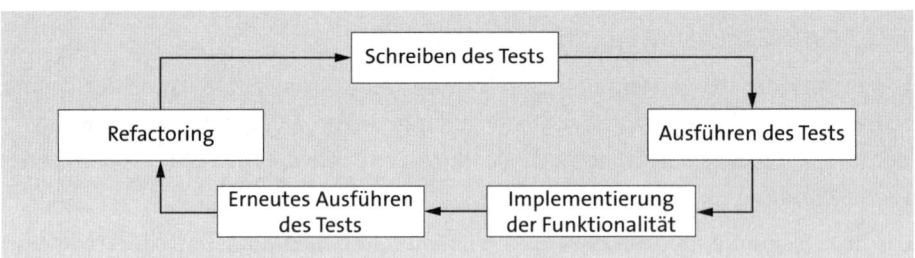

Abbildung 6.1 Workflow der testgetriebenen Entwicklung

► **Refactoring**: Im nächsten Schritt der Iteration optimiert man nun die zuvor implementierte Komponente, optimiert den Quelltext etc. und stellt durch erneutes Ausführen des Tests sicher, dass die eigentliche Funktionalität die gleiche bleibt.

Ein einzelner Testfall ist vom Prinzip her immer gleich aufgebaut und in vier Phasen eingeteilt (siehe Abbildung 6.2): Zunächst wird in der sogenannten *Setup-Phase* ein bestimmter Anfangszustand für die zu testende Komponente erzeugt, beispielsweise ein bestimmter Aufbau einer Objektstruktur. Diesen Anfangszustand bezeichnet man als *Test-Fixture* bzw. *Testkontext*. Er bildet den Ausgangspunkt für den Testfall.

Anschließend wird der eigentliche zu testende Code ausgeführt, das heißt die Komponente, die getestet werden soll (bzw. deren Methode), wird aufgerufen. Diese Phase nennt man *Exercise-Phase* (Ausführungsphase). In der darauffolgenden *Verify-Phase* (Überprüfungsphase) wird über die eingangs erwähnten Assertions überprüft, ob die realen Ergebnisse der getesteten Komponente den erwarteten Ergebnissen entsprechen. Analog zu der Setup-Phase, in der initiale Konfigurationsarbeiten durchgeführt werden, dient die sogenannte *Teardown-Phase* dazu, Aufräumarbeiten durchzuführen, beispielsweise Datenbankverbindungen zu trennen oder Ähnliches.

Die Komponente, die getestet werden soll, bezeichnet man wie erwähnt entweder als *Modul*, als *Unit* oder noch abstrakter als *System Under Test* (*SUT*), die Komponente, die den Test ausführt, normalerweise als *Testrunner*.

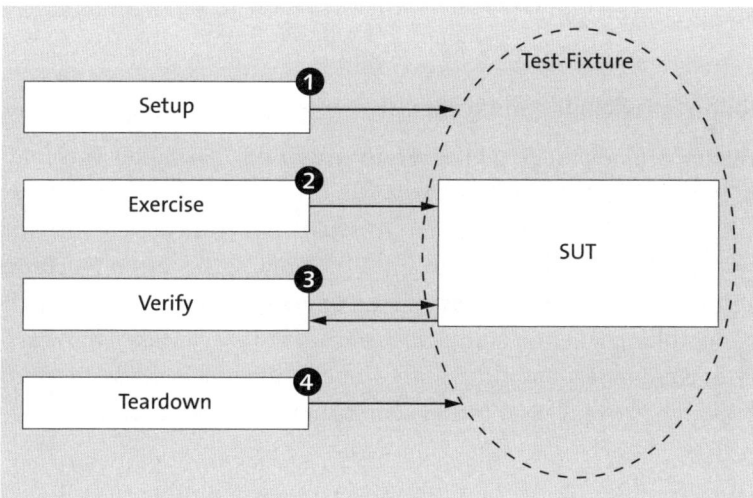

Abbildung 6.2 Prinzip des Unit-Testens

Idealerweise sollten Unit-Tests den zu testenden Code in Isolation prüfen. Das bedeutet zum einen, Abhängigkeiten zu anderen Teilen des Systems (beispielsweise einer Datenbank) sollten in der Regel vermieden werden. Zum anderen sollten die einzelnen Unit-Tests nicht voneinander abhängig sein. Die Reihenfolge, in der die Tests ausgeführt werden, darf keinen Einfluss auf die Testergebnisse haben.

Warum ist Testen wichtig?

Testen des Codes ist aus verschiedenen Gründen wichtig, insbesondere aus folgenden:

▶ **Saubere APIs**: Wenn Sie zuerst die Tests schreiben, bevor Sie mit der Implementierung beginnen, machen Sie sich zwangsläufig mehr Gedanken darüber, wie die API des zu testenden Codes aussehen muss. Die API bleibt dadurch sauber.

▶ **Refactoring**: Unit-Tests stellen sicher, dass bei Änderungen an der entsprechenden Komponente diese noch genauso funktioniert wie in den Unit-Tests beabsichtigt. So können Sie relativ ruhigen Gewissens Änderungen am Quelltext vornehmen, ohne dass Sie Angst haben müssen, neue Bugs in den Code zu bringen.

▶ **Testbarkeit**: Indem Sie zuerst Tests schreiben, stellen Sie sicher, dass Ihr Code einfach zu testen ist. Code, für den erst nachträglich Tests erstellt worden sind, ist häufig schwierig zu testen.

Nun sollten Sie einen groben Überblick über das Prinzip der testgetriebenen Entwicklung und die wichtigsten Begrifflichkeiten und Zusammenhänge bekommen haben. Für weitere Informationen empfehle ich Ihnen das Buch *Test Driven Development by Example* von Kent Beck, das sich ausschließlich mit dem Thema der testgetriebenen Entwicklung beschäftigt.

6.1.2   Testgetriebene Entwicklung in JavaScript

In nahezu jeder Programmiersprache gibt es Testframeworks, die Ihnen verschiedene Funktionalitäten für das Unit-Testen zur Verfügung stellen, auch so in JavaScript. Grundsätzlich sollten Sie sich vor der Auswahl der Testframeworks für JavaScript aber überlegen, welche Art von JavaScript-Anwendung Sie testen möchten bzw. welche Laufzeitumgebung vorausgesetzt wird. Code, der auf Clientseite (sprich im Browser) läuft und Abhängigkeiten zum *DOM* (*Document Object Model*) aufweist, muss anders getestet werden, als Code, der auf Komponenten aus Node.js zugreift. Manche Frameworks eignen sich besser für den einen, manche besser für den anderen Fall.

Im Folgenden möchte ich Ihnen aus diesem Grund zwei repräsentative Tools vorstellen: *QUnit*, das sich vor allem (wie Sie in Abschnitt 6.4, »DOM-Tests«, sehen werden) für das Testen von JavaScript mit Abhängigkeiten zum DOM (das heißt clientseitigen Code) eignet, sowie *mocha*, das ich Ihnen für das Testen von Node.js-Modulen (das heißt serverseitigen Code) empfehle. Prinzipiell ist es aber mit beiden Tools möglich, sowohl clientseitigen als auch serverseitigen Code zu testen. JavaScript-Code, der unabhängig von einer Laufzeitumgebung ist, lässt sich ohnehin mit beiden Frameworks gleich gut testen.

6.1.3   QUnit

QUnit (*http://qunitjs.com*) wurde ursprünglich von John Resig als Teil der jQuery-Bibliothek entwickelt, hauptsächlich mit dem Ziel, den internen Code von jQuery selbst testen zu können. Im Jahr 2008 wurde es dann ein eigenständiges Projekt – immer noch stark an jQuery gekoppelt, aber zumindest war es fortan möglich, eigenen, auf der jQuery-Bibliothek basierenden Code testen zu können. Ein Jahr später, im Jahr 2009, wurden die Abhängigkeiten zu jQuery durch ein erneutes Refactoring vollständig aufgelöst, so dass QUnit heute universell einsetzbar ist. Dabei kann es sowohl für das Testen von clientseitigem JavaScript-Code als auch von serverseitigem genutzt werden.

QUnit kann über NPM oder über Bower installiert werden. Beide Installationsarten sorgen letztendlich dafür, dass die benötigten JavaScript- und CSS-Dateien von QUnit heruntergeladen werden und als Abhängigkeit dem entsprechenden Projekt hinzugefügt werden.

Alternativ können Sie diese Dateien auch manuell von der Webseite herunterladen. Grundsätzlich benötigen Sie zwei Dateien: die JavaScript-Datei, die den Quelltext von QUnit enthält (momentan *qunit-1.15.0.js*), sowie eine CSS-Datei, die der Formatierung der Testergebnisse dient (momentan *qunit-1.15.0.css*). Neben diesen beiden Dateien konfigurieren Sie selbst eine HTML-Datei, die den Container für die Tests (den Testrunner) darstellt. Die Tests werden in der Regel in einzelnen JavaScript-Testdateien verfasst, die dann separat in die HTML-Datei eingebunden werden.

Innerhalb der Datei *TestRunner.html* bindet man die Komponenten ein, die für die Ausführung der Tests und für die Darstellung der Testergebnisse relevant sind, sprich die QUnit-Bibliothek, die entsprechende Stylesheet-Datei sowie die einzelnen Test- und die zu testenden Dateien (im folgenden Beispiel `ArrayHelperTest` und `ArrayHelper`). Des Weiteren sollte die Testrunner-Datei zwei `<div>`-Elemente enthalten: das Element mit der ID `qunit` stellt den Container für den Testreport dar, das Element mit der ID `qunit-fixture` den Container für das sogenannte Test-Fixture. Letzteres dient bei Tests, in denen das DOM einer Webseite getestet wird, dazu, den zu testenden DOM-Code bereitzustellen. DOM-Tests, die Spezialität von QUnit, sind Thema von Abschnitt 6.4.

```
<!DOCTYPE html>
<html>
  <head>
    <meta charset="utf-8">
    <title>QUnit-Beispiel</title>
    <link rel="stylesheet" href="style/qunit/qunit-1.15.0.css">
  </head>
  <body>
```

```
      <div id="qunit"></div>
      <div id="qunit-fixture"></div>
      <script src="js/lib/qunit/qunit-1.15.0.js"></script>
      <script src="js/src/ArrayHelfer.js"></script>
      <script src="js/test/ArrayHelferTests.js"></script>
   </body>
</html>
```

Listing 6.1 Die Datei TestRunner.html

Schreiben des Tests

Der TDD-Methodik folgend schreibt man als Nächstes den Test, also den Inhalt der Datei *ArrayHelferTest.js* (siehe Listing 6.2). Jeder Testfall in QUnit wird dabei über einen Aufruf der Methode test() definiert. Der erste Parameter beschreibt in Form einer Zeichenkette die Intention des Tests. Der Text, den Sie hier angeben, sollte möglich aussagekräftig und eindeutig sein, da er später in der Darstellung der Ergebnisse verwendet wird.

Als zweiten Parameter von test() geben Sie den eigentlichen Inhalt des Tests, die *Testprozedur*, in Form einer Callback-Funktion an. Innerhalb dieser Funktion formulieren Sie die einzelnen Assertions.

In dem Beispiel soll die Methode ArrayHelfer.max() die höchste Zahl des übergebenen Arrays zurückgeben. Um das sicherzustellen, wird die Assertion-Methode equal() verwendet. Diese Methode steht innerhalb des Callbacks durch das Objekt assert zur Verfügung. Als ersten Parameter übergibt man ihr das tatsächliche, als zweiten Parameter das erwartete Ergebnis. Über den dritten Parameter lässt sich zudem durch eine Zeichenkette weiteren Einfluss auf die Ergebnisdarstellung nehmen.

```
QUnit.test('Maximum eines Zahlenarrays', function(assert) {
  var zahlen = [4,8,47,27,56,4,5];
  assert.equal(ArrayHelfer.max(zahlen), 56,
    'Maximum in [4,8,47,27,56,4,5] ist 56');
});
```

Listing 6.2 Ein einfacher Unit-Test mit QUnit

Neben equal() stellt Ihnen QUnit weitere Assertions zur Verfügung, eine Übersicht gibt Ihnen Tabelle 6.1.

Assertion	Bedeutung
ok()	Überprüft, ob der übergebene Werte true ist.
equal()	Überprüft, ob die beiden übergebenen Werte gleich (==) sind.
notEqual()	Überprüft, ob die beiden übergebenen Werte ungleich (!=) sind.
strictEqual()	Überprüft, ob die beiden übergebenen Werte strikt gleich (===) sind.
notStrictEqual()	Überprüft, ob die beiden übergebenen Werte strikt ungleich (!==) sind.
deepEqual()	rekursive Überprüfung auf Gleichheit
notDeepEqual()	rekursive Überprüfung auf Ungleichheit
propEqual()	strikter Typ- und Wertvergleich der (direkten) Eigenschaften eines Objekts auf Gleichheit
notPropEqual()	strikter Typ- und Wertvergleich der (direkten) Eigenschaften eines Objekts auf Ungleichheit
throws()	Überprüft, ob eine Funktion einen Fehler wirft.

Tabelle 6.1 Übersicht der Assertions in QUnit

Ausführen des Tests

Wenn Sie die Datei *TestRunner.html* zum jetzigen Zeitpunkt im Browser aufrufen, werden Sie feststellen, dass der Test fehlschlägt (siehe Abbildung 6.3). Logisch, es gibt ja auch noch kein Objekt ArrayHelfer. Doch das lässt sich, wie im nächsten Schritt zu sehen, schnell nachholen.

Abbildung 6.3 Fehlgeschlagener Test in QUnit

Implementierung der Komponente

Die Funktionalität der Methode `ArrayHelfer.max()` ist relativ einfach zu implementieren, wenn man auf die Methode `Math.max()` zurückgreift und diese über `apply()` wie folgt mit dem Array als Parameter aufruft:

```
var ArrayHelfer = {
  max: function(array) {
    return Math.max.apply(null, array);
  }
}
```

Listing 6.3 Implementierung der Logik

Zur Erinnerung: `apply()` aufgerufen auf einer Funktion wendet diese auf die in Form eines Arrays übergebenen Parameter an. Der `this`-Kontext, der optional als erster Parameter übergeben werden kann, ist für das vorliegende Beispiel nicht relevant und wird daher mit dem Wert `null` belegt.

Erneutes Ausführen des Tests

Starten Sie nun den Testrunner erneut, sollte der Test bestehen und das Ergebnis mit dem aus Abbildung 6.4 übereinstimmen.

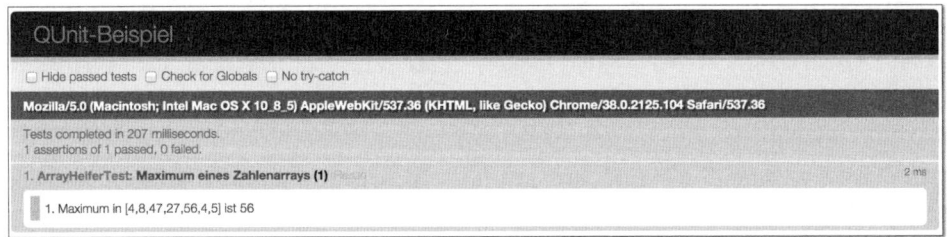

Abbildung 6.4 Bestandener Test in QUnit

Lifecycle-Methoden

Prinzipiell ist es üblich, dass alle Testfälle innerhalb eines Tests auf dem gleichen Test-Fixture arbeiten. Um auszuschließen, dass sich die einzelnen Testfälle gegenseitig beeinflussen, kann es hilfreich sein, das Test-Fixture vor jedem Testfall komplett neu zu initialisieren. Diesbezüglich gibt es im QUnit (wie Sie es als Java-Entwickler vielleicht von JUnit oder als C#-Entwickler von NUnit her kennen) verschiedene sogenannte *Test-Lifecycle-Methoden*: Die Methode `setup()` wird **vor** jedem Testfall aufgerufen und dient dazu, die Test-Fixture zu erzeugen und initiale Konfigurationen durchzuführen, wie etwa das Herstellen einer Datenbankverbindung, einer

Netzwerkverbindung etc. Die Methode `teardown()` dagegen wird **nach** jedem Testfall aufgerufen. Hier können Sie Testressourcen wie die angesprochenen Datenbankverbindungen und Netzwerkverbindungen wieder freigegeben, die zuvor in der `setup()`-Methode in Anspruch genommen wurden.

> **Tipp**
>
> Einzelne Testfälle sollten isoliert voneinander lauffähig sein. Sie sollten nicht von den Ergebnissen anderer Tests abhängig sein.

Die Implementierung von `setup()` und `teardown()` erfolgt über die Methode `module()`. Generell dient diese Methode dazu, Testfälle in einzelne Gruppen zusammenzufassen. Gruppierte Testfälle werden dann im Testreport unter einem gemeinsamen Label zusammengefasst. Ein Aufruf von `module('ArrayHelferTest')` beispielsweise sorgt dafür, dass alle nachfolgenden Tests unter dem Label »ArrayHelferTest« aufgeführt werden. Um die Methoden `setup()` und `teardown()` zu definieren, übergibt man der Methode `module()` als zweiten Parameter ein Objekt, das wiederum die beiden Methoden als Eigenschaften enthält.

```
module('ArrayHelferTest', {
  setup: function() {
    this.zahlen = [4,8,47,27,56,4,5];
  },
  zahlen : [],
  teardown: function() {
    this.zahlen = [];
  }
});
```

Listing 6.4 Gruppierung, Setup und Aufräumarbeiten

Alle weiteren Eigenschaften und Methoden dieses Objekts stehen zudem im Ausführungskontext nachfolgender Testfälle über `this` zur Verfügung.

```
QUnit.test('Maximum eines Zahlenarrays', function(assert) {
  assert.equal(ArrayHelfer.max(this.zahlen), 56,
   'Maximum in [4,8,47,27,56,4,5] ist 56');
});
QUnit.test('Minimum eines Zahlenarrays', function(assert) {
  assert.equal(ArrayHelfer.min(this.zahlen), 4,
   'Minimum in [4,8,47,27,56,4,5] ist 4');
});
```

Listing 6.5 Zugriff auf Daten, die im Setup definiert wurden

Testen asynchronen Codes

Wie Sie wissen, läuft der große Teil einer JavaScript-Anwendung in der Regel asynchron ab. In Kapitel 2, »Funktionen und funktionale Aspekte«, haben Sie bereits gesehen, dass man Ergebnis und eventuell auftretende Fehler einer asynchronen Funktion über Callbacks an den aufrufenden Code weitergibt.

Innerhalb eines Unit-Tests verhält es sich ähnlich, allerdings können Sie für das Testen von asynchronem Code nicht die Methode test() verwenden, denn diese wartet nicht auf das Ausführen der Callback-Funktion. Stattdessen müssen Sie die Methode asyncTest() verwenden. Von der API her unterscheidet sich diese nicht von test(), allerdings sorgt sie dafür, dass der Testrunner angehalten und erst über einen Aufruf der Methode start() weiter ausgeführt wird.

Betrachten Sie als Beispiel folgende einfache asynchrone Funktion:

```
var DownloadManager = {
  download: function(url, callback) {
    setTimeout(function() {
      // Hier normalerweise Download einer echten Datei, versteht sich.
      callback('Inhalt der Textdatei');
    }, 2000);
  }
}
```

Listing 6.6 Eine einfache asynchrone Funktion

Um diese Methode zu testen und beispielsweise den Rückgabewert zu überprüfen, verwenden Sie asyncTest() wie folgt:

```
QUnit.module('DownloadManagerTest');
QUnit.asyncTest('Download einer Textatei', function(assert) {
  DownloadManager.download('http://www.example.com/example.txt',
  function(content) {
    assert.equal(content, 'Inhalt der Textdatei');
    QUnit.start();
  });
});
```

Listing 6.7 Testen einer asynchronen Funktion in QUnit

Auf diese Weise ist es möglich, auf das Ergebnis einer asynchronen Funktion zu warten und dieses wie gewohnt über Assertions zu prüfen. Erst der Aufruf von QUnit.start() sorgt dafür, dass der Testrunner weiter ausgeführt wird.

Zu Beginn hatte ich ja gesagt, dass QUnit sich besonders für das Testen von DOM-bezogenem Code eignet. In den bisherigen Beispielen kann man davon noch nichts sehen. Aber keine Sorge, in Abschnitt 6.4, »DOM-Tests«, schauen wir uns dieses Thema etwas näher an.

6.1.4   mocha

mocha (*http://mochajs.org*) ist ein Test-Framework, das sich unabhängig von der verwendeten Laufzeitumgebung (Browser, Node.js) einsetzen lässt. Es unterscheidet sich von QUnit im Wesentlichen in zwei Punkten: Zum einen enthält es keine Assertion-Funktionalität, das heißt, Sie müssen dafür zusätzlich eine externe Bibliothek, wie beispielsweise should.js (*https://github.com/shouldjs/should.js*), expect.js (*https://github.com/LearnBoost/expect.js*) oder chai.js (*http://chaijs.com*) einbinden. Zum anderen können die einzelnen Testfälle wahlweise in TDD-Schreibweise (wie in QUnit) oder in sogenannter BDD-Schreibweise formuliert werden. BDD steht für *Behaviour Driven Development* (bzw. *verhaltensgetriebene Entwicklung)* und bezeichnet wie TDD eine Methodik der agilen Softwareentwicklung. Im Unterschied zu TDD werden in BDD die Tests jedoch so formuliert, dass sie sich wie Anforderungen bzw. wie eine Spezifikation lesen.

Falls Sie mocha für den Einsatz im Browser verwenden möchten, gehen Sie ähnlich vor wie bei QUnit: Sie erstellen eine HTML-Testrunner-Datei, binden eine JavaScript- und eine CSS-Datei aus der mocha-Bibliothek ein und binden die entsprechenden Unit-Tests ein (Details hierzu finden Sie unter *http://mochajs.org/#browser-support*). Im Folgenden möchte ich Ihnen mocha jedoch anhand der Kommandozeile vorstellen. Dazu installieren Sie es wie folgt über NPM:

```
sudo npm install -g mocha
```

Anschließend steht Ihnen der Befehl `mocha` zur Verfügung. Doch bevor ich Ihnen zeige, wie Sie mit diesem Befehl die Testausführung starten können, möchte ich Ihnen zeigen, wie Sie überhaupt Unit-Tests mit der BDD-Schreibweise in mocha definieren.

Schreiben des Tests

Die Basis eines Unit-Tests bildet im BDD-Stil die Funktion `describe()`, über die eine Gruppe von Tests eingeleitet werden kann. Der erste Parameter steht für den Namen der Gruppe, der zweite Parameter definiert eine Callback-Funktion, die den eigentlichen Test oder weitere `describe()`-Aufrufe, sprich Untergruppen von Tests, enthält. Einen einzelnen Test definieren Sie über die Funktion `it()`. Über den ersten Parameter lässt sich hierbei eine Beschreibung des Tests angeben, als zweiten Parameter eine Callback-Funktion, die die eigentliche Testprozedur enthält. Als Assertion-Bibliothek bietet sich standardmäßig das Modul assert an, das bereits Bestandteil von Node.js ist und somit nicht extra installiert werden muss.

Folgendes Beispiel zeigt exemplarisch den Aufbau eines typischen Unit-Tests in BDD-Schreibweise. Getestet werden soll hier das Objekt ArtistRepository, über das einzelne Künstler verwaltet werden sollen. So soll es hierbei unter anderem möglich sein, Künstler hinzuzufügen und wieder zu löschen. Dazu soll das Objekt vorerst zwei Methoden bereitstellen: add() und clearAll(). Hinzu kommt, dass keine Künstler mit gleichem Namen enthalten sein dürfen, sprich Versuche, einen Künstler doppelt hinzuzufügen, sollen scheitern. Des Weiteren wird implizit eine Methode getAll() vorausgesetzt, die alle Künstler aus dem Repository als Array zurückgibt. Künstler als solche werden der Einfachheit halber als simple Objektliterale repräsentiert.

```javascript
// Einbinden des zu testenden Objekts
var ArtistRepository = require('../ArtistRepository').ArtistRepository;
// Einbinden der Assertion-Bibliothek
var assert = require("assert");
describe('ArtistRepository', function() {
  describe('#add()', function(){
    it('should add the artist and increase the number of all artists',
      function(){
        var artistRepository = new ArtistRepository();
        artistRepository.add({name : 'Dragontears'});
        artistRepository.add({name : 'Kyuss'});
        assert.equal(artistRepository.getAll().length, 2);
    });
    it('should add the artist only if it is not already there', function(){
      var artistRepository = new ArtistRepository();
      artistRepository.add({name : 'Kyuss'});
      artistRepository.add({name : 'Kyuss'});
      assert.equal(artistRepository.getAll().length, 1);
      });
  });
  describe('#clearAll()', function(){
    it('should clear all artists', function(){
      var artistRepository = new ArtistRepository();
      artistRepository.add({name : 'Monster Magnet'});
      assert.equal(artistRepository.getAll().length, 1);
      artistRepository.clearAll();
      assert.equal(artistRepository.getAll().length, 0);
    });
  });
});
```

Listing 6.8 Ein Unit-Test

BDD-Formulierung

Im obigen Beispiel sind die Formulierungen der Tests stark an die Objekte und Methoden gebunden: So gibt es eine Testgruppe `ArtistRepository` mit den zwei Untergruppen `#add()` und `#clearAll()`. Erst die Formulierungen bei den einzelnen Tests sind wirklich im BDD-Stil verfasst. Ich habe mich hierbei an dem Aufbau der Beispiele auf der mocha-Homepage (*http://mochajs.org/#synchronous-code*) orientiert. Generell kann man mit BDD aber noch weiter gehen und die Tests nicht an Objekten und Methoden orientieren, sondern an Szenarien. Für das obige Beispiel würden die Formulierungen dann beispielsweise wie folgt lauten:

```
describe('Adding two artists to the AssertionRepository', function() {
  it('should add the artist and increase the number of all artists',
    function () {
      /* ..... */
    });
});
describe('Adding one artist twice to the AssertionRepository', function() {
  it('should not add the artist the second time', function () {
    /* ..... */
  });
});
```

Listing 6.9 Striktere BDD-Formulierung

Welches Vorgehen Sie wählen, ist natürlich Ihnen überlassen. In der Praxis eignet sich die striktere BDD-Formulierung immer dann, wenn man mehrere Objekte im Zusammenspiel innerhalb eines Unit-Tests testen möchte.

Implementierung der Komponente

Da das Ausführen des Tests jetzt noch fehlschlägt, lassen Sie mich Ihnen kurz die Implementierung des Objekts `ArtistRepository` zeigen. Diese ist nicht sonderlich kompliziert: Das Objekt enthält die durch den Test geforderten Methoden `add()`, `getAll()` und `clearAll()` sowie eine Methode `contains()`, die intern verwendet wird, um zu überprüfen, ob ein Künstler schon in dem Repository enthalten ist.

```
function ArtistRepository() {
  this.artists = [];
};
ArtistRepository.prototype.add = function(artist) {
  if(!this.contains(artist)) {
    if(artist && artist.name) {
      this.artists.push(artist);
    } else {
```

```
      throw new Error('Wrong artist format.');
    }
  }
};
ArtistRepository.prototype.contains = function(newArtist) {
  return this.artists.filter(function(artist) {
    return artist.name === newArtist.name;
  }).length > 0;
};
ArtistRepository.prototype.getAll = function(artist) {
  return this.artists;
};
ArtistRepository.prototype.clearAll = function() {
  this.artists = [];
};
module.exports.ArtistRepository = ArtistRepository;
```

Listing 6.10 Der zu testende Quelltext

Erneutes Ausführen des Tests

Das Ausführen der Unit-Tests geschieht über den Befehl mocha. Ohne spezielle Parameter sucht mocha diese standardmäßig in einem Verzeichnis mit dem Namen *test* und führt alle dort enthaltenen Tests aus. Alternativ können Sie auch einen konkreten Pfad oder ein Muster angeben, beispielsweise mocha test/ArtistRepository-Test.js oder mocha test/**/*Test.js, um gezielt einzelne oder eine Gruppe von Tests auszuführen.

mocha unterstützt bei der Nutzung auf Kommandozeile verschiedene Arten sogenannter Reporter, um die Testergebnisse zu generieren. Definieren lässt sich ein Reporter über den Parameter -R. Die verfügbaren Reporter entnehmen Sie bitte der Homepage (*http://mochajs.org/#reporters*). Für die Praxis besonders geeignet ist der Reporter spec:

mocha -R spec

Dieser gibt die Ergebnisse des Tests übersichtlich auf der Kommandozeile aus:

```
ArtistRepository
  #add()
    ✓ should add the artist and increase the number of all artists
    ✓ should add the artist only if it is not already there
  #clearAll()
    ✓ should clear all artists
3 passing (9ms)
```

Listing 6.11 Ausgabe des spec-Reporters

Neben einigen Reportern, die eher in die Kategorie »ganz nett« fallen (Ausgabe in Neonfarben, Ausgabe einer ASCII-Fluglandebahn, auf der das landende Flugzeug den Testfortschritt repräsentiert, etc.) und in der Praxis wohl eher nur dem Zeitvertrieb dienen, gibt es eine Reihe weiterer, durchaus nützlicher Reporter. Tabelle 6.2 zeigt eine Auswahl.

Reporter	Beschreibung
dot	minimalistische Ausgabe, bei der einzelne Tests als Punkte auf der Konsole ausgegeben werden
spec	Ausgabe, die sich wie eine Spezifikation liest
TAP	Ausgabe im TAP-Format (*Test Anything Protocol*), siehe *http://en.wikipedia.org/wiki/Test_Anything_Protocol*, das beispielsweise die Integration in CI-Systeme ermöglicht
list	ähnlich wie spec, nur dass die einzelnen Tests nicht hierarchisch, sondern als Liste ausgegeben werden
json	Ausgabe im JSON-Format
json-cov	Ausgabe im JSON-Format, das zusätzlich Informationen zur Testabdeckung enthält, sofern eine entsprechende Code-Coverage-Bibliothek eingebunden wurde (siehe Abschnitt 6.3, »Testabdeckung«)
html-cov	Ausgabe im HTML-Format, das zusätzlich Informationen zur Testabdeckung enthält, sofern eine entsprechende Code-Coverage-Bibliothek eingebunden wurde (siehe Abschnitt 6.3).
min	minimale Ausgabe, bei der lediglich das Gesamtergebnis aller Tests ausgegeben wird
doc	Ausgabe ähnlich einer HTML-Dokumentation, die Testgruppen und Tests in `<section>`-Elementen schachtelt
html	Reporter, der automatisch verwendet wird, wenn die Testausführung von mocha im Browser durchgeführt wird. Auf der Konsole ausgeführt, führt dieser Reporter zu einem Fehler, da bestimmte browserspezifische JavaScript-Objekte wie document dort standardmäßig nicht zur Verfügung stehen.

Tabelle 6.2 Auswahl verfügbarer Reporter

Alternative Assertion-Bibliothek

Eine interessante alternative Assertion-Bibliothek, die sich in mocha integrieren lässt, ist das vorhin erwähnte should.js. Installieren lässt sich das Tool als lokale Abhängigkeit im jeweiligen Projekt über den Befehl npm install should --save-dev. Anschließend kann die Bibliothek über require() innerhalb des mocha-Tests eingebunden werden. Das interessante an should.js ist, dass es Object.prototype um einige zusätzliche testspezifische Methoden erweitert, wodurch in Folge (fast) auf allen Objekten diese zusätzlichen Methoden aufgerufen werden können und sich – wie Sie in Listing 6.12 sehen können – äußerst sprechende und leserliche Assertions formulieren lassen.

```
var ArtistRepository = require('../src/ArtistRepository').ArtistRepository;
var should = require('should');
describe('ArtistRepository', function() {
  describe('#add()', function() {
    it('should add the artist and increase the number of all artists',
    function() {
      var artistRepository = new ArtistRepository();
      artistRepository.add({name : 'Dragontears'});
      artistRepository.add({name : 'Kyuss'});
      artistRepository.should.be.instanceof(ArtistRepository);
      artistRepository.getAll().length.should.eql(2);
      artistRepository.getAll()[0].name.should.eql('Dragontears');
      artistRepository.getAll()[1].name.should.eql('Kyuss');
    });
  });
});
```

Listing 6.12 Verwendung der Assertion-Bibliothek should.js

Zu beachten: Objekte, die mit Object.create() erzeugt wurden, erben nicht die Eigenschaften aus Object.protoype und müssen über den Aufruf should(objekt) zunächst umgewandelt werden, damit die entsprechenden Assertion-Methoden verwendet werden können.

```
var person = Object.create({
  name: 'max'
});
should(person).have.property('name', 'max');
```

Testen von asynchronem Code

mocha unterstützt wie QUnit das Testen von asynchronem Code. Gesteuert wird das über einen optionalen Parameter der Callback-Funktion, die der it()-Funktion übergeben wird. Bei diesem Parameter handelt es sich um eine Funktion, die aufgerufen werden muss, um den Test zu beenden. Taucht dieser (üblicherweise mit done benannte) Parameter in der Definition der Funktion auf, wartet mocha intern so lange, bis diese Callback-Funktion aufgerufen wurde oder ein (konfigurierbarer) Timeout erreicht wurde, bevor ein Testfall abgeschlossen wird.

Als Beispiel nehmen wir wieder das Objekt DownloadManager aus Abschnitt 6.1.3, »QUnit«, fügen diesem aber eine Zeile hinzu, um es mit der CommonJS-Modulspezifikation konform zu machen, so dass es sich unter Node.js als Modul und im mocha-Test als Import verwenden lässt:

```
var DownloadManager = {
  download: function(url, callback) {
    setTimeout(function() {
      callback('Inhalt der Textdatei');
    }, 2000);
  }
}
module.exports.DownloadManager = DownloadManager;
```

Listing 6.13 Der an CommonJS angepasste DownloadManager

Nun ist es möglich, das Objekt per require() innerhalb des mocha-Tests einzubinden. Das und wie der Test der asynchronen download()-Methode funktioniert, zeigt Listing 6.14:

```
var DownloadManager = require('../src/DownloadManager').DownloadManager;
var assert = require("assert");
describe('DownloadManager', function() {
  describe('#download()', function(){
    it('should download the content of a text file', function(done){
      DownloadManager.download('http://www.example.com/example.txt',
      function(content) {
        assert.equal(content, 'Inhalt der Textdatei');
        done();
      });
    });
  });
});
```

Listing 6.14 Testen asynchronen Codes in mocha

Im Beispiel simuliert `DownloadManager` einen Download, der 2 Sekunden lang dauert. So lange wartet mocha standardmäßig nicht auf das Abschließen einer asynchronen Funktion und bricht mit einem Timeout-Fehler den Test ab. In diesem Fall ist es daher notwendig, den Timeout von mocha zu erhöhen. Erreicht werden kann dies über den Parameter -t. Diesem übergeben Sie die Anzahl an Millisekunden, die ein Test warten soll, bevor er durch einen Timeout-Fehler beendet wird: `mocha -R spec -t 8000`

Lifecycle-Methoden

Ähnlich wie QUnit bietet auch mocha verschiedene Testlifecycle-Methoden an, innerhalb derer sich Konfigurations- oder Aufräumarbeiten durchführen lassen. Die Methode `before()` wird **vor allen Tests** innerhalb einer Testgruppe aufgerufen, die Methode `after()` **nach allen Tests** innerhalb einer Testgruppe. Die Methoden `beforeEach()` und `afterEach()` hingegen werden vor bzw. nach jedem **einzelnen Test** in einer Testgruppe aufgerufen.

```
describe('ArtistRepository', function() {
  var artistRepository;
  beforeEach(function() {    // Vor jedem Test
    artistRepository = new ArtistRepository();
  });
  afterEach(function() {}); // Nach jedem Test
  before(function() {});    // Vor allen Tests
  after(function() {});     // Nach allen Tests
  describe('#add()', function() {
    it('should add the artist and increase the number of all artists',
    function() {
      artistRepository.add({name : 'Dragontears'});
      artistRepository.add({name : 'Kyuss'});
      assert.equal(artistRepository.getAll().length, 2);
    });
    ...
  });
  ...
});
```

Listing 6.15 Lifecycle-Methoden in mocha

TDD in mocha

Wie erwähnt ist es mit mocha auch möglich, die Tests im TDD-Stil zu verfassen. Dafür stehen folgende Methoden zur Verfügung: `suite()`, um eine Gruppe von Tests zu definieren, `test()`, um einen einzelnen Test innerhalb einer Gruppe zu definieren, sowie `setup()` und `teardown()` als Lifecycle-Methoden.

Integration in WebStorm

WebStorm (siehe Abschnitt 1.5.5) unterstützt verschiedene JavaScript-Bibliotheken und -Tools. So sind unter anderem auch Node.js und mocha sehr gut integriert. Für beides lassen sich einzelne Run Configurations anlegen (siehe Abbildung 6.5) und direkt aus WebStorm heraus aufrufen.

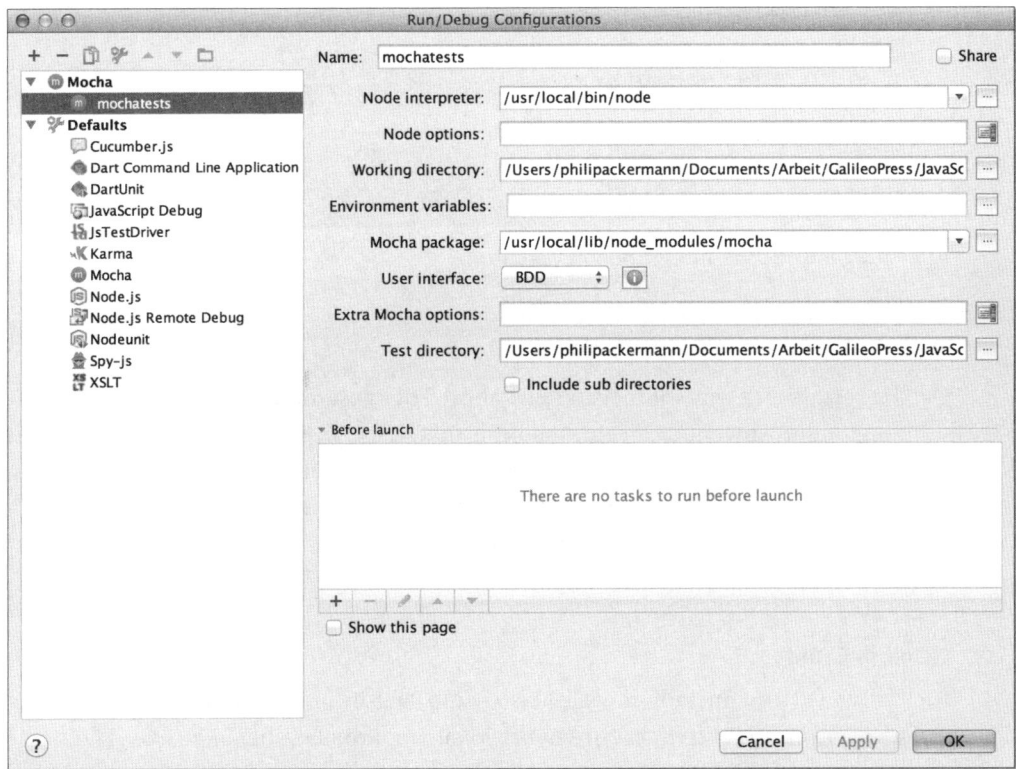

Abbildung 6.5 Konfiguration einer Run Configuration für mocha in WebStorm

Im Fall von mocha werden Testausführung und Testergebnisse zudem grafisch in einem eigenen Fenster visualisiert (siehe Abbildung 6.6).

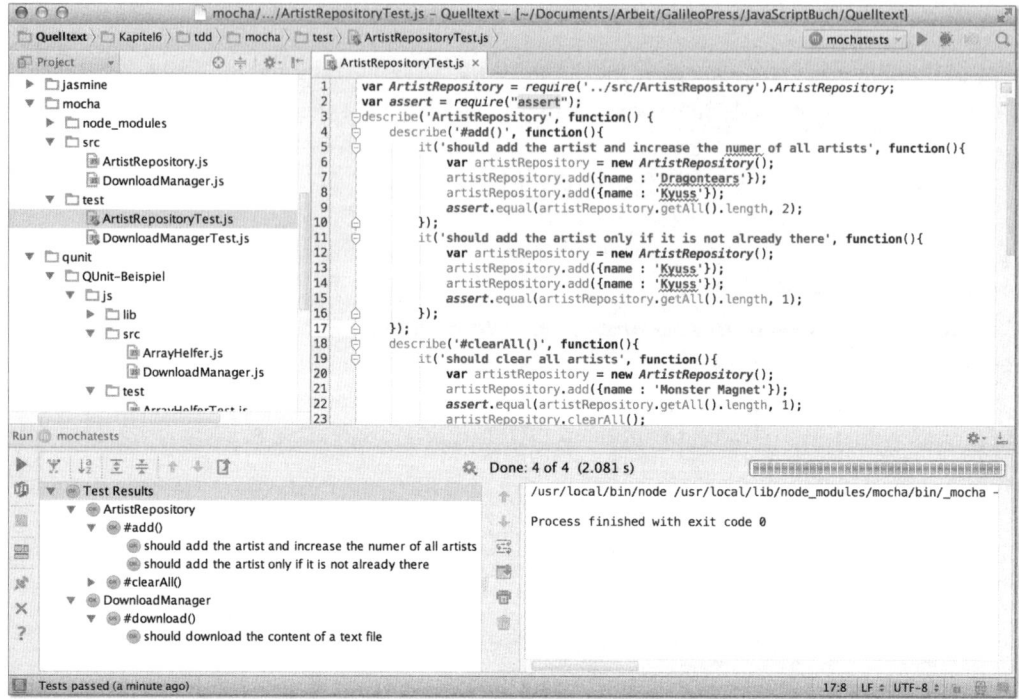

Abbildung 6.6 mocha-Integration in WebStorm

6.1.5   Integration in Build-Tools

Der Prozess des Testens sollte fester Bestandteil des gesamten Workflows bei der Entwicklung einer Anwendung sein. Insofern macht es Sinn, die Tests nicht nur händisch über Konsole oder IDE auszuführen, sondern über Build-Tools in den Workflow zu integrieren. In diesem Abschnitt zeige ich Ihnen, wie sich QUnit und mocha in die beiden aus Abschnitt 5.7, »Building«, bekannten Tools Grunt und Gulp integrieren lassen.

QUnit in Grunt

Im Fall von QUnit installieren Sie das Grunt-Plug-in grunt-contrib-qunit (*https:// github.com/gruntjs/grunt-contrib-qunit*) lokal im Projekt über `npm install grunt-contrib-qunit --save-dev`. Voraussetzung für eine saubere Installation ist dabei eine vorhandene *package.js*-Datei. Die Konfiguration innerhalb der Datei *Gruntfile.js* erfolgt wie gewohnt in drei Schritten: Einbinden des Plug-ins, anschließende Konfiguration sowie Registrieren des Tasks (siehe Listing 6.16).

```
'use strict';
module.exports = function (grunt) {
  grunt.loadNpmTasks('grunt-contrib-qunit');
```

```
grunt.initConfig({
  qunit: {
    all: ['Testrunner.html']
  }
});
grunt.registerTask('default', 'qunit');
};
```

Listing 6.16 Integration von QUnit in Grunt

Wie Sie Listing 6.16 entnehmen können, reicht für die Konfiguration die Angabe der Testrunner-Datei(en). Standardmäßig geben Sie hier die entsprechenden Dateipfade an, es lassen sich aber auch URLs konfigurieren. In beiden Fällen werden die Testrunner über PhantomJS ausgeführt, das ich Ihnen noch detaillierter in Abschnitt 6.5.1 vorstellen werde.

PhantomJS

PhantomJS ist ein sogenannter *Headless Browser*, sprich ein Browser ohne grafische Oberfläche, der aber trotzdem in der Lage ist, Webseiten wie ein »richtiger« Browser zu rendern. Das praktische an der Verwendung eines Headless Browsers ist, dass Sie Ihre Tests ausführen können, ohne einen richtigen Browser zu öffnen. Neben dem Ausführen eines HTML-basierten Testrunners ermöglicht dies auch eine serverseitige Ausführung von Tests, die Abhängigkeiten zum DOM haben (siehe Abschnitt 6.4).

Der konfigurierte Task lässt sich über grunt qunit oder – da dieser Task in der Konfigurationsdatei als Default-Task konfiguriert wurde – über grunt ausführen. Die Konsolenausgabe sieht dann aus wie folgt:

```
Running "qunit:all" (qunit) task
Testing Testrunner.html ..OK
>> 2 assertions passed (22ms)

Done, without errors.
```

mocha in Grunt

Für mocha existieren gleich mehrere Grunt-Plug-ins: grunt-mocha (*https:// github.com/kmiyashiro/grunt-mocha*), das clientseitige mocha-Tests unter Verwendung von PhantomJS ausführt, sowie grunt-simple-mocha (*https://github.com/ yaymukund/grunt-simple-mocha*) und grunt-mocha-test (*https://github.com/pghalliday/grunt-mocha-test*), die beide jeweils serverseitige mocha-Tests ausführen. Ich möchte Ihnen an dieser Stelle exemplarisch Letzteres vorstellen.

Die Installation erfolgt wie gewohnt über NPM:

```
npm install grunt-mocha-test --save-dev
```

Listing 6.17 zeigt die entsprechende Grunt-Konfiguration. Der Task für mocha nennt sich mochaTest und unterstützt prinzipiell die gleichen Parameter wie mocha auf der Kommandozeile.

```
'use strict';
module.exports = function(grunt) {
  grunt.loadNpmTasks('grunt-mocha-test');
  grunt.initConfig({
    mochaTest: {
      test: {
        options: {
          timeout: 8000,
          reporter: 'spec'
        },
        src: ['test/**/*.js']
      }
    }
  });
  grunt.registerTask('default', 'mochaTest');
};
```

Listing 6.17 Integration von mocha in Grunt

Mit dem Befehl grunt mochaTest (bzw. grunt) lässt sich der definierte Task ausführen. Das Ergebnis mit dem spec-Reporter erzeugt die schon von eben bekannte Ausgabe:

```
ArtistRepository
  #add()
    ✓ should add the artist and increase the number of all artists
    ✓ should add the artist only if it is not already there
  #clearAll()
    ✓ should clear all artists

DownloadManager
  #download()
    ✓ should download the content of a text file (2002ms)

4 passing (2s)

Done, without errors.
```

QUnit in Gulp

Mithilfe des Gulp-Plug-ins gulp-qunit (*https://github.com/jonkemp/gulp-qunit*) lässt sich QUnit als Task innerhalb von Gulp nutzen. Auch dieses Plug-in verwendet PhantomJS als Headless Browser und ermöglicht somit eine serverseitige Ausführung von Tests mit Abhängigkeiten zum DOM. Installiert wird gulp-qunit lokal über den Befehl npm install gulp-qunit --save-dev.

Listing 6.18 zeigt die entsprechende Gulp-Konfiguration gulpfile.js. Hierbei wird über src() die Testrunner-Datei eingelesen und per pipe() and QUnit weitergeleitet. Über den Befehl gulp test lässt sich der Task anschließend ausführen.

```
var gulp = require('gulp');
var qunit = require('gulp-qunit');
gulp.task('test', function() {
  return gulp.src('./TestRunner.html').pipe(qunit());
});
```

Listing 6.18 Integration von QUnit in Gulp

mocha in Gulp

Das Plug-in gulp-mocha (*https://github.com/sindresorhus/gulp-mocha*) ermöglicht die Integration von mocha in Gulp. Installieren können Sie es über den Befehl npm install --save-dev gulp-mocha. Listing 6.19 zeigt die – wahrscheinlich selbsterklärende – Konfiguration:

```
var gulp = require('gulp');
var mocha = require('gulp-mocha');
gulp.task('mocha', function () {
  return gulp.src('test/*.js')
    .pipe(
      mocha({
        reporter: 'spec',
        timeout: 8000
      }
    )
  );
});
```

Listing 6.19 Integration von mocha in Gulp

Gulp liest in diesem Fall die Testdateien und gibt diese als Eingabe an mocha weiter. Letzterem werden zudem der zu verwendende Reporter sowie ein Timeout übergeben.

6.2   Test-Doubles

Häufig ist es so, dass die zu testende Komponente eine oder mehrere Abhängigkeiten zu anderen Komponenten aufweist. Im Jargon der testgetriebenen Entwicklung nennt man diese Abhängigkeiten *Dependend-On Components*, kurz *DOC*. Dies können beispielsweise Aufrufe an eine Datenbank oder an einen Webservice sein.

Solche Abhängigkeiten erschweren das isolierte Testen einer Komponente aus verschiedenen Gründen: Zum einen müssen die Abhängigkeiten während der Durchführung eines Tests zur Verfügung stehen (Datenbank vorhanden und Verbindung aufgebaut, Webservice gestartet etc.). Zum anderen sind die Tests oft abhängig von den Daten, die von der Abhängigkeit geliefert werden bzw. umgekehrt, die Tests erwarten oft bestimmte Daten, mit denen sie arbeiten können.

Im Fall einer Datenbank als Abhängigkeit hieße das beispielsweise, dass diese entsprechende Testdaten vorhalten müsste. Zu diesem Zweck werden zwar häufig Testdatenbanken eingesetzt, die in der Setup-Phase dann mit bestimmten Werten initialisiert und in der Teardown-Phase wieder in den Ursprungszustand gebracht werden.

Allerdings ist der dazu betriebene Aufwand im Verhältnis sehr hoch, es können leichter Seiteneffekte auftreten, und die Ausführungsdauer des jeweiligen Tests steigt durch die zusätzlich auszuführenden Schritte. Bei der testgetriebenen Entwicklung möchte man aber in der Regel schnelles Feedback bekommen. Was man anstrebt, sind also Tests, die sich schnell ausführen lassen.

Um den genannten Problemen entgegenzuwirken, ersetzt man während des Unit-Tests die Abhängigkeiten der zu testenden Komponente (des SUTs) durch sogenannte *Test-Doubles* (siehe Abbildung 6.7).

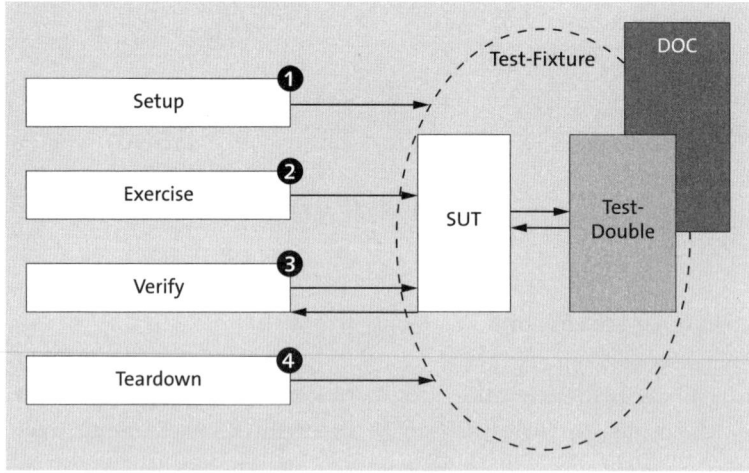

Abbildung 6.7 Das Prinzip von Test-Doubles

Diese dienen in allerster Linie dazu, eine zu testende Komponente während des Tests weitestgehend unabhängig vom Gesamtsystem zu machen, um sie besser in Isolation testen zu können. Test-Doubles werden üblicherweise in der Setup-Phase des entsprechenden Tests erstellt und konfiguriert.

Dabei reicht es, dem Test-Double lediglich die Funktionalität hinzuzufügen, die später während des Tests abgerufen wird. Angenommen, Ihre zu testende Komponente ruft eine einzelne Methode eines Webservices auf, der prinzipiell noch über weitere Methoden verfügt. Dann reicht es für die Implementierung des Test-Doubles, nur diese eine Methode anzubieten.

Test-Doubles kommen vor allem dann zum Einsatz, wenn entweder die Tests aufgrund vieler externer Abhängigkeiten langsam sind und beschleunigt werden sollen oder wenn indirekte Ausgaben oder indirekte Eingaben der zu testenden Komponente überprüft werden sollen, an die man von außerhalb dieser (sprich im Unit-Test) nicht herankommt.

> **Hinweis**
>
> Test-Doubles können die Ausführung von Tests beschleunigen und Ihnen dabei helfen, eine Komponente schnell in Isolation testen zu können. Trotzdem sollten Sie mindestens einen Test vorsehen, in dem Sie die Komponente mit realen Abhängigkeiten testen. In der Regel nennt man solche Art von Tests auch Integrationstests. Nur so kann sichergestellt werden, dass die Komponente auch im Produktivsystem richtig funktioniert.

Es gibt verschiedene Arten von Test-Doubles, von denen ich Ihnen im Folgenden anhand der JavaScript-Bibliothek Sinon.js die drei bekanntesten vorstellen möchte: Test-Spies, Test-Stubs und Mock-Objekte.

6.2.1   Sinon.JS

Sinon.JS (*http://sinonjs.org*) ist eine Bibliothek, mit deren Hilfe sich Spies, Stubs und Mocks erstellen lassen. Es stammt aus der Feder von Christian Johansen, dem Autor von *Test-Driven JavaScript Development* und steht als Open Source zur Verfügung. Die Bibliothek kann von der Homepage in Form einer JavaScript-Datei heruntergeladen werden oder alternativ über NPM (npm install sinon) installiert werden.

6.2.2   Spies

Im einfachsten Fall läuft ein Test so ab, dass man in der Exercise-Phase eine oder mehrere Funktionen/Methoden der zu testenden Komponente aufruft und die Ergebnisse aus diesen Aufrufen in der Verify-Phase durch weitere Funktions-/Methodenaufrufe an der zu testenden Komponente überprüft. Nehmen Sie dazu als einfaches Beispiel das Testen der Array-Methode push(). Um zu überprüfen, ob diese Methode das übergebene Element dem Array hinzufügt, bietet sich folgendes Vorgehen an: zunächst über die zu testende Methode push() dem Array ein oder mehrere Elemente hinzufügen und anschließend über Zugriff auf die Eigenschaft length des Arrays dessen Länge überprüfen.

Die Auswirkung von push() kann in diesem Beispiel also direkt über die Eigenschaft length überprüft werden. Häufig ist es aber so, dass das zu testende Objekt keine Eigenschaft oder Methode anbietet, über die das erwartete Ergebnis überprüft werden kann, oder die entsprechende Eigenschaft oder Methode nicht öffentlich ist. In diesem Fall spricht man auch von *indirekten Ausgaben*, also Ausgaben, die von der zu testenden Komponente intern erzeugt werden, aber nicht von außen zugänglich sind (siehe Abbildung 6.8).

Um solche indirekten Ausgaben testen zu können, sind Spies die richtige Wahl, denn mit ihrer Hilfe lassen sich beliebige Funktionsaufrufe während des Testens abfangen und verschiedene Informationen, wie beispielsweise die übergebenen Parameter, der Rückgabewert etc. zwischenspeichern. Um die indirekten Ausgaben nun zu überprüfen, können diese zwischengespeicherten Informationen anschließend in der Verify-Phase aus dem Spy ausgelesen werden.

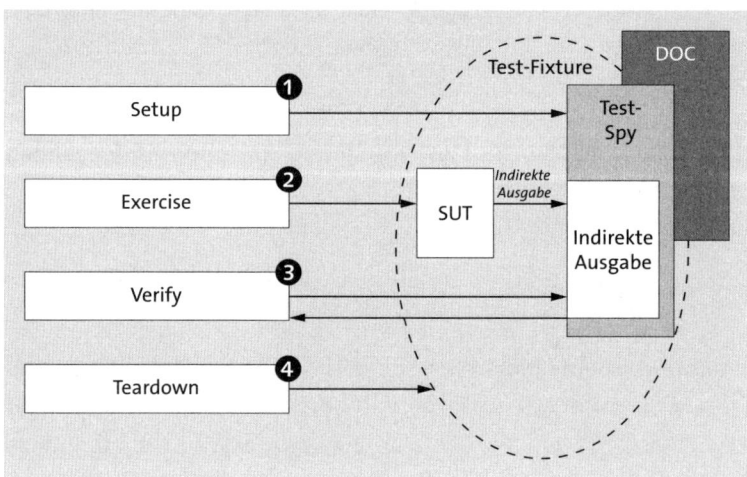

Abbildung 6.8 Das Prinzip von Test-Spies

Beispiel für den Einsatz von Test-Spies

Angenommen, Sie haben eine Funktion, die eine Callback-Funktion erwartet, und Sie möchten durch einen Test sicherstellen, dass diese Callback-Funktion aufgerufen wird, wenn die ursprüngliche Funktion aufgerufen wird. Ohne Test-Spy würden Sie dies vermutlich wie folgt lösen, und zwar indem Sie innerhalb der Callback-Funktion ein entsprechendes Flag auf true setzen und es anschließend im Test überprüfen:

```
describe('Function', function() {
  it('should call the callback', function(){
    var called = false;
    var callback = function() {
      called = true;
    }
    eineFunktion(callback);
    assert.equal(called, true);
  });
});
```

Listing 6.20 Überprüfen indirekter Ausgabe ohne Spy

Auch wenn dies prinzipiell funktioniert, ist der damit verbundene Aufwand doch unnötig hoch. Ein Spy erledigt das, was in Listing 6.20 manuell gemacht wurde, automatisch. Letztendlich handelt es sich bei einem Spy (zumindest in Sinon.js) um ein Funktionsobjekt, das sich verschiedene Informationen merkt, wenn es aufgerufen wird (Anzahl der Aufrufe, Parameter und Rückgabewert etc.).

In Sinon.js können Sie einen Spy über die Methode spy() erstellen. Der Test von eben würde dann wie folgt formuliert:

```
var sinon = require('sinon');
describe('Function', function() {
  it('should call the callback', function(){
    var spy = sinon.spy();
    eineFunktion(spy);
    assert.equal(spy.callCount, 1);
  });
});
```

Listing 6.21 Überprüfen indirekter Ausgabe mit Spy

Spies für existierende Funktionen und Methoden

Sie können die Methode spy() aber auch dazu nutzen, bereits existierende Funktionen bzw. Methoden zu »überwachen«. Dazu übergeben Sie der Methode einfach die entsprechende Funktion oder – wenn es sich um eine Objektmethode handelt – das Objekt plus den Namen der Methode:

```
var spy = sinon.spy(funktion);
var spy = sinon.spy(objekt, 'methode');
```

Der erzeugte Spy fungiert dann als Wrapper um die Funktion/Methode, speichert wie gehabt alle oben genannten Informationen und delegiert den Aufruf an die gewrappte Funktion/Methode.

Nehmen wir als Beispiel ein Objekt `UserRepository` mit der Methode `listAllUsers()`, die eine Liste bzw. ein Array von Nutzerobjekten zurückgibt und dazu intern einen Aufruf an einen Webservice tätigt. Als Anforderung möchten Sie im Test definieren, dass nur der erste Aufruf der Methode `listAllUsers()` den unterliegenden Webservice aufruft. Alle weiteren Aufrufe der Methode dagegen sollen das Ergebnis aus einem Cache zurückgeben.

Eine vereinfachte Version des Objektmodells würde wie folgt aussehen:

```
var WebService = {
  listAllUsers: function() {
    return [{
      name: 'Max',
      lastname: 'Mustermann'
    }];
  }
}
function UserRepository() {
};
UserRepository.prototype.listAllUsers = function() {
  return WebService.listAllUsers();
};
module.exports.WebService = WebService;
module.exports.UserRepository = UserRepository;
```

Listing 6.22 Erste Version des zu testenden Codes

Um nun die Anforderung zu überprüfen, geht man wie in Listing 6.23 vor. Zunächst wird hier in der Setup-Phase für die Methode `listAllUsers()` des Objekts `WebService` ein Test-Spy erzeugt. Denn dies ist die Methode, für die wir wissen bzw. testen möchten, wie häufig sie aufgerufen wird.

In der Exercise-Phase wird dann zweimal die Methode `listAllUsers()` von `userRepository` ausgeführt und in der Verfify-Phase anhand der Eigenschaft `callCount` überprüft, ob der Webservice wie gefordert nur einmal aufgerufen wurde. Der Aufruf von `restore()` in der Teardown-Phase versetzt das gewrappte Objekt übrigens wieder in seinen Ursprungszustand.

```
var UserRepository = require('../src/UserRepository').UserRepository;
var WebService = require('../src/UserRepository').WebService;
```

```
var assert = require('assert');
var sinon = require('sinon');
describe('UserRepository', function() {
  var userRepository;
  var spy;
  // Setup-Phase
  before(function() {
    userRepository = new UserRepository();
    spy = sinon.spy(WebService, "listAllUsers");
  });
  // Teardown-Phase
  after(function() {
    spy.restore();
  });
  describe('#listAllUsers()', function(){
    it('should only call web service once and cache the results', function(){
      // Exercise-Phase
      var users = userRepository.listAllUsers();
      var users2 = userRepository.listAllUsers();
      // Verify-Phase
      assert.equal(spy.callCount, 1);
    });
  });
});
```

Listing 6.23 Ein Test-Spy für eine existierende Objektmethode

Nach Ausführung des Tests schlägt dieser zunächst wie erwartet fehl, weil die Methode des Webservices bei jedem Aufruf ausgeführt wird. Die Anforderung lässt sich aber beispielsweise über das aus Abschnitt 2.5.8, »Self-Defining Functions«, bekannte Entwurfsmuster der *Self-Overwriting Functions* wie folgt realisieren, so dass der Test anschließend erfolgreich durchgeführt werden kann:

```
UserRepository.prototype.listAllUsers = function() {
  var cache = WebService.listAllUsers();
  UserRepository.prototype.listAllUsers = function() {
    return cache;
  }
  return cache;
};
```

Listing 6.24 Überarbeitete Version des zu testenden Codes

Spy-API

Die Spy-API von Sinon.js definiert eine umfangreiche Menge an Eigenschaften und Funktionen. Tabelle 6.3 gibt Ihnen einen kurzen Überblick. Beachten Sie: Diese Eigenschaften und Funktionen können ebenfalls auf der gewrappten Funktion bzw. Methode aufgerufen werden. Statt `spy.callCount` hätten wir eben also auch `WebService.listAllUsers.callCount` schreiben können.

Eigenschaft/Methode	Beschreibung
`callCount`	Enthält die Anzahl der Aufrufe.
`called`	Enthält `true`, wenn die Funktion oder Methode aufgerufen wurde.
`calledOnce`, `calledTwice`, `calledThrice`	Enthält jeweils `true`, wenn die Funktion oder Methode mindestens einmal, zweimal bzw. dreimal aufgerufen wurde.
`withArgs(parameter1, parameter2, …)`	Erzeugt einen Spy, der ausschließlich Aufrufe abfängt, bei denen die angegebenen Parameter übergeben wurden.
`calledBefore(andererSpy)`	Liefert `true`, falls der Spy vor dem übergebenen Spy aufgerufen wurde.
`calledAfter(andererSpy)`	Liefert `true`, falls der Spy nach dem übergebenen Spy aufgerufen wurde.
`calledWith(parameter1, parameter2, …)`	Liefert `true`, falls der Spy mindestens einmal mit den übergebenen Parametern aufgerufen wurde.
`alwaysCalledWith(parameter1, parameter2, …)`	Liefert `true`, falls der Spy in allen Fällen mit den übergebenen Parametern aufgerufen wurde.
`calledWithNew()`	Liefert `true`, falls der Spy als Konstruktorfunktion aufgerufen wurde.
`neverCalledWith(parameter1, parameter2, …)`	Liefert `true`, falls der Spy nicht mit den übergebenen Parametern aufgerufen wurde.
`threw()`	Liefert `true`, falls der Spy eine Exception geworfen hat.
`getCall(n)`	Gibt den n-ten Aufruf eines Spies zurück.
`restore()`	Stellt die ursprüngliche Version der durch den Spy gewrappten Funktion her.

Tabelle 6.3 Auswahl der Spy-API von Sinon.js

Merke

Spies sind Funktionen, die als Wrapper für andere Funktionen deren Parameter, Rückgabewert, ihren Ausführungskontext sowie geworfene Fehler abfangen und für die spätere Auswertung merken.

6.2.3   Stubs

Test-Stubs adressieren eine etwas andere Problematik als Test-Spies. Über Test-Stubs ist es nämlich möglich, bestimmte indirekte Aufrufe abzufangen und vordefinierte Werte zurückzugeben. Dies ist immer dann hilfreich, wenn das Ergebnis einer zu testenden Komponente von einer indirekten Eingabe durch ein DOC abhängt und auf diese Eingabe Einfluss genommen werden soll. Während Spies also indirekte Ausgaben des SUTs abfangen, liefern Stubs die *indirekten Eingaben* eines SUTs (siehe Abbildung 6.9).

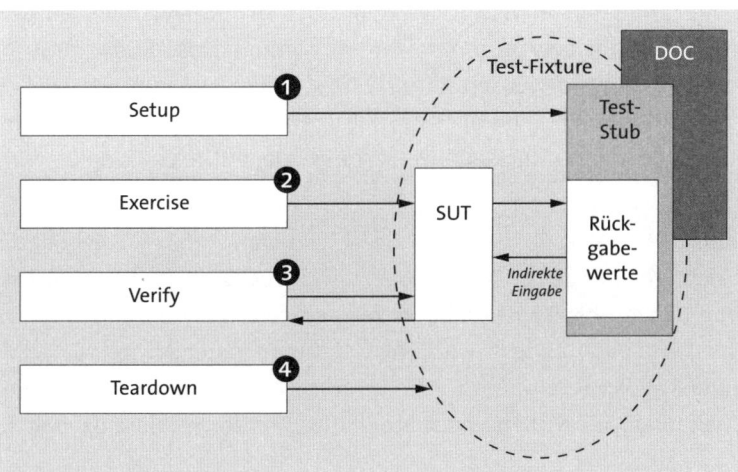

Abbildung 6.9 Das Prinzip von Test-Stubs

Stubs erzeugen Sie in Sinon.js mit der Methode `stub()`. Ohne Parameter gibt diese Methode ein anonymes Stub-Funktionsobjekt zurück, häufiger werden Sie aber wahrscheinlich folgende Varianten verwenden:

```
var stub = sinon.stub(funktion); // Ersetzen der übergebenen Funktion
var stub = sinon.stub(objekt, "methode", neueMethode); // Ersetzen der angege-
                                               // benen Objektmethode
var stub = sinon.stub(objekt);   // Ersetzen aller Methoden eines Objekts
```

Stubs verfügen in Sinon.js über alle Methoden, über die auch Spies verfügen, bieten zusätzlich aber einige weitere an, von denen Tabelle 6.4 eine Auswahl zeigt.

Eigenschaft/Methode	Beschreibung
returns(objekt)	Legt das Objekt fest, das als indirekte Eingabe von dem Stub bzw. der gewrappten Funktion/Methode an die zu testende Komponente zurückgegeben werden soll.
throws()	Veranlasst den Stub, einen Fehler zu werfen.

onCall(n)	Definiert, wie sich der Stub zum Zeitpunkt des n-ten Aufrufs verhalten soll, beispielsweise:
	stub.onCall(1).returns(1);
	stub.onCall(2).returns(2);

Tabelle 6.4 Auswahl der Stub-API von Sinon.js

Beispiel für den Einsatz von Test-Stubs

Lassen Sie mich auf das Beispiel mit dem UserRepository zurückkommen. Dieses soll um eine Methode filterUsers() erweitert werden, über die Nutzer nach einem bestimmten Kriterium gesucht bzw. gefiltert werden können. Das Filterkriterium soll dabei als Funktion übergeben werden können. Des Weiteren gehen wir davon aus, dass die Methode der Einfachheit halber intern die bereits existierende Methode listAllUsers() verwendet, deren Rückgabewert somit die indirekte Eingabe für filterUsers() darstellt.

Um prinzipiell prüfen zu können, ob die Methode filterUsers() für eine gegebene Filterfunktion die richtige Menge an Nutzerobjekten zurückgibt, muss zunächst bekannt sein, welche Nutzerobjekte überhaupt im UserRepository enthalten sind. Kurz: Man benötigt ein entsprechendes Test-Fixture, das man in der Setup-Phase des Tests initialisiert. Eine Möglichkeit wäre es, hierfür eine Testdatenbank zu verwenden, diese mit den Testdaten zu befüllen und später in der Teardown-Phase wieder zu »bereinigen«.

Einfacher definieren Sie das Test-Fixture aber, indem Sie, wie in Listing 6.25 zu sehen, für die Methode listAllUsers() einen Test-Stub erzeugen und in diesem über returns() den Rückgabewert definieren:

```
describe('UserRepository', function() {
  var userRepository;
  var stub;
  before(function() {
    userRepository = new UserRepository();
    stub = sinon.stub(userRepository, "listAllUsers");
    stub.returns([{
      name: 'Peter',
```

```
      lastname: 'Mustermann'
    }, {
      name: 'Max',
      lastname: 'Mustermann'
    }, {
      name: 'Moritz',
      lastname: 'Mustermann'
    }]);
  });
  after(function() {
    stub.restore();
  });
  describe('#filterUsers()', function(){
    it('should return users for given filter', function(){
      var users = userRepository.filterUsers(function(user) {
        return user.name.indexOf('M') === 0;
      });
      assert.equal(users.length, 2)
    });
  });
});
```

Listing 6.25 Der Test-Stub im Einsatz

Die Implementierung der Methode filterUsers() finden Sie der Vollständigkeit halber in Listing 6.26. Wie Sie sehen, wird hier die filter()-Methode von Arrays genutzt. Dies ist zwar zugegeben nicht besonders effizient, weil es somit notwendig ist, die gesamte Nutzerliste von dem unterliegenden Webservice zu holen, um den Filter anwenden zu können. An dieser Stelle soll uns das aber nicht weiter stören.

```
UserRepository.prototype.filterUsers = function(filter) {
  return this.listAllUsers().filter(filter);
};
```

Listing 6.26 Implementierung der Filterfunktion

Merke

Stubs sind wie Spies sozusagen Wrapper um andere Funktionen, simulieren im Unterschied aber eine bestimmte Funktionalität der Originalfunktion bzw. haben ein vordefiniertes Verhalten. In erster Linie dienen Stubs dazu, indirekte Eingaben für die zu testende Komponente zu liefern.

6.2.4   Mock-Objekte

Mock-Objekte (kurz *Mocks*) fangen ähnlich wie Test-Spies die indirekten Ausgaben der zu testenden Komponente ab. Im Unterschied jedoch zu den Test-Spies führen Mock-Objekte selbst bereits gewisse Überprüfungen dieser indirekten Ausgaben durch (siehe Abbildung 6.10). Das Ziel dabei ist es, sicherzustellen, dass die zu testende Komponente die Komponente, von der sie abhängig ist, richtig verwendet.

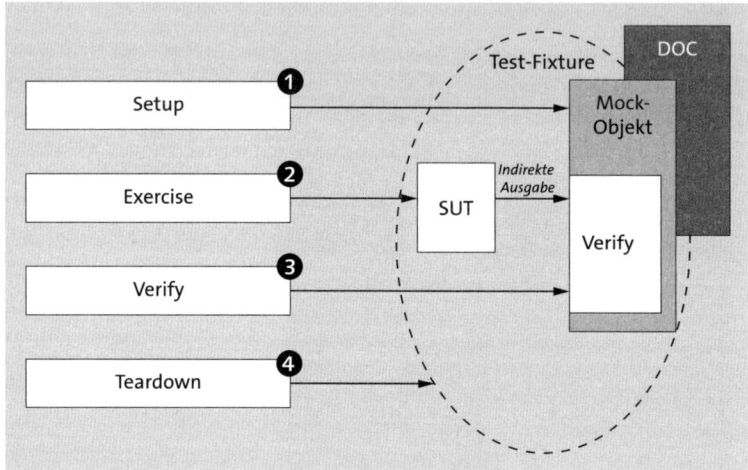

Abbildung 6.10 Das Prinzip von Mock-Objekten

Ein weiterer Unterschied zu Spies und Stubs ist der, dass Mock-Objekte komplette Objekte ersetzen, während Erstere wie gesehen nur einzelne Funktionen bzw. Methoden ersetzen. Mocks können daher in Sinon.js nur auf Basis von Objekten, nicht aber auf Basis einzelner Funktionen definiert werden.

```
var mock = sinon.mock(objekt);
```

Mocks stellen die gleiche API wie Spies und Stubs zur Verfügung, die Sie bereits aus den vorigen Abschnitten kennen. Das heißt, es ist mit Mock-Objekten sowohl möglich, indirekte Ausgaben zu definieren, als auch indirekte Eingaben. Den Kern der Mock-API bilden aber die sogenannten *Expectations*, über die sich verschiedene Anforderungen für eine konkrete Objektmethode definieren lassen, beispielsweise wie häufig sie aufgerufen oder mit welchen Parametern sie aufgerufen werden soll.

Ein Expectation-Objekt erhalten Sie, indem Sie auf dem Mock-Objekt die Methode expects() aufrufen und dabei den Namen der entsprechenden Objektmethode als Zeichenkette übergeben. Auf dem zurückgegebenen Objekt definieren Sie dann über spezielle Methoden (siehe Tabelle 6.5) die Anforderungen. Abschließend kann über verify() geprüft werden, ob die Anforderungen eingehalten wurden. Falls nicht, schlägt der Test fehl.

```
// Erstellen der Expectation
var expectation = mock.expects('methode');
// Festlegen der Anforderung
expectation.atLeast(2);
// Überprüfen der Anforderung
expectation.verify();
```

Listing 6.27 Überprüfen von Anforderungen über Expectations

Eigenschaft/Methode	Beschreibung
atLeast(anzahl)	Angabe der Mindestanzahl an Funktionsaufrufen: Hierüber kann angegeben werden, wie häufig eine Funktion mindestens aufgerufen werden soll.
atMost(anzahl)	Angabe der Höchstanzahl an Funktionsaufrufen: Hierüber kann angegeben werden, wie häufig eine Funktion maximal aufgerufen werden soll.
never()	Eine Funktion soll überhaupt nicht aufgerufen werden.
once(), twice(), thrice()	Eine Funktion soll genau einmal, zweimal oder dreimal aufgerufen werden.
exactly(n)	Eine Funktion soll genau n-mal aufgerufen werden.
withArgs(arg1, arg2, ..., argN)	Eine Funktion soll genau mit den angegebenen Parametern aufgerufen werden, kann aber zusätzlich auch mit anderen Parametern aufgerufen werden.
withExactArgs(arg1, arg2, ..., argN)	Eine Funktion soll ausschließlich mit den angegebenen Parametern aufgerufen werden.
on(objekt)	Eine Funktion soll auf dem angegebenen Objekt aufgerufen werden.
verify()	Überprüft die definierten Anforderungen und liefert einen Fehler, wenn diese nicht erfüllt sind.

Tabelle 6.5 Auswahl der Mock-API von Sinon.js

Beispiel für den Einsatz von Mock-Objekten

Lassen Sie mich erneut das Beispiel mit dem UserRepository heranziehen. Um zu testen, ob der Webservice nur einmal aufgerufen wird, mussten Sie bei den Test-Spies in der Verify-Phase explizit die entsprechende Information aus dem Spy-Objekt überprüfen. Unter Verwendung eines Mock-Objekts definieren Sie diese Anforderung bereits im Vorfeld über eine Expectation und rufen in der Verify-Phase lediglich deren verify()-Methode auf.

```
var UserRepository = require('../src/UserRepository').UserRepository;
var WebService = require('../src/UserRepository').WebService;
var assert = require('assert');
var sinon = require('../bower_components/sinon/lib/sinon');
describe('UserRepository', function() {
  var userRepository;
  var expectation;
  before(function() {
    userRepository = new UserRepository();
    var mock = sinon.mock(WebService);
    expectation = mock.expects('listAllUsers').atMost(1);
  });
  describe('#listAllUsers()', function(){
    it('should only call web service once and cache the results', function(){
      var users = userRepository.listAllUsers();
      var users2 = userRepository.listAllUsers();
      expectation.verify();
    });
  });
});
```

Listing 6.28 Das Mock-Objekt im Einsatz

Merke

Mit Mock-Objekten lassen sich indirekte Ausgaben und indirekte Eingaben erzeugen und zusätzlich bestimmte Überprüfungen vornehmen.

6.3   Testabdeckung

Die Funktionalität des eigenen Quelltextes durch Unit-Tests zu überprüfen ist gut, bringt aber nur etwas, wenn man durch die Tests auch ausreichend (Sonder-)Fälle abdeckt, so dass möglichst viele Verzweigungen innerhalb des zu testenden Codes durch die Tests ausgeführt werden.

6.3.1 Einführung

Um dies zu gewährleisten, werden in der Regel parallel zum Unit-Testen spezielle Tools eingesetzt, mit denen die sogenannte *Testabdeckung* (engl. *Code Coverage* bzw. *Test-Coverage*) ermittelt werden kann. Ausgabe eines solchen Tools ist ein Report, der für jede Codezeile angibt, ob diese innerhalb eines Unit-Tests ausgeführt wurde oder nicht. Zusätzliche Übersichten geben zudem Überblick darüber, wie viel Prozent des Codes »abgedeckt« ist.

In der Regel strebt man bei Code, der die Anwendungslogik repräsentiert, eine Codeabdeckung von 100 % an. Code, der lediglich das Objektmodell darstellt, ist weniger kritisch: Getter- und Setter-Methoden beispielsweise müssen in der Regel nicht durch Unit-Tests abgedeckt sein.

Für JavaScript gibt es verschiedene Tools, die Testabdeckung zu ermitteln. Im Folgenden habe ich mich dazu entschieden, das Tool Blanket.js vorzustellen. Dies ist zwar noch relativ neu, funktioniert aber erstaunlich gut und ohne viel Konfigurationsaufwand sowohl mit QUnit als auch mit mocha.

6.3.2 Blanket.js

Bei Blanket.js (*http://blanketjs.org*) handelt es sich um eine Bibliothek für JavaScript, mit der sich auf Basis der Unit-Tests die Testabdeckung ermitteln lässt. Standardmäßig kann die Bibliothek in Kombination mit den Testframeworks QUnit, Jasmine und mocha verwendet werden. Im Folgenden stelle ich Ihnen – aufbauend auf dem bis hierhin Gelernten – das Zusammenspiel von Blanket.js mit QUnit und mocha vor.

Verwendung mit QUnit

Um Blanket.js mit QUnit verwenden zu können, müssen Sie lediglich den Quelltext von Blanket.js von der Webseite herunterladen und in den entsprechenden Testrunner einbinden. Die eingebundenen JavaScript-Dateien, zu denen die Testabdeckung ermittelt werden soll, versehen Sie im entsprechenden `<script>`-Element mit einem `data-cover`-Attribut.

```
<!DOCTYPE html>
<html>
  <head>
    <meta charset="utf-8">
    <title>Blanket.js-Beispiel</title>
    <link rel="stylesheet" href="style/qunit/qunit-1.15.0.css">
```

```
    </head>
    <body>
      <div id="qunit"></div>
      <div id="qunit-fixture"></div>
      <script src="js/lib/qunit/qunit-1.15.0.js"></script>
      <script src="js/lib/blanket/blanket.min.js"></script>
      <script src="js/src/ArrayHelfer.js" data-cover></script>
      <script src="js/test/ArrayHelferTests.js"></script>
    </body>
</html>
```

Listing 6.29 Einbinden von Blanket.js in der Testrunner-Datei

Wenn Sie nun den Testrunner erneut starten, werden Sie oben in der Menüleiste den neuen Eintrag ENABLE COVERAGE bemerken, über den sich bestimmen lässt, ob die Testabdeckung ermittelt werden soll. Abbildung 6.11 zeigt eine beispielhafte Ausgabe, für die ich zu Demonstrationszwecken den Test der Methode Array-Helfer.min() wieder entfernt habe. Der Inhalt dieser Methode kommt also nicht zur Ausführung, was Sie im Report an der entsprechend rot hinterlegten Codezeile feststellen können.

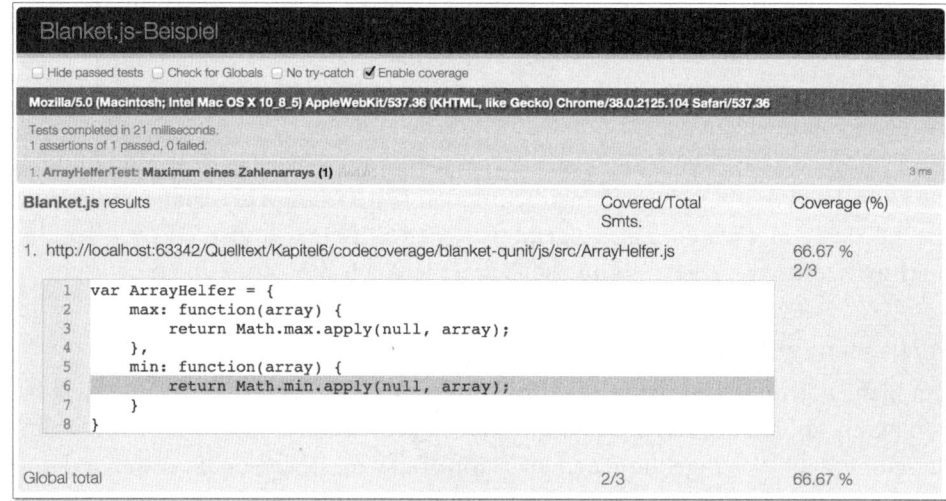

Abbildung 6.11 Testabdeckung mit Blanket.js für einen QUnit-basierten Test

Verwendung mit mocha

Möchten Sie Blanket.js in Kombination mit mocha einsetzen, lässt es sich über NPM innerhalb des entsprechenden Projekts installieren (npm install blanket). Anschließend kann es über require('blanket')() in den jeweiligen Test eingebunden und direkt aufgerufen werden.

```
require('blanket')();
var ArtistRepository = require('../src/ArtistRepository').ArtistRepository;
var assert = require('assert');

...
```

Listing 6.30 Einbinden von Blanket.js in die Testdatei

Anschließend rufen Sie mocha wie gewohnt von der Kommandozeile aus auf, müssen dabei aber darauf achten, einen der Reporter zu verwenden, der die Informationen zur Testabdeckung berücksichtigt. Dies sind zum einen der Reporter json-cov, der eine JSON-Ausgabe erzeugt, und zum anderen der Reporter html-cov, der analog eine HTML-Ausgabe erzeugt:

```
mocha -R html-cov test/ArtistRepositoryTest.js > coverage.html
```

Alternativ zum Einbinden der require()-Anweisung in jeder Testdatei haben Sie auch die Möglichkeit, die Abhängigkeit zu Blanket.js dem Kommandozeilenbefehl zu übergeben. Dies hat den Vorteil, dass die Testdateien an sich keine Abhängigkeiten zu Blanket.js haben und Sie diese nicht entsprechend anpassen müssen. Modulabhängigkeiten definieren Sie für mocha über den Parameter -r mit darauffolgendem Modulnamen:

```
mocha -r blanket -R html-cov test/ArtistRepositoryTest.js > coverage.html
```

Abbildung 6.12 zeigt das Ergebnis.

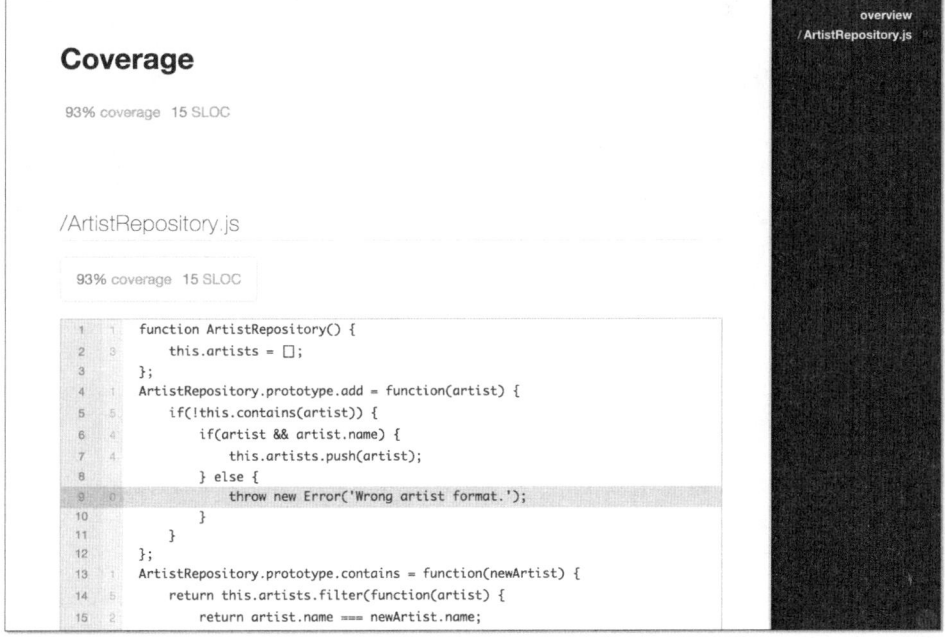

Abbildung 6.12 Testabdeckung mit Blanket.js für einen mocha-basierten Test

Integration in Build-Tools

Blanket.js lässt sich ebenfalls in die Build-Tools Grunt (z. B. über grunt-blanket: *https://github.com/alex-seville/grunt-blanket*) und Gulp (z. B. über gulp-blanket-mocha: *https://github.com/dylanb/gulp-blanket-mocha*) integrieren. An dieser Stelle möchte ich Ihnen aber zeigen, wie Sie die Testabdeckung mithilfe des in diesem Kapitel bereits vorgestellten Grunt-Plug-ins grunt-mocha-test (siehe Abschnitt 6.1.5, »Integration in Build-Tools«) ermitteln können. Dieses Plug-in unterstützt nämlich schon von sich aus Blanket.js.

Als Voraussetzung müssen Sie – falls noch nicht geschehen – zunächst die NPM-Module grunt, grunt-mocha-test und blanket lokal in Ihr Projekt installieren:

```
npm install grunt --save-dev
```

```
npm install grunt-mocha-test --save-dev
```

```
npm install blanket --save-dev
```

Anschließend konfigurieren Sie die Datei *Gruntfile.js* wie folgt:

```
'use strict';
module.exports = function(grunt) {
  grunt.loadNpmTasks('grunt-mocha-test');
  grunt.initConfig({
    mochaTest: {
      test: {
        options: {
          timeout: 8000,
          reporter: 'spec',
          captureFile: 'results.txt',
          require: 'coverage/blanket'
        },
        src: ['test/**/*.js']
      },
      coverage: {
        options: {
          reporter: 'html-cov',
          quiet: true,
          captureFile: 'coverage.html'
        },
        src: ['test/**/*.js']
      }
    }
  });
```

```
  grunt.registerTask('default', 'mochaTest');
};
```

Listing 6.31 Integration von Blanket.js in Grunt

Zudem ist es notwendig, im entsprechenden Projekt folgenden Code in eine neue Datei mit Namen *blanket.js* im Ordner *coverage* zu kopieren.

```
var path = require('path');
var srcDir = path.join(__dirname, '..', 'src');
require('blanket')({
  pattern: srcDir
});
```

Listing 6.32 Inhalt der Datei blanket.js im Ordner »coverage«

Anschließend führen Sie den Grunt-Task wie gewohnt über grunt mochaTest aus und erhalten im angegebenen Verzeichnis den HTML-Report für die Testabdeckung.

6.4   DOM-Tests

Wenn Sie schon einmal eine Desktop-Anwendung mit C# oder Java erstellt haben, wissen Sie, dass das Testen von grafischen Oberflächen mitunter recht aufwendig sein kann. Im Zweifelsfall simuliert man mithilfe einer speziellen Robot-API die Mausbewegungen und Mausklicks eines Nutzers und prüft anschließend den Zustand der grafischen Oberfläche.

Vom Prinzip her funktioniert das Testen von Weboberflächen nicht anders, allerdings ist es in der Regel nicht notwendig, hierfür eine kompliziert zu bedienende Robot-API zu verwenden. Interaktionen mit Komponenten einer Webanwendung (Buttons, Textfelder etc.) lassen sich alle auch programmatisch über Events steuern.

Um jedoch überhaupt erst solche Aspekte testen zu können, muss der entsprechende Unit-Test Zugriff auf die Webanwendung haben, sprich er muss im Browser ausgeführt werden bzw. in einer Laufzeitumgebung, die Zugriff auf das *Document Object Model* (DOM) bietet.

Angenommen, Sie möchten eine Methode erstellen, die die Listeneinträge in einer HTML-Liste alphabetisch sortiert und das dazugehörige DOM entsprechend aktualisiert. Um einen entsprechenden Testfall zu konstruieren, benötigen Sie zwangsweise eine HTML-Liste. Ohne die kann die Funktionalität der Methode nicht getestet werden.

Zum Einsatz kommen hierbei sogenannte *HTML-Fixtures*. Dabei handelt es sich um einen mehr oder weniger komplexen DOM-Schnipsel, der vor Ausführung des Tests (bzw. in der Setup-Phase) geladen wird und dann innerhalb des Tests als gerendertes DOM zur Verfügung steht. Im Fall von QUnit definiert man ein HTML-Fixture in der Testrunner-Datei innerhalb des `<div>`-Elements mit der ID `qunit-fixture`.

> **Hinweis**
>
> Generell sollten Sie darauf achten, Ihre Komponenten möglichst unabhängig vom DOM zu halten. In dem vorliegenden Beispiel wäre es sicherlich geschickter, die Sortierung an sich in eine Komponente auszulagern, die nicht auf einer HTML-Liste, sondern auf einem Array von Zeichenketten operiert.

Für das Beispiel mit der Listensortierung könnte ein solches Fixture wie in Listing 6.33 aussehen. Dort befindet sich innerhalb des entsprechenden Bereichs im Testrunner der DOM-Schnipsel, der für den Test als Ausgangspunkt verwendet werden soll: eine unsortierte HTML-Liste.

```html
<!DOCTYPE html>
<html>
  <head>
    <meta charset="utf-8">
    <title>QUnit-Beispiel</title>
    <link rel="stylesheet" href="style/qunit/qunit-1.15.0.css">
  </head>
  <body>
    <div id="qunit"></div>
    <div id="qunit-fixture">
      <ul>
        <li>
          Petra Mustermann
        </li>
        <li>
          Moritz Mustermann
        </li>
        <li>
          Peter Mustermann
        </li>
        <li>
          Max Mustermann
        </li>
      </ul>
    </div>
    <script src="js/lib/qunit/qunit-1.15.0.js"></script>
    <script src="js/src/DOMListSorter.js"></script>
```

```
    <script src="js/test/DOMListSorterTests.js"></script>
  </body>
</html>
```

Listing 6.33 Definition einer Test-Fixture

Ein für das Beispiel entsprechender Unit-Test, der überprüft, ob die HTML-Liste durch die Sortiermethode (`DOMListSorter.sort()`) wie gewünscht sortiert wird, zeigt Listing 6.34. Über die Methode `querySelector()` wird die HTML-Liste zunächst innerhalb des HTML-Fixture-Bereichs ermittelt. Anschließend wird die Sortiermethode mit dieser Liste aufgerufen und werden über den Aufruf von `querySelectorAll()` alle Listenelemente der Liste ermittelt. Es folgen vier Assertions, die sicherstellen, dass die (zuvor unsortierte) Liste nun alphabetisch sortiert vorliegt.

```
test('DOMListSorter', function() {
  var list = document.querySelector('#qunit-fixture ul');
  DOMListSorter.sort(list);
  var items = Array.prototype.slice.call(list.querySelectorAll('li'));
  equal(items[0].textContent.trim(), 'Max Mustermann');
  equal(items[1].textContent.trim(), 'Moritz Mustermann');
  equal(items[2].textContent.trim(), 'Peter Mustermann');
  equal(items[3].textContent.trim(), 'Petra Mustermann');
});
```

Listing 6.34 Überprüfen des DOMs innerhalb eines Unit-Tests

Die Implementierung der eigentlichen Listensortierung zeigt Listing 6.35. Die Details dazu sind an dieser Stelle nicht wichtig. Nur so viel: `domList.childNodes` enthält alle Kindknoten der übergebenen HTML-Liste, über die `filter()`-Methode werden ausgehend davon nur die Knoten vom Typ Element (Typ 1) herausgefiltert. Das heißt, Textknoten beispielsweise werden nicht übernommen. `domList.childNodes` ist dabei wie auch das `arguments`-Objekt kein echtes Array, sondern nur Array-ähnlich. Um also Array-Methoden wie `filter()` nutzen zu können, müssen diese über `call()` aufgerufen werden. Anschließend werden die ursprünglichen Elemente aus dem DOM gelöscht und durch neue (in sortierter Reihenfolge vorliegende) Elemente ersetzt.

```
var DOMListSorter = {
  sort: function(domList) {
    // Sortierung
    var items = Array.prototype.filter.call(domList.childNodes,
    function(item) {
      return item.nodeType === 1;
    }).sort(function(item1, item2) {
      return item1.textContent.localeCompare(item2.textContent);
```

```
  });
  // Löschen der ursprünglichen Listenelemente
  while (domList.firstChild) {
    domList.removeChild(domList.firstChild);
  }
  // Hinzufügen der neuen Listenelemente
  items.forEach(function(item) {
    domList.appendChild(item);
  });
  }
}
```

Listing 6.35 Implementierung der Sortierfunktionaliät

Hinweis

Wenn Sie das HTML-Fixture direkt im Testrunner einbinden, besteht der Nachteil darin, dass Sie für Tests, die auf verschiedenen Fixtures arbeiten, jedes Mal einen neuen Testrunner schreiben müssen. In der Praxis lagert man daher die HTML-Fixtures in einzelne HTML-Dateien aus und lädt diese je nach Test dynamisch in den Testrunner.

6.5   Funktionstests

Die im vorigen Abschnitt vorgestellten DOM-Tests werden immer dann genutzt, wenn JavaScript-Code mit Abhängigkeiten zum DOM getestet werden soll. Um richtige *Funktionstests* einer Webseite durchzuführen, sind DOM-Tests nur eingeschränkt geeignet und lassen sich hierzu nur punktuell für das Testen gewisser UI-Aspekte einsetzen (beispielsweise zum Überprüfen auf korrekte Fehlermeldungen hin bei fehlerhaften Formulareingaben). Komplexere Abläufe und Interaktionen lassen sich aber mit entsprechenden Tools noch einfacher und komfortabler überprüfen.

6.5.1   PhantomJS

PhantomJS (*http://phantomjs.org*) ist ein Browser ohne grafische Oberfläche, der »lediglich« über eine Rendering-Engine verfügt (*Headless Browser*). Wie ein regulärer Browser kann er HTML interpretieren, CSS auswerten und JavaScript-Code ausführen und ist somit in der Lage, ein vollständiges *Document Object Model* einer Webseite aufzubauen. Über eine entsprechende API lässt sich ein Headless Browser zudem wie ein »richtiger« Browser steuern.

Unter *Headless Browser Testing* versteht man das Durchführen von GUI-Tests (*Integrationstests* oder *Regressionstests*) unter Verwendung eines solchen Headless Browsers. Die Vorteile gegenüber einem normalen Browser in Bezug auf das Testen liegen auf der Hand: Da der Ballast der Browser-GUI entfällt, ist die »kopflose« Version wesentlich schneller gestartet, kann auf einem Server ohne grafische Ausgabe laufen und lässt sich demzufolge leichter in ein *CI-System* (*Continuous Integration System*) integrieren. Außerdem ist das Setup in der Regel recht einfach, weil keine spezielle Infrastruktur notwendig ist, um den Browser laufen zu lassen.

PhantomJS verwendet als Rendering-Engine WebKit, genauer gesagt die QtWebKit-Implementierung – einen Port für WebKit, dem das Qt-Framework zugrunde liegt. Installationsdateien lassen sich von der Webseite für jedes gängige Betriebssystem herunterladen. Nach erfolgreicher Installation steht das Kommando phantomjs zur Verfügung, das als Eingabe eine JavaScript-Datei erwartet.

PhantomJS verwenden

PhantomJS besteht aus mehreren Modulen, die nach den Vorgaben in CommonJS aufgebaut sind und dementsprechend eingebunden werden können. Das Modul webpage ist dabei für das Rendern der Webseiten zuständig. Wie in Listing 6.36 zu sehen, muss dafür lediglich das Modul importiert und eine Objektinstanz von Web-Page erstellt werden.

Anschließend lässt sich die übergebene URL durch den Aufruf der Methode open() laden. Innerhalb der übergebenen Callback-Funktion hat man dann, sobald der Prozess erfolgreich abgeschlossen ist, Zugriff auf die entsprechende Webseite. Optional lassen sich weitere Callbacks definieren (z. B. onResourceRequested und onResource-Received), um wie im Beispiel auf HTTP-Request und HTTP-Response zuzugreifen.

```
var webseite = require('webpage').create();
var url = 'https://www.rheinwerk-verlag.de/';
webseite.onResourceRequested = function (request, networkRequest) {
  console.log("request: " + request.url);
};
webseite.onResourceReceived = function (response) {
  console.log("response: " + response.url);
};
webseite.open(url, function (status) {
  if (status == 'success') {
    console.log(JSON.stringify(webseite.cookies, null, 2));
  }
  phantom.exit();
});
```

Listing 6.36 Rendern einer Webseite mit PhantomJS

Um Code im Kontext der geladenen Webseite auszuführen und beispielsweise auf deren DOM zugreifen (oder es ändern) zu können, verwendet man die evaluate()-Methode. Sie erwartet wie open() eine Callback-Funktion, innerhalb der man Zugriff auf die Variable document und damit auf das DOM hat. Listing 6.37 zeigt, wie Sie auf diese Weise den Titel des Dokuments ermitteln können, um ihn anschließend außerhalb des evaluate-Callbacks nutzen zu können:

```
var webseite = require('webpage').create();
var url = 'https://www.rheinwerk-verlag.de/';
webseite.open(url, function (status) {
  if (status == 'success') {
    var titel = webseite.evaluate(function () {
      return document.title;
    });
    console.log(titel);
  }
  phantom.exit();
});
```

Listing 6.37 Zugriff auf das DOM mit PhantomJS

Weitere Features

PhantomJS unterstützt DOM, CSS, JavaScript, Canvas und SVG, nicht aber jegliche Arten von Plug-ins (z. B. Flash), WebGL, Video und Audio sowie CSS3 3D – WebGL nicht, weil es ein OpenGL-fähiges System voraussetzen würde und das laut Entwickler der Philosophie von PhantomJS widerspricht, vollständig »headless« zu sein. Video und Audio lassen sich nicht nutzen, da dies hieße, mehrere Codecs installieren zu müssen und somit wieder abhängig von anderen Komponenten zu sein. XPath als Feature ist zwar aufgelistet, aber als nicht getestet markiert.

Um genau herauszufinden, welche Features die unterliegende WebKit-Implementierung unterstützt, ist ein Test über die Modernizr-Bibliothek (*http://modernizr.com*) sinnvoll. Ein Beispielskript dazu liegt der PhantomJS-Installation bei und lässt sich z. B. unter Mac OS mit folgendem Befehl starten:

```
phantomjs /usr/phantomjs/examples/features.js
```

PhantomJS und das Testen

PhantomJS ist kein Testframework, seine Aufgabe liegt ausschließlich im Rendern und Manipulieren von Webseiten, bildet also lediglich die Grundlage für das Headless Browser Testing. Folglich enthält PhantomJS weder einen Testrunner noch eine eigene Assertion-Bibliothek, wie sie für solche Frameworks typisch sind.

Für viele bekannte Testframeworks wie mocha, Jasmine, QUnit oder WebDriver stehen aber Testrunner zur Verfügung, mit denen sich PhantomJS ohne größeren Aufwand in das jeweilige Framework integrieren lässt. Im Folgenden möchte ich aber auf eine Bibliothek eingehen, die direkt auf PhantomJS aufbaut und dieses unter anderem um ein eigenes Testframework erweitert: CasperJS.

6.5.2 CasperJS

CasperJS (*http://casperjs.org*) führt eine zusätzliche Abstraktionsschicht ein, die den Zugriff auf die Inhalte einer Webseite gegenüber PhantomJS deutlich vereinfacht. Mithilfe einer entsprechenden API ist es beispielsweise möglich, Navigationsschritte zu definieren, anhand derer ein Skript automatisch beispielsweise Formulare ausfüllt und absendet, Links betätigt und vieles mehr.

CasperJS installieren

CasperJS gibt es wie PhantomJS für Mac, Linux und Windows. Als Voraussetzung für die aktuell letzte Version (1.1.0) müssen mindestens PhantomJS 1.8.1 und Python 2.6 installiert sein. Nach erfolgreicher Installation (siehe *http://docs.casperjs.org/en/latest/installation.html*) starten Sie ein CasperJS-Skript über das Kommando casperjs:

```
casperjs skript.js
```

CasperJS verwenden

In Listing 6.38 sehen Sie, wie sich CasperJS dazu verwenden lässt, einen Ablauf von Navigationsschritten zu definieren. Zuerst wird die Webseite mit der URL *http://www.heise.de/* aufgerufen und deren Titel ausgegeben. Im zweiten Schritt wird der Link mit dem Label NEWSTICKER betätigt und anschließend ein Screenshot erstellt. Zuletzt öffnet das Script die iX-Homepage (*http://www.heise.de/ix*), gibt deren Titel aus und schreibt den Inhalt der Seite in eine Datei.

```
var casper = require('casper').create();
casper.start('http://www.heise.de/', function () {
  this.echo(this.getTitle());
});
casper.then(function () {
  this.clickLabel("Newsticker", "a");
});
casper.then(function () {
  this.echo(this.getTitle());
  this.capture('ix.png', {
    top: 0, left: 00, width: 800, height: 600
```

```
    });
  });
  casper.thenOpen('http://www.heise.de/ix/', function () {
    this.echo(this.getTitle());
    this.download(this.getCurrentUrl(), 'ix.html');
  });
  casper.run();
```

Listing 6.38 Simulierte Nutzerinteraktion mit CasperJS

Funktionstests mit CasperJS

CasperJS enthält ein eigenes Testframework, über das sich unterschiedliche Assertions definieren lassen. Hierbei gibt es neben den aus anderen Frameworks bekannten Funktionen wie `assertEquals()`, `assertFalsy()`, `assertNot()` und `assertTruthy()` auch speziellere Funktionen wie `assertElementCount()`, `assertHttpStatus()`, `assertResourceExists()` und `assertUrlMatch()`, die auf das Testen von Webseiten zugeschnitten sind (siehe Tabelle 6.6). Listing 6.39 zeigt einige davon in der Anwendung.

```
casper.test.begin('Heise Web-Site Test', 4, function suite(test) {
  casper.start("http://www.heise.de/", function () {
    this.echo('URL: ' + this.getCurrentUrl());
    test.assertTitle("heise online - IT-News, Nachrichten und Hintergründe",
                     "hat den richtigen Titel");
    test.assertTitleMatch(/heise/, "enthält 'heise' im Titel");
    test.assertHttpStatus(200, "gibt 200 als HTTP-Status zurück");
  });
  casper.then(function () {
    this.clickLabel("Newsticker", "a");
  });
  casper.then(function () {
    this.echo('URL: ' + this.getCurrentUrl());
    test.assertTitleMatch(/heise/, "enthält 'heise' im Titel");
  });
  casper.run(function () {
    test.done();
  });
});
```

Listing 6.39 Durchführen von Tests mit CasperJS

Möchten Sie die Funktionen des Testframeworks nutzen, starten Sie CasperJS mit dem zusätzlichen Parameter test:

```
casperjs test skript.js
```

Daraufhin führt CasperJS die jeweiligen Tests aus und erstellt einen Testreport, wie in Listing 6.40 zu sehen.

```
Test file: beispiel2.js
# Heise Web-Site Test
URL: http://www.heise.de/
PASS hat den richtigen Titel
PASS enthält 'heise' im Titel
PASS gibt 200 als HTTP-Status zurück
URL: http://www.heise.de/newsticker/classic/
PASS enthält 'heise' im Titel
PASS 4 tests executed in 8.039s, 4 passed, 0 failed, 0 dubious, 0 skipped.
```

Listing 6.40 Konsolenausgabe des CasperJS-Tests

Assertion	Beschreibung
assertDoesntExist(selektor)	Überprüft, ob es kein Element zu dem übergebenen CSS-Selektor gibt.
assertElementCount(selektor, anzahl)	Überprüft, ob es zu dem übergebenen CSS-Selektor eine bestimmte Anzahl an Elementen gibt.
assertExists(selektor)	Überprüft, ob es ein Element zu dem übergebenen CSS-Selektor gibt.
assertHttpStatus(status)	Überprüft den HTTP-Status.
assertNotVisible(selektor)	Überprüft, ob das Element, das durch den übergebenen CSS-Selektor beschrieben wird, nicht sichtbar ist.
assertSelectorDoesntHave-Text(selektor, text)	Überprüft, dass der übergebene Text in keinem der Elemente vorkommt, die durch den CSS-Selektor beschrieben werden.
assertSelectorHasText(selektor, text)	Überprüft, dass der übergebene Text in jedem der Elemente vorkommt, die durch den CSS-Selektor beschrieben werden.
assertTitle(titel)	Überprüft, ob der Titel des Dokuments mit der übergebenen Zeichenkette übereinstimmt.
assertTitleMatch(regExp)	Überprüft, ob der Titel des Dokuments mit dem übergebenen regulären Ausdruck übereinstimmt.

Tabelle 6.6 Auswahl der Assertion-API von CasperJS

Assertion	Beschreibung
assertURLMatch(regExp)	Überprüft, ob die URL des Dokuments mit dem übergebenen regulären Ausdruck übereinstimmt.
assertVisible(selektor)	Überprüft, ob das Element, das durch den übergebenen CSS-Selektor beschrieben wird, sichtbar ist.

Tabelle 6.6 Auswahl der Assertion-API von CasperJS (Forts.)

Zugriff auf das DOM

Um innerhalb eines Tests auf das DOM zugreifen zu können, müssen Sie ähnlich wie in PhantomJS vorgehen. Direkten Zugriff auf das DOM haben Sie nur, wie in Listing 6.41 zu sehen, innerhalb des evaluate-Callbacks.

```
casper.test.begin('Heise Homepage', 1, function suite(test) {
  casper.start("http://www.heise.de/", function () {
    var ueberschriften = casper.evaluate(function () {
      var h2s = document.getElementsByTagName("h2");
      var ergebnis = new Array();
      for (var i = 0; i < h2s.length; i++) {
        ergebnis[i] = h2s[i].textContent;
      }
      return ergebnis;
    });
    test.assertEquals(ueberschriften.length, 6,
      "hat die richtige Anzahl an Überschriften der Ebene 2");
  });
  casper.run(function () {
    test.done();
  });
});
```

Listing 6.41 Zugriff auf das DOM mit CasperJS

6.6 Zusammenfassung und Ausblick

In diesem Kapitel haben Sie eine Auswahl von Tools und Bibliotheken für das Testen von JavaScript-Code kennengelernt. Sie wissen jetzt, wie Sie Unit-Tests erstellen können, Test-Doubles verwenden und wie Sie die Testabdeckung Ihrer Unit-Tests ermitteln. Sie haben sowohl gesehen, wie sich die Tools von Kommandozeile verwenden lassen, als auch, wie man sie in den Build-Prozess integriert.

Des Weiteren habe ich Ihnen gezeigt, wie Sie JavaScript-Code mit Abhängigkeiten zum DOM testen und auf Basis von PhantomJS und CasperJS Funktionstests von Webseiten erstellen.

Im Folgenden noch eine kurze Übersicht über die wichtigsten Punkte, die Sie aus diesem Kapitel mitnehmen sollten. Im nächsten Kapitel widmen wir uns dann dem Thema der objektorientierten Entwurfsmuster.

▶ Bei der *testgetriebenen Entwicklung* formuliert man vor der Implementierung einer neuen Komponente zunächst in einem *Unit-Test* über *Assertions*, was die neue Komponente leisten muss.

▶ Eine Iteration besteht bei der testgetriebenen Entwicklung aus folgenden fünf Schritten: Test schreiben, Test ausführen (schlägt fehl), Komponente implementieren, Test ausführen (besteht), Refactoring der Komponente.

▶ Ein einzelner Unit-Test besteht aus vier Phasen: In der *Setup-Phase* werden Initialisierungsarbeiten ausgeführt, in der *Exercise-Phase* die zu testende Komponente (Funktion/Methode) ausgeführt, in der *Verify-Phase* werden die tatsächlichen Ergebnisse mit den erwarteten Ergebnissen verglichen und in der *Teardown-Phase* Aufräumarbeiten durchgeführt.

▶ In JavaScript gibt es viele verschiedene Unit-Testing-Frameworks, von denen ich Ihnen in diesem Kapitel zwei bekannte vorgestellt habe: QUnit, das sich besonders gut für das Testen von clientseitigem JavaScript eignet, und mocha, das sich besonders für das Testen von serverseitigem JavaScript eignet. Beide Frameworks lassen sich jedoch auch im jeweils anderen Kontext verwenden.

▶ Sowohl QUnit als auch mocha können in die Build-Tools Grunt und Gulp integriert werden.

▶ *Test-Doubles* dienen dazu, solche Komponenten, von denen eine zu testende Komponente abhängig ist (Datenbank, Webservice etc.), während des Tests zu ersetzen. Es gibt verschiedene Arten von Test-Doubles: *Test-Spies*, über die sich indirekte Ausgaben der zu testenden Komponente abfangen lassen, *Test-Stubs*, über die sich indirekte Eingaben der zu testenden Komponente definieren lassen, und *Mock-Objekte*, die die indirekten Ausgaben der zu testenden Komponente überprüfen.

▶ In JavaScript ist Sinon.js die bekannteste Bibliothek, um Test-Doubles zu erstellen.

▶ Gerade bei komplexerem Quelltext ist es sinnvoll, über *Testabdeckung* herauszufinden, welcher Quelltext von den Unit-Tests abgedeckt ist. Als Beispiel haben Sie die JavaScript-Bibliothek Blanket.js kennengelernt, die sich relativ einfach in mocha integrieren lässt.

▶ JavaScript-Code, der Abhängigkeiten zu dem Document Object Model (DOM) einer Webseite hat, wird in sogenannten *DOM-Tests* überprüft.

▶ Komplexere Interaktionen und Workflows lassen sich dagegen im Rahmen von *Funktionstests* durch Tools wie PhantomJS und CasperJS überprüfen.

Sollten Sie sich eingehender mit der testgetriebenen Entwicklung in JavaScript beschäftigen wollen, empfehle ich Ihnen außerdem das Buch *Testgetriebene Entwicklung mit JavaScript* von Sebastian Springer, das beim dpunkt-Verlag erschienen ist.

Kapitel 7
Die Entwurfsmuster der Gang of Four

Wie Sie in den vorigen Kapiteln sehen konnten, werden viele Features,
die in anderen Programmiersprachen zum Sprachumfang gehören, in
JavaScript über Entwurfsmuster geregelt. Doch wie sieht es in die
andere Richtung aus?

Entwurfsmuster bezeichnen in der Softwareentwicklung bewährte Herangehenswei-sen für wiederkehrende Problemstellungen. In der objektorientierten Programmie-rung dürften wohl die Entwurfsmuster der *Gang of Four* (*GoF-Entwurfsmuster*) zu den bekanntesten zählen, beschrieben in dem Buch *Entwurfsmuster – Elemente wie-derverwendbarer objektorientierter Software*. In diesem Kapitel werde ich betrachten, welche Relevanz diese Entwurfsmuster bei der JavaScript-Entwicklung haben.

7.1 Einführung

Die GoF-Sammlung von 23 Entwurfsmustern gliedert sich in die drei Kategorien *Erzeugungsmuster* (*Creational Design Patterns*), *Strukturmuster* (*Structural Design Patterns*) und *Verhaltensmuster* (*Behavioral Design Patterns*).

Viele dieser Muster entstanden aus Einschränkungen der Sprachen, für die sie konzi-piert wurden, wie beispielsweise C++ und Smalltalk. Auch in Java und prinzipiell anderen Sprachen, denen Klassen zugrunde liegen, finden die GoF-Entwurfsmuster häufig Verwendung. Die meisten der Entwurfsmuster involvieren dabei mehrere Klassen und Interfaces, was in Folge schnell zu jeder Menge (Boilerplate-)Code für eine häufig »triviale« Aufgabe führt.

Betrachtet man funktionale Programmiersprachen, stellt man fest, dass dort viele Probleme gar nicht existieren oder sich anders eleganter (und mit weniger Code) lösen lassen. Durch die funktionalen Eigenschaften von JavaScript stellt sich nun die Frage, ob das Verwenden der GoF-Entwurfsmuster hier überhaupt sinnvoll ist. Im Folgenden zeige ich Ihnen, welchen Stellenwert die Muster in JavaScript haben, wie sie sich gegebenenfalls realisieren lassen und welche Alternativen oder Vereinfa-chungen es dank funktionaler und auch dank prototypischer Aspekte gibt.

Möchten Sie sich eingehender mit den GoF-Entwurfsmustern auseinandersetzen, empfehle ich Ihnen das entsprechende Standardwerk der Gang of Four. Bezüglich JavaScript gibt es zum Thema insbesondere zwei Bücher: *Learning JavaScript Design Patterns* von Addy Osmani, das auch als Online-Buch unter *http://addyosmani.com/resources/essentialjsdesignpatterns/book* zur Verfügung steht, sowie *Pro JavaScript Design Patterns* von Dustin Diaz und Ross Harmes.

Hinweis

Alle der GoF-Entwurfsmuster basieren auf der Verwendung von Klassen. Viele der Entwurfsmuster beziehen außerdem Interfaces und abstrakte Klassen mit ein. Auch wenn wir in den letzten Kapiteln gesehen haben, dass sich Interfaces und Klassen in JavaScript emulieren lassen und es seit ES6 sogar eine Klassensyntax gibt, ist JavaScript letztendlich eine Sprache, die auf der prototypischen Objektorientierung basiert. Eine 1:1-Abbildung der GoF-Entwurfsmuster ist also in jedem Fall nicht möglich. Die im Verlauf dieses Kapitels gezeigten Klassendiagramme in der *UML*-Notation (*Unified Modeling Language*) repräsentieren daher den ursprünglichen Aufbau des jeweiligen Entwurfsmusters.

Tipp

Entwurfsmuster sollten nicht um des Entwurfsmusters willen eingesetzt werden. Nutzen Sie die Stärken von JavaScript. Vermeiden Sie, Interfaces und Klassen in JavaScript zu emulieren, nur um damit die GoF-Entwurfsmuster umsetzen zu können. Das ergibt keinen Sinn und bläht den Code unnötig auf!

Hinweis

Die Implementierung einzelner Entwurfsmuster variiert in JavaScript natürlich, abhängig davon, welche Art von Objektorientierung verwendet wird: In der pseudoklassischen Objektorientierung ist die Implementierung eine andere, als wenn Sie prototypische Objektorientierung oder die neue ES6-Klassensyntax verwenden. Statt für jedes Entwurfsmuster alle drei Varianten durchzuspielen, habe ich im Folgenden versucht, die Beispiele möglichst abwechslungsreich zu gestalten.

7.2   Erzeugungsmuster

Erzeugungsmuster beschreiben, wie der Name sagt, die Gruppe der Entwurfsmuster, die der Erzeugung von Objekten dienen. Der Fokus liegt dabei darauf, das Erzeugen von Objekten von der Repräsentation der Objekte zu entkoppeln. Insgesamt gibt es folgende fünf Erzeugungsmuster: *Abstract Factory*, *Factory Method*, *Builder*, *Prototype* und *Singleton*.

7.2.1   Objekte an einer zentralen Stelle erzeugen (Abstract Factory/Factory Method)

Starten wir mit zwei Entwurfsmustern, die durchaus auch in JavaScript ihre Daseinsberechtigung haben: mit der *Fabrikmethode* bzw. *Factory Method* und der *abstrakten Fabrik* bzw. *Abstract Factory*.

Beschreibung des Entwurfsmusters

Hinsichtlich der Wartbarkeit eines Quelltextes ist es in den meisten Fällen besser, Objekte nicht direkt über den Konstruktor, sondern über spezielle Methoden (eben Fabrikmethoden) zu erzeugen. Der Vorteil ist dabei der, dass die Stelle im Code, an der die Fabrikmethode aufgerufen wird, davon unabhängig ist, wie das entsprechende Objekt (in diesem Kontext auch Produkt genannt) erzeugt wird.

Abbildung 7.1 zeigt die beteiligten Komponenten dieses Entwurfsmusters. Abstract-Product bezeichnet die abstrakte Basisklasse von Produkten, von der konkrete Produktklassen ableiten. Creator stellt die Schnittstelle für die Fabrikmethode bereit, die Implementierung geschieht in der Klasse ConcreteCreator. Anstatt Instanzen über new Product() anzulegen, ruft man einfach die Methode factoryMethod() auf.

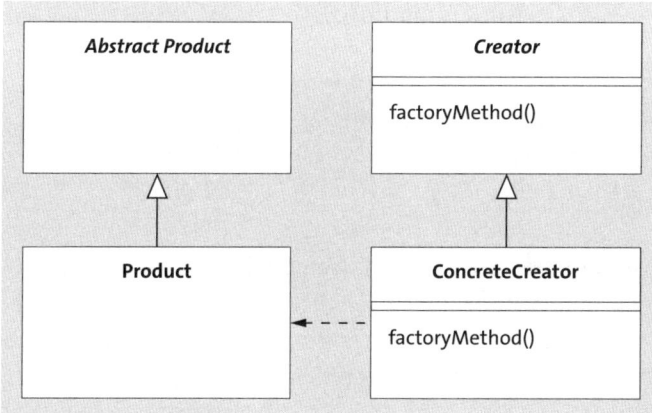

Abbildung 7.1 Klassendiagramm für das Factory-Method-Entwurfsmuster

Einen Schritt weiter geht das Abstract-Factory-Entwurfsmuster. Im Gegensatz zu Factory Method, das die Erzeugung eines einzelnen Produkts kapselt, kapselt eine Abstract Factory das Erstellen von Produkten einer ganzen Produktfamilie. Intern bedient es sich dazu in der Regel verschiedener Fabrikmethoden.

Abbildung 7.2 zeigt die entsprechenden Komponenten dieses Musters. Auf der einen Seite sehen Sie die abstrakte Fabrik (AbstractFactory) mit ihren verschiedenen Implementierungen, auf der anderen Seite das abstrakte Produkt (AbstractProduct), seinerseits mit entsprechenden Implementierungen.

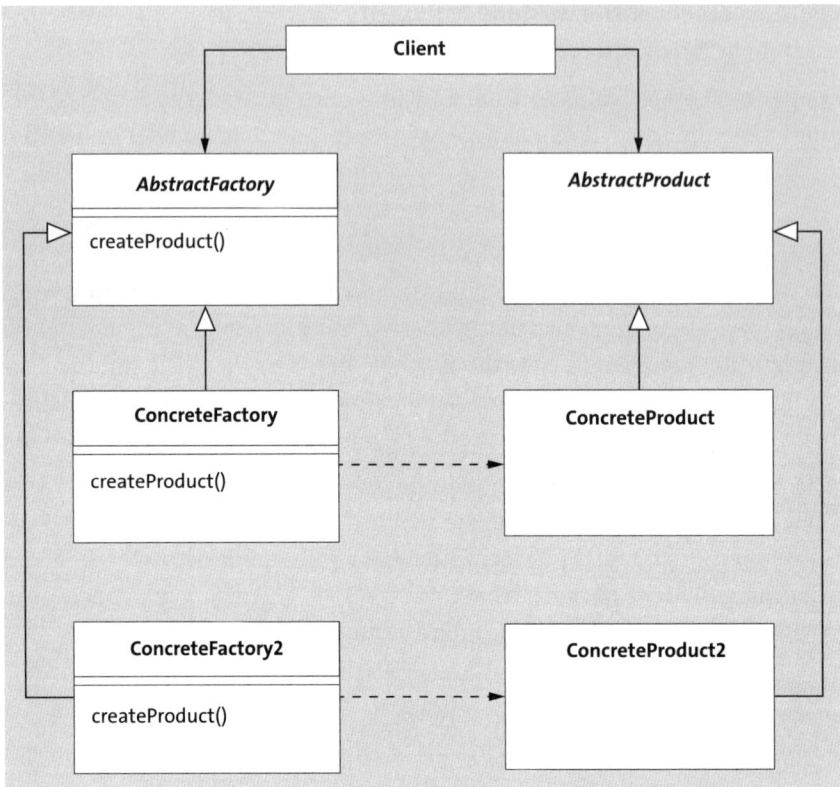

Abbildung 7.2 Klassendiagramm für das Abstract-Factory-Entwurfsmuster

Relevanz in JavaScript

Auch wenn es in JavaScript weder Interfaces noch Klassen gibt, lohnt sich der Einsatz von Fabrikmethoden bzw. abstrakten Fabriken, wobei der Begriff »abstrakt« in diesem Kontext (wegen des fehlenden Konzepts abstrakter Klassen) nur wenig Sinn macht und daher im Folgenden nur von Factorys gesprochen werden soll.

Die pseudoklassische Vererbung basiert, wie Sie aus Abschnitt 3.3.2 wissen, auf Konstruktorfunktionen. Sie haben außerdem bereits gesehen, zu welchen Fehlern es führen kann, wenn solche Funktionen als normale Funktionen aufgerufen werden. Ich habe Ihnen zwar in diesem Zusammenhang eine entsprechende Fallback-Technik vorgestellt, über die fälschlich als normale Funktionen aufgerufene Konstruktorfunktionen trotzdem das richtige Ergebnis (nämlich eine Objektinstanz) zurückgeben, aber warum sollte man nicht von vornherein das Erzeugen von Objekten über speziell dafür vorgesehene Methoden vornehmen?

Lassen Sie mich Ihnen zeigen, wie sich eine Factory in JavaScript implementieren lässt. Als Objektmodell verwenden wir das in Listing 7.1 gezeigte: die Oberklasse Vinyl

mit den beiden Unterklassen LP (»Long Player«) und EP (»Extended Player«). Diese
stellen die zu erzeugenden Produkte dar.

```
function Vinyl(config) {
  this.color = config.color || "schwarz";
  this.name = config.name || "Untitled";
  this.artist = config.artist || "VA";
}

function LP(config) {
  Vinyl.call(this, config);
  this.diameter = config.diameter || 30;
}
LP.prototype = Object.create(Vinyl.prototype);
LP.prototype.constructor = Vinyl;
function EP(config) {
  Vinyl.call(this, config);
  this.diameter = config.diameter || 17.5;
}
EP.prototype = Object.create(Vinyl.prototype);
EP.prototype.constructor = Vinyl;
```

Listing 7.1 Ein einfaches Objektmodell mit pseudoklassischer Vererbung

Listing 7.2 zeigt die Implementierung und die Anwendung der Factory. Anhand des
übergebenen Konfigurationsobjekts wird der Typ des zu erstellenden Objekts ermittelt und eine entsprechende Objektinstanz erzeugt. Der Vorteil dabei: Die einzige
Stelle, an der eine Konstruktorfunktion aufgerufen wird, befindet sich innerhalb der
Fabrikmethode.

```
function VinylFactory() {}
VinylFactory.prototype.vinylClass = LP;
VinylFactory.prototype.create  = function (config) {
  switch(config.vinylType){
    case "lp":
      this.vinylClass = LP;
      break;
    case "ep":
      this.vinylClass = EP;
      break;
  }
  // Aufruf der Konstruktorfunktion
  return new this.vinylClass(config);
};
```

```
var vinylFactory = new VinylFactory();
var ep = vinylFactory.create({
  vinylType: "ep",
  color: "yellow"
});
var lp = vinylFactory.create({
  vinylType: "lp",
  name: "Third Eye Surgery",
  artist: "Baby Woodrose"
});
console.log(ep instanceof EP);    // true
console.log(ep.diameter);         // 17.5
console.log(lp instanceof LP);    // true
console.log(lp.diameter);         // 30
```

Listing 7.2 Das Factory-Entwurfsmuster in JavaScript

> **Merke**
>
> Factory Method und Abstract Factory sind auch in JavaScript sinnvoll, um das Erzeugen von Objekten an zentraler Stelle zu verwalten.

7.2.2   Nur ein Objekt von einem Typ erstellen (Singleton)

In klassenbasierten Sprachen können standardmäßig von jeder Klasse mehrere Objektinstanzen erzeugt werden. Doch nicht immer möchte man das erlauben. Hier kommt das *Singleton*-Entwurfsmuster ins Spiel: Es bewirkt, dass von einer bestimmten Klasse nur eine Instanz erzeugt werden kann.

Beschreibung des Entwurfsmusters

In der Regel geht man so vor, dass die Singleton-Objektinstanz von der jeweiligen Klasse in einer statischen Variablen verwaltet wird. Der Zugriff geschieht dann meistens über die öffentliche Klassenmethode getInstance() (siehe UML-Diagramm in Abbildung 7.3), wobei die Objektinstanz dabei nicht schon beim Laden der Klasse, sondern erst beim ersten Aufruf von getInstance() erzeugt wird (*Lazy Instantiation*).

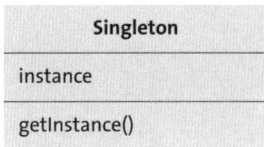

Abbildung 7.3 Klassendiagramm für das Singleton-Entwurfsmuster

Relevanz in JavaScript

Da es in JavaScript kein Konzept für Klassen gibt, ist implizit jedes Objekt, das Sie erstellen, ein Singleton. Listing 7.3 zeigt die einfachste Form eines Singletons in JavaScript.

```
var singleton = {};
```

Listing 7.3 Die einfachste Form eines Singletons in JavaScript ist ein simples Objekt.

Um die beiden fehlenden Aspekte des Zugriffs auf die Instanz per Methode und der Lazy Instantiation in JavaScript nachzubilden, bedient man sich in der Regel, wie in Listing 7.4 gezeigt, des Module-Entwurfsmusters. Die Variable Singleton stellt in diesem Fall sozusagen die Klasse dar, init() eine private und getInstance() eine öffentliche Methode. Ist die Variable instance noch nicht definiert, wird sie beim ersten Aufruf von getInstance() über init() berechnet bzw. initialisiert.

```
var Singleton = ( function () {
  var instance;
  function init() {
    var zufallsZahl = Math.random();
    return {
      getZufallsZahl: function() {
        return zufallsZahl;
      }
    };
  };
  return {
    getInstance: function () {
      if(!instance) {
        instance = init();
      }
      return instance;
    }
  };
})();
var s1 = Singleton.getInstance();
var s2 = Singleton.getInstance();
console.log(s1.getZufallsZahl() === s2.getZufallsZahl());
```

Listing 7.4 Das Singleton-Entwurfsmuster mit Lazy Instantiation

Alternativ zu der gezeigten Technik lässt sich Lazy Instantiation über das aus Kapitel 2 bekannte Entwurfsmuster *Self-Overwriting Function* realisieren. Zur Erinnerung: Dabei überschreibt sich eine Funktion bei Aufruf selbst. Zu sehen ist dies in

Listing 7.5. Hier wird beim ersten Aufruf von getInstance() zunächst die Variable instance instanziiert und anschließend getInstance() neu gesetzt. Weitere Aufrufe der Funktion führen danach zu keiner weiteren Objektinstanz.

```
var Singleton = (
  function () {
    return {
      getInstance: function () {
        // Die Instanz wird nur einmal initialisiert
        var instance = function(){
          var zufallsZahl = Math.random();
          return {
            getZufallsZahl : function() {
              return zufallsZahl;
            }
          }
        }();
        // Neudefinition der Funktion
        this.getInstance = function() {
          return instance;
        }
        return this.getInstance();
      }
    };
  })();
var s1 = Singleton.getInstance();
var s2 = Singleton.getInstance();
console.log(s1.getZufallsZahl() === s2.getZufallsZahl());
```

Listing 7.5 Lazy Instantiation via Self-Overwriting Function

Merke

Jedes Objekt, das Sie in JavaScript erstellen, ist aufgrund fehlender Klassen implizit ein Singleton.

7.2.3   Erstellen von komplexen Objekten (Builder)

Die Idee beim *Builder*-Entwurfsmuster ist es, das Erstellen von Objekten zu vereinfachen und wie bei der Abstract Factory in eine eigene Klasse auszulagern. Der Fokus liegt beim Builder-Entwurfsmuster aber vor allem darauf, das Erzeugen solcher Objekte zu vereinfachen, bei deren Erzeugung mehrere Funktionsaufrufe involviert sind.

Beschreibung des Entwurfsmusters

Im klassischen Builder-Entwurfsmuster sind die in Abbildung 7.4 dargestellten Komponenten beteiligt: `Builder` stellt die Schnittstelle zur Erzeugung der einzelnen Bestandteile des Objekts (bzw. auch Produkts) bereit. `ConcreteBuilder` implementiert diese Schnittstelle und verwaltet zusätzlich das von ihm erstellte Objekt (eine Instanz von `Product`), das über die Methode `getResult()` zurückgegeben werden kann. Die `Director`-Komponente ist für die Konstruktion des Objekts verantwortlich, sie steuert die einzelnen Aufrufe an die Builder-Komponente und weiß beispielsweise genau, in welcher Reihenfolge die Methoden (`buildPartA()`, `buildPartB()`, `build-PartC()` und `buildPartD()`) aufgerufen werden müssen.

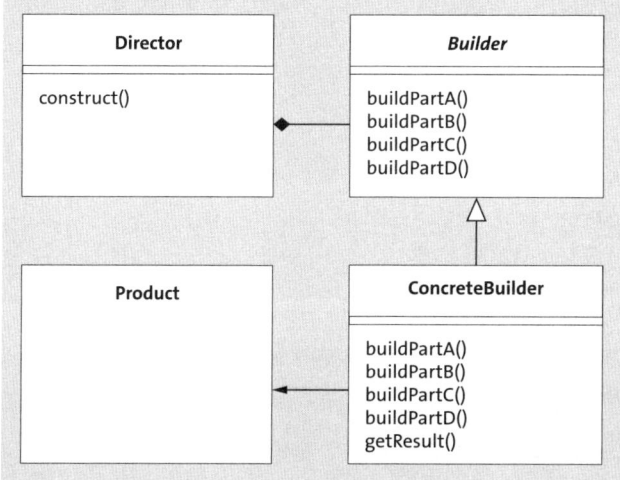

Abbildung 7.4 Klassendiagramm für das Builder-Entwurfsmuster

Relevanz in JavaScript

Prinzipiell macht das Builder-Entwurfsmuster auch in JavaScript Sinn, nämlich immer dann, wenn Sie das Erzeugen komplexer Objekte in strukturierter Form auslagern möchten. Listing 7.6 zeigt dazu ein Beispiel (wobei Interface und Klasse, also `Builder` und `ConcreteBuilder`, nicht getrennt modelliert werden). Gezeigt ist hier, wie mithilfe eines Builders das Erzeugen von HTML-Tabellen vereinfacht werden kann.

Eine HTML-Tabelle besteht vereinfacht betrachtet aus Tabellenüberschriften sowie Spalten und Zeilen (um das Beispiel übersichtlich zu halten, sind Datensätze nicht enthalten). Die Tabelle stellt also das Produkt dar, die drei genannten Komponenten die Bestandteile dieses Produkts.

`TableBuilder` stellt für jedes dieser Teile eine entsprechende Methode zur Verfügung (`buildHeaders()`, `buildColumns()`, `buildRows()`). Das `Director`-Objekt kapselt den Aufruf dieser Methoden und weiß, wie bereits gesagt, auch, in welcher Reihenfolge die Methoden des Builders aufgerufen werden müssen. So setzt z. B. ein Aufruf von `buildRows()` einen vorhergehenden Aufruf von `buildColumns()` voraus, da die Anzahl der Spalten bekannt sein muss, um eine Zeile in der Tabelle erstellen zu können. Das `TableDirector`-Objekt ist prinzipiell nichts anderes als eine Facade (siehe Abschnitt 7.3.6, »Einheitliche Schnittstelle für mehrere Schnittstellen (Facade)«).

Ebenfalls erwähnenswert: Dadurch, dass die einzelnen Methoden von `TableBuilder` jeweils eine Referenz auf die aktuelle Objektinstanz (`this`) zurückgeben, können die Methodenaufrufe bequem hintereinandergereiht werden (der Fachbegriff hierfür heißt übrigens *Fluent Interface*).

```
var TableBuilder = function() {
  var table = document.createElement('table');
  var numberOfRows = 0;
  var numberOfColumns = 0;
  var headerNames = [];
  return {
    buildHeaders : function(headers) {
      this.headerNames = headers;
      var tr = document.createElement('tr');
      for(var i=0; i<this.headerNames.length; i++) {
        var th = document.createElement('th');
        var text = document.createTextNode(this.headerNames[i]);
        th.appendChild(text);
        tr.appendChild(th);
      }
      table.appendChild(tr);
      return this;
    },
    buildColumns : function(numberOfColumns) {
      this.numberOfColumns = numberOfColumns;
      return this;
    },
    buildRows : function(numberOfRows) {
      this.numberOfRows = numberOfRows;
      for(var i=0; i<this.numberOfRows; i++) {
        var tr = document.createElement('tr');
        for(var j=0; j<this.numberOfColumns; j++) {
          var td = document.createElement('td');
          tr.appendChild(td);
        }
        table.appendChild(tr);
      }
      return this;
```

```
    },
    getResult : function() {
      return table;
    }
  };
};
var TableDirector = function() {
  var tableBuilder = new TableBuilder();
  return {
    constructArtistTable: function() {
      var table = tableBuilder
        .buildHeaders(['Artist', 'Title'])
        .buildColumns(2)
        .buildRows(4)
        .getResult();
      return table;
    }
  }
}
var tableDirector = new TableDirector();
var table = tableDirector.constructArtistTable();
document.getElementById('artist-table').appendChild(table);
```

Listing 7.6 Das Builder-Entwurfsmuster in JavaScript

Hinweis

Das obige Beispiel läuft nur in einer Laufzeitumgebung, in der das document-Objekt zur Verfügung steht, sprich in Browsern und in PhantomJS. In Node.js dagegen ist standardmäßig kein document-Objekt vorhanden. Es stehen allerdings Module zur Verfügung, mit deren Hilfe sich ein document-Objekt erstellen lässt (beispielsweise das Modul »domino«, siehe *https://github.com/fgnass/domino*).

Merke

Der Einsatz des Builder-Entwurfsmusters ist auch in JavaScript sinnvoll, um komplexe Erzeugungsprozesse von Objekten zu vereinfachen.

7.2.4   Ähnliche Objekte erstellen (Prototype)

Die Idee beim *Prototype*-Entwurfsmuster ist es, Objektinstanzen anhand einer bereits vorhandenen Objektinstanz zu erstellen. Diese bereits vorhandene Objektinstanz bildet dann den Prototyp für die neue Objektinstanz. Ziel ist es, Letztere die Eigenschaften und Methoden vom Prototyp erben zu lassen.

Beschreibung des Entwurfsmusters

Klassenbasierte Sprachen bieten keine Möglichkeit, dass ein Objekt von einem anderen erbt. Daher geht man hier so vor, dass Objekte, die als Prototyp dienen sollen, eine Methode clone() anbieten (siehe Abbildung 7.5), um eine Kopie von sich selbst zu erzeugen und somit quasi die Eigenschaften und Methoden gewissermaßen über diese Kopie bereitzustellen. Das Muster findet vor allem dann Anwendung, wenn das Erzeugen von Objektinstanzen relativ aufwendig ist und sich die zu erstellenden Objekte nur in wenigen Eigenschaften voneinander unterscheiden.

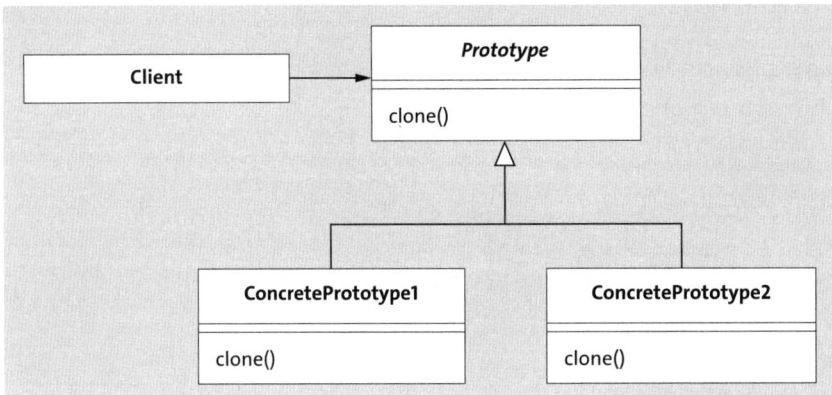

Abbildung 7.5 Klassendiagramm für das Prototype-Entwurfsmuster

Relevanz in JavaScript

In JavaScript ist die Umsetzung dieses Entwurfsmusters vergleichsweise simpel bzw. gar nicht erst notwendig, da das Prinzip von Prototypen bzw. das Erben zwischen Objekten bereits ein wesentlicher Bestandteil der Sprache ist. Jedes Objekt kann in JavaScript als Prototyp für ein anderes Objekt dienen.

Detailliert haben wir das Prinzip der prototypischen Objektorientierung ja bereits in Kapitel 3, »Objektorientierte Programmierung mit JavaScript« (siehe Abschnitt 3.3.1, »Prototypische Vererbung«), besprochen, so dass ich im Folgenden nur ein kurzes Beispiel zur Auffrischung geben möchte (siehe Listing 7.7).

Object.create() erzeugt gelberWuerfel und blauerWuerfel, ausgehend vom Prototyp wuerfel. Beide Objekte teilen sich dessen Eigenschaften. Möchte man dagegen den Prototyp wie beim klassischen Prototype-Entwurfsmuster vollständig klonen und wirklich eine Kopie des jeweiligen Objekts erstellen, muss man das entweder manuell erledigen oder über die kopierende Vererbung (siehe Abschnitt 3.3.3), bei der Eigenschaften und Methoden von einem Objekt in ein anderes Objekt hineinkopiert werden.

```javascript
var wuerfel = {
  breite : 20,
  tiefe : 20,
  hoehe : 20,
  farbe : 'weiß',
  setBreite : function(breite) {
    this.breite = breite; },
    getBreite : function() { return this.breite; }
  },
  setTiefe : function(tiefe) {
    this.tiefe = tiefe;
  },
  getTiefe : function() {
    return this.tiefe;
  },
  setHoehe : function(hoehe) {
    this.hoehe = hoehe; },
    getHoehe : function() {
      return this.hoehe;
  },
  setFarbe : function(farbe) {
    this.farbe = farbe;
  },
  getFarbe : function() {
    return this.farbe;
  }
}
var gelberWuerfel = Object.create(wuerfel);
gelberWuerfel.setFarbe('gelb');
var blauerWuerfel = Object.create(wuerfel);
blauerWuerfel.setFarbe('blau');
console.log(wuerfel.getFarbe());        // weiß
console.log(gelberWuerfel.getFarbe());  // gelb
console.log(blauerWuerfel.getFarbe());  // blau
console.log(gelberWuerfel.getBreite()); // 20
console.log(blauerWuerfel.getBreite()); // 20
wuerfel.setBreite(40);
console.log(gelberWuerfel.getBreite()); // 40
```

```
console.log(blauerWuerfel.getBreite()); // 40
gelberWuerfel.setBreite(60);
console.log(gelberWuerfel.getBreite()); // 60
console.log(blauerWuerfel.getBreite()); // 40
```

Listing 7.7 Dank der prototypischen Aspekte von JavaScript ist es nicht notwendig, Prototypen durch ein spezielles Entwurfsmuster nachzubilden.

> **Merke**
>
> Für das Prototype-Entwurfsmuster besteht in JavaScript keine Notwendigkeit, da die Sprache bereits über das prototypische Konzept verfügt, über die das Vererben von Eigenschaften und Methoden auch zwischen Objekten möglich ist.

7.3   Strukturmuster

Strukturmuster bezeichnen die Kategorie der Entwurfsmuster, die dazu dienen, Beziehungen zwischen Objekten (bzw. allgemeiner zwischen einzelnen Komponenten einer Anwendung) zu vereinfachen.

7.3.1   Die Schnittstelle anpassen (Adapter)

Hin und wieder kommt es vor, dass man bei der Entwicklung einer Anwendung eine bestimmte Bibliothek nach einer gewissen Zeit gegen eine andere Bibliothek austauschen möchte. Häufig ist es dann jedoch so, dass die neue Bibliothek zwar letztendlich das Gleiche macht wie die alte, aber über andere Methoden verfügt (bzw. allgemeiner über eine andere Schnittstelle). Je nach Fortschritt des Projekts kann es dann ganz schön aufwendig werden, alle bestehenden (noch auf die alte Schnittstelle abzielenden) Methodenaufrufe innerhalb der eigenen Codebasis an die neuen Methodenaufrufe anzupassen. Abhilfe schafft hier das sogenannte *Adapter*-Entwurfsmuster.

Beschreibung des Entwurfsmusters

Die Idee des Adapter-Entwurfsmusters ist es, die neue Schnittstelle an die alte Schnittstelle anzupassen, so dass innerhalb der Anwendung weiterhin gegen die alte Schnittstelle programmiert werden kann. Zu diesem Zweck bietet die Adapter-Komponente (siehe Abbildung 7.6) nach außen hin die gleichen Methoden bzw. die gleiche Schnittstelle an wie die zu ersetzende Komponente, ruft im Hintergrund aber die Methoden der neuen Komponente (Adaptee) auf. Der Adapter stellt demzufolge das Bindeglied zwischen Client und Adaptee dar.

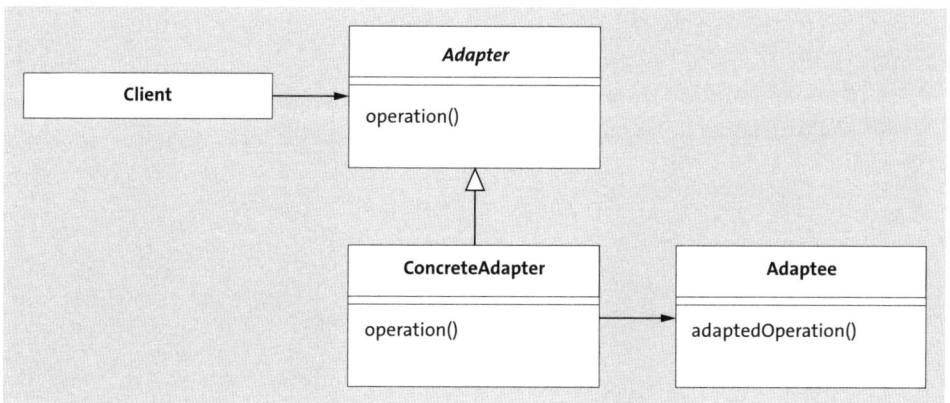

Abbildung 7.6 Klassendiagramm für das Adapter-Entwurfsmuster

Relevanz in JavaScript

Vom Prinzip her kommt das Adapter-Entwurfsmuster auch in JavaScript relativ häufig zum Einsatz. Auch hier steht man hin und wieder vor der Situation, eine bestehende Bibliothek durch eine alternative zu ersetzen. Allerdings ist die Umsetzung des Entwurfsmusters dank der dynamischen Eigenschaften in JavaScript oft einfacher als in klassenbasierten Sprachen.

Um dies zu verdeutlichen, möchte ich Ihnen im Folgenden zunächst die klassische Umsetzung des Entwurfsmusters zeigen, anschließend dann die für JavaScript optimierte.

Schauen Sie sich dazu Listing 7.8 an: Das Objekt `Logger` stellt das Originalobjekt dar (quasi die zu ersetzende Komponente). Die Schnittstelle von `Logger` besteht aus den Methoden `log()`, `warn()` und `error()`. Das Objekt `NewLogger` stellt das neue Objekt dar, es ergänzt die Konsolenausgabe um einen Timestamp und soll nun innerhalb der Anwendung statt des Objekts `Logger` verwendet werden. Leider unterscheiden sich die Schnittstellen von `Logger` und `NewLogger`, so dass man nicht einfach das Originalobjekt durch das neue Objekt ersetzen kann. Statt der Methoden `log()`, `warn()` und `error()` verfügt das neue Objekt über die Methoden `reportLog()`, `reportWarn()` und `reportError()`:

```
Logger = {
  log: function(message) {
    console.log(message);
  },
  warn: function(message) {
    console.warn(message);
  },
  error: function(message) {
```

```
      console.error(message);
    }
}

NewLogger = {
  reportLog: function(message) {
    console.log(new Date() + ': ' + message);
  },
  reportWarn: function(message) {
    console.warn(new Date() + ': ' + message);
  },
  reportError: function(message) {
    console.error(new Date() + ': ' + message);
  }
}
// Hier soll das neue Objekt verwendet werden
var logger = Logger;
// Trotzdem sollen die Methodenaufrufe nicht angepasst werden müssen
logger.log('Programm gestartet');

// Funktioniert nicht
// logger = NewLogger;
// logger.log('Programm gestartet');
```

Listing 7.8 Der Ausgangspunkt für die Anwendung des Adapter-Entwurfsmusters

Hier kommt jetzt der Adapter ins Spiel, dessen Implementierung Sie in Listing 7.9 sehen. LoggerAdapter stellt nach außen hin die gleichen Methoden zur Verfügung wie das Originalobjekt Logger, intern aber delegiert es die entsprechenden Methodenaufrufe an die Methoden des neuen Objekts NewLogger (das als Parameter übergeben wird). Die Variable logger muss anschließend nur entsprechend mit einer Instanz des Adapters belegt werden und kann dann auf die gleiche Weise verwendet werden wie zuvor.

```
function LoggerAdapter(logger) {
  return {
    log: function(message) {
      logger.reportLog(message);
    },
    warn: function(message) {
      logger.reportWarn(message);
    },
    error: function(message) {
```

```
      logger.reportError(message);
    }
  }
}
logger = new LoggerAdapter(NewLogger);
logger.log('Programm gestartet');
```

Listing 7.9 Das Adapter-Entwurfsmuster in JavaScript

> **Hinweis**
>
> Das Adapter-Entwurfsmuster ist übrigens ein schönes Beispiel für den möglichen Einsatz einer Fabrikmethode (siehe Abschnitt 7.2.1, »Objekte an einer zentralen Stelle erzeugen (Abstract Factory/Factory Method)«). Anstatt überall den Aufruf der Konstruktorfunktion (new LoggerAdapater(NewLogger)) einzufügen, würde man unter Verwendung einer Fabrikmethode diesen nur an einer Stelle anpassen müssen.

Das Adapter-Entwurfsmuster kommt in klassenbasierten Programmiersprachen dann zum Einsatz, wenn zur Laufzeit die Schnittstelle eines Objekts dynamisch angepasst werden soll. In JavaScript ist es dank dynamischer Aspekte aber schon von Haus aus möglich, Objekte zur Laufzeit anzupassen. In vielen Fällen kann dann auf das Adapter-Entwurfsmuster in der gezeigten Variante verzichtet werden. Die obige Problemstellung kann beispielsweise auch gelöst werden, wie in Listing 7.10 zu sehen, und zwar indem die Methoden des Ursprungsobjekts einfach zur Laufzeit überschrieben werden.

```
Logger.log = function(message) {
  NewLogger.reportLog(message);
}
Logger.warn = function(message) {
  NewLogger.reportWarn(message);
}
Logger.error = function(message) {
  NewLogger.reportError(message);
}
```

Listing 7.10 Das Adapter-Entwurfsmuster mit funktionaler Unterstützung in JavaScript

Wenn man das Originalobjekt auf diese Weise anpasst, muss man im Einzelfall natürlich aufpassen, dass diese Änderung keine ungewollten Nebenwirkungen hat (beispielsweise wenn es bereits Methoden mit gleichem Namen gibt).

In der Praxis ist es zudem nicht immer so einfach wie im Beispiel. Oft unterscheiden sich alte und neue Schnittstelle erheblich, nicht nur durch die Methodennamen, sondern beispielsweise in der Art und Weise ihrer Methodenaufrufe, der Anzahl der Methodenparameter, im Rückgabewert etc., was in Folge zu speziellen, mitunter recht komplexen Adaptern führen kann.

> **Merke**
>
> Vom Prinzip her macht das Adapter-Entwurfsmuster auch in JavaScript Sinn. Je nach Komplexität der zu adaptierenden Schnittstelle kann auf das Entwurfsmuster dank dynamischer Aspekte von JavaScript aber auch häufig verzichtet werden.

7.3.2   Abstraktion und Implementierung entkoppeln (Bridge)

In der klassenbasierten Objektorientierung bezeichnet eine abstrakte Klasse eine Klasse, die nicht vollständig implementiert ist bzw. für die ein Teil der Methoden abstrakt und damit nicht definiert ist. Die Implementierung der Methoden ist dann den von der abstrakten Klasse ableitenden Unterklassen überlassen. Auf diese Weise entsteht jedoch eine eng gekoppelte Vererbungshierarchie. Für bestimmte Problemstellungen kann es daher sinnvoll sein, statt einer einzelnen Vererbungshierarchie mehrere parallele Vererbungshierarchien zu verwenden.

Beschreibung des Entwurfsmusters

Das *Bridge*-Entwurfsmuster kann hierbei helfen und dient dazu, die Implementierung von ihrer Abstraktion zu entkoppeln. Statt dass die implementierende Klasse von der abstrakten Klasse ableitet, erhält letztere eine Referenz auf ihre Implementierung (siehe Abbildung 7.7).

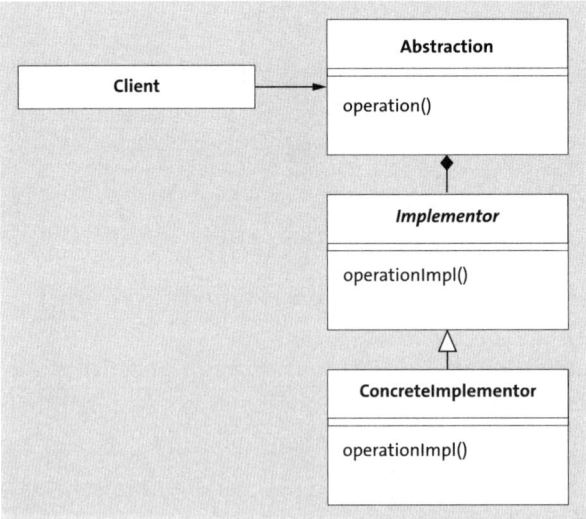

Abbildung 7.7 Klassendiagramm für das Bridge-Entwurfsmuster

Das dahinterstehende Prinzip lautet *Komposition vor Vererbung* (*Composition over Inheritance*) und ist eines der grundlegenden Prinzipien objektorientierter Programmierung.

Relevanz in JavaScript

Das Bridge-Entwurfsmuster hat in JavaScript nahezu keine Relevanz, da es keinen konzeptionellen Unterschied zwischen Abstraktion und Implementierung gibt. Da ich keinen sinnvollen Einsatz für dieses Entwurfsmuster sehe, verzichte ich an dieser Stelle darauf, Ihnen nur der Implementierung willen eine Umsetzung in JavaScript zu zeigen.

> **Merke**
>
> Das Bridge-Entwurfsmuster ist in JavaScript kaum sinnvoll, da es hier ohnehin keine Unterscheidung zwischen abstrakten und konkreten Klassen gibt.

7.3.3   Objekte in Baumstrukturen anordnen (Composite)

Relativ häufig hat man es bei der Modellierung des Objektmodells mit Objekten zu tun, die hierarchisch in Form von Baumstrukturen angeordnet werden.

Beschreibung des Entwurfsmusters

Die Idee beim *Composite*-Entwurfsmuster ist es, über ein gemeinsames Interface sowohl »primitive« Objekte als auch Container für diese Objekte zu repräsentieren, um beide einheitlich verwenden zu können. Abbildung 7.8 zeigt das entsprechende Klassendiagramm.

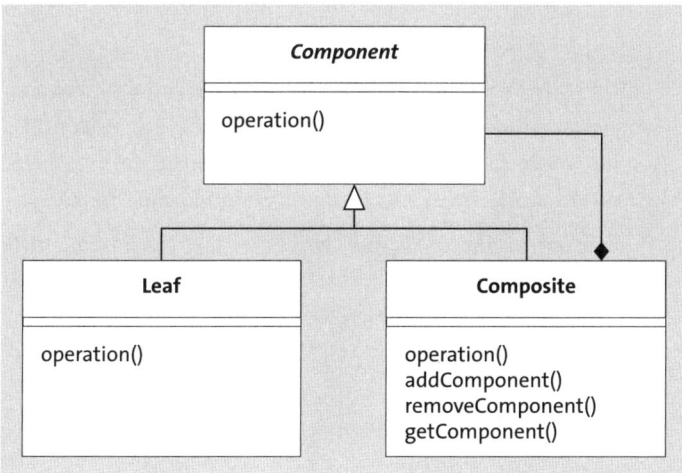

Abbildung 7.8 Klassendiagramm für das Composite-Entwurfsmuster

Component stellt hierbei das gemeinsame Interface dar, das sowohl von der Klasse für die »primitiven« Objekte (Leaf) als auch von der Container-Klasse (Composite) implementiert wird. Letztere stellt zudem Methoden zur Verfügung, um Instanzen von Component zu verwalten. Da dies auch ihrerseits Instanzen von Composite sein können, ist es auf diese Weise möglich, beliebig verschachtelte Objekthierarchien zu bilden (beispielsweise wie in Abbildung 7.9).

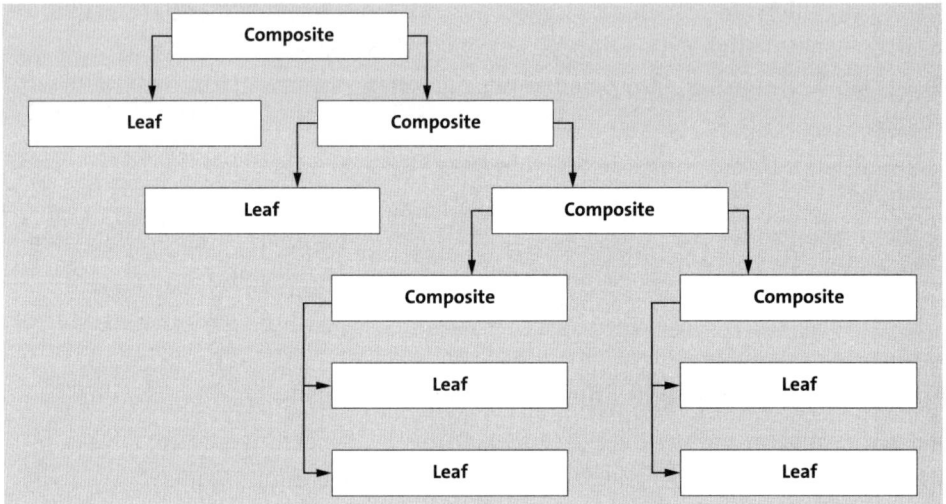

Abbildung 7.9 Beispiel für eine auf dem Composite-Entwurfsmuster basierende Baumstruktur

In der Praxis kommt dieses Entwurfsmuster häufig bei GUI-Frameworks zum Einsatz, wo bestimmte GUI-Komponenten sowohl als Container für andere Komponenten dienen können als auch selbst Teil einer anderen Komponente sein können.

Relevanz in JavaScript

Da man es auch bei der JavaScript-Entwicklung oft mit Baumstrukturen zu tun hat, ist es nicht verkehrt, in diesen Fällen das Composite-Entwurfsmusters zu verwenden. Listing 7.11 zeigt die klassische Implementierung dieses Entwurfsmusters in JavaScript anhand eines Objektmodells zur Repräsentation von Verzeichnisstrukturen.

File stellt dabei die Leaf-Komponente dar, Directory repräsentiert ein Verzeichnis und stellt damit die Composite-Komponente dar. Directory kann sowohl Instanzen von File als auch von Directory enthalten. Gemeinsame Oberklasse ist Component.

```
var Component = function(name) {
  this.name = name;
  this.getName = function() {
    return this.name;
```

```
    }
}

var File = function (name) {
  Component.call(this, name);
}

var Directory = function (name) {
  this.children = [];
  Component.call(this, name);
}

Directory.prototype = {
  add: function (child) {
    this.children.push(child);
  },
  remove: function (child) {
    var length = this.children.length;
    for (var i = 0; i < length; i++) {
      if (this.children[i] === child) {
        this.children.splice(i, 1);
        return;
      }
    }
  },
  getChild: function (i) {
    return this.children[i];
  },
  hasChildren: function () {
    return this.children.length > 0;
  }
}

function printDirectoryStructure(component, indent) {
  console.log(Array(indent++).join("--") + component.getName());
  if(component instanceof Directory) {
    for (var i = 0, length = component.children.length; i < length; i++) {
      printDirectoryStructure(component.getChild(i), indent);
    }
  }
}
```

```
var projectDirectory = new Directory("project");
var cssDirectory = new Directory("css");
var cssFile1 = new File("styles1.css")
var cssFile2 = new File("styles2.css");
cssDirectory.add(cssFile1);
cssDirectory.add(cssFile2);
var scriptDirectory = new Directory("js");
var scriptFile1 = new File("scripts1.js")
var scriptFile2 = new File("scripts2.js");
scriptDirectory.add(scriptFile1);
scriptDirectory.add(scriptFile2);
projectDirectory.add(cssDirectory);
projectDirectory.add(scriptDirectory);
printDirectoryStructure(projectDirectory, 1);
```

Listing 7.11 Anwendung des Composite-Entwurfsmusters

Die Ausgabe obigen Programms zeigt Listing 7.12:

```
project
--css
----styles1.css
----styles2.css
--js
----scripts1.js
----scripts2.js
```

Listing 7.12 Ausgabe des Beispielprogramms

Hinweis

Man könnte die Implementierung noch weiter vereinfachen, indem man auf Pseudoklassen verzichtet, stattdessen prototypische Vererbung verwendet und innerhalb der Methode `printDirectory()` statt des Typs nur das Vorhandensein der Eigenschaft `children` prüft (Stichwort *Duck Typing*, siehe Abschnitt 3.6.2, »Interfaces emulieren mit Duck Typing«).

Merke

Das Composite-Entwurfsmuster kann auch bei der Modellierung von Objekten in JavaScript eingesetzt werden. Die Unterscheidung zwischen Leaf- und Composite-Komponente kann dabei entweder wie gezeigt über Pseudoklassen oder über Duck-Typing realisiert werden.

7.3.4   Eigenschaften unter Objekten teilen (Flyweight)

Wenn man es in einer Anwendung mit vielen Objektinstanzen zu tun hat, kann dies schnell Auswirkungen auf die Performance haben.

Beschreibung des Entwurfsmusters

Das *Flyweight*-Entwurfsmuster dient dazu, bei großen Mengen von Objekten zu verhindern, dass Informationen, die für alle gleich sind, in jedem einzelnen Objekt vorliegen. Stattdessen befinden sie sich in einem separaten Objekt (*extrinsischer Zustand*) getrennt von den individuellen Informationen (*intrinsischer Zustand*).

Das Klassendiagramm in Abbildung 7.10 zeigt die beteiligten Komponenten. Flyweight definiert die Schnittstelle für Flyweight-Objekte. Implementierungen dieser Schnittstelle sind in zwei Gruppen unterteilt: ConcreteFlyweight sind die »echten« Flyweight-Objekte, die nur über einen intrinsischen Zustand verfügen, sprich nur über die Information, die nicht mit anderen Objekten gemeinsam ist. UnsharedConcreteFlyweight dagegen bezeichnet stellvertretend die Gruppe von Klassen, die genau keine Flyweight-Objekte sind und den gesamten Zustand enthalten, sprich sich keine Informationen mit anderen Objekten teilen. Diese Klasse ist im Klassendiagramm lediglich aufgeführt, um zu verdeutlichen, wo »normale« Objekte in diesem Entwurfsmuster anzuordnen sind.

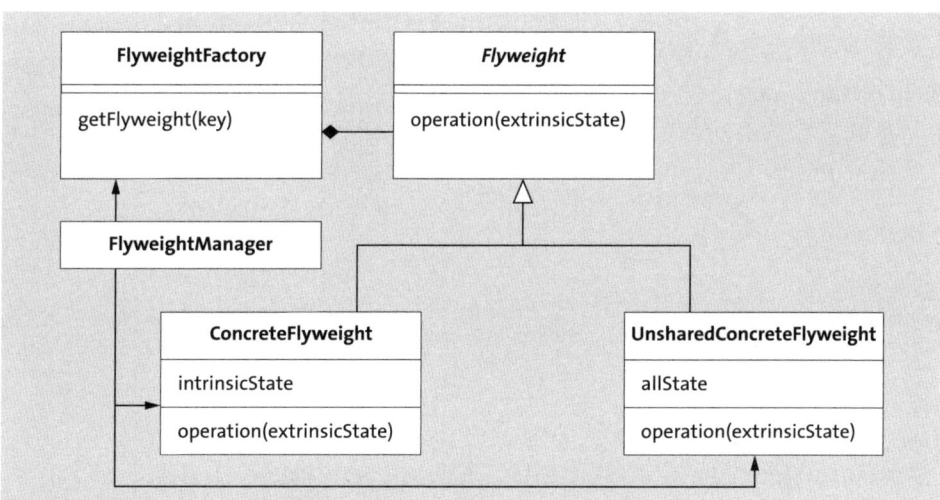

Abbildung 7.10 Klassendiagramm für das Flyweight-Entwurfsmuster

Relevanz in JavaScript

Auch in JavaScript kann das Flyweight-Entwurfsmuster helfen, die Speicherauslastung bei Ausführung einer Anwendung zu optimieren, wenn eine Vielzahl ähnlicher Objektinstanzen verwendet wird.

Folgende beiden Listings zeigen dazu ein Beispiel. Modelliert ist hier das Objektmodell für eine fiktive Plattform für das Anbieten von Musikalben. Der Einfachheit halber verfügt jedes Musikalbum über Eigenschaften zu Titel, Veröffentlichungsjahr, Künstler, dem Anbieter und dem Angebotspreis. Außerdem enthält jedes Musikalbum eine ID. Listing 7.13 zeigt die Version ohne Flyweight-Entwurfsmuster, Listing 7.14 die Version mit Flyweight-Entwurfsmuster. In beiden Listings werden über eine Schleife 1.000.000 Angebote erstellt, wobei folgende Einschränkungen gelten:

▶ Titel und Künstler sind immer gleich (das ist aber für das Beispiel irrelevant).

▶ Die ID befindet sich immer im Wertebereich 1 bis 9, mit anderen Worten: Es werden nur neun Musikalben angeboten. Die ID wird über die Funktion getRandomID() generiert.

Um beide Varianten bezüglich des Speicherverbrauchs zu vergleichen, wird auf das Node.js-Modul memwatch (*https://github.com/lloyd/node-memwatch*) zurückgegriffen, das über den Node.js Package Manager mit dem Befehl npm install memwatch installiert werden kann.

```
var memwatch = require('memwatch');
var hd = new memwatch.HeapDiff();

function Album(title, year, artist, id, member, price) {
  this.title = title;
  this.year = year;
  this.artist = artist;
  this.id = id;
  this.member = member;
  this.price = price;
}
function getRandomID(min, max) {
  return '' + Math.floor(Math.random() * (max - min) + min);
}
var albums = [];
for(var i=0; i<1000000; i++) {
  albums.push(new Album('Title', 2000, 'Artist', getRandomID(1,10),
  'Member' + i, 5.00));
}
var diff = hd.end();
console.log(diff.before.size); // 1.46 mb
console.log(diff.after.size);  // 118.28 mb
```

Listing 7.13 Beispielprogramm ohne Flyweight-Entwurfsmuster

Sie sehen in Listing 7.13, dass die Differenz der Speicherbelegung vor und nach der Schleife etwa 117 MB beträgt. In Listing 7.14 dagegen beträgt die Differenz nur knapp 94 MB. Durch Anwendung des Flyweight-Entwurfsmusters spart man also in diesem konkreten Fall etwa 20 %.

Doch lassen Sie mich erklären, wie das Entwurfsmuster implementiert ist. Prinzipiell folgt man diesen drei Schritten:

1. Entfernen der kontextabhängigen Informationen aus dem Objekt. Im Beispiel sind dies die Eigenschaften member und price aus der Pseudoklasse Album.

2. Implementierung einer Factory (siehe Abschnitt 7.2.1, »Objekte an einer zentralen Stelle erzeugen (Abstract Factory/Factory Method)«), die die Flyweight-Objekte verwaltet. Im Beispiel ist dies die Pseudoklasse AlbumFactory. Sie verwaltet in der Eigenschaft existingAlbums alle eindeutigen Alben, sprich für jede ID nur eine Objektinstanz.

3. Implementierung eines Managers, der die kontextabhängigen Informationen verwaltet. Im Beispiel ist dies die Pseudoklasse AlbumManager, die in der Eigenschaft albumDatabase unter entsprechender Angebots-ID (offerID) Objekte mit den Eigenschaften member und price sowie einer Referenz auf das Album selbst verwaltet.

```
var memwatch = require('memwatch');
var hd = new memwatch.HeapDiff();
// Flyweight
function Album(title, year, artist, id) {
  this.title = title;
  this.year = year;
  this.artist = artist;
  this.id = id;
}

// FlyweightFactory
var AlbumFactory = (function(){
  var existingAlbums = {};
  return{
    createAlbum: function(title, year, artist, id){
      var existingAlbum = existingAlbums[id];
      if(existingAlbum) {
        return existingAlbum;
      } else{
        var album = new Album(title, year, artist, id);
        existingAlbums[id] =  album;
        return album;
      }
```

```
      },
      getNumberOfAlbums: function() {
        return Object.keys(existingAlbums).length;
      }
    }
  })();
// FlyweightManager
var AlbumManager = (function () {
  var albumDatabase = {};
  return {
    addAlbum: function(offerID, title, year, artist, id, member, price) {
      var album = AlbumFactory.createAlbum(title, year, artist, id);
      albumDatabase[offerID] = {
        member: member,
        price: price,
        album: album
      };
    },
    getNumberOfAlbums: function() {
      return Object.keys(albumDatabase).length;
    }
  };
})();

function getRandomID(min, max) {
  return '' + Math.floor(Math.random() * (max - min) + min);
}
for(var i=0; i<1000000; i++) {
  AlbumManager.addAlbum(i, 'Title', 2000, 'Artist', getRandomID(1,10),
  'Member' + i);
}
var diff = hd.end();
console.log(AlbumFactory.getNumberOfAlbums()); // 9
console.log(AlbumManager.getNumberOfAlbums()); // 1000000
console.log(diff.before.size);                 // 1.82 mb
console.log(diff.after.size);                  // 95.58 mb
```

Listing 7.14 Beispielprogramm mit Flyweight-Entwurfsmuster

Merke

Auch in JavaScript kann sich der Einsatz des Flyweight-Entwurfsmusters lohnen, wenn innerhalb einer Anwendung viele ähnliche Objektinstanzen erzeugt werden.

7.3.5   Objekte mit zusätzlichen Funktionalitäten ausstatten (Decorator)

In Sprachen wie Java ist es nicht möglich, Objektinstanzen dynamisch zur Laufzeit um zusätzliches Verhalten zu erweitern. Das *Decorator*-Entwurfsmuster adressiert genau diese Einschränkung.

Beschreibung des Entwurfsmusters

Abbildung 7.11 zeigt die beteiligten Komponenten. ConreteComponent bezeichnet die zu dekorierende Klasse, Decorator entsprechend die dekorierende Klasse mit zusätzlichem Verhalten (stellvertretend die Methode addedBehaviour()). Beide implementieren die Schnittstelle Component, so dass garantiert ist, dass die dekorierende Klasse an allen Stellen wie auch die dekorierte Klasse verwendet werden kann.

Zur Laufzeit wird dann, um einer Objektinstanz von ConcreteComponent zusätzliches Verhalten hinzuzufügen, eine Instanz von Decorator erzeugt und um die Instanz von ConcreteComponent »gewrappt«.

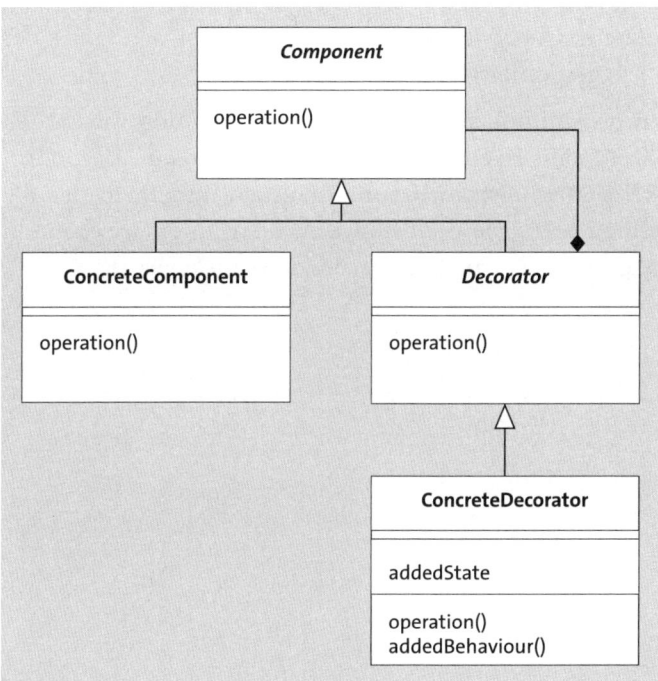

Abbildung 7.11 Klassendiagramm für das Decorator-Entwurfsmuster

Relevanz in JavaScript

Das Decorator-Entwurfsmuster stellt in statisch typisierten Sprachen also einen Weg dar, dynamisch zur Laufzeit das Verhalten von Objekten zu erweitern (im Gegensatz zur Vererbung, die zur Compile-Zeit ausgewertet werden würde). JavaScript dagegen ist ohnehin eine dynamische Sprache, die es ermöglicht, Objekte dynamisch zur Laufzeit zu verändern. Insofern spielt das Decorator-Entwurfsmuster in seiner klassischen Form in JavaScript eher eine untergeordnete Rolle.

Interessanter und durchaus häufiger verwendet ist das Dekorieren einzelner Funktionen bzw. Methoden. Listing 7.15 gibt dazu ein Beispiel.

Zunächst gibt es hier die einfache Pseudoklasse Album, die nichts anderes als ein Musikalbum repräsentiert. Neben dem Namen des Albums und dem Künstler kann über ein Konfigurationsobjekt auch der Preis für ein Album übergeben werden und später über die Methode getPrice() abgerufen werden. Da wir als Nächstes nicht die Pseudoklasse Album, sondern die Methode getPrice() dekorieren wollen, stellt diese Methode also sinngemäß die ConcreteComponent aus obigem Klassendiagramm dar.

Als Decorator kommt analog die Funktion sign() zum Einsatz. Sie soll den Anwendungsfall repräsentieren, dass ein Album von dem entsprechenden Künstler signiert wird und damit im Preis steigt. Sie erwartet als Parameter die zu dekorierende Funktion sowie den Kontext. Letzterer ist notwendig, um einen reibungslosen Aufruf der zu dekorierenden Funktion zu gewährleisten.

Das eigentliche Dekorieren übernimmt die generische Helferfunktion decorate(). Sie macht nichts anderes, als für eine zu dekorierende Funktion und eine Decorator-Funktion eine Closure (siehe Abschnitt 2.5.3) zurückzugeben, innerhalb der die Decorator-Funktion aufgerufen wird. Diese Closure wird dann in einer separaten Zuweisung als neue Methode getPrice() am entsprechenden Objekt gesetzt.

```
function Album(config) {
  this.name = config.name || "Untitled";
  this.artist = config.artist || "VA";
  this.price = config.price;
  // Zu dekorierende Funktion
  this.getPrice = function() {
    return this.price;
  }
}
// Decorator-Funktion
function sign(funktion, context) {
  var price = funktion.call(context);
  return 2 * price;
}
// Generische Helferfunktion
function decorate(decorator, funktion, context) {
```

```
  return function() {
    return decorator.call(context, funktion, context);
  }
}
```

```
var album = new Album({price: 40.0, name: "No more shall we part",
artist: "Nick Cave"});
console.log(album.getPrice()); // 40.0
album.getPrice = decorate(sign, album.getPrice, album);
console.log(album.getPrice()); // 80.0
```

7

Listing 7.15 Anwendung des Decorator-Entwurfsmusters

Sie sehen also: In JavaScript ist es sogar möglich, das Dekorieren auf Funktionsebene vorzunehmen. Auf diese Weise kann sogar auf Unterklassen verzichtet werden.

Merke

Die Anwendung des Decorator-Entwurfsmusters in seiner klassischen Form ist in JavaScript nur eingeschränkt sinnvoll: Objekte können ohnehin dynamisch zur Laufzeit verändert werden.

7.3.6 Einheitliche Schnittstelle für mehrere Schnittstellen (Facade)

Häufig hat man es bei der Verwendung von Bibliotheken mit einer Vielzahl verschiedener mehr oder weniger komplexer Schnittstellen zu tun.

Beschreibung des Entwurfsmusters

Das *Facade*-Entwurfsmuster dient dazu, eine einzige einheitliche Schnittstelle für eine Menge von Schnittstellen eines Systems bereitzustellen und den Zugriff auf diese Schnittstellen zu vereinheitlichen und zu zentralisieren. Die Facade soll dem Client die Verwendung des Subsystems erleichtern.

Abbildung 7.12 stellt diesen Zusammenhang grafisch dar: Anstatt mit den einzelnen Komponenten des Subsystems direkt zu interagieren, läuft die gesamte Kommunikation über die Facade. Der Client muss sich nicht mit den Eigenarten der verschiedenen Schnittstellen des Subsystems auseinandersetzen, sondern kann bequem über die Facade auf die bereitgestellte Funktionalität zugreifen.

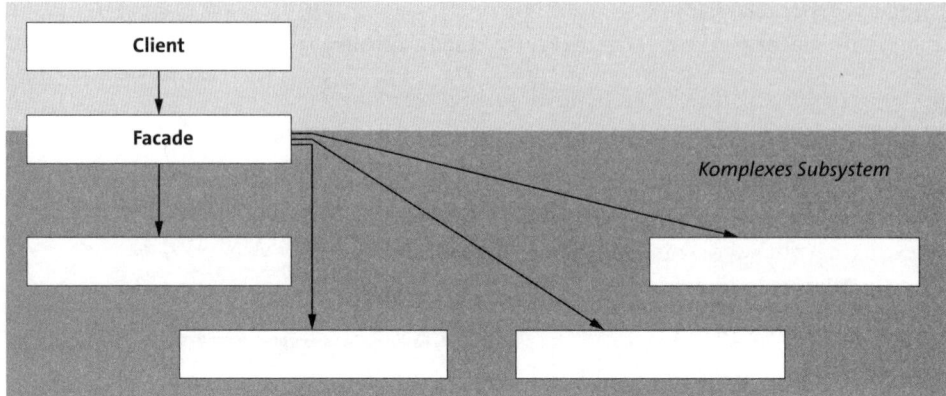

Abbildung 7.12 Klassendiagramm für das Facade-Entwurfsmuster

Relevanz in JavaScript

Klassisches Beispiel für die Anwendung des Facade-Entwurfsmusters in JavaScript ist die Cross-Browser-Unterstützung, etwa zur Abstraktion des Event-Handlings.

Zur Registrierung von Events an DOM-Elementen gibt es je nach Browser verschiedene Möglichkeiten: Im Internet Explorer ab Version 5 steht die Methode attach-Event() zur Verfügung, in den meisten anderen Browsern (und IE9) dagegen die Methode addEventListener(). Hinzu kommt der Fallback-Mechanismus über das Setzen von entsprechenden Eigenschaften (onclick, onchange etc.) am jeweiligen DOM-Element.

Eine Facade kann den Zugriff bei diesem mehr oder weniger komplexen Sachverhalt vereinfachen, wie Listing 7.16 zeigt. Das Objekt EventFacade verbirgt über die allgemeine Methode addEvent() die browserspezifischen Details vor dem Client. Lediglich das DOM-Event, der Eventtyp und die Callback-Funktion müssen übergeben werden. Die technischen Details sind innerhalb der Methode verborgen.

```
// Facade
var EventFacade = {
  addEvent: function(element, event, callback) {
    // Komplexes Subsystem
    if(window.addEventListener) {
      element.addEventListener(event, callback, false);
    } else if(document.attachEvent) {
      element.attachEvent('on' + event, callback );
    } else {
      element['on' + event] = callback;
    }
  }
}
```

```
var button = document.getElementById('button');
EventFacade.addEvent(button, 'click', function() {
  console.log('Button gedrückt');
});
```

Listing 7.16 Anwendung des Facade-Entwurfsmusters

> **Merke**
>
> Das Facade-Entwurfsmuster kann auch in JavaScript dabei helfen, den Zugriff auf
> uneinheitliche bzw. komplexe Schnittstellen eines Subsystems zu vereinheitlichen
> bzw. zu vereinfachen.

7.3.7   Den Zugriff auf Objekte abfangen (Proxy)

Das Konzept von *Proxies* habe ich Ihnen ja bereits in Abschnitt 4.8 vorgestellt. Die
Idee ist dabei, den Zugriff auf ein Objekt durch ein vorgelagertes Objekt abzufangen,
beispielsweise um sogenannte *Cross-Cutting Concerns* wie Caching, Logging oder
Validierung zu implementieren.

Beschreibung des Entwurfsmusters

Die Komponenten dieses Entwurfsmusters sind in Abbildung 7.13 zu sehen. Proxy leitet von der gleichen Klasse ab wie das Objekt (RealSubject), auf das Zugriffe abgefangen werden sollen. Damit kann das Proxy-Objekt an allen Stellen verwendet werden
wie das Originalobjekt. Zudem enthält es eine Referenz auf das Originalobjekt, um
Anfragen auf dieses Objekt weiterleiten zu können.

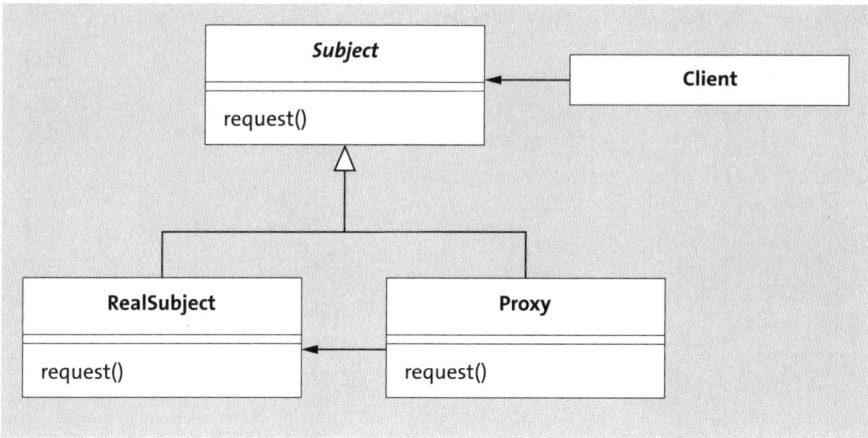

Abbildung 7.13 Klassendiagramm für das Proxy-Entwurfsmuster

383

Relevanz in JavaScript

In JavaScript stehen Proxies, wie bereits erwähnt, seit ES6 nativ zur Verfügung. Listing 7.17 zeigt das bereits aus Kapitel 4 bekannte Beispiel eines Proxys, der die Anzahl der Zugriffe auf Objekte abfängt und mitzählt.

```javascript
let profiler = {
  anzahlZugriffe: 0,
  get: function(proxy, name) {
    this.anzahlZugriffe++;
    return proxy[name];
  },
  getAnzahlZugriffe: function() {
    return this.anzahlZugriffe;
  }
}


let person = Proxy({}, profiler);
person.name = 'Max';
for(let i=0; i<9; i++) {
  console.log(person.name);
}
console.log(profiler.getAnzahlZugriffe());
```

Listing 7.17 Proxy als Profiler

Die Tatsache, dass Proxies mittlerweile Teil der Sprache sind, deutet darauf hin, wie wichtig und gefragt das Konzept in der Vergangenheit auch in der JavaScript-Entwicklung war (und immer noch ist). Listing 7.18 zeigt der Vollständigkeit halber an dieser Stelle noch einmal die aus Kapitel 4 bekannte Implementierung eines Proxys in ES5:

```javascript
var zielObjekt = {"name" : "Max"};
var proxy = Object.create(Object.getPrototypeOf(zielObjekt), {});
Object.getOwnPropertyNames(zielObjekt).forEach(function(eigenschaft) {
  var pd = Object.getOwnPropertyDescriptor(zielObjekt, eigenschaft);
  Object.defineProperty(proxy, eigenschaft, {
    set: function(wert) {
      console.log('setze ' + wert + ' für Eigenschaft ' + eigenschaft);
      zielObjekt[eigenschaft] = wert;
    },
    get: function() {
      console.log('liefere ' + zielObjekt[eigenschaft] +
                  ' von Eigenschaft ' + eigenschaft);
```

```
      return zielObjekt[eigenschaft];
    }
  });
  // Kopieren der Property-Decriptor-Attribute
  return proxy;
});
console.log(proxy.name); // 'Max'
zielObjekt.nachname = 'Mustermann';
console.log(proxy.nachname); // undefined
```

Listing 7.18 Emulation eines loggenden Proxys in ES5

> **Merke**
>
> Die Implementierung des Proxy-Entwurfsmusters ist in JavaScript seit ES6 nicht
> mehr notwendig, da Proxies nun Bestandteil der Sprache sind. In ES5 können Proxies
> emuliert werden.

7.4   Verhaltensmuster

In die Kategorie der Verhaltensmuster fallen die Entwurfsmuster, die die Kommunikation zwischen Objekten vereinfachen.

7.4.1   Über Datenstrukturen iterieren (Iterator)

Auch das Konzept von *Iteratoren* kennen Sie bereits aus Abschnitt 4.6.1. Die Idee dieses Entwurfsmusters ist es, den Aspekt der Iteration über eine Datenstruktur von dieser Datenstruktur zu entkoppeln, ohne deren interne Struktur nach außen sichtbar zu machen. Vorteil ist dabei, dass relativ einfach (und eben entkoppelt von der eigentlichen Datenstruktur) verschiedene Iteratoren implementiert werden können.

Beschreibung des Entwurfsmusters

Stellen Sie sich vor, Sie möchten über ein Array mit Zahlen iterieren. Dann wäre zu klären: Soll von vorn oder von hinten iteriert werden? Sollen eventuell einzelne Zahlen in der Iteration nicht beachtet werden, z. B. nur die geraden Zahlen ausgegeben werden?

Anstatt dieses Wissen innerhalb der Datenstruktur zu definieren, kapselt man es in separaten Iteratoren. Abbildung 7.14 zeigt die an diesem Entwurfsmuster beteiligten Komponenten. `Aggregate` bzw. `ConcreteAggregate` stellen die Datenstruktur dar, `Iterator` bzw. `ConcreteIterator` die entsprechende Iterator-Komponente. Die

Client-Komponente wählt je nach Anwendungsfall den passenden Iterator aus und leitet die Iteration auf der Datenstruktur ein.

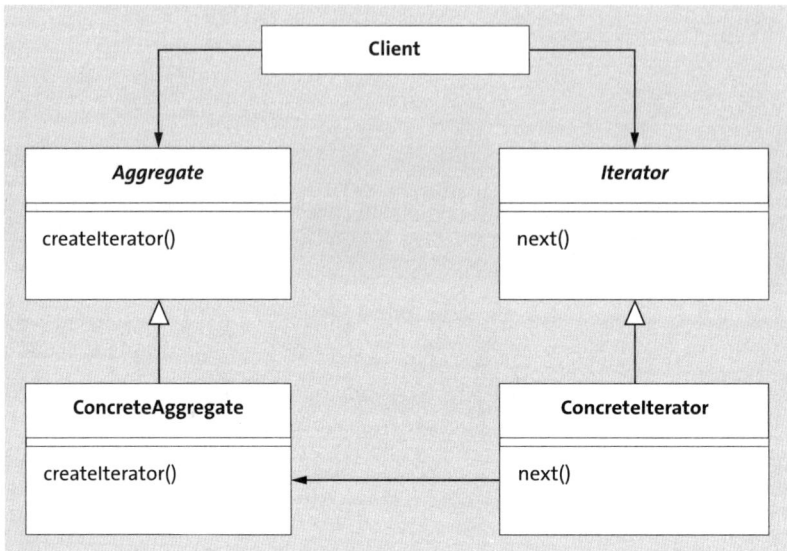

Abbildung 7.14 Klassendiagramm für das Iterator-Entwurfsmuster

Relevanz in JavaScript

In Abschnitt 4.6.1 haben Sie bereits gesehen, dass Iteratoren seit ES6 nativ zur Sprache gehören und damit nicht erst in klassischer Form als Entwurfsmuster implementiert werden müssen. Listing 7.19 zeigt zur Wiederholung das aus Kapitel 4 bekannte Beispiel zur Definition eines Iterators, der die Elemente eines Arrays in umgekehrter Reihenfolge ausgibt.

Ein Iterator zeichnet sich in ES6 dadurch aus, dass er eine Methode next() anbietet, die ein Objekt mit zwei Eigenschaften zurückgibt: die boolesche Eigenschaft done, die kennzeichnet, ob das Ende des Iterators erreicht wurde, sowie, falls dies nicht der Fall ist, außerdem die Eigenschaft value, die das entsprechende Element enthält.

Definiert man einen Iterator zudem an der jeweiligen Datenstruktur in der Eigenschaft Symbol.iterator, kann er auch innerhalb von Schleifen verwendet werden.

```
let interpreten = ['Kyuss', 'QOTSA', 'Ben Harper', 'Monster Magnet'];
let interpretenWrapper = {}
interpretenWrapper.interpreten = interpreten;
interpretenWrapper[Symbol.iterator] = function() {
  var interpreten = this.interpreten;
  var zaehler = this.interpreten.length-1;
  // Rückgabe des Iterator-Objekts
  return {
```

```
    next: function(){
      if (zaehler < 0) {
        return {
          done: true
        };
      } else {
        return {
          value: interpreten[zaehler--],
          done: false
        };
      }
    }
  }
};
var iterator = interpreten[Symbol.iterator]();
for(let interpret of iterator) {
  console.log(interpret);
}
```

Listing 7.19 Definition und Verwendung eines Iterators mit ES6-Support

Iteratoren in ECMAScript 5

Auch ohne ES6 ist es nicht schwierig, das Iterator-Entwurfsmuster in JavaScript umzusetzen. Folgende beiden Listings zeigen zwei Beispiele: ersteres einen Iterator, der über die Elemente eines Arrays iteriert, letzteres einen Iterator, der über die Attribute eines DOM-Elements iteriert. In beiden Fällen bietet die Iterator-Komponente zwei Methoden an: die Methode next(), die das nächste Element zurückgibt, sowie die Methode hasNext(), die überprüft, ob es überhaupt ein nächstes Element gibt. Die Position des Iterators wird in der Eigenschaft index gespeichert, die bei jedem Aufruf von next() um eins hochgezählt wird.

```
var Iterator = function(elements) {
  this.index = 0;
  this.elements = elements;
}
Iterator.prototype.next = function() {
  return this.elements[this.index++];
}
Iterator.prototype.hasNext = function() {
  return this.index < this.elements.length;
}
var artists = ['Ben Harper', 'Sprititual Beggars', 'Monster Magnet',
               'Queens of the Stone Age'];
```

387

```
var iterator = new Iterator(artists);
while(iterator.hasNext()) {
  console.log(iterator.next());
}
```

Listing 7.20 Definition und Verwendung eines Iterators für Arrays in ES5

In Listing 7.21 ist Folgendes zu beachten: Da es sich bei den Eigenschaften eines DOM-Elements um kein Array handelt, wird es über *Method Borrowing* (siehe Abschnitt 2.2.2, »Funktionen aufrufen über die Methode ›call()‹«) zunächst in ein Array umgewandelt.

```
var Iterator = function(node) {
  this.index = 0;
  this.elements = Array.prototype.slice.call(node.attributes);
}
Iterator.prototype.next = function() {
  return this.elements[this.index++];
}
Iterator.prototype.hasNext = function() {
  return this.index < this.elements.length;
}
var element = document.createElement('div');
element.setAttribute('id', 'button');
element.setAttribute('class', 'submit');
var iterator = new Iterator(element);
while(iterator.hasNext()) {
  console.log(iterator.next());
}
```

Listing 7.21 Definition und Verwendung eines Iterators zur Ausgabe von Attributen eines DOM-Elements in ES5

Merke

Das Konzept von Iteratoren gehört seit ES6 fest zur Sprache JavaScript. In ES5 können sie relativ einfach implementiert werden.

7.4.2   Den Zugriff auf Objekte beobachten (Observer)

Häufig ist es so, dass bestimmte Komponenten in einer Anwendung andere Komponenten benachrichtigen sollen, falls sich ihr Zustand ändert, damit sich diese anderen Komponenten aktualisieren können. Klassisches Beispiel hierfür sind die einzelnen Komponenten einer grafischen Oberfläche (wie Textfelder, Tabelleneinträge etc.), die sich gegenseitig bei Änderungen aktualisieren, z. B., wenn sich bei Eingabe in ein Textfeld der Wert eines anderen Textfeldes anpasst.

Beschreibung des Entwurfsmusters

Das Ziel des *Observer*-Entwurfsmuster ist es, Zustandsänderungen eines Objekts abzufangen und andere, an der Zustandsänderung interessierte Objekte darüber zu informieren. Letztere können sich dazu an dem Objekt registrieren, das selbst eine Liste dieser Observer-Objekte verwaltet.

Dieser Zusammenhang ist in folgendem Klassendiagramm in Abbildung 7.15 dargestellt: Subject stellt das Interface für Objekte dar, die beobachtet werden sollen, Observer das Interface für die beobachtenden Objekte. Über attachObserver(), detachObserver() und notifyObserver() können Observer hinzugefügt, entfernt oder eben informiert werden. Ein Aufruf letzterer Methode ruft am jeweiligen Observer die Methode update() auf.

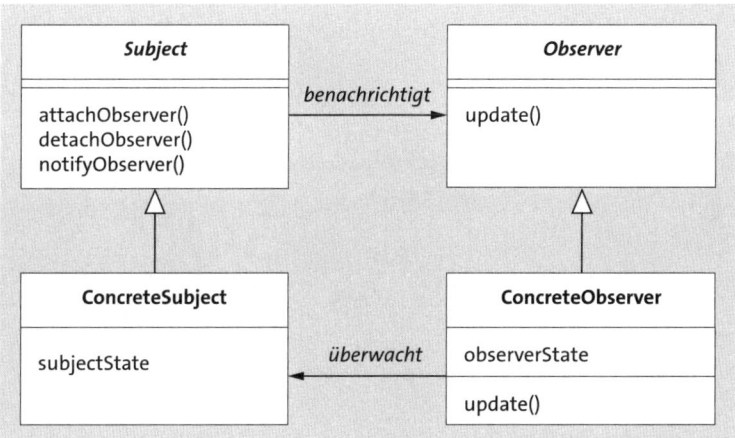

Abbildung 7.15 Klassendiagramm für das Observer-Entwurfsmuster

Relevanz in JavaScript

Das Observer-Entwurfsmuster wird relativ häufig in JavaScript verwendet und voraussichtlich in einer der nächsten Versionen der ECMAScript-Spezifikation sogar in den Standard mit aufgenommen (siehe Kasten).

Listing 7.22 zeigt ein einfaches Beispiel, das noch ohne diese native Unterstützung auskommt. Artist stellt das zu beobachtende Objekt dar. Es verwaltet intern eine Liste (List) von Fans (Instanzen von Person), die über addFan() hinzugefügt und über removeFan() entfernt werden können. Ein Aufruf der Methode newAlbum() sorgt dafür, dass intern über notifyNewAlbum() alle registrierten Observer, sprich die Fans, informiert werden und ihre entsprechende update()-Methode aufgerufen wird.

```
function List() {
  this.list = [];
}
List.prototype.add = function(object){
  return this.list.push(object);
};
List.prototype.count = function(){
  return this.list.length;
};
List.prototype.get = function(index){
  if(index > -1 && index < this.list.length){
    return this.list[ index ];
  }
};
List.prototype.removeAt = function(index){
  this.list.splice(index, 1);
};
// Subject
function Artist(name) {
  this.name = name;
  this.albums = [];
  this.fans = new List();
}
Artist.prototype.addFan = function(fan){
  this.fans.add(fan);
};
Artist.prototype.removeFan = function(fan){
  this.fans.removeAt(this.fans.indexOf(fan, 0));
};
Artist.prototype.newAlbum = function (album) {
  this.albums.push(album);
  this.notifyNewAlbum(album);
};
Artist.prototype.notifyNewAlbum = function (album) {
  var fanCount = this.fans.count();
  for (var i = 0; i < fanCount; i++) {
    this.fans.get(i).update(album);
  }
};
// Observer
function Person(name) {
  this.name = name;
}
```

```
Person.prototype.update = function(album){
  console.log(this.name + ": " + album);
};
var philip = new Person("Philip");
var christoph = new Person("Christoph");
var artist = new Artist("Tool");
artist.addFan(philip);
artist.addFan(christoph);
artist.newAlbum("Lateralus");
```

7

Listing 7.22 Das Observer-Entwurfsmuster in JavaScript

Observer in ECMAScript

In kommenden Versionen von ECMAScript wird es die Möglichkeit geben, über die Methode `Object.observe()` den Zustand von Objekten beobachten zu können. Die Methode erwartet zwei Parameter: das zu beobachtende Objekt sowie eine Call-back-Funktion, die bei Zustandsänderungen an dem Objekt aufgerufen werden soll. Innerhalb dieser Callback-Funktion besteht dann die Möglichkeit, auf Informationen bezüglich der Zustandsänderungen zuzugreifen (wobei es verschiedene Typen davon gibt, wie beispielsweise add, update oder delete). Das Beispiel von eben könnte mit `Object.observe()` dann wie in Listing 7.23 implementiert werden:

```
// Subject
function Artist(name) {
  this.name = name;
  this.albums = [];
}
Artist.prototype.addFan = function (fan) {
  // Registrieren des Observers
  Object.observe(this.albums, fan.update.bind(fan));
};

Artist.prototype.removeFan = function (fan) {
  // Deregistrieren des Observers
  Object.unobserve(this.albums, fan.update.bind(fan));
};

Artist.prototype.newAlbum = function (album) {
  this.albums.push(album);
};
function Person(name) {
  this.name = name;
}
```

```
// Observer
Person.prototype.update = function (aenderungen) {
  var that = this;
  aenderungen.forEach(function (aenderung) {
    if (aenderung.type === "add") {
      console.log(that.name + ": " + aenderung.object);
    }
  });
};

var philip = new Person("Philip");
var christoph = new Person("Christoph");
var artist = new Artist("Tool");
artist.addFan(philip);
artist.addFan(christoph);
artist.newAlbum("Lateralus");
```

Listing 7.23 Das Observer-Entwurfsmuster unter Verwendung der Methode
»Object.observe()«

Ereignisgesteuerte Programmierung

Das Observer-Entwurfsmuster bildet in JavaScript konzeptionell auch die Grundlage für die sogenannte *ereignisgesteuerte Programmierung*. Dabei registrieren sich einzelne Komponenten (Event-Handler, Listener oder eben auch Observer genannt) für bestimmte Events. Wird dann ein Event ausgelöst, tritt die entsprechende Komponente in Aktion. Listing 7.24 zeigt ein Beispiel für die Anwendung in Node.js unter Verwendung des events-Moduls, das in der Installation von Node.js enthalten ist.

```
var events = require('events');
var band = new events.EventEmitter();
function Person(name) {
  this.name = name;
}
Person.prototype.update = function(album) {
  console.log(this.name + ': ' + album)
}
var philip = new Person('Philip');
var christoph = new Person('Christoph');
band.on('newAlbum', philip.update.bind(philip));
band.on('newAlbum', christoph.update.bind(christoph));
band.emit('newAlbum', 'Lateralus');
```

Listing 7.24 Ereignisgetriebene Entwicklung unter Node.js

> **Merke**
>
> Das Observer-Entwurfsmuster kommt in JavaScript relativ häufig zum Einsatz. Ein verwandtes Konzept ist das der ereignisgesteuerten Programmierung, die insbesondere bei JavaScript-basierten Webanwendungen sowie in Node.js verwendet werden.

7.4.3   Eine Vorlage für einen Algorithmus definieren (Template Method)

Hin und wieder unterscheiden sich gewisse Abläufe zwar in einzelnen Schritten, sind im Wesentlichen aber relativ ähnlich. Um in diesen Fällen doppelten Code zu vermeiden, kommt das sogenannte *Template-Method*-Entwurfsmuster zum Einsatz.

Beschreibung des Entwurfsmusters

Dieses Entwurfsmuster dient dazu, in einer Klasse durch eine Methode eine Vorlage für einen Algorithmus zu definieren, wobei einige der dazugehörigen Schritte abstrakt bleiben und von ableitendenden Klassen implementiert werden. Die Oberklasse liefert quasi das Grundgerüst für den Algorithmus (in Abbildung 7.16 die Methode `templateMethod()`), die Details werden in den Unterklassen definiert (in Abbildung 7.16 die Methoden `step1()`, `step2()`, `step3()` und `step4()`).

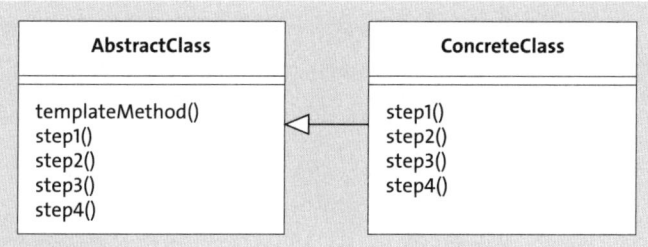

Abbildung 7.16 Klassendiagramm für das Template-Method-Entwurfsmuster

Relevanz in JavaScript

Prinzipiell spricht nichts gegen die Verwendung des Template-Method-Entwurfsmusters in JavaScript, unabhängig davon, welche Art der Vererbung Sie verwenden. Ein Beispiel für die Umsetzung mit ES6-Klassensyntax zeigt Listing 7.25. `Database` ist die Basisklasse, sie definiert die Methode `getArtists()`, die wiederum die Template Method darstellt. Die einzelnen Schritte bestehen aus dem Verbinden zur Datenbank (`connect()`), dem Zugriff auf die Ergebnisse (`getResults()`) und dem Trennen von der Datenbank (`disconnect()`).

Die Schritte des Verbindens und Trennen der Datenbank sind immer gleich und bereits in der Klasse `Database` implementiert. Sie stellen die fixen Schritte in diesem

Algorithmus dar. Die Methode getResults() dagegen ist in der Klasse Database nicht implementiert und muss stattdessen von den Unterklassen (im Beispiel Artist-Repository) implementiert werden.

```
class Database {
  getObjects() {
    this.connect();
    var result = this.getResults();
    this.disconnect();
    return result;
  }
  connect() {
    console.log('Connect');
  }
  disconnect() {
    console.log('Disconnect');
  }
}

class ArtistRepository extends Database {
  getResults() {
    console.log('Get results');
    return [{
      name: 'Deep Purple'
    },
    {
      name: 'Queens of the Stone Age'
    }];
  }
}
var artistRepository = new ArtistRepository();
var artists = artistRepository.getObjects();
```

Listing 7.25 Implementierung des Template-Method-Entwurfsmusters

Variante: Template Method über Komposition

Eines der Prinzipien der objektorientierten Programmierung ist es, die Komposition der Vererbung vorzuziehen (*Composition over Inheritance*). Der Grund: Vererbung führt schnell zu hoher Kopplung zwischen Klassen. Komposition dagegen ermöglicht es, Klassen viel flexibler miteinander zu kombinieren.

Dank First-Class-Funktionen kann das Template-Method-Entwurfsmuster in Java-Script auch, wie in Listing 7.26 zu sehen, ohne Vererbung realisiert werden, und zwar, indem die Methoden, die vorher in der Unterklasse implementiert wurden, der Template Method als Parameter übergeben werden. Auf diese Weise entfällt die Unterklasse ArtistRepository. Ein schönes Beispiel dafür, wie sich objektorientierte und funktionale Konzepte von JavaScript in Kombination einsetzen lassen.

```javascript
class Database {
  getObjects(templateMethods) {
    this.connect();
    var result = templateMethods[0]();
    this.disconnect();
    return result;
  }
  connect() {
    console.log('Connect');
  }
  disconnect() {
    console.log('Disconnect');
  }
}

var database = new Database();
var artists = database.getObjects([
  function() {
    console.log('Get results');
    return [{
      name: 'Deep Purple'
    },
    {
      name: 'Queens of the Stone Age'
    }];
  }
]);
```

Listing 7.26 Alternative Implementierung des Template-Method-Entwurfsmusters über Komposition statt Vererbung

Merke

Das Template-Entwurfsmuster kann dank First-Class-Funktionen in JavaScript ohne Vererbung, sondern mithilfe von Komposition umgesetzt werden. Es spricht aber prinzipiell auch nichts gegen eine klassische Umsetzung dieses Entwurfsmusters.

7.4.4   Funktionen als Parameter übergeben (Command)

In Sprachen wie Java setzen Methodenaufrufe immer eine zugehörige Objektinstanz (im Fall einer Objektmethode) bzw. eine entsprechende Klasse (im Fall einer Klassenmethode) voraus und sind damit nicht »first class«, sie können nicht wie Objekte behandelt werden.

Beschreibung des Entwurfsmusters

Um dennoch in solchen Sprachen First-Class-Funktionen nachzubilden, verwendet man daher im Allgemeinen das *Command*-Entwurfsmuster. Dabei ist die Idee, Methoden in Form einer Klasse (der Command-Klasse) zu kapseln. Eine Objektinstanz dieser Klasse entspricht dann sozusagen einer First-Class-Funktion.

Das klassische Entwurfsmuster besteht dabei aus mehreren Komponenten, wie Sie im Klassendiagramm in Abbildung 7.17 sehen. Command definiert die Schnittstelle für den jeweiligen Befehl. Klassen, die einen konkreten Befehl darstellen, müssen diese Schnittstelle implementieren (im Beispiel ConcreteCommand). Um den entsprechend gekapselten Befehl auszuführen, ruft ConcreteCommand Methoden am entsprechenden Empfängerobjekt (Instanzen der Klasse Receiver) auf.

Die Invoker-Komponente dagegen dient dazu, den Befehl überhaupt erst zu starten. Durch diese Anordnung sind Invoker und Receiver komplett voneinander entkoppelt.

Die Client-Komponente schließlich ist dafür verantwortlich, Instanzen der Command-Klasse zu erstellen und dabei die jeweilige Receiver-Komponente zu übergeben.

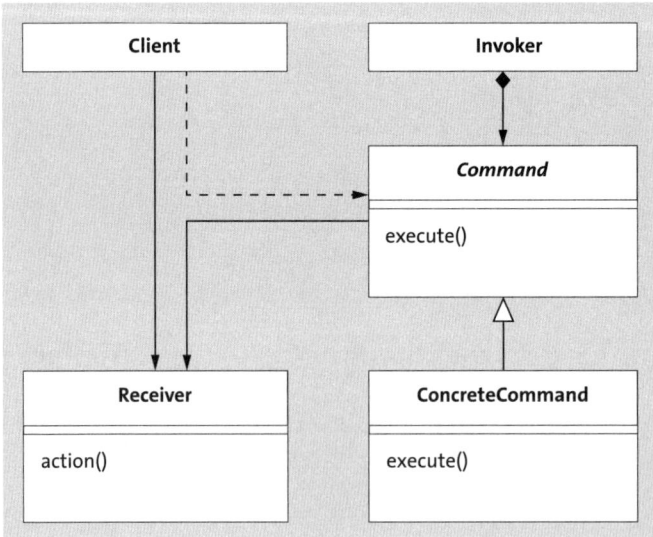

Abbildung 7.17 Klassendiagramm für das Command-Entwurfsmuster

Relevanz in JavaScript

Folgt man beim Umsetzen des Entwurfsmusters in JavaScript stur den beschriebenen Vorgaben, wie in Listing 7.27 anhand eines Videoplayers demonstriert, ergibt das ähnlich viel Quelltext, wie man es vom gesprächigen Java her gewohnt ist. Einschalten-Command und AusschaltenCommand sind sozusagen Implementierungen von Command und definieren die »abstrakte« Funktion ausfuehren() jeweils neu. Schaltflaeche stellt die Invoker-Komponente dar, VideoPlayer die Receiver-Komponente.

Im Beispiel werden jeweils eine Instanz von EinschaltenCommand und Ausschalten-Command erzeugt und den entsprechenden Schaltflächenobjekten als Parameter übergeben. Schaltflaeche und VideoPlayer, das heißt Invoker-Komponente und Receiver-Komponente, sind also entkoppelt.

```
// Invoker
function Schaltflaeche(command) {
  this.command = command;
  this.click = function () {
    command.ausfuehren();
  }
}

// Receiver
function VideoPlayer() {
  this.einschalten = function () {
    console.log("einschalten");
  }
  this.ausschalten = function () {
    console.log("ausschalten");
  }
}

// Commands
var Command = function (empfaenger) {
  this.empfaenger = empfaenger;
};
Command.prototype.ausfuehren = function () {};
var EinschaltenCommand = function (empfaenger) {
  Command.call(this, empfaenger);
};
EinschaltenCommand.prototype = Object.create(Command.prototype);
EinschaltenCommand.prototype.ausfuehren = function () {
  this.empfaenger.einschalten();
}
```

397

```
var AusschaltenCommand = function (empfaenger) {
  Command.call(this, empfaenger);
};
AusschaltenCommand.prototype = Object.create(Command.prototype);
AusschaltenCommand.prototype.ausfuehren = function () {
  this.empfaenger.ausschalten();
}
// Client
var videoPlayer = new VideoPlayer();
// Instanzen der Commands
var einschaltenCommand = new EinschaltenCommand(videoPlayer);
var ausschaltenCommand = new AusschaltenCommand(videoPlayer);
var schaltflaecheEin = new Schaltflaeche(einschaltenCommand);
var schaltflaecheAus = new Schaltflaeche(ausschaltenCommand);
schaltflaecheEin.click();
schaltflaecheAus.click();
```

Listing 7.27 Klassische Umsetzung des Command-Entwurfsmusters in JavaScript

Zugegebenermaßen ist solch eine Vorgehensweise etwas übertrieben, sie soll aber nochmals veranschaulichen, wie viel Code durch First-Class-Funktionen letztendlich gespart wird. Listing 7.28 zeigt daher das Entwurfsmuster mit funktionaler Unterstützung: Schaltflaeche und VideoPlayer sind weiterhin entkoppelt, die Variablen einschaltenCommand und ausschaltenCommand werden allerdings nicht mehr als Pseudoklassen modelliert, sondern direkt als Funktionen. Genauer gesagt handelt es sich hierbei um Funktionen, die jeweils eine Closure zurückgeben (siehe Abschnitt 2.5.3). Auf diese Weise lässt sich der Empfänger des Commands übergeben und in der Closure kapseln. Der Konstruktor von Schaltflaeche ändert sich insofern, als dass das übergebene Objekt nun eine Funktion und nicht wie vorher ein normales Objekt ist. Diese Funktion kann direkt der Variablen click zugewiesen und mit click() aufgerufen werden.

```
// Aufrufer
function Schaltflaeche(command) {
  this.click = command;
}

// Empfänger
function VideoPlayer() {
  this.einschalten = function () {
    console.log("einschalten");
  }
  this.ausschalten = function () {
```

```
      console.log("ausschalten");
  }
}


// Client
var videoPlayer = new VideoPlayer();
// Die Commands sind Funktionen
var einschaltenCommand = function (empfaenger) {
  return function () {
    empfaenger.einschalten();
  }
}
var ausschaltenCommand = function (empfaenger) {
  return function () {
    empfaenger.ausschalten();
  }
}
var schaltflaecheEin = new Schaltflaeche(einschaltenCommand(videoPlayer));
var schaltflaecheAus = new Schaltflaeche(ausschaltenCommand(videoPlayer));
schaltflaecheEin.click();
schaltflaecheAus.click();
```

Listing 7.28 Umsetzung des Command-Entwurfsmusters mit funktionaler Unterstützung

Wenn wie im Beispiel ein Command nur einen einzigen Funktionsaufruf kapselt, kann man die Closure übrigens sogar weglassen und wie in Listing 7.29 die Methode des Empfängerobjekts direkt an den Aufrufer übergeben:

```
// Aufrufer
function Schaltflaeche(command) {
  this.click = command;
}
// Empfänger
function VideoPlayer() {
  this.einschalten = function () {
    console.log("einschalten");
  }
  this.ausschalten = function () {
    console.log("ausschalten");
  }
}
// Client
var videoPlayer = new VideoPlayer();
var schaltflaecheEin =
```

```
new Schaltflaeche(videoPlayer.einschalten.bind(videoPlayer));
var schaltflaecheAus =
  new Schaltflaeche(videoPlayer.ausschalten.bind(videoPlayer));
schaltflaecheEin.click();
schaltflaecheAus.click();
```

Listing 7.29 Umsetzung des Command-Entwurfsmusters mit funktionaler Unterstützung

Sobald allerdings mehrere Funktionsaufrufe involviert sind, sind diese in einer Closure zusammenzufassen:

```
var einschaltenAusschaltenCommand = function (empfaenger) {
  return function () {
    empfaenger.einschalten();
    empfaenger.ausschalten();
  }
}
```

Listing 7.30 Kapseln mehrerer Anweisungen in einer Closure

> **Merke**
>
> Das Command-Entwurfsmuster ist aufgrund von First-Class-Funktionen in Java-Script in seiner klassischen Form überflüssig.

7.4.5   Algorithmen als Funktionen beschreiben (Strategy)

Das in Abschnitt 7.4.3, »Eine Vorlage für einen Algorithmus definieren (Template Method)«, beschriebene Entwurfsmuster Template Method dient dazu, einzelne Schritte eines Algorithmus in Unterklassen anzupassen. Doch manchmal möchte man nicht nur einzelne Schritte, sondern den gesamten Algorithmus als solchen zur Laufzeit austauschen.

Beschreibung des Entwurfsmusters

Das *Strategy*-Entwurfsmuster adressiert genau diese Problemstellung, nämlich alternative Algorithmen (bzw. Strategien) für eine bestimmte Aufgabe bereitzustellen, die dynamisch zur Laufzeit ausgewählt werden können. Die Idee dieses Entwurfsmusters ist es, die verschiedenen Strategien in Form einzelner Klassen bereitzustellen, die das gleiche Interface implementieren. Auf diese Weise kann an Stellen in einer Anwendung, an denen das Interface verwendet wird, zur Laufzeit eine der Implementierungen verwendet werden.

Die beteiligten Komponenten sind in Abbildung 7.18 dargestellt: Strategy als Interface für den austauschbaren Algorithmus, ConreteStrategy1 und ConcreteStrategy2 als exemplarische Varianten dieses Algorithmus.

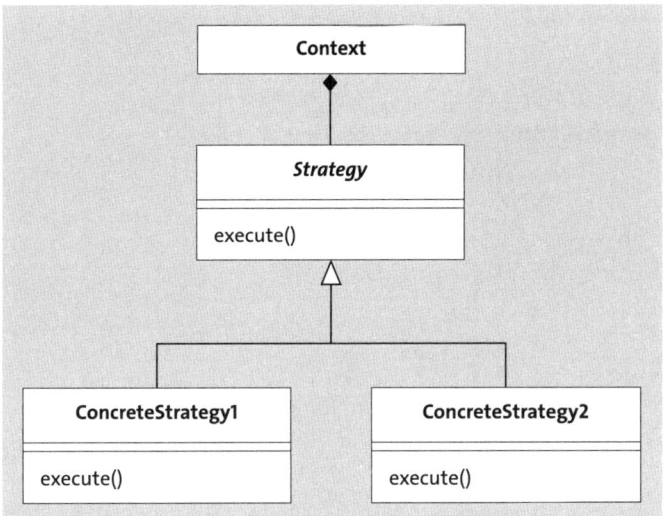

Abbildung 7.18 Klassendiagramm für das Strategy-Entwurfsmuster

Relevanz in JavaScript

Prinzipiell ist der Einsatz des Strategy-Entwurfsmusters auch in JavaScript sinnvoll. Statt jedoch wie in der klassischen Variante die Strategien über einzelne Klassen zu repräsentieren, können direkt wie schon beim Command-Entwurfsmuster (siehe Abschnitt 7.4.4, »Funktionen als Parameter übergeben (Command)«) Funktionen verwendet werden. Folgende beiden Listings verdeutlichen dies. Während in Listing 7.31 die klassische Umsetzung des Entwurfsmusters unter Verwendung von Pseudoklassen zu sehen ist, zeigt Listing 7.32 die Umsetzung unter Berücksichtigung der funktionalen Aspekte von JavaScript.

Gezeigt ist jeweils die Sortierung von Arrays mithilfe der Methode Array.sort(). Diese erwartet als Parameter eine Funktion, die zwei Werte miteinander vergleicht und somit die Sortierreihenfolge der Werte des Arrays beeinflusst. Diese Vergleichsfunktionen stellen im Beispiel also die verschiedenen Strategien dar. Man sieht, dass die Implementierung in Listing 7.32 wesentlich schlanker ist und ohne Boilerplate-Code auskommt.

```
// Strategy
var Comparator = function () {};
Comparator.prototype.compare = function (wert1, wert2) {};
// ConcreteStrategy1
var AbsteigendComparator = function () {};
```

```
AbsteigendComparator.prototype = Object.create(Comparator.prototype);
AbsteigendComparator.prototype.compare = function (wert1, wert2) {
  return wert1 < wert2;
}
// ConcreteStrategy2
var AufsteigendComparator = function () {};
AufsteigendComparator.prototype = Object.create(Comparator.prototype);
AufsteigendComparator.prototype.compare = function (wert1, wert2) {
  return wert1 > wert2;
}
var absteigendComparator = new AbsteigendComparator();
var aufsteigendComparator = new AufsteigendComparator();
// Kontext
var array = [4, 5, 8, 3, 4, 2, 9, 4, 5];
array.sort(absteigendComparator.compare);
console.log(array); // [ 9, 8, 5, 5, 4, 4, 4, 3, 2 ]
array.sort(aufsteigendComparator.compare);
console.log(array); // [ 2, 3, 4, 4, 4, 5, 5, 8, 9 ]
```

Listing 7.31 Klassische Implementierung des Strategy-Entwurfsmusters in JavaScript

Hinweis

Auch die Implementierung in Listing 7.32 nutzt bereits First-Class-Funktionen. Anstatt der Methode sort() die Instanzen absteigendComparator und aufsteigend-Comparator zu übergeben, werden direkt deren compare()-Methoden übergeben, denn sort() kann nur mit Funktionen umgehen. Im klassischen Strategy-Entwurfsmuster wäre das anders. Hier müssten Objektinstanzen übergeben werden.

```
var array = [4, 5, 8, 3, 4, 2, 9, 4, 5];
var absteigendeSortierung = function (wert1, wert2) {
  return wert1 < wert2;
};
var aufsteigendeSortierung = function (wert1, wert2) {
  return wert1 > wert2;
};
array.sort(absteigendeSortierung);
console.log(array); // [ 9, 8, 5, 5, 4, 4, 4, 3, 2 ]
array.sort(aufsteigendeSortierung);
console.log(array); // [ 2, 3, 4, 4, 4, 5, 5, 8, 9 ]
```

Listing 7.32 Implementierung des Strategy-Entwurfsmusters mit funktionaler Unterstützung

> **Merke**
>
> Wie auch das Command-Entwurfsmuster ist ebenso das Strategy-Entwurfsmuster in JavaScript dank First-Class-Funktionen in klassischer Form überflüssig.

7.4.6 Das Zusammenspiel mehrerer Objekte koordinieren (Mediator)

Häufig müssen in einer Anwendung verschiedene eigentlich voneinander unabhängige Objekte (bzw. allgemeiner: Komponenten) miteinander kommunizieren. Um hierbei die Komponenten weiterhin unabhängig voneinander zu halten, kommt das folgende Entwurfsmuster zum Einsatz.

Beschreibung des Entwurfsmusters

Das *Mediator*-Entwurfsmuster hilft dabei, die Kommunikation zwischen mehreren Objekten zu koordinieren, und ist immer dann sinnvoll, wenn Sie es in einer Anwendung mit mehreren Objekten zu tun haben, die alle jeweils über Zustandsänderungen aller anderen Objekte informiert werden sollen. Klassisches Beispiel ist ein Chatsystem, in dem innerhalb eines Chats alle Teilnehmer über Nachrichten der anderen informiert werden.

Die Komponenten dieses Entwurfsmusters zeigt Abbildung 7.19. `Colleague` bzw. `ConcreteColleague` repräsentieren die einzelnen teilnehmenden Objekte. Sie benachrichtigen die `Mediator`-Komponente, die wiederum dafür sorgt, dass die entsprechenden `ConcreteColleague`-Komponenten aktualisiert werden.

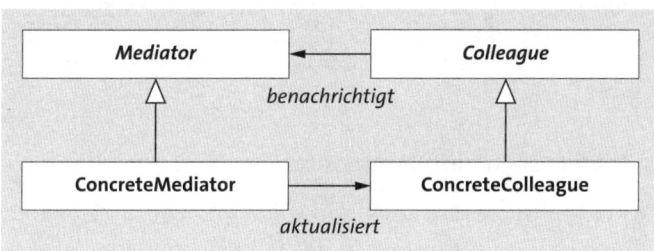

Abbildung 7.19 Klassendiagramm für das Mediator-Entwurfsmuster

Relevanz in JavaScript

Das Konzept des Mediator-Entwurfsmusters wird in JavaScript relativ häufig verwendet und kommt meistens in Form der Technik *Publish-Subscribe* zum Einsatz. Beispiel hierfür ist die Bibliothek Mediator.js (*http://thejacklawson.com/Mediator.js*), die das Erzeugen und Verwalten von Mediatoren vereinfacht. Die Bibliothek kann sowohl im Browser als auch als Node.js-Modul genutzt werden. Installiert wird sie in letzterem Fall über den Befehl `npm install mediator-js`.

Eine sehr vereinfachte Version des Chatraum-Beispiels zeigt Listing 7.33. Die beiden User-Instanzen user1 und user2 registrieren sich über die Methode subscribe() an dem Mediator. Übergeben wird dazu das Thema (vergleichbar mit einem Event), für das die Registrierung erfolgen soll, sowie die Funktion (bzw. in diesem Fall die Objektmethode), die aufgerufen werden soll, wenn der Mediator (über die Methode publish()) für das entsprechende Thema eine Benachrichtigung verschickt.

```
var Mediator = require("mediator-js").Mediator;
var chatroom = new Mediator();
function User(name) {
  this.name = name;
}
User.prototype.log = function(message) {
  console.log(this.name + ' empfängt Nachricht: ' + message);
}
var topic = 'Professionelles JavaScript';
var user1 = new User('Max');
var user2 = new User('Moritz');
chatroom.subscribe(topic, user1.log.bind(user1));
chatroom.subscribe(topic, user2.log.bind(user2));
chatroom.publish(topic, 'Herzlich willkommen');
```

Listing 7.33 Beispiel für die Anwendung des Mediator-Entwurfsmusters in JavaScript

Merke

Das Mediator-Entwurfsmuster kommt in JavaScript in Form des Publish-Subscribe-Mechanismus zum Einsatz.

7.4.7   Den Zustand eines Objekts speichern (Memento)

Den Zustand einzelner Objekte speichern und zu einem späteren Zeitpunkt wiederherstellen zu können, ist eine häufig Anforderung in der Entwicklung von Anwendungen.

Beschreibung des Entwurfsmusters

Das *Memento*-Entwurfsmuster dient genau dazu: den internen Zustand eines Objekts speichern und später wiederherstellen zu können. Folgende in Abbildung 7.20 gezeigten Komponenten kommen dabei zum Einsatz: Originator bezeichnet das Objekt, dessen Zustand gespeichert werden soll, Memento stellt den jeweiligen gespeicherten Zustand dar, und die Caretaker-Komponente dient der Verwaltung verschiedener Memento-Instanzen.

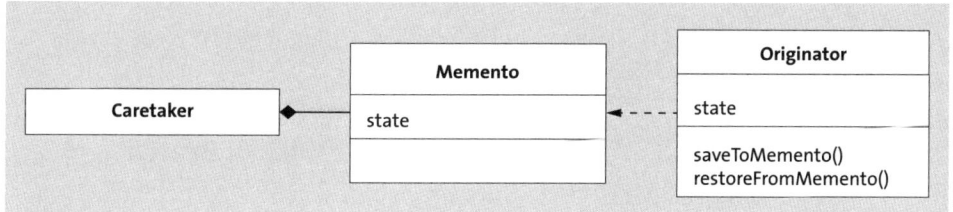

Abbildung 7.20 Klassendiagramm für das Memento-Entwurfsmuster

Relevanz in JavaScript

In JavaScript kann das Memento-Entwurfsmuster relativ einfach umgesetzt werden. Die Sprache sieht mit Unterstützung des JSON-Formats bereits vor, Objektinstanzen speichern und wiederherstellen zu können. Dazu bedient man sich einfach der beiden Methoden des globalen JSON-Objekts: stringify() zum Speichern und parse() zum Laden jeweiliger Objektinstanzen.

Listing 7.34 zeigt dazu ein Beispiel. Artist stellt die Originator-Komponente dar, das Objekt, dessen Zustand gespeichert werden soll. Dazu bietet es die Methode saveTo-Memento() an, die aus der jeweiligen Artist-Instanz eine String-Variante im JSON-Format erzeugt. Diese Zeichenkette stellt die Memento-Komponente dar.

ArtistStorage repräsentiert die Caretaker-Komponente und verwaltet in der Eigenschaft mementos ein oder mehrere Memento-Objekte. Über die Methode restoreFrom-Memento() kann außerdem eine Artist-Instanz auf Basis solcher Memento-Objekte wiederhergestellt werden.

```
// Originator
var Artist = function(name, genre) {
  this.name = name;
  this.genre = genre;
}
Artist.prototype = {
  saveToMemento: function() {
    // Memento
    var memento = JSON.stringify(this);
    return memento;
  },
  restoreFromMemento: function(memento) {
    // Memento
    var m = JSON.parse(memento);
    this.name = m.name;
    this.genre = m.genre;
  }
}
```

```
// Caretaker
var ArtistStorage = function() {
  this.mementos = {};
  this.add = function(key, memento) {
    this.mementos[key] = memento;
  },
  this.get = function(key) {
    return this.mementos[key];
  }
}

var kyuss = new Artist('Kyuss', 'Stonerrock');
var monsterMagnet = new Artist('Monster Magnet', 'Spacerock');
var artistStorage = new ArtistStorage();
console.log(kyuss);          // { name: 'Kyuss', genre: 'Stonerrock' }
console.log(monsterMagnet);  // { name: 'Monster Magnet', genre: 'Spacerock' }
artistStorage.add(1, kyuss.saveToMemento());
artistStorage.add(2, monsterMagnet.savetToMemento());
kyuss.genre = 'Klassik';
monsterMagnet.genre = 'Blues';
console.log(kyuss);          // { name: 'Kyuss', genre: 'Klassik' }
console.log(monsterMagnet);  // { name: 'Monster Magnet', genre: 'Blues' }
kyuss.restoreFromMemento(artistStorage.get(1));
monsterMagnet.restoreFromMemento(artistStorage.get(2));
console.log(kyuss);          // { name: 'Kyuss', genre: 'Stonerrock' }
console.log(monsterMagnet);  // { name: 'Monster Magnet', genre: 'Spacerock' }
```

Listing 7.34 Beispiel für die Anwendung des Memento-Entwurfsmusters in JavaScript

Merke

Das Memento-Entwurfsmuster kann in JavaScript mithilfe des JSON-Formats relativ einfach implementiert werden.

7.4.8   Operationen auf Objekten von Objekten entkoppeln (Visitor)

In klassenbasierten Sprachen möchte man häufig vermeiden, für eine Objektstruktur verschiedene, nicht miteinander verwandte Operationen in der entsprechenden Klasse zu definieren, da dies schnell zu unübersichtlichen und aufgeblähten Klassen führt.

Beschreibung des Entwurfsmusters

Das Ziel beim *Visitor*-Entwurfsmuster ist es, für eine Objektstruktur neue Operationen definieren zu können, ohne dies in der entsprechenden Klasse zu tun. Die Operation wird stattdessen in einer eigenen `Visitor`-Implementierung definiert (siehe Abbildung 7.21). Die Elemente in der entsprechenden Objektstruktur stellen zudem eine Methode `accept()` zur Verfügung, die eine Instanz eines Visitors entgegennimmt, so dass dieser die Operation auf den Elementen ausführen kann.

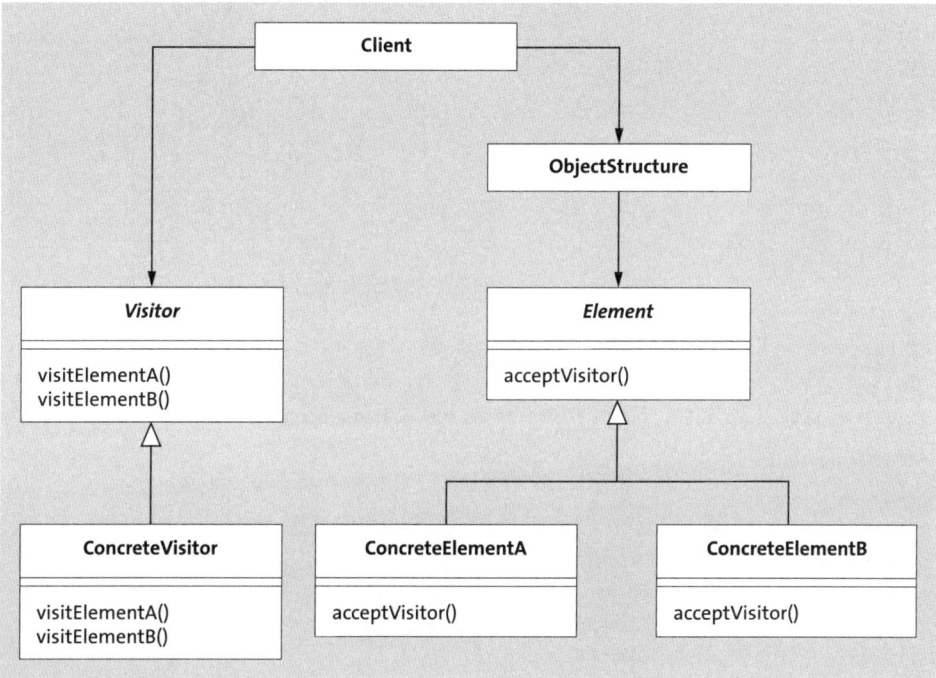

Abbildung 7.21 Klassendiagramm für das Visitor-Entwurfsmuster

Relevanz in JavaScript

Sie werden es vielleicht schon ahnen: Das Visitor-Entwurfsmuster kann in JavaScript oftmals einfacher umgesetzt werden, da die Sprache es bereits unterstützt, Methoden zur Laufzeit dynamisch zu Objekten hinzuzufügen: zum einen über das Hinzufügen von Methoden am Prototyp, um eine Methode direkt allen ableitenden Objektinstanzen zur Verfügung zu stellen (siehe Listing 7.36), zum anderen über die kopierende Vererbung, um gezielt einzelne Objekte mit der neuen Funktionalität auszustatten (siehe Listing 7.37).

Werfen wir aber zunächst einen Blick auf die klassische Variante (siehe Listing 7.35). Die Variable `albums` stellt die Objektstruktur dar, die einzelnen Instanzen von `Album` die Elemente der Objektstruktur. Über die Methode `accept()` nehmen diese ein Visitor-Objekt entgegen. Das Objekt `Discount` repräsentiert einen solchen Visitor, der dafür sorgt, dass der Preis im jeweiligen Album-Objekt entsprechend herabgesetzt wird.

```
var Album = function (artist, title, year, price) {
  this.accept = function (visitor) {
    visitor.visit(this);
  };
  this.getPrice = function () {
    return price;
  };
  this.setPrice = function (newPrice) {
    price = newPrice;
  };
  this.toString = function() {
    return artist + ': ' + title + ' (' + year + ') ' + price + '€';
  }
};

var Discount = function(discount) {
  this.visit = function(album) {
    album.setPrice(Math.round(album.getPrice() * discount));
  };
};

var albums = [
  new Album('The Doors', 'The Doors', 1967, 10),
  new Album('The Doors', 'Strange Days', 1967, 10),
  new Album('The Doors', 'Waiting for the Sun', 1968, 10),
  new Album('The Doors', 'The Soft Parade', 1969, 10)
];

var visitorDiscount = new Discount(0.8); // 20% Rabatt
albums.forEach(function(album) {
  album.accept(visitorDiscount);
  console.log(album.toString());
});
```

Listing 7.35 Beispiel für die Anwendung des Visitor-Entwurfsmusters in JavaScript

Anstatt das Visitor-Entwurfsmuster zu nutzen, könnte man in JavaScript auch so vorgehen, wie in Listing 7.36 gezeigt. Hier entfallen sowohl die Visitor-Komponente als auch die Methode accept() in der Pseudoklasse Album. Stattdessen wird die Methode setDiscount() dynamisch am Prototyp von Album definiert. Dies widerspricht zwar dem ursprünglichen Ziel des Visitor-Entwurfsmusters insofern, als dass die Operation nicht mehr losgelöst von der Klasse ist und bei übertriebenem Einsatz gewissermaßen den Prototyp aufbläht, allerdings ist das in JavaScript nicht so tragisch, wie beispielsweise in Java, da die Anpassungen des Prototyps an nahezu beliebiger Stelle im Code vorkommen können und nicht (wie in Java) in einer einzelnen Quelltextdatei stehen müssen.

```javascript
var Album = function (artist, title, year, price) {
  this.getPrice = function () {
    return price;
  };
  this.setPrice = function (newPrice) {
    price = newPrice;
  };
  this.toString = function() {
    return artist + ': ' + title + ' (' + year + ') ' + price + '€';
  }
};

var albums = [
  new Album('The Doors', 'The Doors', 1967, 10),
  new Album('The Doors', 'Strange Days', 1967, 10),
  new Album('The Doors', 'Waiting for the Sun', 1968, 10),
  new Album('The Doors', 'The Soft Parade', 1969, 10)
];

Album.prototype.setDiscount = function(discount) {
  this.setPrice(Math.round(this.getPrice() * discount));
};

albums.forEach(function(album) {
  album.setDiscount(0.8);
  console.log(album.toString());
});
```

Listing 7.36 Alternative zum Visitor-Entwurfsmuster über dynamische Methoden am Prototyp

Alternativ zur Definition neuer Operationen am Prototyp lassen sich mithilfe kopierender Vererbung (siehe Abschnitt 3.3.3) auch einzelnen Objekten neue Operationen bzw. Methoden zur Laufzeit hinzufügen. Listing 7.37 zeigt das entsprechend angepasste Beispiel. Sie sehen hier, dass die Methode setDiscount() des Discount-Objekts

über die Funktion extend() in die einzelnen Objektinstanzen von Album hineinkopiert wird. Im Gegensatz zu Listing 7.36 bläht dies den Prototyp nicht auf, führt auf
der anderen Seite aber zu mehrfachen Kopien der setDiscount()-Methode. Hier müssen Sie abwägen, welche der vorgestellten Techniken Sie wählen.

```
var albums = [
  new Album('The Doors', 'The Doors', 1967, 10),
  new Album('The Doors', 'Strange Days', 1967, 10),
  new Album('The Doors', 'Waiting for the Sun', 1968, 10),
  new Album('The Doors', 'The Soft Parade', 1969, 10)
];

function extend(ziel, quelle) {
  ziel = ziel || {};
  for(var eigenschaft in quelle) {
    if(quelle.hasOwnProperty(eigenschaft)) {
      ziel[eigenschaft] = quelle[eigenschaft];
    }
  }
  return ziel;
}

var Discount = {
  setDiscount: function(discount) {
    this.setPrice(Math.round(this.getPrice() * discount));
  }
}
albums.forEach(function(album) {
  extend(album, Discount);
  album.setDiscount(0.8);
  console.log(album.toString());
});
```

Listing 7.37 Alternative zum Visitor-Entwurfsmuster über kopierende Vererbung

---

Merke

Das Visitor-Entwurfsmuster hilft dabei, Operationen losgelöst von der Objektstruktur zu definieren, auf der sie operieren. In JavaScript kann man dieses Entwurfsmuster entweder in der klassischen Form umsetzen oder alternativ Operationen
dynamisch am Prototyp oder an einzelnen Objektinstanzen hinzufügen.

7.4.9   Das Verhalten eines Objekts abhängig vom Zustand ändern (State)

Bei der Entwicklung einer Anwendung hat man es hin und wieder mit Objekten zu tun, die sich abhängig von ihrem Zustand anders verhalten.

Beschreibung des Entwurfsmusters

Das *State*-Entwurfsmuster dient dazu, das Verhalten eines Objekts abhängig von seinem Zustand anzupassen. Statt dies über mehrere if-Abfragen innerhalb der Methoden des Objekts zu machen, lagert man das zustandsabhängige Verhalten in einzelne State-Klassen aus (ConcreteState1, ConcreteState2 in Abbildung 7.22). Für jeden Zustand eines Objekts erstellt man also eine Klasse, die das entsprechende Verhalten des Objekts kapselt.

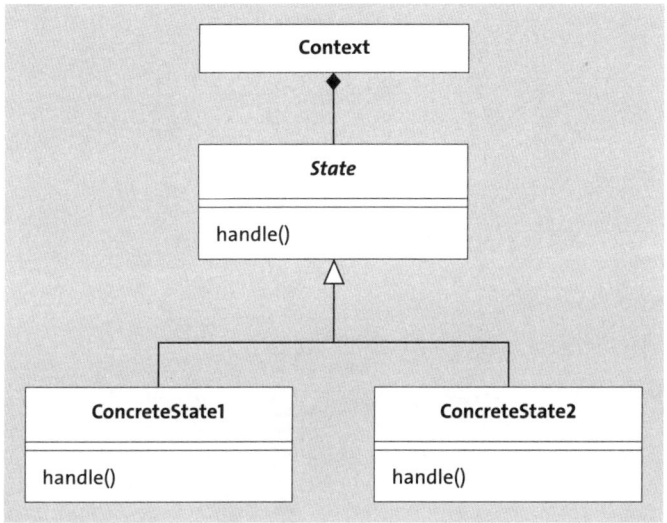

Abbildung 7.22 Klassendiagramm für das State-Entwurfsmuster

Relevanz in JavaScript

In JavaScript können Sie das State-Entwurfsmuster durchaus auch einsetzen. Folgende beiden Listings verdeutlichen das Prinzip dieses Entwurfsmusters. Gezeigt ist jeweils das Objekt videoPlayer, das (der Einfachheit halber) über zwei verschiedene Zustände verfügt: Entweder spielt der Videoplayer gerade einen Film ab, oder er ist gestoppt. Analog zu den zwei Zuständen verfügt das Objekt über die zwei Methoden play() und stop(), die jeweils unter Berücksichtigung des aktuellen Zustands eine andere Ausgabe liefern: Ein Aufruf der Methode play() im Zustand stopped erzeugt die Ausgabe »Video abspielen«, im Zustand playing dagegen die Ausgabe »Spielt schon«. Umgekehrt erzeugt ein Aufruf der Methode stop() im Zustand playing die Ausgabe »Video stoppen«, im Zustand stopped dagegen die Ausgabe »Schon gestoppt«.

411

Listing 7.38 zeigt die Variante ohne State-Entwurfsmuster. Sie sehen, dass die zustandsabhängige Ausgabe innerhalb der Methoden play() und stop() über if-else-Anweisungen gehandhabt wird. Man kann sich hierbei leicht ausmalen, dass die Komplexität dieser Anweisungen mit steigender Anzahl an Zuständen entsprechend zunimmt.

```javascript
var videoplayer = {
  status: 'stopped',
  play: function() {
    if (this.status == 'playing') {
      console.log('Spielt schon');
      return;
    } else if (this.status === 'stopped') {
      console.log('Video abspielen');
      this.status = 'playing';
    }
  },
  stop: function() {
    if (this.status == 'playing') {
      console.log('Video stoppen');
      this.status = 'stopped';
    } else if (this.status === 'stopped') {
      console.log('Schon gestoppt');
      return;
    }
  }
}
videoplayer.play();
videoplayer.play(); // Spielt schon
videoplayer.stop();
videoplayer.stop(); // Schon gestoppt
videoplayer.play();
videoplayer.stop();
```

Listing 7.38 Beispiel ohne Verwendung des State-Entwurfsmusters

Um dies zu vermeiden, geht man beim State-Entwurfsmuster wie in Listing 7.39 vor. Das Objekt videoPlayer hat hier zwei Eigenschaften: Die Eigenschaft states bezeichnet die Menge aller Zustände, die das Objekt einnehmen kann, die Eigenschaft state bezeichnet den aktuellen Zustand. Das Wissen darüber, was im jeweiligen Zustand bei Aufruf der Methoden play() und stop() von videoPlayer geschehen soll, kapseln die Zustandsobjekte in eigenen Methoden play() und stop(). Ruft man nun eine der

beiden gleichbenannten Methoden am videoPlayer-Objekt auf, delegieren diese
Methoden den Aufruf entsprechend an das aktuelle Zustandsobjekt.

```javascript
var videoplayer = {
  state: undefined,
  states: {
    playing: {
      play: function() {
        console.log('Spielt schon');
      },
      stop: function() {
        console.log('Video stoppen');
        videoplayer.changeState(videoplayer.states.stopped);
      }
    },
    stopped: {
      play: function() {
        console.log('Video abspielen');
        videoplayer.changeState(videoplayer.states.playing);
      },
      stop: function() {
        console.log('Schon gestoppt');
      }
    }
  },
  changeState: function(state) {
    if (this.state !== state) {
      this.state = state;
    }
  },
  play: function() {
    this.state.play();
  },
  stop: function() {
    this.state.stop();
  },
  initialize: function() {
    this.state = this.states.stopped;
  }
}
videoplayer.initialize();
videoplayer.play();
```

```
videoplayer.play(); // Spielt schon
videoplayer.stop();
videoplayer.stop(); // Schon gestoppt
videoplayer.play();
videoplayer.stop();
```

Listing 7.39 Beispiel für die Anwendung des State-Entwurfsmusters in JavaScript

Abbildung 7.23 gibt Ihnen noch kurz einen Überblick darüber, welche Objekte aus Listing 7.39 den entsprechenden Komponenten in Abbildung 7.22 entsprechen.

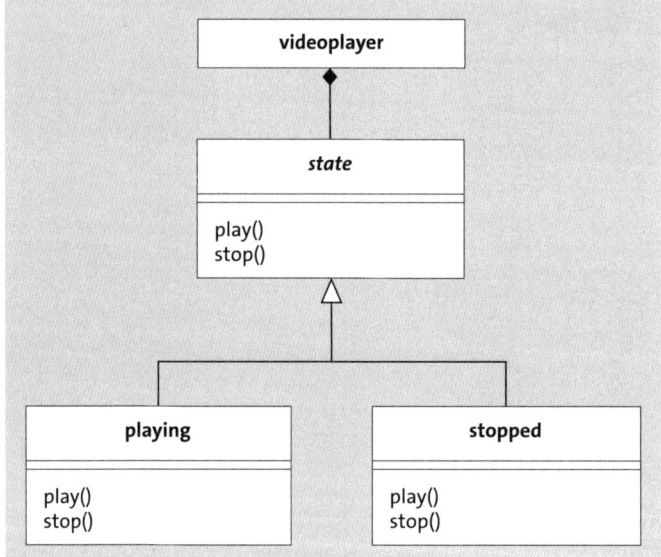

Abbildung 7.23 Klassendiagramm für das Beispiel

Merke

Das State-Entwurfsmuster kann auch in JavaScript dabei helfen, den Quelltext sauberer zu gestalten. Und zwar immer dann, wenn Sie es mit Objekten zu tun haben, die je nach Zustand ein anderes Verhalten aufweisen.

7.4.10   Eine Repräsentation für die Grammatik einer Sprache definieren (Interpreter)

Es folgt die Beschreibung eines Entwurfsmusters, welches in der Praxis extrem selten eingesetzt wird.

Beschreibung des Entwurfsmusters

Das *Interpreter*-Entwurfsmuster kommt dann zum Einsatz, wenn man innerhalb einer Anwendung dem Nutzer/der Nutzerin eine eigene (Skript-)Sprache zur Verfügung stellen möchte, die dann programmintern geparst und ausgewertet werden soll. Das Klassendiagramm zeigt Abbildung 7.24. Das Entwurfsmuster wird in der Praxis jedoch relativ selten verwendet (man spricht hin und wieder auch scherzhaft von »22 GoF-Entwurfsmustern plus einem, das als Witz gemeint war«).

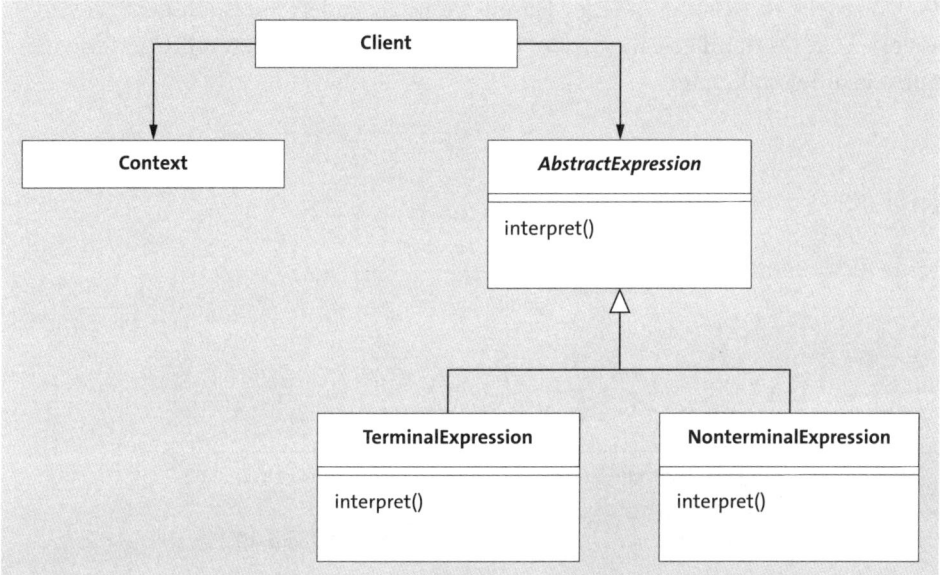

Abbildung 7.24 Klassendiagramm für das Interpreter-Entwurfsmuster

Relevanz in JavaScript

In JavaScript wird das Entwurfsmuster so gut wie gar nicht angewandt. Eine Implementierung wäre höchstens zu Demonstrationszwecken sinnvoll, soll aber an dieser Stelle nicht weiter vertieft werden.

> **Merke**
>
> Das Interpreter-Entwurfsmuster nimmt auch außerhalb von JavaScript eine Sonderstellung ein, da es in der Praxis extrem selten verwendet wird.

7.4.11 Anfragen nach Zuständigkeit bearbeiten (Chain of Responsibility)

Die Idee beim Entwurfsmuster *Chain of Responsibility* (auch *Zuständigkeitskette* genannt) ist es, Anfragen innerhalb einer Anwendung durch mehrere hintereinander verkettete Handler-Objekte zu verarbeiten.

Beschreibung des Entwurfsmusters

Das Anfrage-Objekt wird so lange in dieser Handler-Kette von Handler zu Handler weitergereicht, bis ein Handler erreicht wurde, der die Anfrage bearbeiten kann, oder bis das Ende der Handler-Kette erreicht wurde.

Das Entwurfsmuster Chain of Responsibility enthält die in Abbildung 7.25 dargestellten Komponenten: Handler stellt das Interface zur Bearbeitung von Anfragen dar und wird von einer oder mehreren Klassen implementiert (im Diagramm ConcreteHandler1 und ConcreteHandler2). Jeder Handler enthält zudem (optional) eine Referenz auf ein weiteres Handler-Objekt, dem es die Anfrage weiterleitet, sollte es diese nicht selbst bearbeiten können.

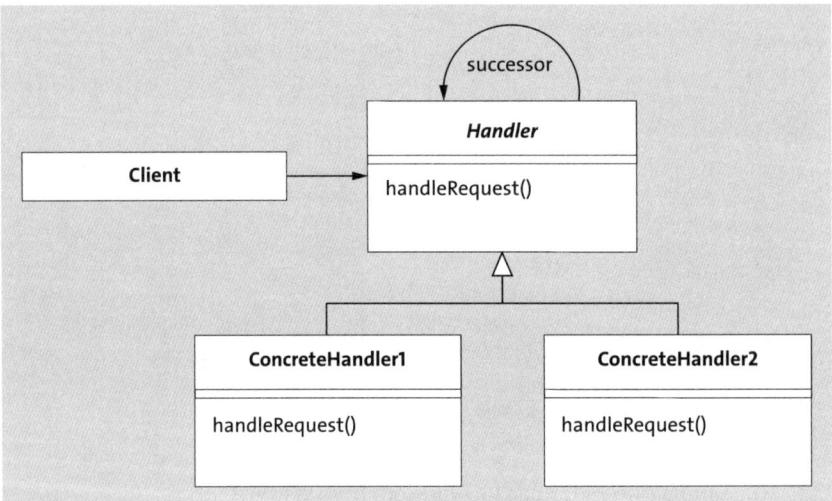

Abbildung 7.25 Klassendiagramm für das Chain-of-Responsibility-Entwurfsmuster

> **Hinweis**
>
> Klingt bekannt? Das Prinzip der Prototypkette in JavaScript ist letztendlich auch nichts anderes als eine Zuständigkeitskette: Beim Aufruf einer Methode an einem Objekt wird erst ermittelt, ob dieses Objekt die Methode enthält, und – falls nicht – eine entsprechende Anfrage an den Prototyp des Objekts weitergegeben.

Relevanz in JavaScript

Das Entwurfsmuster Chain of Responsibility kann durchaus auch in JavaScript-Anwendungen verwendet werden. Listing 7.40 zeigt ein einfaches Beispiel. Dargestellt ist hier das Szenario einer Suche nach einer bestimmten Schallplatte, bei der von Plattenhändler zu Plattenhändler gegangen wird. Der Einfachheit halber wird die

Schallplatte nur anhand ihres Namens identifiziert. Die Pseudoklasse Plattenladen bzw. deren einzelne Objektinstanzen stellen die einzelnen Handler in der Zuständigkeitskette dar. Sie referenzieren jeweils über die Eigenschaft next den nächsten Handler. Innerhalb der Methode requestAlbum() entscheidet jeder Handler, ob er die Anfrage selbst bearbeiten kann, sprich die entsprechende Schallplatte zum Verkauf anbietet, oder ob der Interessent zum nächsten Plattenladen weitergeschickt werden soll.

```javascript
var Plattenladen = function(name) {
  this.name = name;
  this.albums = [];
  this.next = null;
  this.setNext = function(plattenladen) {
    this.next = plattenladen;
  };
  this.requestAlbum = function(albumTitle) {
    if(this.albums.indexOf(albumTitle) >= 0) {
      console.log(this.name + ': Album habe ich hier');
    } else {
      console.log(this.name + ': Album habe ich nicht hier');
      if(this.next) {
        this.next.requestAlbum(albumTitle);
      }
    }
  };
}

var plattenladen1 = new Plattenladen('Johnnys Vinyl Kiste');
var plattenladen2 = new Plattenladen('Vinyl for all');
var plattenladen3 = new Plattenladen('Schallplatten Tauschbörse');
var plattenladen4 = new Plattenladen('Olaf der Plattensammler');
var plattenladen5 = new Plattenladen('LP und CD Ankauf');
// Aufbau der Zuständigkeitskette
plattenladen1.setNext(plattenladen2);
plattenladen2.setNext(plattenladen3);
plattenladen3.setNext(plattenladen4);
plattenladen4.setNext(plattenladen5);
plattenladen5.albums.push('Blues for the red sun');
plattenladen1.requestAlbum('Blues for the red sun');
```

Listing 7.40 Beispiel für die Anwendung des Chain-of-Responsibility-Entwurfsmusters in JavaScript

Im Beispiel wird eine Zuständigkeitskette von fünf Plattenläden aufgebaut, wobei nur der letzte die gesuchte Schallplatte anbietet. Die Ausgabe des Programms lautet daher wie folgt:

```
Johnnys Vinyl Kiste: Album habe ich nicht hier
Vinyl for all: Album habe ich nicht hier
Schallplatten Tauschbörse: Album habe ich nicht hier
Olaf der Plattensammler: Album habe ich nicht hier
LP und CD Ankauf: Album habe ich hier
```

Listing 7.41 Ausgabe des Beispielprogramms

Hinweis

Ein bekanntes Beispiel in der Webentwicklung, bei der das Konzept einer Chain of Responsibility verwendet wird, ist das sogenannte *Event Bubbling*. Hierbei wird ein Event, das auf einem DOM-Element im Browser ausgelöst wird, vom jeweiligen Element zum Elternelement weitergegeben.

Merke

Das Entwurfsmuster Chain of Responsibility kann je nach Anwendungsgebiet auch in JavaScript sinnvoll sein. Bekanntestes Beispiel ist das Event Bubbling.

7.5   Zusammenfassung und Ausblick

In diesem Kapitel haben Sie gesehen, welche Relevanz die einzelnen GoF-Entwurfsmuster in der JavaScript-Entwicklung haben. Sie sollten nun eine Vorstellung davon haben, welche der Entwurfsmuster in welcher Form für die JavaScript-Entwicklung eine Rolle spielen.

Wenn Sie nach dem Stellenwert von GoF-Entwurfsmustern in JavaScript googeln, werden Sie feststellen, dass sich die Ergebnisse zwischen zwei Standpunkten bewegen: Auf der einen Seite finden Sie viele Seiten und Beispiele, die die Entwurfsmuster in Kombination mit pseudoklassischer Objektorientierung umsetzen und die funktionalen Aspekte der Sprache nicht mit einbeziehen. Auf der anderen Seite finden Sie Aussagen wie: »In JavaScript braucht man überhaupt keine GoF-Entwurfsmuster.« Leider bleiben die Erklärungen hierbei meistens nebulös und theoretisch.

Ich halte daher beide Sichtweisen für zu engstirnig: Die rein objektorientierte Herangehensweise macht sich nicht die funktionalen Stärken von JavaScript zunutze, die funktionale Herangehensweise umgekehrt nicht die objektorientierten Stärken von JavaScript. JavaScript kann aber beides! Sie sollten also jeweils selbst entscheiden, welche Herangehensweise Sie wählen.

Tabelle 7.1 gibt einen kurzen Überblick über die GoF-Entwurfsmuster. Sofern man in der Literatur eine entsprechende deutsche Übersetzung findet, ist diese in der Tabelle mit aufgeführt.

Entwurfsmuster	Beschreibung	Relevanz in JavaScript
Erzeugungsmuster		
Factory Method (Fabrikmethode)	Erzeugt Objekte an zentraler Stelle.	Ist auch in JavaScript sinnvoll, insbesondere um den Aufruf von Konstruktorfunktionen an zentraler Stelle zu kapseln.
Abstract Factory (abstrakte Fabrik)	Erzeugt Objekte einer ganzen Produktfamilie an zentraler Stelle.	
Builder (Erbauer)	Vereinfacht komplexe Prozesse beim Erzeugen von Objekten.	Ist auch in JavaScript sinnvoll, um komplexe Erzeugungsprozesse zu vereinfachen, insbesondere um DOM-Operationen zu kapseln.
Prototype (Prototyp)	Erzeugt neue Objekte auf Basis eines Prototyps.	In seiner klassischen Form ist es irrelevant, da JavaScript auf Prototypen basiert.
Singleton	Stellt sicher, dass es zu einer Klasse genau eine Objektinstanz gibt.	In JavaScript ist jedes Objekt implizit ein Singleton. Ein Zugriff auf die Singleton-Instanz per Methode kann über das Module-Entwurfsmuster nachgebildet werden.
Strukturmuster		
Adapter	Passt die Schnittstelle einer Klasse an eine andere Schnittstelle an.	Ist auch in JavaScript sinnvoll, insbesondere wenn man eine Bibliothek gegen eine andere Bibliothek austauschen möchte.

Tabelle 7.1 Die Bedeutung der GoF-Entwurfsmuster in JavaScript

Entwurfsmuster	Beschreibung	Relevanz in JavaScript
Bridge (Brücke)	Trennt die Abstraktion von der Implementierung.	Ist in JavaScript kaum sinnvoll, da es hier keine Unterscheidung zwischen Abstraktion und Implementierung gibt.
Composite (Kompositum)	Fügt Objekte zu Baumstrukturen zusammen und behandelt Teile sowie Container einheitlich.	Ist auch in JavaScript sinnvoll, wobei die Unterscheidung zwischen einzelnen Teilen und Container-Komponenten auch über Duck Typing realisiert werden kann.
Decorator (Dekorierer)	Erweitert ein Objekt dynamisch um Verhalten.	Ist in JavaScript nur eingeschränkt sinnvoll, da Objekte ohnehin dynamisch zur Laufzeit angepasst werden können.
Facade (Fassade)	Bietet eine einheitliche Schnittstelle für eine Menge von Schnittstellen eines Subsystems an.	Ist auch in JavaScript sinnvoll, insbesondere bei der Implementierung von Cross-Browser-Funktionalitäten.
Flyweight (Fliegengewicht)	Nutzt Objekte mit gleichen Eigenschaften gemeinsam, um große Mengen effizient verwenden zu können.	Ist auch in JavaScript sinnvoll, wenn Sie es mit einer Vielzahl von Objekten mit relativ vielen gleichen Eigenschaften zu tun haben.
Proxy	Erlaubt es, Zugriffe auf ein Objekt abzufangen.	Ist in seiner klassischen Form seit ES6 irrelevant, da Proxies nativ in JavaScript unterstützt werden. In ES5 können Proxies emuliert werden.
Verhaltensmuster		
Chain of Responsibility (Zuständigkeitskette)	Ermöglicht es, Anfragen durch hintereinander verkettete Handler zu bearbeiten.	

Tabelle 7.1 Die Bedeutung der GoF-Entwurfsmuster in JavaScript (Forts.)

Entwurfsmuster	Beschreibung	Relevanz in JavaScript
Command (Befehl)	Kapselt einen Befehl in einem Objekt.	Ist aufgrund von funktionalen Aspekten in JavaScript in seiner klassischen Form nicht relevant.
Interpreter	Definiert eine Repräsentation für die Grammatik einer Sprache.	In der Praxis kommt dieses Entwurfsmuster sehr selten zum Einsatz, in JavaScript so gut wie gar nicht.
Iterator	Ermöglicht den sequenziellen Zugriff auf eine Datenstruktur.	Ist in seiner klassischen Form irrelevant, da seit ES6 Iteratoren nativ in JavaScript unterstützt werden. In ES5 können Iteratoren relativ einfach implementiert werden.
Mediator (Vermittler)	Koordiniert das Zusammenspiel mehrerer Objekte.	Ist auch in JavaScript sinnvoll, wobei es meistens in Form von Publish-Subscribe zum Einsatz kommt.
Memento	Speichert den Zustand eines Objekts, so dass das Objekt später in diesen Zustand zurückversetzt werden kann.	Ist auch in JavaScript sinnvoll und durch das JSON-Format relativ einfach umzusetzen.
Observer (Beobachter)	Ermöglicht es, Objekte bei Zustandsänderungen anderer Objekte zu benachrichtigen.	Ist auch in JavaScript sinnvoll. Alternativ bietet sich das Konzept der ereignisgesteuerten Programmierung an. Zudem wird die Methode `Object.observe()` voraussichtlich Teil von ES7 sein.
State (Zustand)	Ermöglicht es, das Verhalten eines Objekts abhängig vom Zustand des Objekts anzupassen.	Ist auch in JavaScript sinnvoll, wenn ein Objekt abhängig vom Zustand sein Verhalten anpassen soll und dies nicht über `if-else`-Anweisungen implementiert werden soll.

Tabelle 7.1 Die Bedeutung der GoF-Entwurfsmuster in JavaScript (Forts.)

Entwurfsmuster	Beschreibung	Relevanz in JavaScript
Strategy (Strategie)	Kapselt einen gesamten Algorithmus in einem Objekt, so dass dieser zur Laufzeit ausgetauscht werden kann.	Ist aufgrund von funktionalen Aspekten in JavaScript in seiner klassischen Form nicht relevant.
Template Method (Schablonen-methode)	Definiert die Vorlage eines Algorithmus, wobei die einzelnen Schritte durch Unterklassen definiert werden.	Ist prinzipiell auch in Java-Script sinnvoll, kann aber dank First-Class-Funktionen auch über Komposition statt über Vererbung realisiert werden.
Visitor (Besucher)	Kapselt eine auf den Elementen einer Objekt-struktur auszuführende Operation in einem Objekt.	Ist prinzipiell auch in Java-Script sinnvoll, wobei man abwägen muss, ob man sich nicht die dynamischen Eigen-schaften von JavaScript zunutze macht und die ent-sprechenden Operationen am Prototyp oder über kopierende Vererbung an der entspre-chenden Objektinstanz hin-zufügt.

Tabelle 7.1 Die Bedeutung der GoF-Entwurfsmuster in JavaScript (Forts.)

Kapitel 8

Architekturmuster und Konzepte moderner JavaScript-Webframeworks

JavaScript-Webframeworks gibt es mittlerweile wie Sand am Meer.
Die Konzepte und Architekturmuster sind aber in den meisten Fällen
relativ ähnlich.

Nachdem der Fokus im vorigen Kapitel auf den klassischen GoF-Entwurfsmustern lag, stelle ich Ihnen in diesem Kapitel verschiedene Architekturmuster sowie einige grundlegende Konzepte moderner Webframeworks vor, so dass Sie anschließend – unabhängig davon, welches konkrete Framework Sie in einem Projekt einsetzen – einen guten Überblick über den Aufbau eines solchen haben.

Zur Veranschaulichung zeige ich Ihnen dabei zwar auch konkrete Codebeispiele einiger der Frameworks. Hierbei liegt der Fokus aber nicht darauf, Ihnen das jeweilige Framework als Ganzes vorzustellen (das wäre in einem Kapitel gar nicht machbar), sondern Ihnen eine Vorstellung davon zu geben, wie das entsprechende Architekturmuster bzw. Konzept in der Praxis umgesetzt wird. Bei der Fülle an Frameworks, die es mittlerweile gibt, ist es meines Erachtens nämlich sinnvoller, sich vor der Auswahl eines Frameworks zunächst der Architektur und der verwendeten Konzepte bewusst zu sein.

Als Architekturmuster möchte ich Ihnen im folgenden *Model View Controller*, *Model View Presenter* und *Model View ViewModel* vorstellen. Alle diese Muster dienen den gleichen Zielen wie loser Kopplung, Modularität, Testbarkeit, Flexibilität und Wartbarkeit des Quelltextes, unterscheiden sich im Detail aber in der Umsetzung.

Des Weiteren stelle ich Ihnen am Rande Konzepte wie *Data-Binding*, *Templating* und *Routing* vor.

8.1 Model View Controller

Das Prinzip *Model View Controller* (*MVC*) gibt es schon bedeutend länger als JavaScript: Erstmals wurde dieses Architekturmuster 1979 für die Programmiersprache

Smalltalk vorgestellt. Die Idee ist dabei, die *Datenhaltung* einer Anwendung von der *Präsentation* der Daten zu entkoppeln. Die Komponente der Datenhaltung wird dabei als *Model*, die Komponente der Präsentation als *View* bezeichnet. Die Entkopplung beider Komponenten, also von Model und View, geschieht über eine dritte Komponente: den *Controller* (siehe Abbildung 8.1).

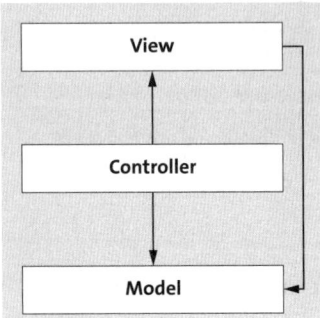

Abbildung 8.1 Model View Controller

Die Controller-Komponente ist verantwortlich für die *Geschäftslogik* innerhalb einer Anwendung und koordiniert das Zusammenspiel zwischen Model und View: Der Nutzer interagiert mit der View-Komponente (oftmals eine *grafische Oberfläche*, kurz *GUI* für *Graphical User Interface*), der Controller prüft die Nutzereingaben auf Gültigkeit, verarbeitet diese im Rahmen der Geschäftslogik und aktualisiert die Daten im Model.

Der Vorteil dieser Herangehensweise ist, dass das Datenmodell an sich unabhängig von Darstellung (bzw. der Präsentation) der Daten ist. Dies wiederum hat zur Folge, dass relativ einfach verschiedene Ansichten bzw. Views für die gleichen Daten implementiert werden können, ohne dass das Datenmodell angepasst werden muss. Hinzu kommt, dass das Datenmodell viel einfacher isoliert getestet werden kann.

Neben den Kommunikationswegen zwischen Controller und View sowie Controller und Model gibt es bei MVC einen weiteren zwischen der View Komponente und dem Model, der dafür sorgt, dass die View auf Änderungen am Datenmodell reagiert und die Darstellung der Daten entsprechend anpasst. Mit anderen Worten: die View-Komponente ist bei MVC abhängig von der Model-Komponente.

8.2   Model View Presenter

Model View Presenter (MVP) basiert auf dem MVC-Entwurfsmuster, geht aber in der Entkopplung von View und Model noch einen Schritt weiter: Die View hat keinen Zugriff auf das Model wie bei MVC, sondern nun sind beide Komponenten komplett voneinander entkoppelt. Abbildung 8.2 stellt diesen Zusammenhang grafisch dar.

Die Kommunikation erfolgt ausschließlich über die dritte Komponente: den *Presenter*. Dieser nimmt im Wesentlichen die Aufgaben der Controller-Komponente aus MVC wahr, sorgt aber zusätzlich dafür, dass die View bei Änderungen am Datenmodell entsprechend aktualisiert wird. Die Presenter-Komponente dient somit als direktes (und einziges) Bindeglied zwischen View und Model.

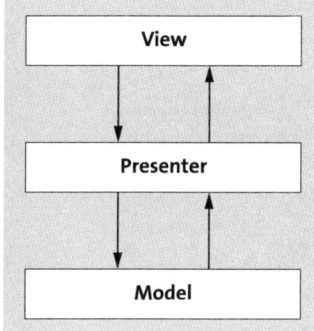

Abbildung 8.2 Model View Presenter

Soweit die Grundlagen zu MVC und MVP. Bevor ich Ihnen in Abschnitt 8.4 mit MVVM ein weiteres Architekturmuster vorstellen werde, lassen Sie mich Ihnen im nächsten Schritt zunächst zeigen, welche Bedeutung MVC und MVP für Webanwendungen haben.

8.3   MVC und MVP in Webanwendungen

Betrachtet man MVC/MVP für Webanwendungen, muss man zwischen klassischen und modernen Webanwendungen unterscheiden. In einer klassischen Webanwendung geschieht der Großteil der Anwendungslogik auf Serverseite. Nur wenig, wenn überhaupt ist auf Clientseite implementiert (daher bezeichnet man in diesem Fall den Client auch als *Thin Client*). Bei modernen Webanwendungen, wie beispielsweise Single Page Applications, ist dagegen vieles, wenn nicht das meiste der Anwendungslogik auf Clientseite implementiert. Analog zu einem Thin Client spricht man in diesem Fall von einem *Thick Client*.

Lassen Sie mich zunächst darstellen, wie die Muster MVC/MVP bei einer klassischen Webanwendung realisiert sind. Im Anschluss zeige ich Ihnen dann, wie die Architekturmuster bei modernen Webanwendungen umgesetzt werden.

8.3.1   Klassische Webanwendungen

Bei klassischen Webanwendungen sind MVC/MVP meist so umgesetzt wie in Abbildung 8.3. Sie sehen sofort: Die drei wesentlichen Komponenten, die diese Muster ausmachen, befinden sich auf Serverseite. Doch schauen wir Schritt für Schritt, wie der Ablauf in einer solchen Anwendung aussieht.

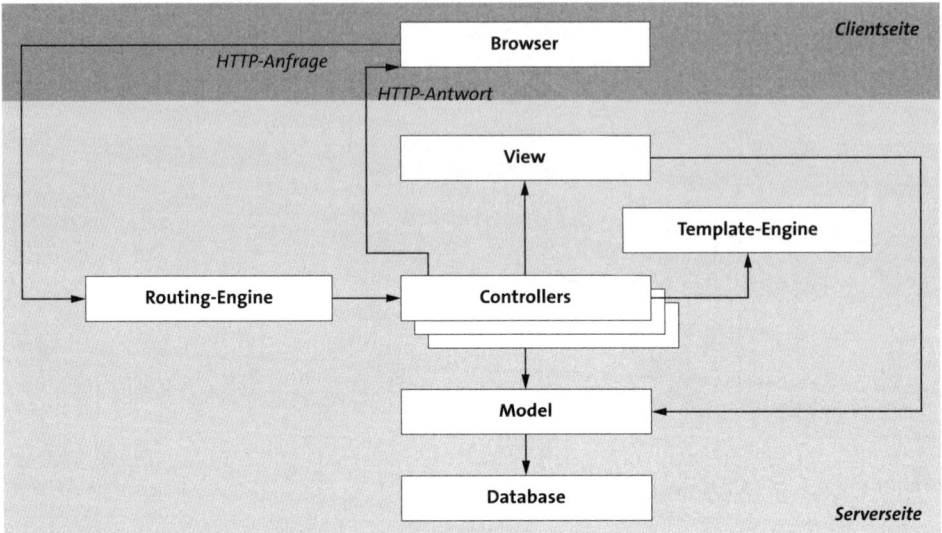

Abbildung 8.3 Model View Controller in klassischen Webanwendungen

Zunächst stellt der *Client* über den Browser eine *HTTP-Anfrage* (*HTTP-Request*), die serverseitig von einer (mehr oder weniger komplexen) *Routing-Engine* verarbeitet wird. Die Aufgabe einer Routing-Engine ist es im Wesentlichen, anhand der HTTP-Anfrage den *Controller* auf Serverseite auszuwählen, der die Anfrage bearbeiten soll. Bei einer klassischen Webanwendung greift die Routing-Engine dabei auf Informationen wie die URL, Request-Header, Cookie-Werte und Request-Parameter aus der HTTP-Anfrage zurück.

Zu den Aufgaben eines Controllers zählen die Validierung der empfangenen Daten, das Aktualisieren des Models und das Erstellen der *HTTP-Antwort*, die an den Client zurückgesendet wird. In der Regel kommt dabei eine sogenannte *Template-Engine* zum Einsatz, die auf Basis eines entsprechenden *View-Templates* und der Daten aus dem Model das HTML generiert, das als Teil der *HTTP-Antwort* (*HTTP-Response*) an den Client zurückgesendet wird.

Das Model wird dabei durch entsprechende Objektinstanzen (beispielsweise Java-Beans) und/oder Datensätze einer Datenbank repräsentiert. Oft nutzt man in diesem Zusammenhang sogenannte *ORM-Frameworks* (*ORM* für *Object Relational Mapping*), die es ermöglichen, Objektinstanzen automatisch in relationalen Datenbanken zu speichern sowie daraus zu lesen. Die View-Komponente wird in der Regel über *HTML-Templates* (beispielsweise Java Server Pages) repräsentiert.

Bis auf die HTTP-Antwort, die die View an den Client sendet, spielt sich also bei klassischen Webanwendungen die gesamte Kommunikation zwischen den Komponenten auf der Serverseite ab. Bei modernen Webanwendungen, bzw. genauer bei *Single Page Applications*, ist dies nicht so.

8.3.2   Moderne Webanwendungen

Der Begriff *moderne Webanwendungen* ist zunächst etwas abstrakt und bedarf einer kurzen Erklärung. An dieser Stelle meine ich damit, wie eingangs erwähnt, solche Anwendungen, bei denen sich der Großteil auf Clientseite abspielt und somit vieles der Anwendungslogik in JavaScript implementiert ist. In den meisten Fällen sind solche Anwendungen als *Single Page Applications* implementiert, also als Anwendungen, die aus einer Basiswebseite bestehen, die dynamisch durch JavaScript geändert wird.

Historischer Rückblick

Der Startschuss für moderne Webanwendungen fiel mit dem XMLHttpRequest-Objekt, das Microsoft erstmals im Internet Explorer 5 zur Verfügung stellte. Dieses ermöglichte es, programmatisch (über JavaScript) HTTP-Anfragen an einen Server zu stellen und zu verarbeiten, ohne die komplette Webseite neu zu laden. Das war vorher in JavaScript nicht möglich.

Zunächst wurde das XMLHttpRequest-Objekt hauptsächlich dazu eingesetzt, vorgefertigte HTML-Schnipsel (sozusagen einzelne Teile der View) je nach Bedarf vom Server zu laden und dynamisch in das DOM einzubauen. Später dann wurde mehr und mehr der Fokus darauf gelegt, statt fertiger View-Teile die Daten selbst (sprich das Model) vom Server zu holen und das Aufbauen der View komplett auf Clientseite durchzuführen.

Als Austauschformat wurde dazu zunächst XML eingesetzt, das in Kombination mit asynchronem JavaScript den Begriff *AJAX* (*Asynchronous JavaScript and XML*) formte. Allerdings lässt sich XML bekanntermaßen eher schlecht mit JavaScript verarbeiten, so dass in heutigen Webanwendungen vor allem JSON als Austauschformat verwendet wird.

Wenn der Großteil der Anwendungslogik auf Clientseite in JavaScript implementiert ist, macht es Sinn, Architekturmuster und Konzepte wie Routing und Templating auch auf Clientseite einzusetzen. Der prinzipielle Zusammenhang von MVC/MVP und diesen Konzepten ist – wie Sie in Abbildung 8.4 sehen können – also gleich dem auf Serverseite.

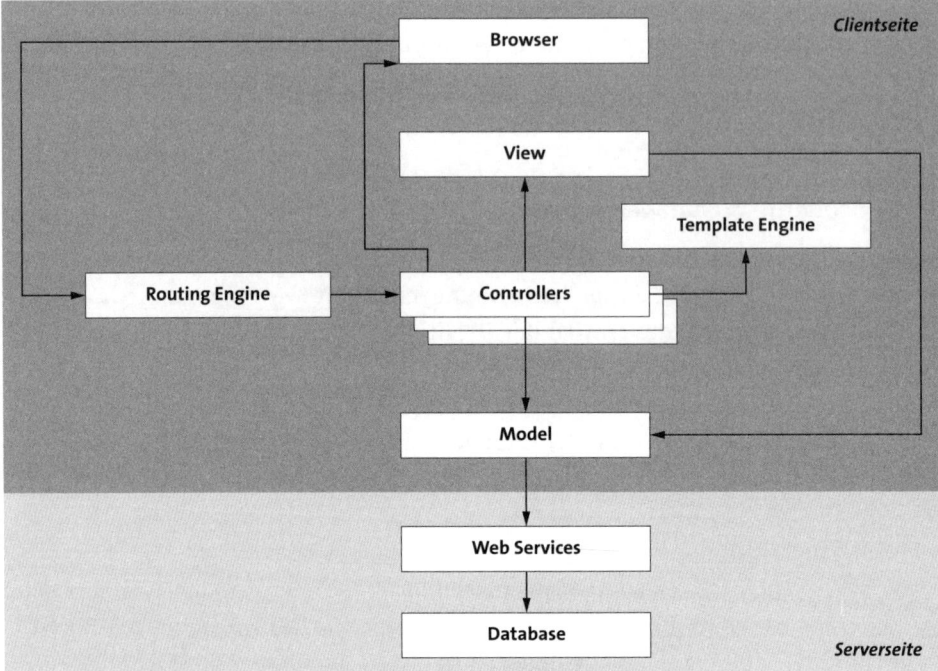

Abbildung 8.4 Model View Controller in modernen Webanwendungen

Trotzdem gibt es wichtige Unterschiede: So handelt es sich bei den Anfragen des Browsers an die Routing-Engine nicht mehr um HTTP-Anfragen. In Abschnitt 8.5 werden wir das Thema Routing noch einmal aufgreifen. Dort werde ich Ihnen dann zeigen, wie Routing in JavaScript und auf Clientseite umgesetzt wird.

Hinzu kommt, dass das clientseitige Model oftmals Zugriff auf Webservices hat, die wiederum dafür sorgen, dass die Daten in der Datenbank aktuell bleiben.

Hinweis

Die meisten JavaScript-Frameworks für Single Page Applications verwenden das MVC-Architekturmuster bzw. Varianten davon wie MVP oder MVVM, das ich Ihnen in Abschnitt 8.4 vorstellen werde. Da die Implementierungen der Controller-Komponente dabei teilweise sehr individuell sind, nicht strikt eines der Muster umsetzen und zudem sehr unterschiedliche Herangehensweisen verwenden, fasst man die Architekturmuster auch unter dem Begriff *MV** zusammen.

MVC am Beispiel von Backbone.js

Backbone.js (*http://backbonejs.org*) dürfte eine der bekanntesten JavaScript-Bibliotheken sein. Zudem war es eine der ersten Bibliotheken, die das MVC-Entwurfsmuster auf die Clientseite brachten. Im Folgenden möchte ich Ihnen anhand eines kurzen Beispiels zeigen, wie MVC in Backbone.js umgesetzt ist.

Um Backbone.js zu verwenden, müssen Sie es entweder von der Webseite herunterladen oder per Bower über den Befehl `bower install backbone` installieren und anschließend, wie in Listing 8.1 zu sehen, in die entsprechende HTML-Datei einbinden. Da Backbone.js auf der Bibliothek Underscore.js (*http://underscorejs.org*) aufsetzt, benötigen Sie diese ebenfalls. Des Weiteren verwendet das folgende Beispiel die Bibliothek jQuery (*http://jquery.com*). Beide lassen sich wie Backbone.js über Bower oder über die entsprechende Webseite herunterladen bzw. installieren.

```
<!DOCTYPE html>
<html>
<head lang="en">
  <meta charset="UTF-8">
  <title>Backbone.js Beispiel</title>
  <link href="styles/styles.css" rel="stylesheet" type="text/css">
</head>
<body>
  <script type="text/javascript"
    src="bower_components/jquery/dist/jquery.js">
  </script>
  <script type="text/javascript"
    src="bower_components/underscore/underscore.js">
  </script>
  <script type="text/javascript"
    src="bower_components/backbone/backbone.js">
  </script>
  <script type="text/javascript" src="js/app.js">
  </script>
</body>
</html>
```

Listing 8.1 Einbinden von Backbone.js und weiteren Bibliotheken

Die HTML-Datei aus Listing 8.1 bildet lediglich das Grundgerüst für die Backbone.js-Anwendung. Der Hauptteil der Backbone.js-Anwendung ist im Beispiel in der Datei *app.js* zu finden.

Für die Erstellung des Objektmodells und für die pseudoklassische Vererbung bietet Backbone.js eigene Objekte an. Dies sind zum einen das Objekt `Backbone.Model` für normale Objekte (bzw. »Klassen«) und `Backbone.Collection` für Listen.

Listing 8.2 zeigt dazu ein einfaches Beispiel: `Album` leitet von der »Basisklasse« `Backbone.Model` ab und erweitert diese um zwei Eigenschaften, `AlbumList` leitet von der

8

»Basisklasse« Backbone.Collection ab, wobei Elemente in dieser Liste vom Typ Album sein müssen.

```
var Album = Backbone.Model.extend({
  defaults: {
    title: '',
    artist: ''
  }
});
var AlbumList = Backbone.Collection.extend({
  model: Album
});
```

Listing 8.2 Model einer Backbone.js-Anwendung

View-Komponente und Controller-Komponente sind in Backbone.js miteinander verwoben. Ausgangspunkt bildet das Objekt Backbone.View. Um eine eigene View zu erstellen, leitet man, wie in Listing 8.3 zu sehen, von diesem Objekt ab und erzeugt eine Instanz, wobei das entsprechende Model als Parameter übergeben wird. Im Beispiel ist dies eine Liste (AlbumList) von Alben.

Innerhalb des View-Objekts bezeichnet die Eigenschaft el das Element im DOM, das als Container für die entsprechende View dienen soll. Im Beispiel ist dies das body-Element.

Das Aussehen der View wird über die Methode render() gesteuert. Diese muss überschrieben werden, damit überhaupt irgendeine Ausgabe generiert wird. Über this.el hat man dabei Zugriff auf das eingangs definierte Element. Im Beispiel wird diesem Element eine HTML-Liste hinzugefügt, die nach und nach um Listeneinträge für die im Model enthaltenen Alben erweitert wird (appendItem()).

Hinweis

Anstatt wie im Beispiel das HTML innerhalb der View-Komponente manuell über JavaScript-Methoden am DOM zu erzeugen, ist es für den Praxiseinsatz empfehlenswert, ein Templating-Framework wie Handlebars.js (*http://handlebarsjs.com*) oder Mustache.js (*https://github.com/janl/mustache.js*) zu verwenden.

Hinweis zu jQuery und Underscore

Listing 8.3 macht Gebrauch von Funktionen aus den Bibliotheken jQuery und Underscore.js. Erstere wird standardmäßig über die Variable $ angesprochen, letztere über die Variable _. jQuery bietet vor allem Funktionen an, die den Zugriff auf das DOM vereinfachen, Underscore.js dagegen vor allem Funktionen, die das funktionale Programmieren erleichtern.

In Backbone.js gibt es keine explizite Controller-Komponente. Stattdessen wird die entsprechende Logik zum Steuern der View und zum Aktualisieren des Models innerhalb der View-Komponente definiert. Dazu steht die Eigenschaft events zur Verfügung, über die einzelnen HTML-Elementen für bestimmte Events verschiedene Event-Handler hinzugefügt werden können.

Als Events stehen z. B. das Klicken, Doppelklicken, das Ändern von Feldwerten etc. zur Verfügung. Über die Angabe eines zusätzlichen Selektors kann man steuern, für welche Elemente der Event-Handler registriert werden soll. Im Beispiel werden auf diese Weise die beiden Event-Handler handleChangedTitle und handleChangedArtist für das change-Event für alle Elemente mit den CSS-Klassen title und artist registriert.

```
var AlbumView = Backbone.View.extend({
  el: $('body'),
  initialize: function(){
    this.render();
  },
  render: function(){
    var self = this;
    $(this.el).append('<ul></ul>');
    _(this.collection.models).each(function(item) {
      self.appendItem(item);
    }, this);
  },
  appendItem: function(item){
    var list = $('ul', this.el);
    var listItem = list.append('<li>'
    + '<input class="title" value="' + item.get('title') + '"/>'
    + '<input class="artist" value="' + item.get('artist') + '"/>'
    + '</li>');
  },
  events: {
    'change .title' : 'handleChangedTitle',
    'change .artist' : 'handleChangedArtist'
  },
  handleChangedTitle: function(t) {
    alert('Changed title');
  },
  handleChangedArtist: function(t) {
    alert('Changed artist');
  }
});
```

```
var albumList = new AlbumList([
  new Album({
    title: 'Wretch',
    artist: 'Kyuss'
  }),
  new Album({
    title: 'Sky Valley',
    artist: 'Kyuss'
  }),
  new Album({
    title: 'The Will To Live',
    artist: 'Ben Harper'
  }),
  new Album({
    title: 'Fight for Your Mind',
    artist: 'Ben Harper'
  })
]);
var listView = new AlbumView({
  collection: albumList
});
```

Listing 8.3 View einer Backbone.js-Anwendung

Das Ergebnis des obigen Quelltextes sehen Sie in Abbildung 8.5. Änderungen an den Textfeldern sorgen dafür, dass eine entsprechende Alert-Box angezeigt wird.

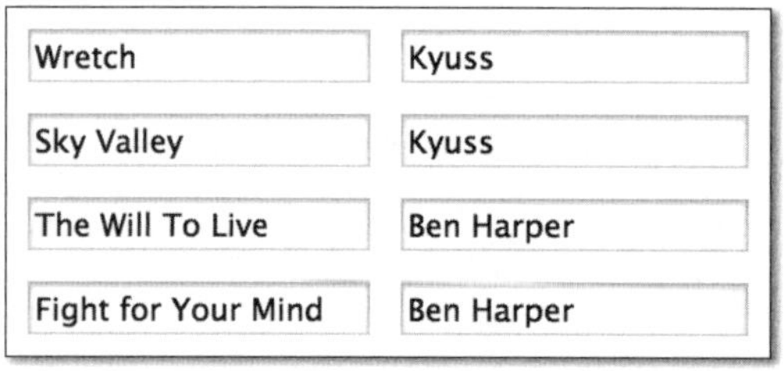

Wretch	Kyuss
Sky Valley	Kyuss
The Will To Live	Ben Harper
Fight for Your Mind	Ben Harper

Abbildung 8.5 Eine einfache Backbone.js-Anwendung

8.4 Model View ViewModel

Model View ViewModel (*MVVM*) ist eine Variante der MVC- und MVP-Architektur-muster und wurde ursprünglich 2005 für auf Microsoft Silverlight und Windows Presentation Foundation (WPF) basierenden Anwendungen entwickelt. Prinzipiell kann das Muster aber auch auf andere UI-Technologien wie HTML5 oder JavaFX 2.0 angewandt werden.

Wie beim klassischen MVC und MVP gibt es bei MVVM sowohl eine View-Komponente als auch eine Model-Komponente. Auch hier ist das Ziel, beide Komponenten voneinander zu entkoppeln. Diese Aufgabe übernimmt das sogenannte *ViewModel*, das in gewisser Weise als Sonderform eines Controllers angesehen werden kann, oft aber auch als »Abstraktion der View« bezeichnet wird.

Die Idee ist dabei, im ViewModel für jedes dynamische UI-Element entsprechende Datenfelder bereitzustellen, die über *bidirektionales Data-Binding* an die View gebunden werden (siehe Abbildung 8.6). Ändert der Nutzer den Wert eines UI-Elements (beispielsweise den Text innerhalb eines Textfeldes), wird automatisch das entsprechende Datenfeld im ViewModel geändert. Umgekehrt passt sich der Wert des UI-Elements an, wenn (programmatisch) der Wert des Datenfeldes im ViewModel geändert wird. Zusätzlich können UI-Elemente der View (beispielsweise Schaltflächen) Methoden im ViewModel aufrufen (*unidirektionales Command-Binding*).

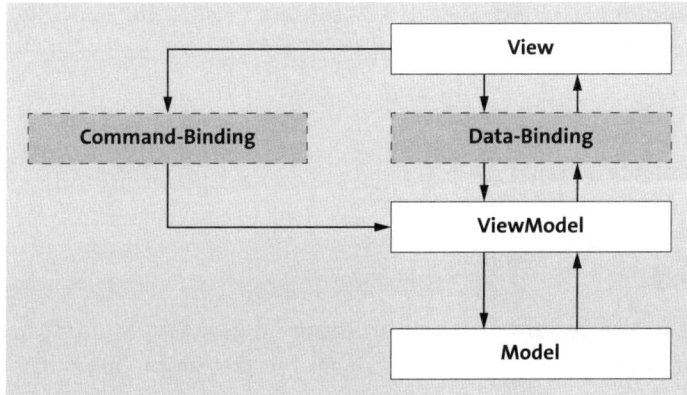

Abbildung 8.6 Model View ViewModel

Dadurch dass jedes UI-Element aus der View sein Äquivalent im ViewModel hat, ist es möglich, jegliche UI-relevante Logik nicht in der View-Komponente, sondern im ViewModel zu implementieren. Der Vorteil: Diese Logik kann unabhängig von der View getestet werden. Anstatt spezielle, teils aufwendige Unit-Tests zu schreiben, die bestimmte UI-Aspekte testen (beispielsweise, wie in Abschnitt 6.5.2 gesehen, anhand von CasperJS), können normale Unit-Tests direkt die UI-Logik im ViewModel testen.

Doch eine View ohne Logik hat einen weiteren Vorteil: Derjenige, der die View entwickelt, muss über keine JavaScript-Kenntnisse verfügen und sich nicht um UI-Logik kümmern. So kann ein UI-Designer die Umsetzung der View-Komponente vornehmen, während ein Entwickler unabhängig davon die UI-Logik im ViewModel implementiert. Insbesondere in größeren Projekten kann dies den Workflow extrem beschleunigen.

8.4.1   MVVM am Beispiel von Knockout.js

Eines der JavaScript-Frameworks, das das MVVM-Architekturmuster umsetzt, ist Knockout.js (*http://knockoutjs.com*). Sie können die Bibliothek entweder direkt von der Webseite herunterladen oder über Bower mit dem Befehl `bower install knockout` lokal in Ihrem jeweiligen Projekt installieren. Um Knockout.js verwenden zu können, müssen Sie die JavaScript-Bibliotheksdatei lediglich in das entsprechende HTML-Dokument einbinden. Anschließend steht die Bibliothek über das globale Objekt `ko` zur Verfügung.

Das Model einer Knockout.js-Anwendung wird prinzipiell über normale JavaScript-Objekte repräsentiert. Anstatt jedoch normale Datentypen wie Strings innerhalb der Model-Objekte zu verwenden, kommen spezielle Objekte zum Einsatz, die über den Aufruf der Methoden `ko.observable()` und `ko.observableArray()` erzeugt werden. Diese speziellen Objekte sind »observable«, sprich Änderungen am unterliegenden Wert werden von Knockout.js registriert. Listing 8.4 zeigt ein Beispiel für ein einfaches Model.

```javascript
var Album = function (title, artist) {
  this.title = ko.observable(title);
  this.artist = ko.observable(artist);
};
```

Listing 8.4 Model einer Knockout.js-Anwendung

Die View einer Knockout.js-Anwendung wird, wie in Listing 8.6 zu sehen, über HTML-Dokumente repräsentiert, das ViewModel wie in Listing 8.5 als JavaScript-Objekt. Das ViewModel hat dabei direkten Zugriff auf das Model und wird über den Aufruf von `ko.applyBindings()` an die View gebunden.

```javascript
function AlbumViewModel() {
  var that = this;
  // Daten würden normalerweise vom Server abgefragt
  that.availableArtists = [
    {name: "Kyuss"},
    {name: "Ben Harper"}
  ];
  // Initiale Daten
  that.albums = ko.observableArray([
    new Album("Wretch", that.availableArtists[0]),
    new Album("Sky Valley", that.availableArtists[0]),
    new Album("The Will To Live", that.availableArtists[1]),
    new Album("Fight for Your Mind", that.availableArtists[1])
  ]);
  that.addAlbum = function() {
```

```
        that.albums.push(new Album("", that.availableArtists[0]));
    }
    that.removeAlbum = function(album) {
        that.album.remove(album);
    }
}
ko.applyBindings(new AlbumViewModel());
```

Listing 8.5 ViewModel einer Knockout.js-Anwendung

Die konkreten Bindings werden dabei innerhalb des HTML-Dokuments über das HTML-Attribut data-bind definiert. Der Inhalt dieses Attributs wird von Knockout.js interpretiert und kann für verschiedene Arten von Bindings verwendet werden. Listing 8.6 nutzt hierzu direkt mehrere Beispiele.

Der Kennzeichner text sorgt beispielsweise dafür, dass die referenzierten Daten aus dem Model als simpler Text ausgegeben werden (im Listing beispielsweise die Anzahl der Alben über albums().length).

Der Kennzeichner value bewirkt, dass der Wert eines DOM-Elements bidirektional an eine Eigenschaft innerhalb des Models gebunden wird. Im Beispiel wird das Eingabefeld für den Titel eines Albums an die entsprechende Objekteigenschaft gebunden (value: title).

Über click wiederum lässt sich ein Command-Binding erstellen, das dafür sorgt, dass bei Klick auf das entsprechende DOM-Element eine Methode im Model aufgerufen wird. Im Beispiel kommt diese Art von Binding zum Einsatz, um Alben zu löschen (click: $root.removeAlbum) bzw. neue Alben anlegen zu können (click: $root.addAlbum).

Zudem lässt sich über spezielle Kennzeichner der Kontrollfluss der View beeinflussen. Der Kennzeichner foreach beispielsweise ermöglicht die Iteration über ein Array im Datenmodell. Im Beispiel wird dies genutzt, um über alle Alben zu iterieren und die einzelnen Zellen der Tabelle zu generieren.

```
<!DOCTYPE html>
<html>
<head lang="en">
  <meta charset="UTF-8">
  <title>Knockout Beispiel</title>
  <link href="styles/styles.css" rel="stylesheet" type="text/css"></head>
<body>
  <!-- View -->
  <div id="albumapp">
    <h2>Albums (<span data-bind="text: albums().length"></span>)</h2>
    <table>
```

8

435

```
        <thead>
          <tr>
            <th>Album name</th>
            <th>Artist</th>
            <th></th>
          </tr>
        </thead>
        <tbody data-bind="foreach: albums">
          <tr>
            <td>
              <input data-bind="value: title"/>
            </td>
            <td>
              <select data-bind="options: $root.availableArtists, value:
                            artist, optionsText: 'name'"></select>
            </td>
            <td>
              <a href="#" data-bind="click: $root.removeAlbum">Remove</a>
            </td>
          </tr>
        </tbody>
      </table>
      <button data-bind="click: $root.addAlbum">Add another album</button>
    </div>
    <script type="text/javascript" src="bower_components/knockout/dist/
                            knockout.js"></script>
    <script type="text/javascript" src="js/app.js"></script>
  </body>
</html>
```

Listing 8.6 View einer Knockout.js-Anwendung

Das Ergebnis der Anwendung sehen Sie in Abbildung 8.7.

Abbildung 8.7 Eine einfache Knockout.js-Anwendung

> **Hinweis**
>
> Das im vorigen Abschnitt kurz vorgestellte Backbone.js verfügt standardmäßig über kein Data-Binding. Allerdings gibt es verschiedene Data-Binding-Bibliotheken wie Backbone.stickit (*http://nytimes.github.io/backbone.stickit*), Rivets.js (*http://rivetsjs.com*) und Epoxy.js (*http://epoxyjs.org*), die das Konzept auch in Backbone.js-Anwendungen ermöglichen.

8.4.2   Kombination von MVC und MVVM am Beispiel von AngularJS

Ein Framework, das das MVC-Architekturmuster mit dem MVVM-Architekturmuster kombiniert, ist AngularJS (*https://angularjs.org*). Um das Framework zu verwenden, benötigen Sie die entsprechende Bibliotheksdatei, die entweder von der Projektwebseite oder über Bower (`bower install angular`) heruntergeladen bzw. installiert werden kann.

Wie in Knockout.js bildet auch in AngularJS ein HTML-Dokument die View-Komponente (siehe Listing 8.7). Innerhalb dieses Dokuments definieren Sie die AngularJS-Anwendung über das Attribut `ng-app`. Der Teil unterhalb eines Elements mit diesem Attribut bildet den Inhalt der Anwendung. Prinzipiell lassen sich innerhalb eines HTML-Dokuments mehrere Elemente mit dem Attribut `ng-app` auszeichnen und auf diese Weise mehrere unabhängige AngularJS-Anwendungen innerhalb eines HTML-Dokuments betreiben. Im Folgenden soll aber der Standardfall, die Verwendung einer einzelnen Anwendung, betrachtet werden.

```
<!DOCTYPE html>
<html ng-app="albums">
  <head lang="en">
    <meta charset="UTF-8">
    <title>AngularJS Beispiel</title>
    <link href="styles/styles.css" rel="stylesheet" type="text/css">
  </head>
    <body ng-controller="AlbumController">
      <table>
        <thead>
          <th>Title</th>
          <th>Artist</th>
          <th></th>
        </thead>
        <tbody>
          <tr ng-repeat="album in albums">
            <td>
              <input name="album.title" ng-model="album.title">
```

```
        </td>
        <td>
          <input name="album.artist" ng-model="album.artist">
        </td>
      </tr>
    </tbody>
  </table>
  <button ng-click="printAlbums()">Print Albums</button>
  <script type="text/javascript" src="bower_components/angular/
              angular.js"></script>
  <script type="text/javascript" src="js/app.js"></script>
  </body>
</html>
```

Listing 8.7 View einer AngularJS-Anwendung

Die Verknüpfung mit einer Controller-Komponente geschieht über das Attribut ng-controller (zu dem genauen Aufbau eines Controllers in wenigen Momenten mehr). Wie auch in Knockout.js stellt AngularJS zudem spezielle HTML-Attribute bereit, über die sich der Kontrollfluss steuern lässt (im Beispiel ng-repeat) und über die sich Command-Bindings definieren lassen (im Beispiel ng-click).

Das ViewModel wird in AngularJS mithilfe sogenannter Scopes realisiert. Innerhalb von Controllern (die übrigens wie in Listing 8.8 über den Aufruf von controller() definiert werden) steht der entsprechende Scope über die Variable $scope zur Verfügung. Der Controller kann dann auf diesem Objekt Variablen und Funktionen initialisieren, die anschließend innerhalb der View unterhalb des mit dem Controller ausgezeichneten HTML-Elements zur Verfügung stehen.

Das Model dagegen wird im einfachsten Fall über einfache JavaScript-Objekte repräsentiert. Im Beispiel sind diese hart codiert im Controller, in der Praxis wird das Objektmodell jedoch in der Regel über sogenannte Services bereitgestellt.

```
var app = angular.module('albums', []);
// Controller
app.controller('AlbumController', ['$scope', function($scope) {
  // Model
  var albums = [{
    title: 'Wretch',
    artist: 'Kyuss'
  },
  {
    title: 'Sky Valley',
```

```
    artist: 'Kyuss'
  },
  {
    title: 'The Will To Live',
    artist: 'Ben Harper'
  },
  {
    title: 'Fight for Your Mind',
    artist: 'Ben Harper'
  }];
  // ViewModel
  $scope.albums = albums;
  $scope.printAlbums = function() {
    $scope.albums.forEach(function(album) {
      console.log(album);
    });
  }
}]);
```

Listing 8.8 View/Controller und ViewModel einer AngularJS-Anwendung

Abbildung 8.8 zeigt einen Screenshot der Beispielanwendung.

Title	Artist
Wretch	Kyuss
Sky Valley	Kyuss
The Will To Live	Ben Harper
Fight for Your Mind	Ben Harper
Print Albums	

Abbildung 8.8 Eine einfache Angular.js-Anwendung

Hinweis

Eine gelungene Übersicht darüber, wie die MV*-Architekturmuster in verschiedenen JavaScript-Frameworks angewandt werden bzw. umgesetzt sind, bietet die Website TodoMVC (*http://todomvc.com*). Die immer gleiche Beispielanwendung (eine Mini-anwendung zur Verwaltung von Aufgaben) ist dort in Frameworks wie AngularJS, Ember.js, Backbone.js, KnockoutJS, DOJO und vielen mehr realisiert. Den Quellcode dazu finden Sie unter *https://github.com/tastejs/todomvc/tree/gh-pages/examples*.

8.5 Routing

Unter dem Begriff *Routing* versteht man im Fall von Webframeworks das Abbilden (Mapping) von URLs auf bestimmte Aktionen bzw. Controller. Bei klassischen Webframeworks wie Spring MVC, Struts, Ruby on Rails, etc. sind dies serverseitige Aktionen. Über spezielle Konfigurationen wird dort definiert, welches Servlet, welcher Webservice etc. durch welches URL-Muster aufgerufen werden soll (siehe Abbildung 8.9).

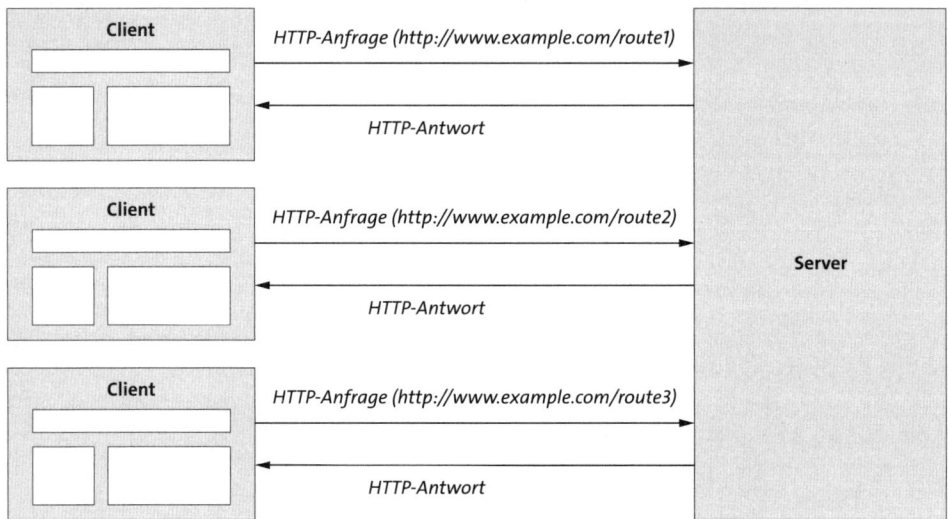

Abbildung 8.9 Beim serverseitigen Routing wird auf Serverseite entschieden, welche Aktion bzw. welcher Controller aufgerufen wird.

Routing im Falle von modernen JavaScript-Webframeworks funktioniert ähnlich, allerdings mit dem Unterschied, dass nicht serverseitige Komponenten über das Mapping aufgerufen werden, sondern clientseitige Komponenten, sprich JavaScript-Objekte bzw. deren Methoden.

Die Herausforderung in diesem Zusammenhang ist, den Zustand der Anwendung in dem Aufbau der URL widerzuspiegeln, weil sich diese bei Single Page Applications zunächst einmal ja nicht ändert (schließlich wird eine SPA ja über eine einzelne Webseite repräsentiert, beispielsweise *http://www.example.com/index.html*).

Um dennoch innerhalb einer SPA über die URL den Zustand der Anwendung darstellen zu können, wurde lange Zeit von Hash-Fragmenten Gebrauch gemacht. Ursprünglich dienen diese dazu, Links auf bestimmte Elemente (bzw. *Anker*) innerhalb einer Webseite zu definieren. Die Idee hinter solchen *Hashbang-URLs* ist es, verschiedene Zustände über verschiedene Hash-Fragmente zu repräsentieren. Zwei verschiedene Zustände einer SPA würden also unter Verwendung von Hashbang-URLs beispielsweise durch URLs wie *http://www.example.com/index.html#login* und *http://www.example.com/index.html#settings* dargestellt. Per JavaScript werden Aufrufe an diese URLs dann abgefangen und die Anwendung entsprechend angepasst. Das Abfangen der URLs ist dabei möglich, weil die HTTP-Anfrage über AJAX gestellt wird (siehe Abbildung 8.10) und man dementsprechend im JavaScript-Code Einfluss darauf hat.

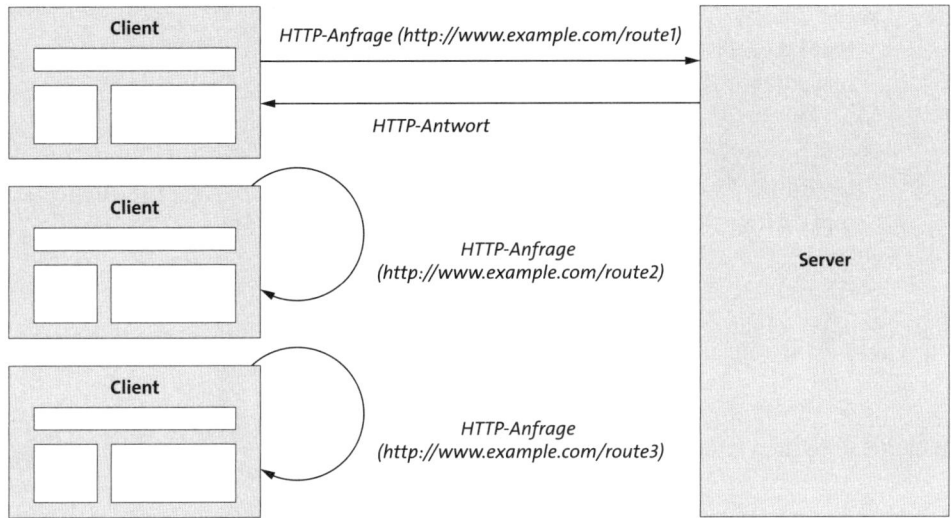

Abbildung 8.10 Beim clientseitigen Routing wird auf Clientseite entschieden, welche Aktion bzw. welcher Controller aufgerufen wird.

Auch wenn dieses Vorgehen prinzipiell funktioniert, stellt es eher eine Notlösung dar, weil die Hash-Fragmente ursprünglich einem anderen Zweck dienen. Daher wird bei neueren, auf HTML 5 basierenden Lösungen die sogenannte *History-API* verwendet, um den Zustand von SPAs zu repräsentieren. Mit dieser API ist es möglich, »normale« URLs zu verwenden und aufzurufen, ohne dass durch den Browser direkt eine neue HTTP-Anfrage gestartet wird (was ja zur Folge hätte, dass sich die Webseite komplett neu aufbaut).

8.5.1   Routing am Beispiel von AngularJS

In AngularJS lassen sich Routen mithilfe eines *Route Providers* (*https://docs.angularjs.org/api/ngRoute/provider/$routeProvider*) definieren (siehe Listing 8.9). Über die Methode when() ist es möglich, Mappings von einer URL auf ein entsprechendes Template und einen dazugehörigen Controller zu definieren. Über die Methode otherwise() lässt sich zudem eine Fallback-Route angeben, die aufgerufen werden soll, falls keines der zuvor angegebenen URL-Muster zutrifft. Variable Bestandteile einer URL werden in einem solchen Muster mit einem Doppelpunkt gekennzeichnet: Im Beispiel sorgt das Muster /users/:userId dafür, dass für Aufrufe wie »/users/

max« oder »/users/moritz« das Template partials/user-detail.html und der Controller UserDetailCtrl angesprochen werden.

```
app.config(['$routeProvider',
  function($routeProvider) {
    $routeProvider.
      when('/users', {
        templateUrl: 'partials/user-list.html',
        controller: 'UserListCtrl'
      }).
      when('/users/:userId', {
        templateUrl: 'partials/user-detail.html',
        controller: 'UserDetailCtrl'
      }).
      otherwise({
        redirectTo: '/users'
      });
  }]);
```

Listing 8.9 Routing in AngularJS

8.5.2 Routing am Beispiel von Backbone.js

In Backbone.js werden Routen über die Komponente Backbone.Router definiert. Wie Sie Listing 8.10 entnehmen können, übergibt man dazu der Methode extend() einfach ein Konfigurationsobjekt, das die Routendefinitionen enthält. Wie in AngularJS werden variable Anteile eines URL-Musters über einen vorangestellten Doppelpunkt gekennzeichnet.

```
var App = Backbone.Router.extend({
  routes: {
    'users': 'users',
    'users/:userId': 'user'
  },
  users: function() {
    /* ... */
  },
  user: function(userId) {
    /* ... */
  }
});
```

Listing 8.10 Routing in Backbone.js

Hinweis

Die in Abschnitt 8.4 vorgestellte Bibliothek Knockout.js verfügt über keine Routing-Funktionalität. Möchten Sie in einem Knockout.js-Projekt dennoch Routing einsetzen, müssen Sie auf eine externe Bibliothek zurückgreifen.

8.6 Zusammenfassung und Ausblick

In diesem Kapitel habe ich Ihnen verschiedene Architekturmuster und Konzepte für Webanwendungen vorgestellt. Folgende Liste gibt Ihnen in komprimierter Form einen Überblick über die wesentlichen Aspekte:

▶ Moderne JavaScript-Frameworks zur Erstellung von *Single Page Applications* verwenden verschiedene Architekturmuster: *Model View Controller* (*MVC*), *Model View Presenter* (*MVP*) und *Model View ViewModel* (*MVVM*).

▶ Beim MVC-Architekturmuster wird eine Anwendung in die Komponenten *Model*, *View* und *Controller* eingeteilt.

▶ Das MVP-Architekturmuster basiert auf MVC, entkoppelt Model und View aber durch die *Presenter*-Komponente vollständig voneinander.

▶ MVVM ist eine weitere Variante von MVC, bei der die Aufgaben der Controller-Komponente durch das sogenannte *ViewModel* übernommen werden. *Data-Binding* sorgt dafür, dass View und ViewModel synchron bleiben, über *Command-Binding* können Funktionen aus dem ViewModel aus der View heraus aufgerufen werden.

▶ Backbone.js ist ein Framework, das MVC umsetzt, wobei die Controller-Funktionalität in der View-Komponente integriert ist.

▶ Knockout.js ist ein Framework, das MVVM umsetzt.

▶ AngularJS ist ein Framework, das eine Kombination von MVC und MVVM verwendet.

▶ MVC, MVP und MVVM verfolgen primär alle das gleiche Ziel: die Entkopplung von Model und View. Aus diesem Grund und insbesondere aufgrund der Tatsache, dass die Implementierung der verschiedenen Architekturmuster in modernen JavaScript-Frameworks sehr unterschiedlich und teilweise nicht konsequent implementiert ist, spricht man auch von *MV*-Architekturmustern*.

▶ Unter *Routing* versteht man im Zusammenhang mit Webframeworks das Abbilden von URLs auf bestimmte Aktionen. In klassischen Webanwendungen wird das Routing auf Serverseite durchgeführt, in modernen Webanwendungen auf Clientseite.

▶ Das Generieren von einzelnen Views wird auf Basis von *Templates* durch sogenannte *Templating-Engines* durchgeführt.

Index

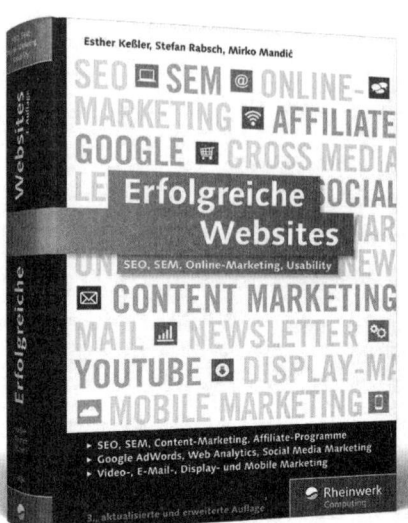

■ Grundlagen, Praxisbeispiele,
Referenz

■ Responsive Webdesign, Flexbox,
Sass u.v.m.

■ Inkl. CSS-Layouts, YAML,
Mobiles Webdesign

Kai Laborenz

CSS

Das umfassende Handbuch

Das vollständige Wissen zu CSS und Co. in einem Band! Einsteiger erhalten eine
fundierte Einführung, professionelle Webentwickler einen Überblick über alle
CSS-Technologien und Praxislösungen für CSS-Layouts sowie zahlreiche Tipps
für die tägliche Arbeit. Inkl. HTML5, CSS3, Responsive Webdesign, SASS u.v.m.

823 Seiten, gebunden, 39,90 Euro
ISBN 978-3-8362-3876-2
3. Auflage, erscheint Januar 2016
www.rheinwerk-verlag.de/3932

- Einführung, Praxis, Referenz

- Sprachgrundlagen, Objektorientierung, Modularisierung

- Migration, Debugging,
Interoperabilität mit C, GUIs,
Netzwerkkommunikation u.v.m.

Johannes Ernesti, Peter Kaiser

Python 3

Das umfassende Handbuch

Für Einsteiger und fortgeschrittene Python-Programmierer die erste Wahl!
Sprache, Standardbibliothek und Profi-Themen werden ausführlich beschrieben.
Darüber hinaus wird auf die wesentlichen Unterschiede zwischen Python 3 und
früheren Versionen eingegangen. Praktische Hilfestellung erhalten Sie für die
Migration Ihrer bestehenden Projekte.

1.032 Seiten, gebunden, mit CD, 39,90 Euro
ISBN 978-3-8362-3633-1
4. Auflage 2015
www.rheinwerk-verlag.de/3789

Markus Vollmert, Heike Lück

Google Analytics

Das umfassende Handbuch

Mit Google Analytics steht Ihnen eines der leistungsfähigsten Webanalyse-Tools kostenlos zur Verfügung. Lernen Sie mit diesem Buch, wie Sie die vielfältigen Funktionen nutzen und sie professionell einsetzen können. So erhalten Sie z.B. Hilfestellung dabei, wie Sie Ihr Webanalyse-System konzipieren und strukturieren sollten. Sie erhalten zudem Beispiele für eine optimale Implementierung und ein erfolgreiches Monitoring all Ihrer Online-Aktivitäten. Damit können Sie aussagekräftige Berichte generieren, um Ihre Website und Ihre Online-Marketing-Aktivitäten zu optimieren. Inkl. Search Console, Google-AdWords-Integration und Google Tag Manager

853 Seiten, gebunden, 39,90 Euro
ISBN 978-3-8362-3955-4
2. Auflage, erscheint Januar 2016
www.rheinwerk-verlag.de/4008